清末民初文獻叢刊

出使奏疏

［清］薛福成 撰

朝華出版社
BLOSSOM PRESS

圖書在版編目（CIP）數據

出使奏疏 / (清) 薛福成撰. -- 北京 : 朝華出版社,
2018.8
（清末民初文獻叢刊）
ISBN 978-7-5054-4296-2

Ⅰ. ①出… Ⅱ. ①薛… Ⅲ. ①奏議－彙編－中國－清後期②中國歷史－史料－清後期 Ⅳ. ①K252.065
②K252.06

中國版本圖書館CIP數據核字(2018)第151699號

出使奏疏

作　　者　[清]薛福成

選題策劃　楊麗麗　尚論聰
責任編輯　劉小磊
特約編輯　秦錦霞
責任印制　張文東　陸競贏
封面設計　劉敬偉

出版發行　朝華出版社
社　　址　北京市西城區百萬莊大街24號　　郵政編碼　100037
訂購電話　（010）68996618　68996050
傳　　真　（010）88415258（發行部）
聯系版權　j-yn@163.com
網　　址　http://zhcb.cipg.org.cn
印　　刷　藝堂印刷（天津）有限公司
經　　銷　全國新華書店
開　　本　880mm×1230mm　1/32　　字　　數　51千字
印　　張　7.5
版　　次　2018年8月第1版　2018年8月第1次印刷
裝　　别　精
書　　號　ISBN 978-7-5054-4296-2
定　　價　56.00元

出版前言

中國自一八四〇年鴉片戰争以來，傳統的農業文明在西方的堅船利炮轟擊之下徹底被顛覆，有擔當的知識分子苦苦追尋，思索社會改革的途徑。從最初的『師夷長技以制夷』到『民主制度，天下之公理』（梁啓超語），他們發現要『强國富民』，首先要『開啓民智』，衹有民衆擁有了獨立思想和批判精神，國家纔能實現真正的强大。在此後一百年的時間裏（一八四〇—一九四九），思想者們從社會變革深入到國民性的改造，用每一部作品見證着中國近代化的遞變歷程。這是一個極其重要的時代，《清末民初文獻叢刊》正是收録了這一時期的作品，大部分書籍都是早期版本，有着極高的文獻研究價值。

清末的中國經歷了『三千年來未有之大變局』（李鴻章語），大清王朝面對西方列强的艦炮，表現得驚慌失措。尤其是鴉片戰争，使『天朝帝國萬世長存的迷信受到了致命的打擊，野蠻的、閉關自守的、與文明世界隔絶的狀態被打破了』（《馬克思恩格斯選集》）。一批士大夫知識分子，尤其是在歐美諸國擔任使臣或者游歷的知識分子最先覺醒，着眼于對西方國家的考察，進而反省本國政治制度的劣勢，可以視作『啓蒙』的端倪。如曾擔任駐英公使（兼任駐法公使）的郭嵩燾在《使西紀程》中以日記的形式記録了自己對歐西諸國的觀感，他在考察了英國的政治制度之後，發現英國政府官員收入超過三百磅者與普通老百姓一樣同等納税，他説：『此法誠善，然非民主之國，則勢有所不行。西洋所以享國長久，君民兼主國政故也。』他明確提出了『民主』，在國家的管理問題上，人民也有參與的權利。他在該書中所披露的西方政治、經濟、文化等領域優于大清帝國這一事實觸動了保守派的神經，立刻遭到保守派群起而攻之，進士何金壽彈劾他『有二心于英國，欲中國臣事之』，他家鄉湖南的民衆對他更是痛加詆毁，以至于滿城揭帖，誣蔑他『溝通洋人』，在這種群情洶洶的情况下，朝廷最後下旨將《使西紀程》毁版，從而使該書成了禁書。然而，書雖被毁版，却不能堵死民衆的傳播與閲讀的途徑，上海的《萬國公報》依舊連載該書，張佩綸曾説：『朝廷禁其書，而新聞紙接續刊刻，中外傳播如故也。』從某種意義上來説，啓蒙是時代的需要，盡管清政府發諭旨禁了該書，民衆乃至一些朝廷大員却依舊在私下閲讀，以便瞭解外部的世界。進步的社會是開放性的，任何企圖『閉關鎖國』的努力都意味着歷史的倒退，衹有開放，與整個世界文明保持同等的步伐，纔能實現真正的强國之夢。當大批知識分子走出閉鎖的國門，親歷了文明的洗禮之後，也就把啓蒙的智識帶回了中華大地。容閎的《西學東漸記》，梁啓超的《新大陸游記》，崔國因的《出使美日秘日記》等一大批作品介紹了海外諸國的政治、經濟、軍事、外交、文化。雖然這些作品在認識上仍然帶有時代的局限性，然而却是那時最爲珍貴的聲音。

另一方面，在學術上，中國文化母體内『經世致用』思想與資産階級思想相結合，也唤起了變革，以康有爲、梁啓超爲首的改良派試圖通過自上而下的革新以實現變革。康有爲的《新學僞經考》《孔子改制考》就是借經學之表論資産階級學説之裏的著作，康有爲的弟子梁啓超更是通過《新民説》一書提出國民性改造。與早期啓蒙者『師夷長技』的器物文明引進不同，梁啓超上升到形而上的精神領域，從文化心理上更加徹底地進行變革。梁氏是清朝末年到民國初年一個橋梁式的人物，被譽爲『輿論之驕子，天縱之文豪』，其影響力不但在學術領域，同時還在文學領域，他所倡導的『詩界革命』得到了譚嗣同、黄遵憲、丘逢甲等人的響應，黄遵憲的《日本雜事詩》，丘逢甲的《嶺雲海日樓詩鈔》都體現了這種主張。這一主張要求反映新的時代和新的思想，用『我手寫我口』（黄遵憲語）的方式直抒胸臆，對長期占詩壇主流的擬古主義、形式主義産生了巨大的衝擊，解放了寫作者的心靈和頭腦。

與社會變革同步的是早期對西方思想著作的翻譯，這裏面影響最大的是嚴復，他翻譯的《天演論》《社會通詮》等書直接孕育了民國一代的知識階層。魯迅、胡適等人在文章中都曾提到《天演論》對他們思想所産生的震撼。與嚴復略有不同的另一位翻譯家是林紓，他的譯作雖然參差不齊，但却在更細膩的心靈層次對讀者産生影響，許壽裳曾回憶，他和魯迅都熱衷于林譯的小説，如《巴黎茶花女遺事》《黑奴籲天録》《迦茵小傳》等作品。

辛亥革命之後，進步社會思潮成爲主流，比之清末思想啓蒙者『求存』的追求，民國以來的知識階層深入到了更加細微的肌理，一方面呼喚社會變革，另一方面進行點滴的建設，革命并不能使所有的一切一蹴而就，在更加深廣的領域，事物的改變是由微觀而宏觀。通俗地説，比之于革命，建設的意義更大。如《中國商業史》《中國教育史》《中國倫理學史》《中國哲學史大綱》《中國小説史略》等一大批作品都是進行系統的梳理與建設的理論作品。其中，以胡適和魯迅二人的影響最大，他們的作品一紙風靡，從而成爲新文化運動的主力人物。

《清末民初文獻叢刊》收録的文獻大致上可以分爲三個階段，其中龔自珍、張之洞、魏源、郭嵩燾、薛福成等人的作品可視爲『早期啓蒙』，康有爲、梁啓超、黄遵憲、嚴復、林紓等人的作品可視爲『中期啓蒙』，胡適、魯迅、蔡元培等人的作品可視爲『晚期啓蒙』。當然，這種劃分并非嚴格意義上的，大部分啓蒙思想者隨着時代的變化，其思想在不斷進步。縱觀整個近現代史，可以發現，要求變革不是在某一個領域，由某一類人發起和完成的，而是全社會的要求。

變革，已經成爲全社會的共識。

從清末民初的文獻中，我們能够發現一種豐富性。這些作品涉及政治、經濟、軍事、教育、外交、宗教、心理、情感等方方面面，從内而外地净化着中國兩千年以來的封建積習。它不衹是對社會的改造，更是對人心靈的重塑；它首重國家社會之建設，同時亦重靈魂心智之喚醒；它是宏大的，也是微觀的；它是嚴肅莊重的，也是活潑靈動的；這些作品結構精巧，思想内容深刻，擁有濃厚的人文主義色彩，對推動社會主義建設，實現中國夢有重大意義，是近現代中國一百年來最宏富的智識與情感的寶藏。因此，整理這些文獻作品，無論是出于資料保存的目的，還是爲圖書館提供資料副本，都有不可估量的意義。

特定時代下的文獻，當它一旦形成（既指草擬，創作的完成，也指其成爲一個載體），就不可再複製了，也就意味着它將面對消亡。對于文獻資料而言，越接近歷史事件發生的時代記録，越具有研究價值。文獻本身具有不可再生性，它衹會消亡，而不會增多。盡管文獻本身的文字可以保留下來，并進行傳播，却失去了當時的時代氣息。當時的作品可能在技巧上，文字的成熟度上不及當代，但它所負載的信息，創作者的情感都反映了當時的歷史，也就是説，它具有不可替代的歷史意義。

影印的版本有三個特點，第一是擁有文獻的『原始性』；第二個特點是『未經改動的』；第三個特點是『歷史的原貌』。所謂『原始性』，也就是説，它是第一手資料，而非轉述的，回憶形成的；『未經改動的』，是指未被篡改、删節、挖補的；『歷史的原貌』是指在影印製作過程中，完全依照文獻的原來模樣……這樣製作出版的作品，無异延續了文獻的壽命。

近現代思想史上的一個最重大的思潮就是『開放』，從林則徐的『開眼看世界』到蔡元培的『兼容并包』，都是在倡導一種開放式的胸襟。而《清末民初文獻叢刊》最有魅力的部分就是『開放』這一主題，祇有融入到世界文明發展的進程中，中華文明纔能歷久彌新。

《清末民初文獻叢刊》編委會

二〇一七年四月十四日

凡例

一、《清末民初文獻叢刊》（以下簡稱『叢刊』）爲影印本，舉凡所用之底本，均爲該書之早期版本。有清末刊本，亦有民國印本。

二、《叢刊》均依底本影印，未予删改，僅代表作者個人觀點，不代表官方立場；原刊本有誤，不予校改，以保留文獻之原貌。

三、《叢刊》所用之底本，因時日久遠存在漫漶的情況，均進行了修復；底本闕文、印刷不清，均保留原貌。

四、爲讀者閱讀之便，《叢刊》中之舊底本目録未標記頁碼者，編了目次；原底本有頁碼和目録，未予重複編目。

五、爲保持文獻的原始風貌，影印本保留了原書書影（原書爲多册，則保留第一册書影）、扉頁等信息。所用底本無相應信息者，則不予妄添，以免錯訛。

目録

心傳茶跡

光緒甲午
孟冬開雕

序

奏議古文之一體也昔曾文正公選鈔奏議宗賈長沙陸宣公蘇文忠三家嗚原堂論文專論奏疏亦既涵其涯而抉其奥矣蓋古今奏議推西漢爲極軌而氣勢之盛事理之顯尤莫善於賈生陳政事疏劉子政封事忠愛懇款發於至性諸葛武侯出師表規模宏遠謨誥之遺皆與賈氏文相輔翼惜乎其不多覯也漢氏以降文章道衰風骨少隤唐代韓柳有作奏事之文爲之不多限於位與時也陸公以駢偶之體運單行之氣文正謂其理精則比隆濂洛氣盛亦方駕韓蘇洵非虚語蘇文

忠奏議終身效法陸公謚以敷奏君上之體宜乎條暢軒豁能如是亦足矣夫長沙究利害宣公研義理文忠審人情三家各有深詣文正宗之允矣竊又以謂文正奏疏參用近時奏牘之式運以古文峻潔之氣實爲六七百年來奏疏絕調每欲汰幕客代擬之作專存文正手筆彙鈔數卷私資揣摩卒卒未果然奏疏一體前則三家後則文正皆福成所服膺弗失者也曩在幕府嘗裁奏牘均係代作奉使四國以來忝列京卿有奏事之責非使職所及者不敢妄陳甲午之春期滿將歸穀行篋得疏稿數十首稍刪循例諸作釐爲二卷俟質當世

亦以自鏡云嗟夫經濟無窮事變日新方今西洋諸國情狀賈陸蘇三公與文正所不及睹者也福成既睹四賢未睹之事矣則凡所當言者皆四賢所未及言者也惟其爲四賢所未及言居今之世乃益不能已於言安得起四賢於今日抒厥壯猷一啟後人之不逮耶夫古人雖往事理則同論事者不得因其事爲古人所未諗遂謂奮筆纂辭可不師古人也此福成所以益睪然高望於四賢也光緒二十年春二月無錫薛福成自序於英倫使館

凡例

一自己丑夏奉　命出使至甲午夏交卸回華前後五年凡具奏摺片之較有關繫者皆經選錄惟四六謝　恩摺暨循例諸摺片無關宏旨姑存別稿

一呈遞　國書雖係循例之作要爲使事之綱領不能不錄存以誌梗概

一己丑五月保護浙東新築礮臺摺片雖與使事無涉然係奉　命出使以後所上且海防亦洋務之要端因其無所附麗故應歸入此編

一題下所注年月日係指使館拜發之期到京呈遞總

尚在五六旬以外

出使奏疏目錄

卷上

卷下

出使奏疏卷上

無錫薛福成叔耘

妥籌保護浙江新築礮臺疏光緒十五年五月十五日

奏爲浙東新築礮臺關繫緊要擬請
旨敕下浙江撫臣妥籌經久保護之法恭摺仰祈
聖鑒事竊臣前在浙江甯紹台道任內適值海氛不靖
前撫臣劉秉璋調集淮楚諸軍扼險守禦復委前參將
吳杰管理南北岸礮臺擊中敵船兩次浙防幸獲保全
當時猶以舊臺礮力較小不能遠擊衆論惜之敵船既
退劉秉璋采用臣之條議爲綢繆未雨之計檄飭浙省

支應局訂購德國克鹿卜二十四生的後膛鋼礮二尊二十一生的後膛鋼礮五尊派候補知府杜冠英總理築臺事宜候補參將吳杰幫同辦理仍檄臣督率稽查臣迭次馳赴鎭海口門與杜冠英等相度地勢擇於南岸小港口之笠山築大礮臺一座安置新礮三尊金雞山前面築臺一座置礮一尊北岸招寶山舊礮臺之下層添一礮洞置礮一尊又於甬江中流之兩石礮各築臺一座置礮二尊前敵後路節節設險經始於光緒十一年由撫臣檄派駐北岸之總兵黃鎬文等所部淮軍三營駐南岸之提臣歐陽利見所部達字等營分任工

役劃定地段各專責成數年之間淮勇趨事勤奮剋期蕆功惟南岸各營稍形疲玩往往期限已迫工程尚無端緒臣以該營歸提臣統轄不便過爲催趲常令吳杰以所領礮兵三百餘名代竣其役吳杰熟諳西法操練精勤非特毫無虛額抑且力顧大局故每以數百人當數營之用至光緒十四年十月各臺次第告成撫臣衛榮光派員驗收並議以新式利器必得熟手善爲照料磨擦光亮方免鏽壞誤事因定給按年擦油之費專委吳杰管理惟提標各營自稱清苦頗思分得擦費希圖沾潤密聳提臣執南北岸分派之說爭委礮臺一差撫

臣始允照辦繼以所定礮臺經費本不甚寬裕惟吳杰
廉樸耐勞尙能撙節敷用標營習氣最深彼既但思自
潤恐致貽誤遂仍專委吳杰管帶提臣以所求不遂頗
貽文牘於撫臣負氣忿爭衛榮光本擬將始終辦法奏
明定案適因調任交卸新任撫臣崧駿接篆之初提臣
親赴杭垣商懇撤去吳杰崧駿審知吳杰素有功績爲
浙東不可多得之將弁又不欲顯拒提臣致失和衷之
體因酌用臣條議檄派提標候補副將陳勝文會同吳
杰管帶礮臺仍以演礮責成吳杰一人議者以爲提臣
如稍喻撫臣苦衷亦可以已矣無如標營將弁仍未滿

意既憚吳杰之遇事認眞因復造不根之說以聳動提臣此臣在甯紹台道任內辦理礮臺目擊情形之始末也今春臣由甯波交卸起程風聞提臣復致密函於閩浙督臣卞寶第懇其劾去吳杰是時臣疑信參半甫入都門伏讀邸鈔知吳杰果被參革職人言嘖嘖頗疑督臣之輕聽大抵莅任伊始未及詢訪輿論所致竊惟賞罰黜陟

朝廷自有權衡非臣下所敢參末議第念海防以礮臺為關鍵而珍護礮位操習礮兵專恃將弁之得人臣未知吳杰參革之後現派管理者何員誠慮標營但圖自

潤罔知輕重提臣調劑本標壹意求勝則不獨
國家數十萬金之巨帑付之一擲即臣與杜冠英吳杰
及各營將士數年之心力亦覺徒勞殊爲可惜臣在浙
數年與提臣向稱和衷與吳杰並無私交特以是非宜
有公論利害亦關大局若因身已去浙緘默不言臣心
實有所難安擬請
旨敕下浙江撫臣揀派妥愼遴員管守鎭海礮臺並知
照提臣勿再惑標營將士之言排擠得力員弁似於浙
省海防有裨至四川督臣劉秉璋山西撫臣衛榮光前
在浙江巡撫任內皆於守護礮臺一事籌之已熟可否

敕下劉秉璋衛榮光詢以守臺經久之策及吳烜平日
功罪待其覆奏到日則臣言之虛實立見端倪閩浙督
臣卞寶第離浙僅遠甫經到任恐有不及詳察之處然
督臣素著公忠正得藉異同之論以資考證當亦諒臣
心之無他決不以臣言爲忤也所有浙東礮臺關繫緊
要緣由謹具摺披瀝直陳伏乞
皇上聖鑒訓示謹
奏

密陳標營積習難改將才宜保護片 光緒十五年五月十五日

再查定例提督專轄通省標營及各汛所有舊式礮臺近來武備日精講求西法如北洋之大沽北塘旅順威海衛等處南洋之吳淞口及長江一帶暨福州臺灣廣東各要隘均已建築新式礮臺莫不挑選勇營或另募礮兵遴派得力將弁管帶駐守未有專用標營者誠以標營積習太深無從整頓昔胡林翼曾國藩等已詳言之若輩圖得一差即視爲利藪偷減侵蝕必誤大局浙東招寶山之建礮臺始於升任撫臣楊昌濬遴派杜冠英吳杰經理其事歷任撫臣相繼委任所需經費皆由

撫臣設法籌給故一切用人立法亦由撫臣主持與標
營絕不相干當升任撫臣劉秉璋在浙時提臣歐陽利
見聽鎮海參將鄭鴻章之言屢求撤去吳杰劉秉璋堅
拒不從未及數月敵艦犯口吳杰兩次開礮獲勝是時
吳杰聲望實出歐陽利見之上至今浙東士民皆能道
之鄭鴻章旋經劉秉璋劾罷有案迨劉秉璋升任以去
標營每思乘間攬管臺務臣嘗以吳杰之當留爲新任
撫臣詳晰言之撫臣衛榮光崧駿皆告臣以在江蘇時
即聞吳杰之名去年衛榮光以將才保薦吳杰而標營
嫉之滋甚此次標營乘新舊督撫臣交替之際設法播

弄而吳杰竟被參劾臣竊惟多事之秋人才難得方今創辦海軍整理防務茍稍有可用之才必當延攬而激勵之培養而護持之如吳杰者臨財廉任事勇操練勤威望素著一省之中實不多得乃竟終於顛蹶從此志士寒心宵人增氣爲營將者知守法奉公不能自全將競以侵剋餉項爲獻媚取容之計恐於風氣大有妨礙臣是以不憚煩瑣敢再據實密陳伏乞
聖鑒謹
奏

恭報暫駐法國呈遞國書疏 光緒十六年閏二月十一日

奏爲恭報微臣暫駐法國呈遞
國書日期仰祈
聖鑒事竊臣於二月十九日行抵法國巴黎都城二十二日接印任事當卽繕摺
奏報幷陳明俟呈遞
國書禮成再行恭報在案維時適値法國各大臣與議院論事不合紛紛告退逮外部尚書李寶接任臣循例往與會晤旋准函訂伯理璽天德於閏二月初四日酉刻延見屆期由其接引大臣穆拉以朝車及副車並率

馬隊來迎　臣　恭齎
國書率同駐法二等參贊官陳季同隨員聯豫繙譯官
吳宗濂學生世增詣其勒立色宮宮外陳兵奏樂　臣入
門覲躬伯理璽天德亦免冠鞠躬　臣　宣讀頌詞敬遞
國書伯理璽天德躬親祗受宣述答辭慰勞殷勤其輸
誠修好之意溢於言表足以仰紓
聖廑　臣　擬將法館事務稍爲料理卽行渡海前赴英國
倫敦都城俟到英後另摺具
奏除將頌辭答辭咨送總理各國事務衙門外所有微
臣　暫駐法國呈遞

國書情形理合恭摺具陳伏乞
皇上聖鑒謹
奏

恭報抵英呈遞國書疏 光緒十六年三月十八日

奏爲恭報微臣抵英呈遞
國書日期仰祈
聖鑒事竊臣於閏二月初四日在法國呈遞
國書當卽恭摺具陳並陳明俟抵英國後再行
奏報在案臣駐法國一月有餘與該國各部大臣及各
國使臣往來聯絡並將法館應辦事宜相機措注維時
適値英國君主游歷歐洲暫駐法國海口迨聞英君主
將由德回英臣卽於三月初四日渡海坐火輪車馳抵
倫敦准前使臣劉瑞芬將英署文案卷宗移交前來英

君主亦於三月十二日回國臣往晤英首相兼外部尚
書沙力斯伯里旋接函訂英君主於三月十七日未刻
接見屆期由其外部侍郎蒂爾克生來迓同乘火車前
往溫則行宮君主豫備對騎坐車相迎臣恭齎
國書率同二等參贊官道員黃遵憲英文參贊官馬格
理徑抵宮門入至朝堂宴飲旋有侍衛官導詣內殿臣
入門鞠躬手捧
國書宣讀頌辭馬格理以英文再為宣讀英君主手受
國書訖口宣答辭由馬格理譯傳語意懇摯慰勞甚殷
堪以仰慰

宸廑除將頌辭答辭咨送總理衙門外所有微臣抵英
呈遞國書情形理合恭摺具陳伏乞
皇上聖鑒謹
奏

恭報馳赴比國呈遞　國書疏光緒十六年五月初十日

奏爲恭報　微臣馳赴比國呈遞
國書日期恭摺具陳仰祈
聖鑒事竊臣奉
命出使四國前於三月十七日在英國呈遞
國書當經繕摺陳
奏在案查比利時國與英倫隔海相望幅員雖小而戸口繁密介於强大之間頗能聯絡邦交立國規模尙稱完固臣駐英兩月料理使事稍有頭緒即於四月二十二日由英國都甫海口渡海馳抵比國伯爵色爾都城

先與其外部尙書喜梅會晤訂見比君日期旋接外部
函稱於二十六日延見屆期朝官以雙馬車來迓臣恭
賫
國書率同二等參贊官陳季同繙譯學生王豐鎬前詣
王宮首相貝爾那導入內殿比君出見臣行鞠躬禮宣
讀頌辭呈遞
國書比君鞠躬祇受免冠肅立口述答辭有仰慕中國
教化遇事可效勞之語越日復於宮中設宴首相及各
部大臣咸集比君入座款接優隆有加常禮臣遂於二
十九日馳抵巴黎稍釐法館事務五月初二日回抵倫

敦使館除將頌辭答辭咨送總理各國事務衙門外所

有微臣前赴比國呈遞

國書情形理合恭摺具陳伏乞

皇上聖鑒謹

奏

察看英法兩國交涉事宜疏光緒十六年七月初六日

奏爲微臣分駐英法數月察看交涉事宜謹陳梗概恭摺仰祈

聖鑒事竊臣在法國英國比國呈遞

國書已將各國互敦和好之意陸續據實

奏報在案惟聞義國羅馬都城一交夏令瘴氣甚重該國王及其外部大臣等皆避暑在外必俟八九月後回都辦事臣是以暫緩馳赴羅馬稍以其暇詳閱接管案卷聯絡議院官紳謹將見聞所及爲

聖主縷陳之竊惟數十年來西洋諸國惟英法與我中

國素多齟齬一二强邦迭起乘之事變愈棘從前英使如威妥瑪巴夏禮等法使如巴德諾脫等尤窺知中國情事狃於積習動輒要挾句結他國協以謀我與之以利而不知感商之以情而不即應繩之以約而不盡遵其所由來非一日矣臣嘗觀光緒三四年間舊牘前使

臣郭嵩燾初到之時枝節不少口舌滋繁有明係中國自主之權而妄思侵礙者有明係彼國訂行之款而不即照辦者蓋彼之商人惟利是視不顧大體而公使領事向恃中國無駐洋使臣與彼外部辯論往往逞其一面之辭要求迫脅惟所欲爲今則事勢既異於前威巴

諸使或退或死狡謀斯戢積案稍清臣嘗與英法官紳往來酬酢察其言論多有聯絡中國之意不復如昔日之壹意輕藐推原其故厥有數端一則越南一役法人欲索賠償竟不可得至今法人議論咸咎斐禮之開釁恨其得不償失各國始知中國之不受恫喝也一則十餘年中冠蓋聯翩出駐各國漸能諳其風俗審其利弊情意既浹邦交益固也一則中國於海防海軍諸要政逐漸整頓風聲所播收效無形且近年出洋學生試於書院常列高等彼亦知華人之才力不後西人也凡此數端皆係

聖明措注因時及內外大臣盡力經營之效臣愚以爲
乘此振興之際遇有交涉事件可以相機度勢默轉潛
移稍裨大局大抵外交之道與內治息息相通如商稅
受損則財用不足矣教民橫恣則吏治不飭矣海外之
華民保護不及則
國勢不張矣內地之土貨行銷不遠則民生不厚矣此
在任使事者設法維持隨宜籌措雖舊約驟難更改而
情勢或可變通臣擬於茲數者審度情形俟有機會大
則
奏請

諭旨遵辦小則函咨總理衙門裁酌總期捷聲息而通
隔閡收權利而銷外侮仰副
朝廷委任之意抑臣又聞外洋各國使臣互相駐紮皆
以得見君主爲榮君主亦必接見以示優異
皇上親政以來各使以未覲
天顏疑有薄待之意不無私議屢見英法新聞紙中將
來恐不免合力固請似亦當籌所以應之也所有察看
交涉事宜理合恭摺密陳伏乞
皇上聖鑒訓示謹
奏

豫籌各國使臣合請　覲見片光緒十六年七月初六日

再查外洋各國風氣交際與交涉截然判爲兩事交際之禮節務爲周到交涉之事件不稍通融惟其厚於交際故可嚴於交涉凡各國使臣初到一國駐紮之時其君主無不接見慰勞數語以示優待使臣鞠躬而退並不言及公事此西國之通例也臣到英後除呈遞國書外其君主延請讌會一次聽樂觀舞會各二次禮意頗爲周浹今聞各國駐京公使以未蒙

書接不無私議萬一合辭來請我若深閉固拒相形之下似覺

情誼懇然昔年英使威妥瑪借未許
覲見爲辭頗於煙台條款多所要挾夫靳虛禮而受實
損非計之得也臣愚以爲今日有同治十二年閒成案
可循不妨援照辦理當時議者亦頗多疑慮一則恐其
有所瀆請一則謂中西之禮不同也然禮成而退海內
且傳爲盛事者何也西例公見不言公事即晤其外部
亦然洋使斷無不諳之理若論禮節可於
召見各使臣之先
敕下總理衙門告以如願行中禮或願行西禮各聽其
便如是則彼雖自行西例仍於體制無損又聞雍正年

閞羅馬教王遣使到京
世宗憲皇帝允行兩禮乾隆五十八年英國遣使馬戛
爾尼來華亦奉
高宗純皇帝特旨准行兩禮賜以筵宴未知禮部等衙
門是否有案可稽似亦足備考證臣爲豫籌應付各使
起見理合附片縷陳伏乞
聖鑒謹
奏

陸續訂運湖北鍊鐵織布機器情形片光緒十六年七月初六日

再前使臣劉瑞芬代湖廣督臣張之洞在英國諦塞德廠定購鍊鐵鍊鋼機器汽爐全副又在柏辣德廠及喜克哈葛里甫廠定購紡紗織布機器汽爐全副原議鐵布兩廠俟造成後各分五批運赴廣東適張之洞調任湖廣勘地未定築廠需時而布機皆係細巧之件若無廠屋存儲恐致鏽壞臣竈商張之洞暫緩運鄂惟織布鍋爐六座及鍊鐵機器兩批業已雇船送至漢口又有築廠物料及應添器具臣亦爲之詳愼訪訂陸續運送

竊維鍊鐵織布兩大端裕強兵富國之謀握利用厚生之本若果辦理有效每歲中國之銀少漏入外洋者不下四五千萬兩惟鍊鐵必與開礦相濟爲用若數端並舉事體宏鉅恐非一省之物力才力所易集事想
朝廷必已默操至計允爲始終主持然如織屋尚待卜築工匠亦須募練運器之水腳雖省添製之零件猶多固非旦夕所能動工而外洋各國每興一利源其初不免耗折賴有堅忍之力以持之中國始基初立用帑較鉅勢難中止伏維
聖明洞燭時勢創建宏規不以彊臣易任爲作輟不以

浮議稍興爲疑沮俾內外合力妥愼經營十餘年後當有成效可觀至如籌運全機雇募洋匠訪各廠之良法詢購物之時價與張之洞函電頻商務臻妥善此係微

臣之責斷不敢稍形怠忽合將大概情形附片具陳伏

乞

聖鑒謹

奏

通籌南洋各島添設領事保護華民疏 光緒十六年十月初十日

奏爲英國屬埠擬添設領事官保護華民並通籌南洋各島派員先後次第恭摺仰祈

聖鑒事竊臣查光緒十二年兩廣督臣張之洞派遣委員副將王榮和知府余瓗訪查南洋各島華民商務奏稱該委員等周歷二十餘埠約計英荷日三國屬島應設總領事者三處正副領事者各數處經總理衙門議復在案臣於光緒十六年七月准總理衙門咨稱據海軍提督丁汝昌文稱此次巡洋如附近新嘉坡各島曰

檳榔嶼曰麻六甲曰柔佛曰芙蓉曰石蘭莪曰白蠟皆未設領事華商因受欺陵剝削無不環訴哀求擬請各設副領事一員即以隨地公正殷商攝之統轄於新嘉坡領事應先與該外部商定核給憑照如能辦到實於華民有裨等因到 臣 當經辦文照會英國外部援照公法及各國常例聲明中國可派領事分駐英國屬境俟商有端倪再咨明總理衙門詳籌妥辦 臣 竊思領事一官關係緊要而南洋各島華民繁庶若不統論全局則一事之利弊無以明若不兼籌各國則一隅之情勢無由顯 臣 謹綜其始終本末爲

聖主敬陳之大抵外洋各國莫不以商務爲富强之本
凡在他國通商之口必設領事以保護商人遇有苛例
隨時駁阻所以旅居樂業商務日旺卽游歷之員工藝
之人亦皆所至如歸而西洋各國領事之在中國權力
尤大良由立約之初中國未諳洋情允令管轄本國寓
華商民與地方官無異洋人每有人命債訟等案均由
領事官自理往往掣我地方官之肘從前中國各口之
枝節橫生亦實由於此然卽在他國不理政務之領事
僅以保護商務爲名者各國亦視之甚重稍有交涉卽
籌建設蓋枝葉繁則本根固耳目廣則聲息靈民氣樂

則國勢張自然之理也中國領事之駐外洋者在英則有新嘉坡領事在美則有舊金山總領事有紐約領事在日則有古巴總領事有馬丹薩領事在祕魯則有嘉里約領事在日本則有長崎橫濱神戶三處理事有箱館副理事蓋南北美洲與日本各口迭經總理衙門與出使大臣籌畫經營建置較密惟南洋各島星羅棊布形勢尤為切近華民往來居住或通商或傭工或種植或開礦不下三百餘萬人即委員王榮和等所到之處亦已報有百餘萬人臣竊據平日所見聞參以張之洞原奏計華民萃居之地荷日兩國所屬應專設領事者

約四處曰蘇門答臘之日裏埠曰噶羅巴曰三寶隴等埠曰小呂宋英法兩國所屬應專設領事者約五處曰香港曰新金山曰緬甸之仰江曰越南之北圻與西貢他如檳榔嶼等處已可相機設法或以就近領事兼攝或選殷商爲紳董畀以副領事之名略給經費而以就近領事轄之斟酌盈虛隨宜措注要亦所費無多就南洋各島而論祇須設領事十數員大勢已覺周妥加以略有添派綜計歲費當不過十萬金竊查各關洋稅項下每歲提撥一成半作爲出使經費約銀一百數十萬兩而近年出使各館所需暨游歷人員所用統計當不

過六十萬兩總理衙門原議以其贏數豫備添派各國使臣之用臣愚以爲西洋頭等强國均已派有使臣即二三等之國亦由各使就近兼攝似暫無須多派惟逐漸添此十數領事者則商政日興民財自阜息息有與內政相通之故且慰輿情於絕遠不啟華人觖望之端收權利於無形不開外人姍笑之漸所獲裨益較之所費奚啻十倍臣嘗閱各國貿易總冊以洋貨土貨出入相準每歲中國之銀流入外洋者約一二千萬兩又攷數年前美國舊金山銀行滙票總帳每歲華民滙入中國之銀約合八百萬兩內外雖該處工資較豐而人數

倘非最多則推之古巴祕魯可知推之南洋各島又可知夫中國貿易與各國相衡虧短甚鉅然倘有可周轉者以華民出洋所獲之利足資補苴也倘此源再塞則內地之銀必更形匱乏民窮已甚竊恐事變叢生卽就新嘉坡一埠而論設立領事已十三年支銷經費未滿十萬金然各省賑捐海防捐所獲之款實已倍之而商傭十四五萬人其前後攜寄回華者當亦不下一二千萬蓋領事一官在彼外洋雖無管轄華民之權實有保護華民之責縱令妥訂條約章程必得領事隨所見聞與彼地方官商辦則洋官亦得藉以稽查而士人不敢

任意苛虐即駐洋使臣欲與外部辯論亦必以領事所報爲憑方能使洋官有所顧忌此領事一官所以不能不設之由而已設領事之處未嘗無顯著之效也今華民出洋之利已稍不如前矣誠能於南洋各島酌添領事尚可挽回補救而收固有之利源然所以議之稍久迄少就緒者蓋亦因立約之初中國未悉洋情並不知華民出洋之緊於是但給彼在中國設領事之柄而無我在外洋設領事之文又各國開荒島爲巨埠專賴招致華民而洋人實屬寥寥一經我設立領事彼不免喧賓奪主之嫌又礙其暴斂橫征之舉所以始必堅拒繼

則咨延外部以咨商藩部爲辭藩部以官民不便爲說
雖費禿脣焦而終無如彼何此惟在局中者深知其難
而局外之視事太易者又或稱就地可集鉅資無需另
籌經費或狃於洋官駐華之例幾謂一設領事華民即
爲所轄竟無異管理地方者此皆閱歷未深持論實多
隔閡當局者知其斷難辦到不無矯枉過正之議幾謂
徒多耗費無甚裨益斯殆有激而然 臣竊以爲望之過
奢轉滋流弊領事所收之身格費船照費原可略資津
貼正不必斂鉅貲以招物議今已設領事之處驗民船
稽民數原可稍分彼權正不必攬政柄以啟猜疑但如

臣以上所陳則不求近效而其效最大惟須認定主見中外一意合力堅持得寸得尺相機籌辦必可循序就範即如新嘉坡初設領事英之外部亦儘力阻撓當時頗費周折至今乃無異議竊查英法荷日四國屬境其苛待華民不願我設領事者以荷日二國爲最而法次之英又次之荷日國勢皆昔盛今衰其立國命脈乃在南洋諸島島中墾田開礦招商徵稅各事又恃華民爲根柢惟其政令不甚明肅呼應不甚靈通洋官往往徵取無藝僑寓之西人又侵侮華民或迫之入籍或拘之爲奴或禁其往來或朘其生計若有華官在旁理論究

可補救一二雖商設領事之始彼必枝梧推宕然我苟
據理執言因勢利導始終堅持諒彼亦無辭以難我及
早圖之則難者或漸化爲易失今不圖則易者亦漸覺
其難想總理衙門必仍知照出使美日秘 臣 崔國因催
商日國外部先在小呂宋設立領事俾便次第推廣以
符原議至英國待我華民較爲公允 臣 觀各國在英屬
地設一領事視爲泛常之舉向無攔阻又知英國君臣
用意頗欲與中國互敦睦誼或不於此等事件稍露歧
視中國之形迹與該外部商議請照各國之例在英地
隨宜派設領事即彼未肯速允 臣 擬堅持初議至再至

三與之磋磨先就香港仰江新金山等埠酌設一二員而檳榔嶼等六處亦當審其地勢人數從長籌畫由此推之法荷各屬亦或較易爲力　臣非不知洋人性情堅韌每商一事必多波折然苟不憚筆舌之繁不參游移之見不紊緩急之序或稍有效可圖蓋庇蔭周則民生厚而不獨開商務財用裕則近憂紓而非以勤遠略佈置廣則衆志聯而兼可詗敵情呼籲少則

國體尊而即以銷外侮　臣爲海外數百萬生靈起見不敢稍安緘默所有英國屬埠擬設領事並通籌南洋各島派員次第緣由恭摺具陳伏乞

皇上聖鑒訓示謹
奏

與英外部商設香港領事情形片光緒十六年十月初十日

再查英屬香港一島華民流寓者十四五萬逼近廣東省城尤爲中外往來咽喉凡華洋各商貨物均先至香港然後轉運各省其交涉事件之繁難者一曰逃犯一曰走私一曰海界祇以該處並無華員無以通中外之情於廣東全省政務每形扞格是商設領事實於大局尤關緊要前任使臣郭嵩燾有此志而未及辦曾紀澤任内曾經照會英外部數次迄無成議揣其隱情蓋因全島多寓華民而洋人不過數千若准設華官與廣東大吏聲息相通在彼不免多懷顧慮所以靳而未許臣

昨辦文與外部援照公法商定通例而未明提香港該
外部侍郎山特生果向英文參贊馬格理以香港一處
爲疑且云恐華官不習外務或竟侵權越分致多窒礙
臣思新嘉坡領事左秉隆與英官頗能相得外部亦稱
其辦理妥洽因遣馬格理告以香港若設領事當以左
秉隆調往開辦察其辭意似尚易商惟遇事設法支展
必再四催問而始辦則外部之常例也容俟復文到日
如仍不遽允臣再當相機辯論理合附片具陳伏乞
聖鑒訓示謹
奏

滇緬分界通商事宜疏 光緒十七年正月二十五

奏為滇緬分界通商亟應豫為籌備不使英國獨占先著以免臨時棘手恭摺密陳仰祈

聖鑒事竊查倫敦使署檔卷內光緒十一年冬間英國印度派兵出境進據緬甸維時出使大臣曾紀澤承准總理各國事務衙門密電疊次與英外部會商初議立君存祀俾守十年一貢之例既不可得始議定由英駐緬大員按期遣使賫獻儀物其界務商務兩事則擬先定分界再籌通商蓋因英人注意商務若分劃邊界偶有轇轕則辦理通商諸多掣肘虧損無窮固不能不

審其次第也英人自以驟闢緬甸全境所獲已多是以有稍讓中國展拓邊界之說當時英外部侍郎克蕾曾稱英廷願將潞江以東之地自雲南南界之外起南抵暹羅北界西濱潞江即洋圖所謂薩爾溫江東抵瀾滄江下游其中北有南掌國南有撣人各種或留為屬國或收為屬地悉聽中國之便曾紀澤轉咨總理衙門亦云南掌本係入貢中華之國倘英人果將潞江以東讓我似宜受之將撣人南掌均留為屬國責其按期朝貢並將上邦之權明告天下方可防後患而固邊圉等語曾紀澤又嘗向英外部理論欲索八募之地八募蓋即

蠻暮之新街昔時蠻暮土司之地頗大後乃悉爲緬甸所併其商貨滙集之區謂之新街洋圖譯音則爲八募距騰越邊外百數十里在厄勒瓦諦江即大金沙江上游之東龍川江下游之北檳榔江下游之南向爲滇緬通商巨鎮英人以其爲全緬菁華所萃靳而未許迨爭論數次克蕭始云英廷已飭駐緬之英官勘驗一地以便允中國立埠且可在彼設關收稅據參贊官馬格理云八募雖不可得其東二三十里有舊八募城似肯讓與中國日後貿易亦可臻繁盛且允將大金沙江爲兩國公共之江如此則形勢與彼同之利益亦與彼分之

其隱裨大局似尤較得潞東之地爲勝曾紀澤以商辦已有端緒因與外部互書節略存卷暫停不議旋卽交卸回華光緒十二年六月總理衙門與英使歐格訥議約五條第一條中明十年呈進方物之例第三條中緬邊界應由中英兩國派員會同勘定其邊界通商事宜亦應另立專章等因在案　臣竊繹總理衙門與英使訂定之約章及曾紀澤與外部會商之節略雖措辭詳略不同而大意仍相脗合蓋外部所稱願讓之地因立約時尚未勘定故以兩國派員會勘一句括之此從前商辦緬甸事務之大略情形也溯自立約至今已越五年

英人未嘗催問我
國家亦暫置不理然 臣 近聞英廷正與暹羅勘辦界務又屢次密派幹員馳往滇緬交界查看形勢探詢礦產並有創築鐵路通接滇邊之意議者咸知彼族布置妥協必轉以延擱已久為辭來相促迫勢不能不驟允開辦則彼從容而我倉猝彼諳練而我生疏彼措注已周而我進退失據臨時竭蹶成算未操斷無不受虧損之理就今日情勢而論商務須從界務生根但使分界能協機宜則他日通商亦可少滋流弊夫審度利病隨宜操縱固屬總理衙門與勘界大臣之事然使明知彼族

之有隱謀而緘默不言坐失事機則咎在使臣若欲先事豫籌會探邊情又非責之疆吏不可惟是分界固非詳查密訪不能得其要領而其輕重緩急之大勢則有可計議者大抵英人所稱願讓潞東之地南北將及千里東西亦五六百里果能將南掌與撣人收爲屬國或列爲甌脫之地誠係綏邊保小之良圖惟查南掌即老撾之轉音 臣 閱外洋最新圖說似老撾已歸屬暹羅若徒受英人之虛惠而終不能有其地恐轉爲外人所竊笑倘因此別生枝節又非計之得者蓋南掌撣人本各判爲數小國分附緬甸暹羅似宜查明南掌人暹羅之

外是否尚有自立之國以定受與不受其向附緬甸之撣人地實大於南掌稍能自立且素服中國之化若收為我屬則普洱順寧等府邊徼皆可鞏固矣至曾紀澤所索八募之地雖為英人所不肯舍其曾經默許之舊八募者亦可為通至大金沙江張本若將來竟不與爭或爭而不得臣竊有深慮焉夫天下事不進則退從前展拓邊界之論非謂區區邊界足增中國之大也臣聞乾隆年間緬甸恃強不靖吞滅滇邊諸土司騰越八關之外形勢不全西南一隅本多不甚清晰之界若我不求展出彼或反將勘入一處也我不於邊外稍留餘地

彼必築鐵路直接滇邊一遇有事動受要挾二慮也長江上源爲小金沙江最上之源由藏入滇距邊甚近洋圖即謂之揚子江我若進分大金沙江之利尚可使彼離邊稍遠萬一仍守故界則彼窺知江源伊邇或寖圖行船徑入長江以爭通商之利三慮也我稍展界則通商在緬境夫英人經營商埠最爲長技而我在彼設關收稅亦可與之俱旺我不展界則通商在滇境將來彼且來擇租界設領事地方諸務究不能不受牽制四慮也我得大金沙江之利則迤西一路之銅可由輪船遵海北上運費當省倍蓰否則彼獨據運貨之利旣入滇

境窺知礦產之富或且漸生狡謀五慮也凡此五慮皆在意計之中　臣　又竊慮英人於此數年內壹意延宕待我相忘稍久乃催勘界或更遇事要求悉置前議節略於不顧且謀國之道莫患乎爲敵所逆料中國素有不勤遠略之名外洋各國知之稔矣所以伺機而動迭起相乘琉球滅而越南隨之越南削而緬甸又隨之今且駸駸議及朝鮮矣竊恐英廷前議節略彼料中國未必竟受而故以此相嘗試固未可知我若出其不意據其前說力與相持或能因此稍展界務各國知中國辦理此等事件與前不同亦可伐敵謀而收後效況彼所予

卽有不宜收者不妨明指之以爲另索之符彼之意卽有萬難允者不妨故求之以得抵制之益蓋邊情不可不洞悉而舊議不可不重理擬請

敕下雲貴督臣王文韶遴派妥員分途偵察如南掌之存亡撣人之強弱騰越關外之地勢民風一一查詢明確據實覆陳以備勘界時有所依據並請

皇上敕下使臣催問英國外部以勘界定期與分界辦法一面卽可相機辨論仍與總理衙門函電相間務衷至當臣非不知英人性情堅韌當其驟得全緬喜出望外故許中國稍分其利今則事隔數年未嘗不思毀棄

前說然臣閱卷中節略係英文參贊官馬格理與英外部侍郎克蕾會議時爲最多今幸二人均未更換彼或難遽翻異臣不過多費筆舌多縻日力以與之磋磨雖無速效斷不致別有損礙抑或冀得寸得尺稍補涓埃

臣因邊疆得失動關緊要且此事爲中外全局所繫不敢不罄其愚忱謹摹繪滇緬交界及南掌撣人疆域全圖恭呈

御覽所有滇緬分界事宜亟應豫籌緣由理合恭摺密陳伏乞

皇上聖鑒訓示謹

奏

擬催駐緬英員照約呈進方物片光緒十七年正月二十五日

再臣查中英所定緬約第一條內緬甸每屆十年向有派員呈進方物成例英國允由緬甸最大之大臣每屆十年派員循例舉行所派之人應選緬甸國人等語當時中外注意專在申明成例惟未計及緬甸應於何年入貢所以但有此約而英之駐緬大員尚未舉行但恐久不催問此約卽成虛設臣因略查成案知緬甸向係十年一貢自道光二十三年入貢後因道路梗塞未經入貢光緒元年始復入貢一次是截至光緒十一年正應緬甸入貢之期我若不援時理論彼亦斷不過問數

年以來因勘界事未定所以暫緩然此本各爲一事未
便受其牽掣臣擬再略加查訪即行文外部請其知照
駐緬大員補進光緒十一年應呈方物俟光緒二十一
年再按定例辦理萬一彼謂必俟駐緬十年始呈方物
則經此一番考覈彼於光緒二十一年之期斷難宕緩
矣蓋在我
朝廷原不重此區區之貢然名之所在關繫較鉅理合
附片具陳伏乞
聖鑒訓示謹
奏

瀕海要區添設領事疏光緒十七年正月二十五日

奏爲瀕海要區添設領事揀員調充恭摺仰祈

聖鑒事竊臣承准總理衙門文開准北洋大臣李鴻章咨稱海軍提督丁汝昌巡歷南洋目擊華民人數巨萬生意殷盛既設領事之處尚稱安謐其餘頗受欺陵無不環訴哀求請設領事咨令酌度情形試與英國外部商議如能辦到實於華民有裨等因臣竊謂酌設領事所費無多而收效甚速曾於去年十月統籌全局縷陳

聖鑒在案查南洋流寓華民頗有買田宅長子孫者而拳拳不忘中土疊次防務賑務捐款甚鉅既據同聲呼

籲不可無以慰商民望澤之誠示
國家保護之意惟設立領事條約本無明文各國知此事於我有益往往靳而不許卽英國前議亦謂中國只能照約而行不能援引公法臣初與外部商議先破其成見謂中英方睦豈容與泰西分別異同再四磋磨外部始允照各友邦一律辦理仍謂審量情形刻下或有難盡照辦之處臣亦以經費有常必須擇要興辦礙難處處徧設查香港一島爲中外咽喉交涉淵藪前使臣屢商未就臣擬於香港設一領事官其新嘉坡原設領事改爲總領事兼轄檳榔嶼麻六甲及附近英屬諸小

國小島若慮鞭長莫及或就近選派殷商充副領事以資聯絡由總領事察度稟臣核辦臣既函商總理衙門復明告外部外部尚以中國官吏未諳西例爲慮臣告以新嘉坡領事左秉隆在任十年彼此往來素稱和睦臣署參贊官黄遵憲前充美國舊金山總領事四年穩練明慎中外悅服擬以此二員充補外部乃無異辭合無仰懇

天恩俯念員缺緊要准將駐英二等參贊官二品銜先用道黄遵憲調充駐劄新嘉坡總領事官新嘉坡領事官花翎鹽運使銜先用知府左秉隆調充駐劄香港領

事宜於交涉事務流寓商民必有裨益除另將酌擬經
費增派隨員詳細辦法咨呈總理衙門外所有添設領
事揀員調充緣由理合恭摺具陳伏乞
皇上聖鑒訓示謹
奏

新嘉坡總領事酌定名稱片 光緒十七年正月二十五日

再美日祕三國共設領事五處日本一國共設理事三處副理事一處均由出使大臣刊給關防此次增設領事自應指明轄地酌定名稱臣查南洋各島英國屬地甚多除遠處不計外凡附近新嘉坡者曰麻六甲曰檳榔嶼曰丹定斯羣島曰威利司雷省曰科科司羣島此皆英國屬七其各小邦歸英保護者曰白蠟曰石蘭莪曰芙蓉又有柔佛一邦名爲自主實則爲英附庸各該處華人共三十餘萬占居民十分之六前於光緒十一年間英國政府聯合各地定其名曰海門屬部而設一

總督於新嘉坡以統轄之臣請以新嘉坡總督所轄之
地即爲總領事所轄之地擬刊關防其文曰
大清駐劄英國新嘉坡兼轄海門等處總領事關防香
港新設領事擬刊關防其文曰
大清駐劄香港正領事官關防如蒙
俞允可否由總理衙門頒給抑或由臣刊發恭候
命下之日分別刊刻發交該員等祗領關防以昭信守
理合附片陳明伏乞
聖鑒謹
奏

恭報馳赴義國呈遞國書疏光緒十七年三月初三日

奏爲微臣馳赴義國呈遞

國書恭摺仰祈

聖鑒事竊臣奉

命出使英法義比四國其英法比三國

國書業已陸續呈遞先後恭摺陳明在案臣於二月初一日由法國巴黎起程初三日馳抵義國羅馬都城先與其外部尙書兼首相呂提尼會晤緣義王適逢懿戚之喪半月內不能見客旋訂於二十一日未刻接見屆期禮官帶雙馬朝車來迎臣恭齎

國書率同參贊官馬格理繙譯官吳宗濂前詣上宮掌
儀大臣導入內殿義王出見慰勞殷勤並稱數百年來
義國積學之士多爲中國所用交誼實在各國之先今
又益加親睦但冀兩國內政外務蒸蒸日上實所欣盼
臣遵舊例不用頌辭行鞠躬禮致遞
國書義王免冠祇受囑臣轉
奏代陳謝悃語意懇摯禮成而退並於次日照章進見
王后二十四日辭行起程因出使俄德奧和臣洪鈞臣
許景澄尚有須會商之事臣即繞道德國停駐一二日
十九日回抵巴黎使館摒擋稍竣即擬馳赴倫敦措注

諸務所有馳赴義國呈遞
國書情形理合恭摺具陳伏乞
皇上聖鑒謹
奏

分別教案治本治標之計疏光緒十七年八月初六日

奏爲英法兩國教案牽涉既廣關繫較鉅謹就見聞所及分別治本治標之計恭摺密陳仰祈

聖鑒事竊臣承准總理各國事務衙門電信知五六月間長江上下游教案疊出蕪湖丹陽無錫江陰南昌等處天主教堂多被焚燬武穴被殺教士及洋關扦手各一人皆係英籍迭經各省查拏匪犯或立予駢誅或訊明定罪而英法德三國使臣尙忿爭不已來相促迫臣屢以中國辦法詳告英法外部外部知我辦理認眞尙無異辭迨接其駐京使臣函電則又往往變計蓋各使

久居中國㓊悉情勢初因訛言四起風警頻仍迫爲自衛之謀寖萌要挾之意句串一氣協以謀我遷延數月此案不知何時議結　臣竊維匪黨之得肆焚掠者挾簧鼓愚民之術也愚民之莫釋疑忿者信迷拐幼孩之說也按舊說謂天主教徒迷拐幼孩挖眼剖心用以製藥此論不知始於何時前儒顧炎武所著郡國利病書亦已有烹食小兒之說彼時中外懸隔偶得傳聞並非事實然是說之流傳也久則入心之篤信者衆猶憶同治八年天津案起前大學士曾國藩初聞挖眼盈罎之說亦欲悉心查辦比入津境攔輿遞稟者紛訴此事詢以

有無實據則辭多惝怳迨嚴加訊究而其事益虛所以專疏特辨此說之誣臣於當日列在幕僚頗知梗概出洋以後留心訪察大抵天主教徒所崇奉者惟耶穌耶穌之說亦以仁慈爲宗旨近者禁黑奴有會禁鴉片有會彼於虐人之事害人之物尚欲禁之豈有殘酷至挖眼剖心而歐洲各國習不爲怪者即彼之精於化學醫學者亦謂無心眼入藥之理斯必灼知舊說之訛傳然後此案乃可下手否則在事大小官員先懷疑慮葛藤不斷轇轕滋多將何以曉彼愚民將何以禁彼匪黨而諸教士自忖不能久居中華其力足以煽動各國釀成

釁端西洋風氣重視教務一遇有事鮮不上下同心非若爭一事占一地者其民猶有從有不從昔年俄羅斯之侵土耳其法蘭西之割越南皆以護教爲名此中機括不可不慎之於微也臣非謂洋教之無損於中國也彼天主教雖稱爲善自歷代教王增竄私說并漸失耶穌本意濫於招納不擇良莠教士即不自爲迷拐難保無迷拐者託跡其門恃爲護符且男女無別西洋習俗如此教士偭規錯矩亦猶中國僧道之不能盡守戒律而入教之民無惡不作平民受其欺壓積憤日深一發難遏地方日以多事猶幸周孔程朱之教彌綸寰宇深

入人心凡列衣冠之中鮮慕異端之學然彼此齟齬不能相安臣愚以爲不與妥議章程終非善策近來歐洲德義等國限制教民立法綦嚴大權始不旁落無復從前挾制紛擾之患中國許洋人傳教既在約章勢難驟改惟妥籌約束之法本係内治之要政非各國所得干預而彼不能不干預者積漸使然也當津案初結之時總理衙門嘗照會各國使臣修改傳教章程俱經該使駁回由今思之其中各條有暫難遽行者如限定各堂華民入教之數撤去女教士女塾卹孤局及非教民子弟不得入男塾之類是也有可以辦到者如禁教士誣

毀儒教凡有教堂聽華官隨時查看堂中所收嬰孩悉報明地方官教民有訟教士不得徇庇之類是也與其未必能行而悉為所阻不如擇其可行而先為商辦中外合力徐與磋磨彼既就我範圍即可循序漸進將來於彼所難允者相機伺便與之理論抑或俟武備日精邦交日固竟仿西洋限制之法要在統籌全局因勢利導雖效之遲速不可知但盡一分心力必有一分補救

臣所擬治本之計籌經久之道者如此自各國立約以來英重通商法重傳教所操之術不同此次被燬教堂多屬法國而英國祇有武穴一案德國則並無受損惟

有兖州舊案未銷乃三國使臣既互相邀結法之外部復藉其全力密聯英德外部意在廣樹聲援乘此事機收意外之權利英德恐法之得權利而不甘居人後遂與爲合從之謀俄美義諸國又從而附之彼之相約以顧全西國大局爲辭而意則在各便其私圖以責我保護將來爲說而意則在觀變於臨事臣愚以爲方今要著宜令各省格外嚴防勿再滋事杜彼藉口而防變之法宜注力查禁匿名揭帖則風不起而瀾自平薪不添而火自熄至辦理此案當先有一成不變之規模如彼責緝兇多誅一匪徒在我不爲無益可允也而罪必求

其當彼索賠款多認一償費在我尚無大損可允也而數必求其覈即彼欲以不肯保護之咎株連印官苛察其平日玩視民事政聲較劣亦可允也但須乘彼未甚催促予以撤調處分自足折服遠人之心而泯其吹求之見矣惟彼倘藉護教爲名迫我以不能行之事或欲別訂章程隱收權利且使彼教日益恣横自當堅定以拒之鎭靜以應之昔曾國藩辦理津案雖一時謗議紛起閱世以後人咸諒其心之公忠並知其事之妥協者蓋既保全和局而原案外並無所讓也今諸國既受法人籠絡羈縻不可離英人於武穴一案亦欲留爲觀望之

貲未肯遽結彼勢盛則所望愈奢時久則所謀愈狡爲今之計似以設法速結爲妥欲求速結似以堅持其大者酌讓其小者爲妥郎　臣　所論約束教士之法恐彼知之而先肆要求也似不如暫隱勿宣俟結案後再與議善後章程爲妥又聞英法德義俄美等國多駛兵艦往來中國海面江面皆以保護教務爲名外洋各報謠詠紛紜或稱所費不貲或稱相機行事　臣　竊謂南北洋兵艦亦宜悉數調派分佈各處隱備非常既示以勢力之不孤且以保護彼教爲名俾知我之所費亦不少也如是則彼之氣平而我之理直我之氣亦愈壯矣　臣　所擬

治標之計弭目前之釁者如此以上二說不過就臣見
聞所及妄為揣度未知近日情形是否相符各省教案
是否已結耿耿寸衷略抒愚悃倘蒙
聖明俯察末議
敕下總理衙門暨南北洋大臣湖廣督臣用備萬一之
采擇大局幸甚除前已具函電陸續詳達總理衙門外
所有英法兩國教案分別治本治標緣由理合恭摺密
陳伏乞
皇上聖鑒訓示謹
奏

請查各教堂索償數目片 光緒十七年八月初六

再法使李梅由巴黎起程八月中旬可抵中國現聞各使所商之事均俟李梅到後方能定議法人自稱所欲商者不外四端曰緝兇犯懲印官議賠款杜後患是也以前三端固屬意中之事以後一端亦為理之所應有而勢之所難拒然應之不審則彼之後患可杜而我之後患無窮 臣 屢詢法人欲收權利各國互相觀望者未必不在於此至懲官緝犯當查確實情形非 臣 所能懸揣而賠款為稍後一著議到賠款則結案已有把握 臣 慮其將來所索之款不免浮開密飭駐法參贊官慶常

分詣教會根查確數旋據覆稱江蘇安徽教堂爲耶穌會教士之公產江西教堂爲辣薩里會教士之公產均屬教王管轄二會各有會首常駐羅馬皆天主教也此次鬧教蕪湖一處受害最重擬索賠款十三萬兩有奇無錫擬索一萬兩有奇他處各數千至一萬兩不等江西教堂約索二三萬兩通計三省賠款約在二十萬兩左右至多以二十五萬兩爲度均按房產物價券契實數開單等語臣竊查西國政教判爲兩途設遇此等事件皆由國家自與教會商辦較爲直截中國則向由各國攪攬徒令藉端要挾此非中國之利亦非教會所願

也今賠款既查知梗概倘法使索費無甚虛浮或稍有虛浮自當迅速與之議結萬一與實數大相懸殊彼或有意相難欲爲他事盤旋作勢似不妨由總理衙門告以當屬駐洋使臣徑與教會商辦彼知我有此一著必可漸就範圍至教會既在羅馬則每事應令義使與聞以分法國護教之權是否有當理合附片密陳伏乞

聖鑒謹

奏

附陳處置哥老會匪片 光緒十七年八月初六日

再此次焚燬教堂毆斃教士傳聞係哥老會匪散佈揭帖激發眾怒事起則率黨縱火事畢則潛蹤四散此輩皆係遣撤勇丁所以氣勢較盛蔓延較廣竊查哥老會名目始起於四川而流衍於湖廣厥後湖南營勇立功最多旋募旋撤不下數十萬人而哥老會之風亦遂於湖南爲獨熾其初立會之意祇在互相救援互濟貧乏而已迨入會者眾不免恃勢滋事今者教堂之釁則又爲從前所未有匪黨逞一時之忿

國家受無窮之累其情甚爲可惡其案較爲難辦惟有

廣購眼線平心訪察將在場倡率之正兇多獲數名毋稍枉縱亦足振法紀而全鄰好 臣竊謂自今以後凡各省防營於湖南勇丁不宜輕募亦不宜輕撤大抵入會之習在營中者爲多卽或散歸鄉里往往因挂籍會中不能遽出然自楚軍極盛迄今幾二三十年其風當漸歇矣乃因鄰省添營或仍在湖南募勇則舊者已逝而新者復起似暫宜停募楚勇俾哥老會之淵源不至循環相嬗亦可杜鄰省各營傳染之患至現有之營果係楚勇儻察其爲將得力或值經費支絀亦宜妥愼籌畫分年設法斷不可倉猝遣撤致彼衆爲饑寒所迫驟生

事端其有身經百戰保擢提鎮撤歸田閒者不必問其
入會不入會但查其曾著功績而處境貧困者似應由
各省大吏酌量位置俾藉一差以濟衣食需費無幾而
保全實多斯皆銷患無形之術也抑臣又聞曾國藩嘗
籌處置哥老會匪專主內嚴外寬之說但問其有罪無
罪不問其是會非會禁供攀以孤匪黨免株累以定人
心告訐之脅從概不批准以絕仇怨誣陷之風訪獲之
頭目必置重典以杜煽誘猖獗之漸俾善類不致自危
惡黨不能惑衆洵可謂拔本塞源之論矣然此係地方
有司之事要在爲大吏者督同司道府縣從容撫綏恩

威並濟月計不足歲計有餘殆非急切所能爲力也理合附片具陳伏乞
聖鑒謹
奏

擬請嚴禁私購外洋軍火以杜隱患疏光緒十八年四月初十日

奏爲擬請申明律例條約嚴禁私購外洋軍火以杜隱患恭摺仰祈

聖鑒事竊臣於光緒十七年八月承准總理各國事務衙門電稱英人梅生私運軍械接濟會匪於行李中搜出炸藥等因當經照會英外部以中國教案紛起由於會匪搆釁而會匪軍火係由英人向香港私購運往請速電飭香港英員禁止軍器出口旋據外部復稱已由港員出示禁止以六箇月爲期本年二月復准總理衙

門電告商請展限續禁當叉照會外部現已展期六箇
月先後咨呈總理衙門在案竊維販賣軍火在外國視
同貿易之常規在中國實爲地方之隱患上年滬關盤
獲梅生私運軍火之時同時天津亦搜獲輪船私運洋
槍等件徒以無主名之犯姑未深究罰賠完案迨十月
間建昌朝陽教匪滋事聞其臨陣所用頗多外洋利器
是知内地匪黨向洋商輾轉購買軍火蓄謀於平日始
竊發於一時若不及早申明律例條約嚴加禁遏則將
來伏莽之患在在可虞查律例於民間私鑄礮位私藏
軍器私造鳥槍及寓圉興販硫磺各物原定罪名極重

共將硝磺等濟匪者以通賊論光緒元年奉天將軍崇實因捕獲私販外洋槍礮之犯並查起洋槍火藥等件奏請嚴定治罪專條經總理衙門刑部會議奏准通行在案英人梅生一犯徒以條約載明應歸外國官員審讞從西律科斷遂不能權自我操難以盡法懲治然律例之設原為禁約華民但使海關稽查嚴密於奸民私購之事有案必破有犯必懲則律例者以治洋人則不足以治奸民則有餘此宜及早申明者也查各國通商條約英通商章程第三條明言違禁貨物如火藥彈子礮位大小鳥槍並一切軍器等類概屬違禁不准販運

進口第五條硝磺白鉛應由華官自行採辦進口或華商特奉准買明文方准進口違者所運貨物全罰入官又查同治五年上海酌定採辦軍火章程由道發給護照知照稅務司換給英文單查驗起貨即他省委員到滬採買者亦一體照章不得私向領事官洋商處購辦而香港英員知中國嚴禁私販軍火亦頗設法助我稽察毫無異議此則訂約伊始已有防微杜漸之意採辦以來非無因時制宜之用洋人雖欲自保利藪終難違棄約章我能整理彼亦認眞我稍通融彼益生玩今但恪遵舊約不必別示更張則嗣後非有中國官員採辦

即叉爲憑無論何項軍火在香港等處者彼必一概不
輕放入口仍嚴飭通商各口實力稽查有違禁者照章
罰辦則條約者不能懲洋人於犯事之後而可恃洋人
於未犯之先此尤宜再四申明者也臣今與外部理論
梅生罪名稍有端倪外部亦知梅生之罪重罰輕惟英
廷兩次禁止香港軍火出口已示若十分睦誼儻屆期
滿能否再請展限尚難豫定而内地會匪根株未必能
一時剗盡則暗中私購實屬防不勝防臣愚以爲與其
待鄰邦之禁而事不可必不如申内地之禁而柄有可
操既不受彼虛情尤可裨吾實政可否請

旨敕下總理衙門照會各國公使重申條約章程所有
外洋軍火一項除由海軍衙門南北洋大臣各省督撫
派員採辦有地方官印文爲憑外其民間私購軍火應
飭洋商一概不得發售洋船亦不得裝運入口違者所
運全貨入官並請
敕下各省將軍督撫於民間私販各案拏獲之後應即
照光緒元年總理衙門刑部奏定新章辦理其各海關
稽查章程本已嚴密如尙有修補變通之處應由總理
衙門飭總稅務司及各關道妥籌切實辦法要之法重
而難辦到不若法輕而務必行誠使查獲禁物除該貨

入官並根究購運主名懲辦外其裝運之商船似應分別情節如知情則併船入官如不知情則視所私運之貨價加數倍示罰如是則不待查驗於到口之日而先拒絕於裝船之時蓋查禁愈嚴則私槍之價愈昂價愈昂而匪黨之力無能爲矣　臣嘗以爲今之時勢與昔異昔以靖內變爲先務今以禦外侮爲要圖苟使外患能紓則內寇雖偶有不靖而有電綫以通軍報有輪船鐵路以捷馳運有我所精選彼所缺乏之槍礮火藥以貲利用似無不操全勝之理然使稍疏防範則奸商牟利遠人濟寇致我所有者而彼並有之其患亦不可勝言

也臣爲防遏奸萌潛消反側起見所有擬請申明律例
條約嚴禁私購軍火緣由理合恭摺具陳是否有當伏
乞
皇上聖鑒訓示謹
奏

與英外部商定派員會立坎巨提頭目疏光緒十八年閏六月十二日

奏爲坎巨提回部被英兵攻擊逐其頭目迭與英外部商議由中國派員會同英員封立新酋以全兩屬體統計可剋期妥結恭摺密陳仰祈

聖鑒事竊臣查中國回疆之外向有羈縻各回部遠慕

聲教列爲屏藩或雖未設官而正朔是頒或雖未入貢而奉命維謹稽之西域圖志知八城邊外尚多屬地即

同治初年湖北所刻一統輿圖實以康熙乾隆

內府輿圖爲藍本臣嘗觀一統圖所詳疆域參以時憲

書所頒地名則昔年中國所屬之回部實已可得其梗概惟自咸豐同治年間中國內寇不靖未遑遠略俄國旣以兵力吞併浩罕布魯特哈薩克布哈爾諸回部擴地不下數千里而巴達克山魯善什克南瓦罕諸小部則皆服屬於阿富汗邇來阿富汗爲英屬國英之大勢駸駸由印度北嚮有與俄國爭雄之意而中國西邊之外遂日以多事即如坎巨提一部近喀什噶爾南界在葱嶺西南厥地縱橫數百里戸口約近萬人歲貢中國沙金一兩五錢例賞大緞兩端近年屬回之人貢中國者祗此一部葢即新疆識略之乾竺特一統輿圖及時

憲書之喀楚特同音而異譯也但不知何時又服於克什彌爾亦歲有貢獻而克什彌爾今亦爲英之屬國是以英之印度總督歲貼坎巨提經費以助彼整理防務爲名實隱收其內政之權去年夏秋間坎巨提已有赴喀什噶爾告急之舉則以英人築一礮臺俯臨坎境也

臣於本年正二月間疊承總理各國事務衙門電信以英兵侵坎巨提該頭目連戰不勝率其逃衆詣卡外求援屬臣以起釁情節詰英外部臣詢知英兵修築一路直貫坎境北抵興都哥士大山意在扼此隘口以杜俄衆南侵而保印度門戶該頭目與師攔阻爲英兵所擊

敗其所居之棍雜城亦被英兵占踞臣與英相兼外部
尚書沙力斯伯里晤商兩次據稱並無滅坎之意亦無
阻坎入貢中國之意祇因坎酋罪惡甚多輕慢英官不
得不示懲儆等語臣與總理衙門往返電商妥籌辦法
因坎酋聲名素劣勢難必使復位該部既係兩屬之國
與專屬中國者又稍不同祇可酌就外部之辭與之理
論外部語言閃爍其初次存坎之說既甚游移而必欲
據坎之心則甚堅劇幸而窺彼隱情頗以俄啖方張亟
思聯絡中國不欲斂怨樹敵臣得就此設法磋磨而英
廷措注東方事務動須俟印度總督議覆核辦最後稱

選得舊酋之弟摩韓美德孥星可爲坎巨提頭目擬請中國派員會同英員行封立之禮已由總理衙門電告新疆巡撫選派妥員前往　臣與外部商訂儀節華員英員共爲一班克什彌爾係英屬國該員位次應稍居後行禮之期初訂在閏六月二十三日現展至七月二十五日祇須屆時彼此和衷妥辦即可蕆事此與英廷商辦選立坎酋之原委也　臣惟數十年來西洋諸國日肆東封俄闢琿春英守香港其初皆係中國之地彼族知我中國疆土廣遠向不計較尺寸尤不力爭藩屬乘間抵隙競生無饜之謀於是日本滅琉球法人取越南英

人翦緬甸相率效尤竟無底止甚至有覬我朝鮮覘我
臺灣者亦事勢使然也英人之經營坎巨提殆非一日
此次乘釁而動彼謂蕞爾部落中國必度外置之迨臣
承總理衙門指示斷斷與爭稍出英人意料之外彼既
以立酋為轉圜我即可藉保小為退步雖選酋之柄隱
屬於英然既稍稍爭回體制俾各國知兩屬小部中國
尚不肯舍棄已稍變琉球越緬之前規似於大局不無
裨益且俄法諸大邦見中英交誼如是親睦亦當稍戢
其囂陵之氣矣除詳細情形暨問答節略已節次寄呈
總理衙門外所有中英兩國會立坎巨提頭目計可剋

期妥結緣由理合恭摺密陳伏乞
皇上聖鑒訓示謹
奏

密陳帕米爾情形片 光緒十八年閏六月十二日

再中國回疆邊外有回部錯居之地曰帕米爾山勢迴環高原縣亙其脈發自葱嶺實爲大地最峻之脊因其土多磽薄所以無著名部落從前隸我疆圉羈縻勿絕者十居八九自俄英兩國分爭環伺而迤北迤西稍稍歸屬於俄迤南小部則附於英屬之阿富汗惟東路中路久服中國迄今尚喁喁內嚮然旣爲三大國出入之門戶得之則可居高臨下不得則恐失險受逼近年以來俄人頗盡力經營注意在此英人知俄之有深謀也乃急起而隱爲之防迭派武員赴帕米爾遊歷採訪情

形臣於去年七月接英外部送到祕密節略及地圖各一件以劃清阿富汗邊界爲辭其意欲使中國收轄帕境中間之地勘明界址以免俄人窺伺臣卽轉送總理衙門未及核辦適俄兵遊獵帕境逾月卽歸聞俄外部告駐俄使臣許景澄欲會同中國勘界分疆惟英於帕米爾本無分地不當使其與聞等語竊思英藉保護阿富汗之名遠涉帕境其意本不在分地而在防俄英若分地於勢不順而隱助中國以分地則其事易成英冀中國得地稍多支格其閒可隔閡俄兵之南下又慮中國未能速辦今春乃有坎巨提之役葢修築坎路貫以

繝繆帕事也臣前接總理衙門電信擬以帕米爾作爲三國公共之地各不侵占曾與英外部妥商許景澄亦以此商之俄外部兩國之意皆不甚以爲然似難勉强允從惟分地則俄難改前説英亦不乖本謀臣前商之外部已飭駐俄英使與俄外部商辦據稱英俄須各派員赴帕查勘再行定議夫前日俄人所以欲擯英者以去英則中國較易商量也今日中國所以願合英者以得英則俄人稍有畏憚也臣聞伊犁定約以來俄人所自指爲邊界者已三變其説毎變則益徙而南今俄又派兵遊帕據其自告英員欲以郞庫里湖爲界益與喀

什噶爾等城相近若不妥籌分界臣恐俄人益肆詭謀而英人亦漸生異志事端百出更費躊躇今者作爲公地一說旣不能行惟有由總理衙門設法催俄分界勿使藉辭推宕以期與英使在俄商辦之事適相浹洽則一勞永逸當有把握英雖不肯顯助中國以結怨於俄然密通消息稍持公論實在意計之中似亦可乘之機也理合附片密陳伏乞
聖鑒訓示謹
奏

出使奏疏卷下

無錫薛福成叔耘

擬請嘉奬襄賑英員疏光緒十八年九月十四日

奏爲英員勸捐鉅款襄助賑務懇請傳

旨嘉奬恭摺仰

聖鑒事竊臣於光緒十七年十一月間準山東撫臣福

潤咨稱柔佛國王捐助東賑鉅款業經奏請

賞給寶星等因本年四月間據新嘉坡總領事官黃遵

憲稟稱接山東東海關道文開柔佛國王捐賑一案經

總理衙門議奏給予頭等第一寶星奉

硃批依議欽此欽遵知照前來並將頭等第一寶星一
座執照一張移送到坡當經備文送交柔佛國王祗領
訖復據該總領事稟稱此項賑捐本係因蘇皖水災馳
電告急新嘉坡等處旣已捐解鉅款該國王聞風興起
匯解略遲適值山東水災甚重乃改爲東省賑款當蘇
皖告災之時經江海關道暨出使大臣迭次函劄勸諭
紳商僅收得洋銀二千七百餘員及新嘉坡總督施密
司出而提倡選派華洋紳商分途勸募共捐洋銀十萬
零九千六十七員檢查舊案單開之數內有新嘉坡檳
榔嶼麻六甲議政局公捐洋銀二萬五千員此皆英國

屬土又有白蠟國王暨其議政局公捐洋銀一萬員頒
蘭莪國王暨其議政局公捐洋銀八千員此為英國保
護之邦使非新嘉坡總督權力萬不能集此鉅款此外
華洋人等均因該督為登高之呼遂相率為衆擎之舉
源源湊解不遺餘力均由上海轉解災區全活甚衆事
定之後經前兩江督 臣曾國荃送給匾額一方施密司
亦經收受但稱事關中外睦誼理當上達
天聽乃僅由疆吏自給匾額意頗觖望今柔佛國王因
捐賑
贈給頭等寶星華洋互傳誇為盛事該國王特派兵船

迎逛亦視爲非常榮幸伏思論災區則蘇皖重而山東輕論捐款則新嘉坡多而柔佛少且柔佛係半主之邦歸英保護即由新嘉坡總督管轄雖名位仍曰國王而權力分際遠遜總督寶星一項洋人之所最重同辦一事而一有一無相形見絀擬求代爲奏請
賞給施密司寶星以表鄰國救災之情以明
中朝奬善之意以勸異時濟美之人等因稟請前來又據本署英文參贊官馬格理面稱同時英國倫敦府尹威德海參贊瑣羅比因聞蘇皖告災之信在倫敦及香港等埠先後捐募英金三萬二千六百五十四磅約合

當時庫平銀十三萬兩以外陸續寄交英律師扭文轉
送江海關道衙門彙解災區亦經前督臣曾國荃送給
威德海匾額一方而威德海意頗不懌謂此係中英兩
國交涉之事彼與疆吏並無私誼鉅款乃衆人所湊集
彼獨得一匾額何以對衆若得中國
大皇帝諭旨嘉獎彼自有辭可告衆人等語臣復博加
諮訪所聞大致無異又遣馬格理赴倫敦府尹衙門查
問前捐總數亦屬相符臣竊維光緒十四年蘇皖水災
前督臣曾國荃蒿目時艱籌賑募捐不遺餘力其已飢
已溺之懷素爲薄海所共信雖數萬里外莫不慷慨輸

將公私競勸以拯災黎而襄盛舉設非曾國荃至誠惻
怛大聲疾呼亦不能鼓動若是之廣獨惜其未悉外洋
情形誤謂貽贈匾額足以酬謝厚意詎知鄰邦交際厥
有常經遠人救災尤宜優獎彼不重疆臣之激勸而獨
慕
天語之褒嘉應付稍不合宜未免授人口實厥後如十
五年之江浙水災十六年之順直水災非不較重於蘇
皖而海外捐賑之踴躍頗不如前未始不由乎此臣愚
以爲阻後來之濟賑者其事猶小啟他國之輕視者其
患較多蓋人有美意我或受之而不能知或知之而不

能獎最足令人寒心議論所及恐大局隱受其損今者事隔四年羣情所注原無奢望且中外海程修阻往返本多周折設法補救似未爲遲蓋荒政本由地方大吏主持非使臣所當越俎但關繫交涉要務目見耳聞旣皆切實亦豈敢緘默不言致瘝厥官臣查施密司於寓居十餘萬華民留心保護毫無歧視照西國通行之例本應奏請

賞給寶星以旌其美惟格於英國定章恐難允其佩帶該總領事所稟請給寶星一層可作罷論但以遠方官紳慕義勸捐力顧大局其勞勤自不可沒合無仰懇

天恩俯准將英國新嘉坡總督施密司前倫敦府尹威
德海傳
旨嘉奬之處出自
逾格鴻慈臣不敢壅於上聞理合恭摺具陳愚昧之見
是否有當伏乞
皇上聖鑒訓示謹
奏

請豁除舊禁招徠華民疏光緒十九年五月十六日

奏爲時勢互殊例意已變擬請申明新章豁除舊禁以護商民而廣招徠恭摺仰祈

聖鑒事竊臣溯查

國朝順治康熙年間始嚴海禁當時因鄭成功父子竊據臺灣窺犯江浙閩粵招誘平民脅爲死黨寇勢滋蔓沿海騷動不能不創立禁例以大爲之防凡閩人在番託故不歸復偷渡私回者一經拏獲即行正法厥後臺灣既平務在與民休息不欲生事海外康熙五十六年禁止南洋貿易一案經九卿議定凡出洋久留者行文

外國解回正法掌

聖祖仁皇帝特恩令五十六年以前出洋之人俱準回

原籍雍正六年奉

諭出洋之人陸續返棹而彼地存留不歸者皆甘心異

域違禁偷往之人不準回籍欽此乾隆十四年復奉

高宗純皇帝特諭將私往噶羅巴充當甲必丹之陳怡

老嚴加懲治貨物入官大抵昔以海盜未殲鄰交未訂

彼出洋之民禁之則可以孤寇黨彌釁端不禁則慮其

洩事機傷國體且承平之世地廣而人不稠人散則土

益曠深維至計首懸厲禁非苛待此出洋之民也時勢

爲之也自道光二十二年以來陸續與東西洋諸國立約通商英國江甯和約第一條華英人民各住他國者必受保佑身家安全美國續約第五條中國與美國人民前往各國或願常住入籍或隨時來往總聽其自便而祕魯條約及古巴華工條款亦於出洋華民鄭重再三庇之惟恐不周籌之惟恐不至每於海外要地設領事官以保護之誠以今者火輪舟車無阻不通瀛環諸國罔已近若戶庭邇於几席勢不能閉關獨治且我

聖朝煦濡涵育逾二百年中國漸有人滿之患遂不得不導傭工以擴生計開商路以阜財用順民志以聯聲

氣張國勢以尊體統迨海禁早弛風氣大開一視同仁無間遐邇前例已不廢而自廢不删而自删非偏厚此出洋之民也時勢爲之也臣於光緒十七年
奏派道員黃遵憲爲新嘉坡總領事官屬令到任後詳察流寓華民情形覈實稟報茲據稱南洋各島華民不下百餘萬人約計沿海貿易落地產業所有利權歐洲阿剌伯巫來由人各居十之一而華人乃占十之七華人中如廣瓊惠嘉各籍約居七之二粵之潮州閩之漳泉乃占七之五粵人多來往自如潮人則去留各半閩人最稱殷富惟土著多而流寓少皆置田園長子孫雖

居外洋已百餘年正朔服色仍守華風婚喪賓祭亦沿舊俗近年各省籌賑籌防多捐鉅款競邀封銜翎頂以誌榮幸觀其拳拳本國之心知

聖澤之浹洽者深矣惟籌及歸計則皆蹙頞相告以爲官長之查究胥吏之侵擾宗黨鄰里之訛索種種貽累不可勝言凡挾貲回國之人有指爲通盜者有斥爲通番者有謂爲偷運軍火接濟海盜者有謂其販賣豬仔要結洋匪者有强取其箱篋肆行瓜分者有拆毁其屋宇不許建造者有僞造積年契券藉索逋欠者海外羈氓孤行孑立一遭誣陷控訴無門因是不欲回國間有

以商賈至者不稱英人則稱荷人反倚勢挾威干犯法紀地方有司莫敢誰何今欲掃除積弊必當大張曉諭申明舊例既停新章早定俾民開耳目一新庶有裨益蓋黃遵憲體察既深見聞較熟故言之詳切如此臣竊惟保富之法肇於周官懷遠之謨陳於管子民性何常惟能安彼身家者是趨是附中國出洋之民數百萬粵人以傭工爲較多其俗雖賤視之尙能聽其自便衣食之外頗積餘財至今濱海郡縣稍稱殷阜未始不藉乎此閩人多富商巨賈其俗則待之甚苛拒之過峻往往擁貲百萬羈棲海外十無一還而華民非無依戀故土

之思也
國家亦本非行驅禁之政也特以約章初立之時未及
廣布明文家喻戸曉遂使
累朝深仁厚意澤不下究化不遠被奸胥劣紳且得竊
其錞以滋擾累爲淵毆魚爲叢毆爵甚非計也夫英荷
諸國招致華民闢荒島爲巨埠是彼能借資於我也華
民擅幹才操利柄不思聯爲指臂又從而擯絕之是我
不能借資於彼也及今而早爲之圖尙可收桑榆之效
及今而不爲之計必至憂杼柚之空查前督臣沈葆楨
奏請將不準偷渡臺灣舊例一概豁除曾奉

特旨俞允省具文移實政莫善於此迄今海内交口稱
便出洋華民事同一律可否籲懇
天恩俯念民生凋敝
敕下總理各國事務衙門覈議保護出洋華民良善並
聲明舊例已改以杜吏民詐擾之端由沿海各省督撫
及出使大臣分途切實曉諭奉宣
德意俾衆周知並準各口領事官訪其平日聲名素稱
良善核給護照如是則不事紛更不滋煩擾可以收將
渙之人心可以振積玩之大局可以融中外之畛域可
以通官民之隔閡懷舊國者源源而至細民無輕去其

鄉之心適樂土者熙熙而來
朝廷獲藏富於民之益一旦有事緩急足倚枝榮本固
厥效非淺所有擬請申明新章豁除舊禁以護商民而
廣招徠緣由理合恭摺瀝陳伏乞
皇上聖鑒訓示謹
奏

附陳派撥兵船保護商民片光緒十九年五月十六日

再臣聞流寓外洋華民往往以勢孤氣餒爲他國人所輕侮西洋通例莫不派撥兵船保護商民僑旅居者增氣以自壯近者中國海軍各艦亦嘗巡歷新嘉坡諸埠華民喜色相慶以手加額謂爲從前未有之光寵惟海軍船數不多經費不裕勢難分撥兵輪久駐海外華民集貲積少成多未嘗不願供給船費稟請酌派軍艦稍張聲勢從前兩廣督臣張之洞曾議勸辦此事未及就緒設令果有成效則海軍省養船之費而有歷練之資兵船無坐食之名而著保護之績商賈傭工捐費不多

頗霑利益使臣領事權力雖弱亦倚聲援一舉而數善備焉　臣　屬總領事黃遵憲相機利導據稱閩商未肯出力事難必成　臣　是以有招護華民之請蓋華商有力者之在外埠商務之旺衰繫之軍實之强弱繫之郎西人亦視之頗重也理合附片密陳伏乞

聖鑒謹

奏

滇緬分界大概情形疏光緒十九年七月二十七日

奏爲遵
旨與英國外部商辦滇緬界線滇境西南兩面均有展
拓謹陳大概情形恭摺仰祈
聖鑒事竊臣承准總理各國事務衙門文開光緒十八
年六月十六日密籌滇緬界務一摺請
旨專派臣商辦滇緬界線商務以重事權奉
硃批依議欽此仰見
聖主審於馭遠鄭重邊疆至意曷勝欽服臣查光緒十
一年英兵進據緬甸之初前使臣曾紀澤先與英外部

會商立君存祀既不可得英人自以驟闢緬甸全境喜出望外是以有允曾紀澤三端之說界務一端則願稍讓中國展拓邊界並指普洱邊外之南掌撣人諸土司聽中國收爲屬地也商務一端則以大金沙江爲公用之江在八募近處勘明一地允中國立埠設關八募即中國之所謂新街也當時曾紀澤以未深悉滇地情形持論稍覺游移又因中外往返商查之際未能毅然斷而行之僅與外部互書節略存卷旋即交卸回華次年英署使歐格訥與總理衙門議立緬約五條又以三端尚非定局遂未列入約中　臣自去年奉

命與英外部議界並在歐使立約之後已六七年查閱
使署接管卷內有曾紀澤議存節略英文參贊馬格理
又係原議之人臣屢遣馬格理赴外部重申前說外部
堅不承認據稱西洋公法議在立約之後不可不遵議
在立約以前不能共守以其有約爲憑既不敘入約章
必有所以然也臣愚英人自翻前議雖以公法爲解實
亦時勢使然當其併緬之始深慮緬民不服及緬屬諸
土司起與相抗萬一中國隱爲掣肘彼則勞費無窮因
不敢不稍分餘利以示聯絡彼之所以驟允三端者時
爲之也既而英人積年經理萃其兵力餉力勘定土寇

復於緬境外之野人山地稍用兵威脅服收其全土磐石之形已成藩籬之衛亦固彼之所以忽靳三端者亦時為之也前議三端既不可恃則展拓邊界之舉毫無把握且查滇邊諸土司雖或久隸中國然自乾隆以後往往有私貢緬甸以圖免擾而固圉者英人執此為辭來索緬甸固有之權則或指為兩屬或分我邊地始事勢之所必至若中國既失藩屬於前又蹙邊境於後非特為鄰邦所竊笑亦恐啟遠人之覬覦臣再四思維深懼措注不善致乖總理衙門推許之意有辜

皇上倚畀之恩適值前歲秋冬以後英兵游弋滇邊常

有數百人以查界爲名闌入界內去來猋忽野番土目驚聳異常英兵常駐之地則有神護關外之昔董暨鐵壁關外之漢董英人用印度武員之謀窺逼近界以至沿邊騷動風警頻仍雲貴督臣王文韶慮生釁端迭經電達總理衙門臣承總理衙門急電辦文照會外部斥其違理責令退兵又屢赴外部苦口爭論英兵稍自撤退滇邊至今靜謐臣又查野人山地緜亘數千里不在緬甸轄境之內若照萬國公法應由中英兩國均分其地曾紀澤嘗有此意而未申其說臣因復照會外部請以大金沙江爲界江東之境均歸滇屬明知英人多費

兵餉占此形勝萬萬不肯輕棄然必借此一著方可力爭上游振起全局外部果堅拒不應兩次停商而臣不顧數次翻議而臣不顧外部所稍依允者印度部復出而撓之印度部所稍鬆勁者印度總督復出而使之印督至進兵蠢達邊外之昔馬攻擊野人以示不願分地之意臣相機理論剛柔互用外部謂此議非出自總理衙門與雲貴總督盡係使臣之私意臣電請總理衙門向英使歐格訥辯論以昭一律總理衙門洞晰機宜力伸畫江為界之議外部知我中外同心合謀堅持不讓甫稍就我範圍然猶疊次翻騰屢易其說彼既重視野

人山地不願分割於是有就滇境東南讓我稍展邊界之說據稱已與印督商定於孟定橄欖壩西南邊外讓我一地曰科干在南丁河與潞江中間蓋即孟艮土司舊壤計七百五十英方里又自猛卯土司邊外包括漢龍關在內作一直線東抵潞江麻栗壩之對岸止悉劃歸中國約計八百英方里又有車里孟連土司轄境甚廣向隸雲南版圖近有新設鎮邊一廳係從孟連屬境分出英人以兩土司昔嘗入貢於緬并此一廳爭為兩屬今亦願以全權讓我訂定約章永不過問至滇西老界與野人山地毘連之處亦允我酌量展出其駐兵之

昔董大寨雖未肯讓歸中國願以穆雷江北現駐英兵之昔馬歸我南起坪隴峰北抵薩伯坪峰西逾南嶂而至新陌計三百英方里又自穆雷江以南既陽江以東有一地約計七八十英方里是彼於野人山地亦稍讓矣其餘均依滇省原圖界線劃分外部於三月二十三日行文照會前來 臣適探知歐格訥與印督尚多方播煽欲阻成議事機呼吸變態萬端此議雖未滿 臣初志不能不審勢而量力見風而收帆曾經將此情形電請

總理衙門進呈

御覽總理衙門與雲貴督 臣之意亦謂於舊界有益無

損屬印商擬條款臣先行文外部訂定大局惟騰越八關界址未清尚須理論外部請待印度所寄地圖又值外部諸員避暑在外稍有停頓前據督臣王文韶電稱漢龍關自前明已淪於緬天馬關亦久爲野人所占跨則八關僅存六關現經臣再三爭論此二關亦可歸中國又前年英兵所駐之漢董本在界線之外臣因其扼我形勢逼處堪虞向彼力索外部亦願退讓以表格外睦誼刻下界務已竣商務本不似界務之繁重且已先將大意議明無甚爭論現正商訂條款計可刻期蕆事矣臣竊維數十年來西洋諸國競知中國幅員遼闊又

有不爭遠土之名一遇界務鮮不爲眈眈之視若可聽其蠶食者於是琉球越南緬甸以藩屬而見吞香港琿春海參崴以邊隅而被攘甚至有覬及朝鮮議及臺灣者中國素守好大喜功之戒避開疆生事之嫌得之則曰猶獲石田失之則曰不勤遠略顧石田棄而腴壤危矣遠略弛而近憂迫矣我視爲荒土而讓之彼一經營則荒土化爲奧區以奪我利柄我見爲甌脫而忽之彼一布置則甌脫變爲重鎮以逼我嚴疆伺閒蹈瑕永無底止歲朘月削後患何窮 臣愚以爲必擇一二事以全力爭持然後可以折狡謀而挽積習此次滇緬界務遷

藉
皇上寵靈始變前規稍展舊界實維總理衙門之功總
理衙門統籌全局假 臣 事權始終扶助謀議相同每有
查詢朝電夕報俾 臣 得遠承指揮稍殫愚拙雖獲地無
多而裨益有五風示各國俾勿窺覦一也隱備印度杜
其窺伺二也保護土司免受誘脅三也扞衛滇邊防彼
勘進四也援用公法稍獲明效五也有此五益 臣 始知
曾紀澤所商展之界迄今時異勢殊亦稍有窒礙之處
蓋南掌諸部近已盡歸暹羅爭之已覺不易而撣人各
種惟康東土司最大其地與車里相彷彿英人欲據以

遮隔法暹兩國斷不肯舍抑且離我邊境較遠控制不易固不若今日之所展皆在近邊也除俟條約擬議妥協再電達總理衙門並專疏詳報外謹繪滇緬分界圖一幅恭呈

聖覽以黃紅藍三線分別舊界新界與英所欲占而退出之界所有商辦滇緬界線西南兩面均有展拓緣由理合恭摺馳陳大概情形伏乞

皇上聖鑒訓示謹

奏

駐緬英員遵約呈進方物片光緒十九年七月二十七日

再查緬約第一條內英國允由緬甸最大之大臣每屆十年派員呈進方物所派之人應選緬甸國人等語當英兵據緬之初使臣曾紀澤迭准總理衙門密電以立君存祀商之英國外部英廷不允存祀始改爲存貢之議迨英署使歐格訥與總理衙門訂立緬約儘力磋磨意存翻悔經總理衙門堅持不懈始將十年派員之例列入約中誠以告朔餼羊雖不過稍存禮意而百年舊典未可弁髦棄之也惟聞英廷謀議始得緬甸頗出意外慮中國之隱掣其肘爰不憚以此虛禮款我八九年

來英人綏輯全緬布置既密益務恢張其駐緬大員尚無照約舉行之意印度諸員異議亦由此而起德法諸國之好議者亦且從而譏之謂英以堂堂大邦修貢中國未免狥實利而不卹虛名英之外部頗存顧慮隱悔前事臣於前年卽派員赴印度部探問入貢之期該部人員一味支吾頗多遁辭臣恐久不催問此約竟成虛設因與外部再三理論外部始則設辭推宕繼稱待至光緒二十三年照約舉行最後答文稱英廷已豫備光緒二十年第一次派員赴中國蓋其用意甚深實爲滇緬分界不能稍讓地也臣於分界各端既斷斷與爭不

稍鬆勁深恐彼於貢事難免變計所以外部答允雖久
未敢信爲定論今界務已大致就緒彼於貢務亦無異
言明年定可照約派員初次規模既定則以後源源納
貢不至誤期矣理合附片具陳伏乞
聖鑒謹
奏

派營彈壓野人山地片（光緒十九年七月二十七日）

再，臣與英外部爭劃野人山地之時，英人動以野人兇悍中國兵力不能管理爲辭，且謂中國徒爭此地而不知管理，必致野人愈橫，擾累英人，所以有萬難分劃之勢。臣查野人頗知耕牧，亦通市易，其馴順之氣實過於臺灣之熟番。前歲遊歷道員姚文棟道經此地，野人結隊送迎，環求歸屬中國者，到處皆是。此等野人雖不隸郡縣，數百年來中國以不治治之，聽其自生自育，未嘗不涵濡

聖化於深山之中。一旦聞西人遍處知將奪其利源，其

喁喁內嚮之誠至爲迫切葢英人進兵野人山地及滇省近邊不過在此三年之內去年臣接滇商公稟頗歸怨於騰越鎮廳之退讓騰越鎮廳平日未諳洋務又時時懼以啟釁獲戾倉猝爲敵所乘措注失當不免應之過柔亦事理所必有臣之與英分界適在英人占地之後所以爭之更覺其難然臣不敢不俯順輿情扼要力爭爭之不得亦俾遠服知我
聖朝並非棄之化外實係時勢使然至彼族與我爭地動稱控制不易冀相恫喝彼乃得步進步乘機侵占臣是以明告英人如野人山地歸中國則撫綏彈壓中國

任之自係責無旁貸今中國所分昔馬之地係一種開
欽野人所居又老界之內亦有野人隨地散處儻仍如
承平之世不加管理萬一野人出境滋擾英人英必以
我不能守約來相詰責尤恐枝節叢生相應請
旨敕下雲貴督臣 俟換約之後查照約章派撥得力練
勇一二百人進駐昔馬替換英兵以鞏邊防兼可約束
野人俾就範圍抑臣 又觀西洋形勢凡兩國接界之處
莫不明斥候修礮臺造兵房雖累世和好而設備謹嚴
遂能彼此相安無事雲南西南兩面昔與撣人野人各
種相接所以臺壘久圮關堡不修亦可無虞侵逼今與

西洋最强之國爲鄰則如何整頓一新如何規畫盡善
想督撫臣皆久練疆圻公忠在抱必有先事綢繆者矣
至各省綠營舊制往往爲外人所輕視以其用舊器而
乏之實用也則又非酌練新軍不足以隱銷外侮臣之愚
見如是理合附片密陳伏乞
聖鑒謹
奏

收囘車里孟連兩土司全權片 光緒十九年七月二十七日

再滇屬東南羈縻之境以車里孟連兩土司爲最大近年新設鎭邊直隸廳撫理孟連北境計此一廳兩土司之地約可抵内省四五府當 臣 與英廷爭論野八山地之時英外部以車里孟連曾經入貢緬甸亦堅索兩土司及新設一廳作爲兩屬以相抵制 臣 查會典及一統輿圖車里孟連隸滇已久鎭邊新設直隸廳同知一官若忽改爲兩屬尤屬無此體制不得不儘力堅持厥後外部遽自轉圜願以全權仍歸中國果使撫馭得宜固守封域可以支格英法暹羅三國之窺伺而臨安普洱

思茅元江諸府廳州當皆恃以無虞不意英事甫定法謀又起暹邏來法人迫脅暹羅割其湄江東岸之地而車里轄境之大半亦在湄江以東法人迭次以分界爲請雖據聲稱並無侵占滇地之意彼知英人饒舌於先未必不思效尤於後然英究僅有索問之空言並未獲絲毫之實利　臣今正與英廷互商條約聲明車里全屬中國與英毫無干涉約章一定不啻借英助我作證法人素性畏强侮弱彼聞中國與俄爭帕米爾與英爭野人山皆不遺餘力儻竟知難而退僅請分劃界限以杜爭端則和平互商自易辦理不滋口舌不起風波尤善之

善者也理合附片具陳伏乞

聖鑒謹

奏

強鄰環伺謹陳愚計疏（光緒十九年七月二十七日）

奏為強鄰環伺世變方殷謹陳愚計略備
采擇恭摺仰祈
聖鑒事竊臣博攷輿圖遐稽史籍知我
國家幅員之廣軼漢邁唐而超越於宋明數倍惟元代極盛之時差足比隆然元之塞外諸部不時自為分裂未若我
聖朝之一統無外控制得宜蓋形勢之雄治平之久人民之眾洵莫與京矣自泰西諸國航海東來始不過藉互市之名逐什一之利相狎既久寖有違言釁端之起

僅在五十餘年以前謀臣議論不一忽和忽戰累次失利紛紜者適二十年而元氣已大損矣厥後更定約章藉持和局外釁之迭起環生者幾於無歲無之中外籌議不能不以防海爲兢兢地之險者扼之土之荒者闢之軍之闕者設之才之乏者練之械之精者購之藝之良者習之蓋既經藎臣碩輔內外合謀苦心經營者亦適二十年中國聲威稍稍異於疇昔然瀕海之區迴環萬數千里布置既已難周猶且艱於物力缺於人材限於時勢格於議論措施不過十之二三而狡寇窺逼之大勢又不僅在海而在陸矣臣竊按英俄法三國歐羅

巴著名强國也其國都皆距中國三四萬里彼知西洋大小諸邦競能自立難逞雄圖未肆西封遂勤東略英人初藉公司之力蠶食五印度未幾而沃壤數萬里盡爲所併遂與我之西藏爲比鄰近且脅服阿富汗克什彌爾巴達克山什克南諸部爲英屬國其大勢駸駸北嚮既越葱嶺而與我之回疆相接南併緬甸而雲南之迤南迤西悉與毗連矣俄國自興安嶺以外東傅於海包我黑龍江全境暨外盟蒙古烏梁海諸部西軼新疆諸城地勢尤爲廣遠自咸豐年間來索舊地而黑龍江以南烏蘇里河以東勘界一誤蹙地數千里至今西人

動輒藉口謂爲中國不重邊地之明證侵奪之謀無時或息俄人又於同治年間乘我內寇不靖稍以兵力吞滅浩罕布魯特哈薩克布哈爾諸回部自是俄境亦接回疆其地匝我三陲迴環殆不下二萬餘里法人自爭得越南旋脅取眞臘一國歸其保護近又侵割暹羅湄江東岸之地疆圉愈廣氣勢自雄而兩廣雲南邊外益以多事由斯以觀中國東南兩面大海繞之其自東北以訖西南則三强國之境繞之防於海者動虞諸國窺伺防於邊者日與三國周旋至於南洋諸島星羅棊布昔人所謂海外雜國東南際天地以萬數時候風潮朝

責者今已爲英與荷蘭西班牙三國之外府竟無一島能自存者此殆宇宙之奇變古今之創局也然猶有可冀者曰彼雖盛於一時終將衰於異日顧臣觀西洋大國圖治之原頗有條理英俄法皆創國數百年或近千年炎炎之勢不始今日今其制勝之術屢變益精舟車則變而火輪矣音信則變而電傳矣槍礮則變而後膛矣戰艦則變而鐵甲矣水雷則變而魚雷矣火藥則變而無煙矣覘敵則變而用氣球矣照夜則變而用電燈矣專家之學互竭智力往往能制馭水火呼吸風霆新藝迭出殆無窮期其恃强逞威之具既如此然猶有可

慰者曰彼既與我和好未必遽萌狡謀顧國必自强而後和可恃夫制敵而不制於敵者莫如鐵路英之鐵路一已抵西藏近邊之大吉嶺一已達雲南近邊之新街俄之鐵路將由塔什干而趨浩罕近復經營西伯利亞鐵路東聯琿春海參崴法開鐵路以通商貨已由河內直接諒山而我無一足以應之俄人移我界牌據我屬部之事時有所聞邇來帕米爾一役終不脫占越故習英人力爭野人山地周度各官志在分據險要俾逼滇疆臣因滇緬分界知其隱衷法人注意滇南諸土司已見端倪彼既撤我藩籬稍久必窺堂奧其貪得無厭之

情又如此此蓋事變如此此之棘時局如此此之艱皆肇端於此數十年內夫自開闢以來神聖之所締造文物之所彌綸莫如中國一旦歐州強國四面環逼此巢燧羲軒之所不及料堯舜周孔之所不及防者也今欲以柔道應之則啟侮而意有難饜以剛道應之則召釁而力有難支以舊法應之則違時而勢有所窮以新法應之則異地而俗有所隔交涉之事日繁一日應付之機日難一日誠不知何所底止矣惟是通變方能持久因時所以制宜伊古盛時或多難以保邦或殷憂而啟聖臣愚以爲

皇上値亙古未有之奇局亦宜恢亙古未有之宏謨夫英國地多而勢散俄國土曠而人稀法國政煩而民困彼有所長亦有所短我有所短亦有所長誠能去所短而集所長自可用所長而乘所短未得其術則難者益難苟握其要則難者亦易 臣謹擇其約而易行者請爲聖主陳其大略一曰勵人才所謂才者何常時方無事則以黼黻隆平爲貴時方多事則以宏濟艱難爲先夫道德之蘊忠孝之懷詩書之味此其體也而論致用於今日則必求洞達時勢之英才研精器數之通才練習水陸之將才聯絡中外之譯才體用兼該上也體少用

多次也當風氣初開之際必有妙術以鼓舞之則人自濯磨矣迨豪彥競進之時必擇異能而倚任之則事無叢脞矣羣才之振奮默運於九重之精神勸之有具斯培之有本培之有本斯用之不窮至於多設學堂隨地教人多選學生出洋肄業亦皆儲才之要端也一曰整武備歐洲諸邦以戰立國者一二千年凡事皆有專門名家故中國練軍不能不參仿西法海軍取法於英陸軍取法於德已稍著成效矣顧北洋而外推行未廣尚不足以建威銷萌且論今日海軍不在驟拓規模而在簡覈名實不在遽添船礮而

在增練材藝俟其成效足與西軍相頡頏再撥昔日化
一爲三之議擴充分布則海疆自可無虞至各省綠營
疲窳特甚前督撫 臣 曾國藩胡林翼已早言之似宜先
就臨邊之地與英俄法相近者稍稍變綠營爲練軍因
其舊餉給以新式火器而以西法部勒之漸除廢弛拘
攣之習免爲西人所笑侮又查有可屯墾之地不妨酌
置練軍或仿漠河金礦之例許公司集股開礦練營自
護隨時操練以備調用似亦兩得之道也一曰濬利源
泰西諸國競籌藏富於民之法然後自治自強措之裕
如即 臣 所謂養才練兵亦非帑項充盈不可蓋生財大

端在振興商務商務以暢銷土貨爲要訣欲運土貨以
創築鐵路爲始基今者
國家既籌的款營造山海關鐵路以期漸達於東三省
此固護邊至計也然地勢稍偏土貨不旺尚需歲貼養
路巨費恐非持久之局今欲使此路廣引商貨化貧爲
富似非通內地鐵路不爲功內地鐵路仍宜查照湖廣
督臣張之洞原議分年籌費由漢口開路以抵盧溝橋
而達山海關則秦隴楚蜀晉豫之土貨日出日多轉輸
益遠商利自饒必有自集公司依幹路以築枝路者不
必官爲籌款寖假六通四闢富庶之機蒸蒸日上不僅

有事時徵兵運餉爲便矣臣又嘗閲光緒初年各關貿易總冊洋貨入口與土貨出口厥價略足相抵近年洋貨驟贏土貨驟絀中國歲耗銀至三四千萬兩則以洋布洋紗暢銷故也葢其爲物出自機器潔白勻細工省價廉華民皆樂購用而中國之織婦機女束手坐困者奚啻千百萬人今上海武昌皆已購機設廠織布紡紗天津亦有紡紗之議誠宜推之各省及各郡縣官爲設法提倡廣招殷商設立公司優免稅釐俾資鼓勵收回利權莫切於此其他養蠶繅絲之法植茶焙葉之方鍊鐵開煤之學一一講求整頓豈非利用厚生之政探本

握要之圖乎一曰重使職昔漢武帝詔舉茂才異等可爲將相及使絶國者西洋諸國或以宰相及外部大臣出爲全權公使或以資深望重之總督出爲全權公使其視使職與將相並重大抵相臣襄內政使臣襄外務外與內相表裏也將臣尙武力使臣尙文辯辯與力相補救也有百年安邊之計定於三寸舌者富弼之使契丹是也有一介行李之馳賢於十萬兵者陸賈之使南粵是也方今英俄德法美數大國各挾勝勢以相陵相伺其事體又與古迥異彼與我立約通商定界動輒有大利大害倚伏乎其中臣嘗謂國勢之振興不盡恃戰

勝攻取但能於交涉數大端措注合乎機宜恢張自有
明效夫總理衙門所恃爲耳目爲手足爲心膂者莫如
使臣中國古多卓犖之士然今尚稍艱其選者不講之
於豫也西洋久著疆盛之績然今尚不竭於用者能練
之以漸也伏願樹之準繩明示激勸則風聲一播足以
奔走天下俾人人以經濟爲先資以遠謨爲急務上之
所重下亦重之下之所重效自隨之亦在
聖意之專注而已以上四端類皆勞臣之所經畫
聖主之所施行臣不過稍請變而通之擴而大之用力
既專收效自倍庶冀紓外患而固邦本大抵英人堅韌

哦人俄彊法人蠻橫而探其狡黠之謀則各造乎其極
殊合我有應接不暇之苦然論我固有之權力苟善用
之未嘗不爲彼所深憚誠使經理日宏賢能日奮必善
審三國之變而備之可也即徐待三國之衰而制之亦
可也儻因循而不早爲計則敵已迫矣患已深矣儳焉
不可終日矣詩曰心之憂矣疢如疾首　微臣奉使四國
稍諳外洋情勢輒敢貢其拳拳之愚不勝戰慄徬徨之
至所有强鄰環伺世變方殷謹抒愚計緣由理合恭摺
密陳伏乞
皇上聖鑒訓示謹

奏

考察近事謹陳管見疏光緒廿九年九月初十日

奏爲微臣考察近事謹陳管見以重民命而慎危機恭

摺仰祈

聖鑒事竊維數十年來中外競修武備莫不講求火器

火器藉火藥以致其用於是火藥隨火器而日精其類

有餅藥炸藥棉藥之名未幾而爭用栗色藥又未幾而

漸尙無煙藥性愈變而愈猛術愈研而愈酷中國風氣

初開往往儲藏不慎未收其用先受其害謹就臣聞見

所及者爲我

皇上敬陳之溯查咸豐九年二月長沙城中火藥局失

愼二三里內居民無得免者溪河數處變爲平陸有一巨窖幸未引動否則其患更不可思議是年秋山東火藥局失愼周圍震陷十餘里撫臣奏稱死傷姓名可查者四千餘人曾奉

諭旨賑䘏同治六年十月武昌城內有二局中隔一湖同時被焚蓋因火藥局曬藥不檢延及製藥局轟動藥庫焚去火藥及硝磺數十百萬斤居民死者數千平地百餘丈陷爲巨浸光緒十年十一月廣東佛山鎭火藥局焚去火藥數十萬斤燒失工匠一百九十餘名轟聲震動省城居民死傷甚眾十六年九月安徽太平府城

內火藥局訇然一震火藥局之營兵工匠皆不知所往縣署學宫摧燬無遺知府吳潮被壓而殞罹害者數百家各處殘肢斷體令人目不忍視今年五月廣東會城外三元里之火藥局不戒於火附近鄉村均被其患至今擇地營建尚未勘定凡此諸事久爲習見之端實非承平之福然臣不過約舉梗概此外府縣城鎮之局械林立變生意外者亦尚不可勝數羣黎何辜遭此荼毒臣嘗疑此雖繫天時亦由人事奉使以來留心考察始知西洋各國火藥局必避城市稠密之地多在空曠寥廓之區其議以爲如此危險之物難盡免危險之事所以

偶逢危險而不致多傷民命者非審於度地不爲功中國各省會城府城皆官吏軍民所駢集倉庫市廛所薈萃萬無可置火藥之理其始葢因標營弁兵操練舊式火器稍領火藥擇地存儲當時火藥質麤而力輕數微而勢薄尚不至爲大患厥後踵事增華研製日精需用日繁當事者習焉不察方謂循舊章藏舊地並非無端創建而不知藥力已十倍於前藥數已百倍於前戒備稍疏輒釀巨厄前歲松江紳民稟請文武各官將火藥局移建城外曠地卒以經費無出而罷夫狃取攜之便者未遑顧及生靈久遠之圖者鮮不安於玩愒　臣嘗

思其事而怵然慮之大抵斯民飢溺非無急救之具惟
猝然震發其思有不及防勇士戰爭初無避險之心惟
無故罹凶其事爲尤可憫或謂時逢劫運非人力所能
挽回 臣 則以爲消弭劫運者惟在
宸衷之惻怛或謂事關大局非仁術所能參用 臣 則以
爲保全大局者尙待
朝廷之轉移伏惟
皇上仁慈幬物普護蒼生可否明降
諭旨通飭各省督撫 臣 自今以後文武各員不得在城
市添建火藥局擇地築庫務求僻遠或在洲沚之上或

在山嶺之閒儻有商民願捐鉅費籲移舊局者均聽酌辦以順輿情如一時未能驟移不妨相機變通將尤爲猛烈之物分儲遠地徐俟妥爲經理其如何懲儆違玩之處可否

敕下吏兵二部嚴定處分章程以昭畫一而垂永久如是則

聖主尙好生之德官吏存警惕之懷蒸民免死亡之灾軍實鮮慢藏之咎一舉而數善備焉竊查各省設局無不濬濠築牆撥兵守護然地居繁庶則蹤跡雜而竊盜時聞地處寂寥則心志壹而防衛不懈至於盖藏宜密

晾曬宜慎庫窨宜分禁令宜嚴凡承辦此事者罔不以是爲兢兢自可無虞失事矣臣爲重民命慎危機起見所有考察近事緣由理合恭摺馳陳伏乞

皇上聖鑒訓示謹

奏

請展接電線折禦水患片 光緒廿九年九月初十日

再，臣聞本年六月永定河水勢盛漲，南北汎各隄同時漫溢，通州北運河亦陡漲丈許，衝決長隄，以致順直數十州縣皆成澤國，漂蕩田廬，淹没人口，不可勝數。湖北荆州霪雨連緜，江流暴漲，江陵、公安各屬隄垸先後決口，巨浸汪洋，居民避水不及者均遭沈溺。竊思江河下游水勢之漲，其上游來源必已先旺，再值霖雨不止，山水暴發，奔注下游，齧隄潰防之患，鮮不由此而生。蒸霖雨山水無可以驟挽之勢，而上游來源有可以豫知之理。方今各省電線四通八達，若由通衢幹線接一枝線至江河之上源短者數十里長者數百里而止厥費不多厥事易集派一妥員專司其事每日測量水勢電報下游專轄兼轄各官夫水行之速不如風風行之速不如電外洋各國每藉電音以報海上颶風俾當其衝者速爲之備無不大獲裨益邇來永定河爲患日劇幾於無歲不決荆州地勢瀕江萬城大隄亦爲要工若永定河設線在桑乾河以上長江設線在夔巫重慶以上卽令來源驟旺下游一接警電官隄民埝可以尅期加工水之大至尙在數日之後乘閒繕完較易爲力雖時雨之行山水之發或出意外而田廬民畜藉一電以保全

者當得十之三四低窪之區聞一電而互相告戒俾獲
遷徙逃避者當得十之七八至於大河流長源遠設電
尤爲要訣昔人每於河之上游擇地標誌謂上游水漲
一寸下游即漲一尺今若於陜甘境内接線以達河濱
則河流稍漲下游得電更早應汛各員皆有十日之暇
可豫集料添埽妥籌設法化險爲夷獲效尤鉅推之淮
漢諸水凡可以爲民利害者皆當以此法治之可否
敕下直隸湖廣督臣暨河臣漕臣察覈情形相機酌辦
似於扞禦水患之道有益無損是否有當理合附片具
陳伏乞

聖鑒謹

奏

議定滇緬界務商務條約疏光緒十九年十二月二十日

奏爲遵

旨與英國外部議定滇緬界務商務條約恭摺仰祈

聖鑒事竊臣於光緒十九年七月謹陳滇緬分界大概

情形並聲明界務將竣續議商務惟騰越八關界址未

清尚須理論等情在案臣前與英廷訂明將久淪於緬

之漢龍天馬兩關歸還中國秋冬之間仔細考察始知

鐵壁虎踞二關亦早被英兵占據幸鐵壁關距邊密邇

臣屢向英外部爭論彼始允令英兵卻退數里讓還關

址以庫弄河爲界惟虎踞關界限方向初甚渺茫久無

定論乃電請雲貴督臣王文韶派員查閱邀同八募英官履勘英官並無異辭印度總督則謂該關深入彼境七八十里已與八募相近且隸緬已百餘年一旦棄之有損顏面其意難於割地遂并靳於讓關臣又聞印度總督以外部允讓野人山內昔馬等地意甚不平聽信武員邪說屢思翻異又欲借端停商全約停商之後彼知中國界址未定漫無限制仍可伺機進占再閱數年非特昔馬等地可以不讓即界線亦可如彼意重定觀於前使臣曾紀澤商辦之時迄今事隔八年再與議約難易損益相去倍蓰其明證也臣再四思維決機宜速

不宜遲防患宜遠不宜邇固不値以一隅而妨全局亦未便爭小利而墮詭謀度勢揆情剛柔互用甫在虎踞關以東劃定界綫雖未能復百餘年前舊地較之滇邊所守新界似已稍有展拓此界務已定之大略也臣查商務辦法以曾紀澤原議二端爲綱領一曰大金沙江行船一曰八募立埠設關彼族以停議既久堅不承認竊思大金沙江爲滇邊外絕大尾閭兵商輪船暢行無阻夫名山大川國家之寶苟有機會當以全力圖之滇西遠隔邊隅宜有通海便捷之道局勢方爲靈活臣特將行船一事設法磋磨外部始終支吾以慮他國援照

爲辭繼與商於約中另立一條聲明此係滇緬交涉之事他國不得援例彼始勉强答允惟於八募設關慮之尤切拒之尤堅經臣再三開導告以立約試辦乃亦勉强答允詎全約甫經訂定印度總督仍堅持初議不允設關意在乘機要挾責報過奢臣思設關能否大獲利益尚未可知該督所索則萬不能允且旣違其意尤恐被其掣肘不能獲益臣於是顯責外部無自主之權竟將八募設關一條删去亦撤約中英人所得權利如緬鹽不准運入滇境英關暫不徵收貨稅領事僅設一員并限制其駐紮之地商貨僅由二路并化去其開埠之

名外部頗形自愿不甚爭論此商務已定之大略也竊
惟中國地大物博數十年間東西洋各國立約通商船
艦則行我江海租界則踞我門岸教士流氓紛至沓來
領事臬司擅勢自恣或奪我商民之利或撓我官吏之
權或違我教化之經或窺我寶藏之富事端百出防範
難周
朝廷所以不輕允開商埠者職此之由惟自英人襲取
緬甸以來雲南三面與彼毘連我所宜急彼所欲緩者
莫如分界彼所素急我所稍緩者莫如通商曾紀澤前
與議定俟分界後方能通商蓋寓相維相制之意邇年

英兵騷擾滇邊不得不催英廷分界憑仗
聖主威福並承總理衙門指示俾臣相機妥籌悉心商
辦西面則稍拓野人山內昔馬等地暨收回鐵壁天馬
等關南面則稍拓宛頂邊外之地潞江以東科干之地
暨收回車里孟連兩土司全權邊圉既安覬覦漸戢但
英人按照緬約第三款催議商務刻不容緩今者八募
設關一事雖未就範然因彼既允復劉我得收回別項
權利似於防弊去損之道不無關繫加以大金沙江行
船乘便利於境外播聲勢於寰中似稍足變舊規而張
國體茲合界務商務約款共二十條臣擬與英外部大

臣勞偲伯力匄日先將草約畫諾以杜狡變一面齎送

總理衙門俟奏明

批准後即可換約開辦所有議定滇緬界務商務緣由

理合恭摺具陳伏乞

皇上聖鑒訓示謹

奏

附定虎踞關以東界線片 光緒十九年十二月二十日

再，臣前向英廷索還漢龍、天馬二關，繼查騰越八關，除太平江以北四關確在老界之內，今既劃得昔馬等地，則四關更在外障。惟太平江以南四關，非特漢龍、天馬久淪異域，即鐵壁、虎踞二關亦驟難審其實址所在。臣閱滇省所繪界圖，該二關皆在界線之內，意謂必無錯誤，遂告外部應照原界劃歸中國，外部亦無疑義，並未駁辯。既而詳加考察，微聞虎踞、鐵壁早為緬甸所占，英人復屢加工程，綢繆穩固，英兵所守之界越虎踞關而東者已數十里，越鐵壁關而東者亦六七里，英人漸自覺之於是爭論始起臣與儘力磋磨始允將鐵壁關讓還中國迨滇員尋覓虎踞天馬二關勘得虎踞關在盆干西十里距八募五十餘里距南碗河邊英人所指爲中國邊界者八十里天馬關則在西南居猛密邦欠兩山之間英兵從關內山坡修路一條以通緬屬之南坎二關雖已久圮關門營址尚存距印度總督異常狡悍不肯讓地外部從而附和之據稱此關深入緬境屬緬已百餘年若中國索問此等舊地則緬甸應索於中國者甚多語意極爲堅剴臣知英人不願我境逼近八募英兵已多年扼守欲令退讓勢有所難又恐百餘年前

正直緬甸強横之時中國藩屬如孟拱孟養蠻暮木邦
孟艮諸大土司皆被吞併則虎踞關之入緬當在斯時
今又與西洋强國爲鄰　臣　愚以爲最要關鍵莫若劃定
界限彼此截然不相踰越若爭必不可得之地久懸莫
定門戶洞開安知今日彼所指爲我邊者他日不復爲
彼內地愈占愈進後患奚窮　臣　與訂明漢龍天馬仍歸
中國惟漢龍關尚須查勘如未深入緬境自可通融讓
還天馬關內所築之路彼稱係八募南坎往來要道礙
難隔斷今議將新路歸中國而於稍北一大路許其借
用以示通融仍於條約嚴立限制以防流弊虎踞關雖

不可得亦稍劃地以償中國一曰龍川江中之大洲得此則自猛卯通漢龍關較形直捷一曰蠻秀土司全地得此則天馬關外更依大山以爲固似較近日滇邊所守之界有展無蹙矣至英人允讓野人山內昔馬等地印度總督輒謂中國雖得此地不過交盞達土司管理土司力量豈能制服野人仍恐出而爲患擾累英人不如歸英控轄等語臣欲杜彼狡謀告以前經附片陳明請我

皇上敕下雲貴督臣俟換約勘界後派撥得力精兵數百名塡紮昔馬任撫綏彈壓之事必不僅交土司管理

因又責以信義不允翻悔彼族始無異言此臣相機了
結之實情也理合附片密陳伏乞
聖鑒謹
奏

附陳大金沙江行船片光緒十九年十二月二十日

再大金沙江即譯音所謂厄勒瓦諦江其上源發於印度西藏貫野人山全地及緬甸全境蜿蜒曲折五六千里入於南海爲中國西南邊外第一巨川臣查雲南西境之潞江瀾滄江非不源遠流長然溜急灘險每多不便行舟之處非若大金沙江之一律深通可駛輪艦轉輪便捷利澤無窮此次定約中國之船可隨便在大金沙江往來行走則形勝與英共之利益與英分之似亦綢繆邊務之要端從前滇西諸郡僻在荒徼距督撫所駐之地尚有一二月程以致聲氣易阻呼應不靈京銅

運路尤形險遠水陸轉遞耗費不貲今則滇緬商路既通輪艦由江入海旬日閒可達津滬雲南西路礦務似可漸營海運以節糜費而昭迅捷至於化瘠壤爲奧區聯遐陬於内地端倪已見明效可期是在經理之得人耳理合附片具陳伏乞

聖鑒謹

奏

密保洋員片 光緒十九年十二月二十日

再自昔多事之秋往往借材異國秦用由余晉用巫臣吳用伍員漢用金日磾無不推誠倚任得其死力宏此遠謨誠以鄰邦環伺交涉多端不收其儁無以得敵國之情不廣其助無以應事機之變也查有英文二等參贊官二品頂戴總領事銜英人馬格理在駐英使館當差近二十年前使臣曾紀澤與俄外部議結收回伊犁一案與英外部議定洋藥加釐一案馬格理皆在事出力臣到任後如新嘉坡改設總領事官蕪湖武穴等處教案和平了結議定會立坎巨提頭目以存兩屬體統

馬格理贊襄機要均有成績此次商辦滇緬分界通商訂立條約馬格理始終其事惟以裨益中國爲心迺者俄爭帕米爾全地馬格理探知英俄分界以小帕米爾劃與英國建議轉商英廷俾讓還中國如是則中國不至失勢而帕事較易就範臣查馬格理忠於所事勞勩不辭研求利病動合窾會儻遇交涉要務需人之際馬格理堪備任使用其所長必有明效可睹理合附片密陳伏乞

聖鑒謹

奏

豫籌仰光領事揀員充補疏光緒二十年三月十四日

奏爲新訂滇緬條約中國須派領事官駐紮仰光豫擬揀員充補恭摺仰祈

聖鑒事竊臣遵

旨與英國外部議定滇緬界務商務條約二十款前經縷陳梗概並派員賫送總理衙門在案查此約第十三條中國派領事官一員駐紮仰光英國派領事官一員駐紮蠻允彼此各享權利與相待最優之國相同等語

臣嘗謂酌設領事所費無多而收效甚速曾經疊次統籌全局仰蒙

聖明鑒納英屬仰光一埠上通新街以接滇邊下聯新嘉坡檳榔嶼等處形勢最關緊要商務亦互相貫輸此處向有華民四五萬人而滇省商民之散處緬甸各口者亦復不少邇年以來 臣屢接滇商公稟謂中國無員駐緬保護商民受損非淺籲請籌設領事以保權利上年三月 臣接雲貴總督臣王文韶電稱仰光如設領事滇人之福儻有機緣可出 臣主稾會銜具

奏等語王文韶身膺疆寄默察輿情似於添設領事一端望之甚殷向來歐洲各國狃於故常擯中國於公法之外華民散布南洋各島者數百萬中國每欲設一領

事彼輒以全力阻撓致利源有外溢之虞政柄有旁撓之慮此次商議條約英人初冀於永昌順甯兩府各設領事又議在雲南省城添設領事皆爲臣所堅拒僅許在騰越所屬之蠻允設一領事而我亦設仰光領事以相抵按照第十三條約語中國領事可與彼仰光巡撫平行其權蓋不僅照料仰光華民所有阿瓦莽達拉新街等處華民亦可兼歸保護臣曾向英外部申論及之竊思此約蒙

皇上批准互換之後彼必迅派蠻允領事經營商務萬一仰光領事遴選稍遲恐致著著落後將來我設領事

彼雖礙於約章不能阻撓然或隱爲留難或微示貶損皆勢所難免要不若同時並設可以互相援照互相抵制彼亦自無異意臣是以不敢不豫爲籌及也查有二品銜分省儘先補用道左秉隆精通英語熟諳交涉應付各事剛柔得中前在新嘉坡領事任內十年爲英人所信服如派爲仰光領事必於創辦規模大有裨益臣交卸在邇儻蒙
恩旨俞允則酌擬經費添派隨員商取準照皆新任使
臣龔照瑗應辦之事臣亦必將此事原委詳告龔照瑗也所有擬派仰光領事緣由理合恭摺馳陳再此摺本

應與王文部會銜因道途寫遠文牘知照往返動須數
月是以未及會銜合併陳明伏乞
皇上聖鑒訓示謹
奏

都市问题研究论丛

主编：杨生平　副主编：强乃社

城市景观

纽约时代广场百年

[美] 马歇尔·伯曼——著

杨　哲　译

首都师范大学出版社
CAPITAL NORMAL UNIVERSITY PRESS

图书在版编目(CIP)数据

城市景观:纽约时代广场百年 / (美) 马歇尔·伯曼著;
杨哲译. —北京:首都师范大学出版社,2018. 12
ISBN 978-7-5656-4469-6

Ⅰ. ①城… Ⅱ. ①马… ②杨… Ⅲ. ①文化史—纽约
Ⅳ. ①K712. 03

中国版本图书馆 CIP 数据核字(2018)第 111719 号

版权登记号:01-2018-8240

CHENGSHI JINGGUAN: NIUYUE SHIDAI GUANGCHANG BAINIAN
城市景观:纽约时代广场百年
[美]马歇尔·伯曼 著 杨 哲 译

项目统筹 罗 菁
责任编辑 欧家作
首都师范大学出版社出版发行
地 址 北京西三环北路 105 号
邮 编 100048
电 话 68418523(总编室) 68982468(发行部)
网 址 http://cnupn. cnu. edu. cn
印 刷 北京九州迅驰传媒文化有限公司
经 销 全国新华书店
版 次 2018 年 12 月第 1 版
印 次 2018 年 12 月第 1 次印刷
开 本 910mm×640mm 1/16
印 张 27. 75
字 数 276 千
定 价 69. 00 元

总 序

近年来中国在城镇化方面进展很快，城镇居民迅速增加，城镇化比例不断攀升。中国社会已经开始进入城市社会或者都市社会（urban society）阶段。在这个阶段，城市在整个社会生活和生产中占据重要的地位。如何理解都市在当代中国乃至世界范围内的状况，是每一个马克思主义者都需要关注的问题。其实这个问题的探讨已经逐渐达到了对于马克思主义理论进行整体考虑甚至反思的程度，形成了从都市角度对马克思主义的新理解，即有些学者所谓的都市马克思主义（metromarxism，urban Marxism）。和一些对马克思主义在当代社会发展中影响减弱的悲观论调不同，我们认为，这意味着马克思主义的理论和实践在当代都市社会中获得了进一步的深化与推进。

从时代背景来看，20世纪二三十年代，西方出现了不同于苏联的马克思主义研究，随后出现了不同理解的马克思主义，即所谓的“复数”的马克思主义。从一定的角度分析，这意味着马克思主义获得了更多的研究、传播和发展。这是马克思的学说和一定的时代与一定的地域相联系和相结合的结果。各种马克思主义，在学术界甚至政治事件中亮相，从欧洲到非洲，从亚洲到拉美，都是如此。这些马克思主义，有些直面当代现实，反映现实问题，切中当代资本主义发展的肯綮，赢得了很多听众。都市马克思主义就是其中重要的一种。

都市马克思主义是时代发展的产物，也是众多经典作家和学者努力的结果。从发生和发展的主要因素来看，随着时代的变化，城市和马克思主义的关系逐渐受到人们的重视。在马克思那里，城市和乡村的二分是社会历史发展中的一种现象。这种分离在资本主义制度下是资本逻辑形成的问题。对马克思来说，只要资本的问题解决了，那么社会的各种重要问题和矛盾将获解决，包括城市和乡村关系也将进入良性状态。

第一位对城市进行洞察并系统探讨的马克思主义经典理论家是恩格斯。他在《英国工人阶级状况》中对资本主义发展历史上早期现代城市的发展做出了深刻的剖析。资本主义固然在当时促进了社会的快速发展，但是问题也同时存在。社会严重分化、工人阶级处境悲惨、城市病凸显等，至今依然在一些地方存在。但是在马克思和恩格斯那里，城乡差别往往和社会分工、资本主义发展的社会分化联系在一起。城市的地位和作用并没有成为特别的关注对象。

到了20世纪初期，西方马克思主义以不同于苏联的传统马克思主义的面貌出现了，对于城乡关系的理解有了变化。如葛兰西等对城乡的理解和恩格斯不同，他认为这些资本主义发展中的城乡差距拉大等问题，和资本主义发展的不平衡有联系，和国际范围内资本的流动也有关系。在20世纪40年代，本雅明认为，资本主义城市和现代性有密切的联系，现代性在城市游荡。城市是资本主义，尤其是现代性发展的一个窗口。第二次世界大战之后欧洲国家的城市重建，在城市规划和设计中，也暴露了很多意识形态的因素，比如很多城市的规划将穷人赶到偏远郊区。

随着城市化水平的提高，现代社会的主要形态之一就是城市社会或者其发展的较高阶段都市社会的形成和发展异常迅猛。可以说，在这个时候，人类社会的发展形态、阶段和水平，有了另外一种比较明确的表现，那就是人类社会有一个从农村社会、城乡二元社会到城市社会或者都市社会的发展过程。

第二次世界大战结束以后，时代产生了剧烈变化，如生产力发生重大发展，世界格局也发生深刻改变。世界各个国家之间的联系也变得更加密切，城市化水平逐步提高。这个时候，地理、城市和空间因素在社会发展和变化中越来越重要。现代性的发展方式也遭遇到挑战，这在城市当中表现得比较明显。各种社会疾病和城市疾病大量涌现。

大概在 20 世纪 70 年代，世界上主要资本主义国家的城市发展中出现的问题逐渐为更多的人所理解和认识，一些马克思主义研究者也对此进行了探讨，如列斐伏尔、卡斯特、哈维等。这些探讨往往和空间、地理研究有关，研究的问题从根本上说是当代社会发展中的问题，尤其是都市社会的发展问题。对于城市社会和都市社会的重视是这些研究的共性之一。一直到 20 世纪 80 年代，这些问题逐渐在社会理论中变得越来越重要了。按照美国学者爱德华·苏贾的理解，大概在 19 世纪末期以前，社会理论还是兼顾时间和空间因素的重要性的，但是到了后来，社会理论普遍重视时间、历史的维度，而忽视了空间的维度。这个认识直到列斐伏尔才彻底地扭转过来。

列斐伏尔是一位重要的思想家，从1968年到1974年他出版了一系列关于城市、空间的著作。从整体上看，他不满意法国共产党跟随苏联的传统思想，试图对马克思主义做出新的阐释；他认为时代已经经过了农业社会、工业社会，发展到了都市社会。都市社会是一个彻底城市化、都市化的社会。在世界范围内，有些地方已经进入都市社会，有些地方正在进入都市社会。在一定意义上，列斐伏尔对马克思主义的发展坚持一种比较积极的态度，但也对马克思主义的传统理解做出了修正。

列斐伏尔的著作充满了启发，在表述上瑰丽多彩，他的论说是一道道的美味。但是，有时候人们对其确切含义很难精准判断，其主旨并不好掌握。后来的很多研究者也在这种思想的丛林中跋涉，并获得异常丰富的启发和收获。从一定角度看，哈维从左边继承了列斐伏尔对资本主义的批判。马克思的政治经济学批判被他彻底贯彻到空间批判和城市批判中。卡斯特从右边对列斐伏尔的理论进行了发展，他试图发展城市问题中的马克思主义视角，但是，他认为独立的空间和城市是不足的，比如城市问题取决于城市结构中的诸多因素的共同作用，城市社会运动和传统的运动有联系但更有区别。卡斯特在20世纪80年代公开提出：马克思主义不能应对当代问题。卡斯特认为，马克思的视角并不能解决当代城市问题，也不能解决当代社会问题。他反对列斐伏尔对空间近似拜物教的重视。他是第一位写出马克思主义视角的城市问题研究著作的人，他晚近的研究离开了马克思主义，不能不说有些令人遗憾。那么，谁对列斐伏尔的思想进行了比较全面的继承？从大的线索看，可能是苏贾。

如何判断苏贾的学术线路？他经常将一种批判性的空间视

野作为自己著作的关键线索。从学术传承的角度看，他坚持一种后现代的、马克思主义的空间视野来进行城市和区域研究。他对社会批判理论进行了所谓的空间重述，对大都市进行了后现代话语的分析，对空间进行了第三者视角的处理。他以洛杉矶为基础，试图形成后现代的洛杉矶城市与区域研究学派，从这个城市案例中形成一个对其他城市有意义的普遍的启发。

苏贾似乎更多地继承了列斐伏尔的思想。从整体上看，列斐伏尔的思想和坚持现代性的线路是不同的，他的日常生活批判，是对现代性的一种揭露；他的空间研究，和现代性思想重视时间性的路线是不同的。在列斐伏尔那里，有一种比较特别的后现代的感觉。他有解构，但是他也似乎努力做出建构，比如他在《都市革命》中对都市社会的展望。苏贾重视后现代主义对于城市理解的意义和价值。他没有放弃马克思主义，特别在《寻求空间正义》(2010) 中，对洛杉矶发生的工薪阶层要求公共交通巴士系统增加投资而诉讼进行了深入探讨，将城市工薪阶层的空间斗争，从政治和空间的互动角度进行了深入探讨。总的来看，他对城市问题的理解是后现代视角的。甚至我们可以理解，在一个现代性的问题逐渐被揭露的时代，我们要解决现代性问题，除了重视后现代性，还能够有什么选择呢？

但是，后现代性的理解有多重取向。在列斐伏尔的一些著作中，现代性特征的城市和空间存在一定的问题，有可能需要一种超越现代性的城市和空间的存在并发挥作用。在哈维那里，后现代性更多表现为资本主义问题在当代的显示。苏贾则认为，后现代性视角比现代性视角更加让我们容易理解当代社会特别是都市社会。苏贾提出的后现代城市研究中的不同话语，是对现代性的固化、整体、标准化的社会生产的批判，是对明确的主客二分和对立的批评，是对工业时代确定的城市意象的变革。于是，后凯恩斯主义、后福特主义登场了，流动性、变化显著的城市发展和生产已经出现，真实的城市和虚拟的、信息化的城市已经很难截然区分，城市化中的单一中心的取向已经转向多中心、区域城市化的重构。但是，都市社会究竟走向何处？很多后现代主义者没有给我们提供纲要或者说明。批判性的、解构性的标签可能和这种思潮的内在要求有很大关联。但是，我们需要一种超越现代性的后现代性，需要一种建构性的后现代性。这种后现代主义至今依然幽暗不明。但有学者明确提出，建构性的后现代主义就是有机马克思主义。他们认为哈维不能给我们指出一条建构性的路径。可以肯定的是，如果坚持都市革命的激进的马克思主义，那么对寻求都市空间正义和争取城市权而言，我们目前能够寻求到的是建构性的、后现代主义的马克思主义。

苏贾在自己的著作中，强调了寻求空间正义的重要性。而后现代主义者马歇尔·伯曼在关于纽约时代广场景观的著作的结尾，提醒我们要重视城市权的重要性，尤其是参与城市景观建构的权利的重要性。我们也意识到，即使是哈维也重视空间正义和城市权，虽然用正义和权利来解决资本的逻辑导致的问题固然重要，但在马克思那里并非如此。马克思对资本普照下的权利、正义，更多地采取了讽刺和批判的态度。在资本主义条件下，试图借助法律和权利摆脱困境，是找错了门路。在一定程度上可以说，当代国外马克思主义“左派”都存在这个问题，甚至可以说在一定程度上这是“左派右转”。

但是，都市马克思主义的研究确实直面当代很多问题。其中以当代都市社会为基础，围绕城市和马克思主义的关系、当代阶级问题、社会主义与城市、空间辩证法等主要问题形成整体思想。当然有关研究远不止这些内容，比如性别与地理、空间的关系，空间与存在、历史等问题，也逐渐进入马克思主义研究者的视野，并逐步得到深化。这些研究对于我们批判当代资本主义，建设新的社会主义，具有重要的意义和价值。

在中国革命和建设年代，城市问题成为具有战略意义的重大问题。毛泽东提出农村包围城市，最后武装夺取政权，表明城市其实已经成为革命的重大问题，而同时中国乡村建设派的失败原因主要是对城市和现代文明的忽视。有些国外研究者认为，在中国革命年代，中国马克思主义者有所谓的反城市倾向，这是不正确的。中国共产党反对盘踞在城市中的反动统治阶级，但并不反对城市。进入21世纪，中国城镇化成为具有世界意义的重大发展事件，在很大程度上推进了中国经济的发展，影响了世界经济的发展。

进而言之，城市在当代中国社会现实中的意义和价值需要我们给予充分的重视。其实，仔细考察，中国当代社会发展的关键和核心已经转移到城市发展上来了。都市社会中的政治、经济、文化都和都市自身的特性有密切的关系。在当代政治中，都市政治、街头政治已经成为政治活动的重要方面和形式。在经济活动中，城市聚集形成的效应已经影响到经济整体。文化的形成、发展等基本以城市为基础。在这个过程中，我们面临现代性和后现代性的双重挑战。对于这些问题的研究和关注、提出中国问题的解决之道、形成中国马克思主义有关都市社会的研究，已经成为重要课题。

我们重视世界范围内都市马克思主义的历史进程和逻辑发展，重视都市马克思主义对我们当下和未来社会的理解和建设的意义和价值，更重视当代中国都市马克思主义的建构工作。“都市问题研究论丛”著作的选择，就是从这些角度来进行的。

“两岸猿声啼不住，轻舟已过万重山。”时代不断发展，空间频频变幻。如今，信息化程度加速发展，赛博空间形成，深刻改变了当代的社会空间包括城市与农村的空间及其关系，同时也给我们的生存带来了新的希望和问题：在不平衡发展、空间关系方面，技术对社会的影响不断增加；在观念、制度与行动方面，是从城市出发回到农村，还是离开乡土回归都市，这对很多人来说，做出取舍并不容易。众所周知，在日益全球化的过程中，回归地方已经成了一个并不容易的问题，甚至地方认同和乡愁等都难以落地，更不用说在很多国家的城市文化建设中，殖民活动的影响尚且若隐若现；都市社会中的人们在社会快速变化中、在空间多点位移动中能够找到自己并非易事；日益普遍化的城市生活方式正在走向智慧、绿色与生态之途，但城市顽疾也随之如影随形；对于城市发展形式而言，蔓延、紧缩并存，城市化和逆城市化互动。城市、农村、区域、空间、资本、市场等紧密联系在一起，构成了这个时代的瑰丽画卷。

令人欣慰的是，在对城市、社会和空间马克思主义视角的批判性研究中，近年来有很多问题已经受到了重视，但这只是一个开始，我们所要做的，是要打开、创造一个空间，在那里，能够去体味真正的时代精神，领略那给时代涂抹上底色的空间精神；在那里，我们能够回归自身、回归社会，迈向更加美好的生活。

本书简介

负有“永不停歇的狂欢”和“世界十字路口”之称的时代广场是一种非凡且独特的现象：在那里，想象与真实相互交织。对于受人尊敬的学者兼作者马歇尔·伯曼而言，广场亦是他生命中一个闪亮、丰富、异常美丽的联结。在这本书中，伯曼将引领我们开启一次图文并茂、激动人心的时代广场之旅，为我们展示神奇且真切的城市景观。书中的概念和艺术品——无论它们曾激发了这座地标的魅力抑或被激发——都是我们窥见和审视广场的透视镜。

时代广场与生活一起脉动，吸引了无数渴望被环绕、被瞩目的平凡人来到这里。除了汹涌澎湃的人潮、令人迷醉的灯光、壮丽宏伟的建筑以及近来发生的划分广场新地界的企业总部的入驻，这里还有不屈不挠的人性(以及不容小觑的两性张力)，在长达一个多世纪的时间里孕育着意想不到的表现力。

伯曼以个体回忆和社会评论交互穿插的方式，借助电影、摄影、文学、流行音乐、电视，当然还有百老汇音乐剧，揭示了时代广场的璀璨灯光是如何阐释一系列跨越广泛的主题和插曲，将艾森施塔德镜头下的时代广场，巴斯比·柏克莱、约翰·施莱辛格和马丁·斯科塞斯电影里的时代广场以及杰罗姆·罗宾编舞中的时代广场一一展现。

我们得以从书中获知时代广场那独特的灵晕是如何从一份

涵盖演员、作家和导演且富有惊人的多样性的名单中孕育出来的，这份名单包括西奥多·德莱赛、弗洛伦茨·齐格菲、埃塞尔·摩曼、艾尔·乔森、鲍勃·迪伦以及布鲁斯·斯普林斯汀。伯曼还盛赞了时代广场的无名英雄，他们是艺术家、工程师、巨型广告牌下的小商贩。在过去的几十年间，是他们重塑了滚动不息的瀑布广告，制作了喷射烟圈的香烟广告，并将每一位来客浸润在广场那友好至极的灯光浴中，也是他们将美国人试图在现实之外寻求的另一面相投射出来。

伯曼对时代广场的写作既是一份寄情的书信，也是一次富于启示的符号学阐释，它就像一趟直达的短途旅行，由一位敏锐机智又不乏趣味的文化观察者，带领我们一起走进美国文化的中心。

谨以此书献给我的挚爱雪莉：跳舞吧，女孩，跳起来！

目 录

插图目录

时代广场就像某种壳子，色彩和声音在其中掀起巨浪。

——乔治·塞尔登，《时代广场的蟋蟀》

突然我发现自己已经在时代广场。我周游了整个美国，行程八千里，现在又回到了时代广场，这时正好是交通高峰期，我用单纯、陌生的眼光看着这个喧嚣疯狂的纽约。数百万人毫无休止地为了生存而四处奔波，像一场噩梦——掠夺、攫取、失去、叹息、死亡，只有这样他们才能在长岛外面的那些城市里为自己争得一块墓地。长岛另一端的尽头高耸着时报大楼，那里正是美国报业的摇篮。

——杰克·凯鲁亚克，《在路上》

每个夜晚你都能看到时代广场
战栗于熙熙攘攘的游客中
他们第一次来到时代广场，也是最后一次
然后他们会飞回阿塞拜疆共和国
回到里海的岸边
在那里他们会连续数周梦见
我们的面孔浸润在难以置信的灯光中

——托马斯·迪斯科，《纽约赞》

你穿什么不重要，
只要你在那里。

——玛莎与凡德拉合唱团，《街头舞蹈》

作者的话：新新女郎

我在纽约市立博物馆的图画藏品中注意到这个女孩还是 20 世纪 90 年代的事情，那时，我正着手研究时代广场（Times Square）①，她就印在 1903 年发行的纪念明信片上。[1] 1903 年的时代广场还不叫时代广场，而叫郎埃克广场（Longacre Square）。其时，文艺复兴风格的时报大楼（Times Tower）已然高耸在西 42 街、第七大道和百老汇的交汇处，但地下的建设仍在进行，包括报社自己的高科技印刷设备和一条即将穿过的 IRT② 地铁隧道。1904 年和 1905 年之交的冬天，时报大楼和地铁正式投入使用，时代广场就此得名并且初具今天的样貌。

---

① 时代广场，是美国纽约市曼哈顿的一块街区，位于西 42 街与百老汇大道交汇处，范围东西向分别至第六大道与第九大道，南北向分别至西 39 街与西 52 街，构成曼哈顿中城商业区的西部。时代广场原名朗埃克广场，后因《纽约时报》早期在此设立的总部大楼而更名为时代广场。在中国，Times Square 普遍译为"时代广场"。目前，世界上不少著名的城市都有商场或建筑物取名为"时代广场"，中国更有多达 189 个城市有广场命名为"时代广场"。本书中所有"时代广场"特指纽约时代广场。——译者注

② IRT 是美国跨区快速地铁公司（Interborough Rapid Transit Company）的简称。——译者注

“时报女郎”明信片（1903，来自纽约市立博物馆）

这张明信片便是大楼的照片和一个卡通形象的合成画。明信片上的女孩穿着挑衅暴露的服装，就是那种歌舞剧中女演员的日常着装风格，散发着成熟女人的性感风韵和邻家女孩的平易甜美。她在明信片的虚构世界里几乎和时报大楼一般高，半坐半蹬在另一栋大楼，带着戏谑的笑容，荡秋千似地翘起小腿。图片上的女孩和大楼是多么令人惊异的不合比例，而事实上二者却协力塑造并传达出时代广场的新形象。到了 20 世纪初期，无论是大楼还是女孩，都已广为人知。

从 19 世纪末巴黎的印象派创作中，德加、马内和罗特列克的拥趸可以轻易地找到这种女孩形象，而镀金时代[①]的插图或画像中就极少见其倩影。同时代的美国并非不存在类似的女孩形象，反而很多，但她们生活于暗处，芳踪难觅，只有在私人会所、聚会或者紧闭的门后，你才能看到她们。她们不会公然出现在大街上，也不会通过公共邮件散播自己的形象。她们在公众眼中呈现出居家般的轻松随意，某种程度上，她们的诱惑性恰在于此。20 世纪初，“女孩们”以腾空出世之姿宣告了自己时代的降临，我愿意用“时报女郎”(Times Girl)指称她们，而青春女孩和崭新大厦的混搭也标志了“新时代广场”(New Times Square)的最初面貌。 *xvi*

看这女孩！她的胳臂、她的肩膀、她的双腿，都暴露在随风摇曳的短裙外。她扭着屁股坐在具有男性生殖器象征的时报大厦楼顶上并以右手轻扶，伸出左腿跨在百老汇上空。我很惊讶——古板卫道士一样的邮局居然会允许这种明信片流通。(或许是邮局忙晕了根本没注意到。)“时报女郎”性感得明目张胆却又毫不做作，随意轻巧却又一塌糊涂，没有羞耻和愧疚，也没有浮夸和刻意，她是漂亮的可人儿而非致命的尤物。在紧邻这

① 镀金时代(Gilded Age)特指南北战争之后 1870—1890 年的美国，得名于马克·吐温讽刺南北战争后美国政治腐败的长篇小说《镀金时代》。这一时期的美国，财富虽然有所增长，但南部黑人的政治权利仍然得不到保障。——译者注

一区的新阿姆斯特丹剧院①，弗洛伦茨·齐格菲尔德②为其歌舞剧打造的形象就以“时报女郎”的风格作为标准：全面绽放的诱
xvii 人性感加上邻家女孩的自然甜美。你看她，穿着半遮半露的抹胸连衣裙，没有精心修饰，没有盛装打扮，似乎在和谁随意地交谈。想必“时报女郎”明信片的无名设计者认为这样的便装形象才最真实，而真实才最重要。不仅如此，便装还意味着认真、职业伦理和专业态度。“时报女郎”不会将她的追随者们拒之门外，甚至反而会邀请她们走进化妆间，照着她打扮。她在向全世界宣告：我绝不会放弃我正在做的事情。和《纽约时报》的每一位同仁一样，她热爱自己的工作。

我对“时报女郎”一见钟情，为她命名的那一刻我就知道我要为她写本书。书中的她会释放出全新的活力，直视我们的心灵，期冀我们的回首，向往与我们相联，渴望再一次闪耀，并将与我们一道，穿越书中的百年历史。书中的她还有点特别：她是躲在语言幕后的隐性在场，她是无处不在的都市魅影。用我的话说，她“构成场景本身”：她在时代广场的现身就是一道人文风景。

年轻的时候，“时报女郎”会哼唱“盖比来了……他在城里”

① 新阿姆斯特丹剧院(New Amsterdam Theatre)是一个位于曼哈顿中心42街与第七大道、第八大道交汇处的百老汇剧院，紧临时代广场。它建于1902—1903年，无论其美术外观或室内建筑艺术风格，都是纽约市的标志性建筑，也是现存最古老的百老汇剧院之一。——译者注

② 弗洛伦茨·齐格菲尔德(Florenz Ziegfeld)是美国著名音乐剧制作人，被誉为“歌舞大王”，他所制作的很多音乐剧都在美国百老汇戏剧史上产生重大影响。由于齐格菲尔德在制作过程中体现了很多个人风格化的特征，因此他制作的音乐剧及其剧中角色往往被称作“齐格菲富丽秀”(亦称“富丽秀”)和“齐格菲女郎”。——译者注

(Gabey's Comin'… He's on the town)，但时光流逝，广场上的她不再是当年的女孩。无论万众瞩目，或者无人问津，她都在快速成长。也许会跌倒，甚至遭冷遇，但她会一次次回来，接着唱起斯蒂芬·桑德海姆(Stephen Sondheim)的《我依然在此》。[2]“在此”究竟意味着什么，我将以我的探寻和诠释向那些依然在此的女孩，向所有女孩，致敬！

前言：百年景观

……浴于众生……

——波德莱尔，《人群》，约 1860 年

引领你直面终极问题的街道……

——托马斯·斯特尔那斯·艾略特，
《普鲁弗洛克的情歌》，1917 年

让我们来个灯光浴吧。

——贝蒂·伯曼，于时代广场，约 1960 年

娱乐与身份

一个世纪前的冬天，那是1904年和1905年之交，时报大楼投入使用，跨区快速地铁开始运营。从那时起，时代广场便成为一道亮丽的风景。川流不息的人群、纵横交错的灯光、层叠掩映的巨幅广告……让这里的物质景观不同寻常，甚至独一无二。与此同时，只要试着阅读这些广告，思考这些人群从哪儿来到哪儿去，你就会发现：这里的人文景观更加独特。一个世纪前，这片充满生机的城市街道经历了巨大的飞跃而成长为一个超级都市空间。过去的百年间，这里经历了显著的城市化进程——物理意义和符号学意义上的双重满溢，拥挤的人潮裹挟着个体——浓缩、聚集、加速、爆炸，你置身其中便能鲜明地感受到处在人群的中心并被人群包围。这便是雷姆·库哈斯(Rem Koolhaas)所谓的“曼哈顿主义”(Manhattanism)或者“拥堵的文化”(The Culture of Congestion)。[1] 全世界都对此喜闻乐见，因为它为人们注入兴奋、冲动还有一种“留在这儿”的强大引力。除了超额的空间密度，我还想描绘时代广场同样超额的时间密度，来向人们传达更多的震撼：一种永无止息甚至与日俱增的生产、反思和灵感，以各种可以想象的风格、媒介和类型，无处不在。我在书中将试图投身时代广场“拥堵的文化”，投身那里拥堵的人群，投身拥堵的建筑、汽车、广告，当然还有其中最具魅力的——拥堵的意义。时代广场就是这样一个意义过量的地方，人在其中，要么沉溺，要么漂浮。

很多现代文化已经让我们见识过这种兴奋，我仅举三位作家为例：18 世纪初的启蒙哲学家孟德斯鸠(Montesquieu)，法国大革命时期的浪漫主义诗人威廉·布莱克(William Blake)，还有 19 世纪 60 年代现代派代表性诗人夏尔·波德莱尔(Charles Baudelaire)。孟德斯鸠 1721 年的小说《波斯人信札》或许是迄今为止对现代城市的最伟大颂扬。(巴尔扎克曾说这本书让他受益颇多。)书中的主人公是两位游历国外的波斯苏丹，他们对异国大街上没有面纱遮挡的人们感到兴奋不已。“这里的一切都被说出，一切都被看见，一切都被听到，人心坦赤如人面。”一位苏丹说在巴黎根本不可能征税，因为人们的主要财产都在脑子里，那就是“他们的智慧和活力。每人都有各自的机谋，并竭力以此营生”。所有这些人“生活或设法生活在这个产生一切发明的城市里”。但巴黎最惊人的发明多是巧夺诈欺：有人“能用高超的技艺，修补岁月无情的摧毁”；女人“能把处女的贞操变成花朵，日日败谢又日日重开，第一百次被采摘时比第一次更加痛苦”；“无数的语言教师、艺术教师和科学教师在讲授他们不懂的东西”——传授自己会的东西不需要多大才智，传授自己不会的才是本事。在巴黎，“自由和平等洋溢各处”。街上的每个人都被卡在一场无止无尽的交通拥堵里，只不过在这场拥堵中，所有人都被卡在一起。[2]

18 世纪末，法国大革命时期的激进诗人威廉·布莱克试图将读者的视野提升到一个从容接受悖论和矛盾的水平。其中最具代表性的作品便是《天堂与地狱的婚姻》(*The Marriage of Heaven and Hell*)。该诗创作并发表于 1793 年，彼时法国大革命风头正劲。正如布莱克笔下的叙述者所说："足够！或者太多。"诗中最惊世骇俗的段落叫作"地狱谚语"，里面写道"不打破这些圣经戒律，美德就无处立足""不知道多少是太多，就不会知道多少是足够"，类似触目惊心的诗句不胜枚举。[3] *xxiii*

19 世纪的很多伟大作家将布莱克对悖论和矛盾的浪漫情绪发展为一种关于现代城市的幻象。其中最著名者当属波德莱尔，尤其是他在 19 世纪 60 年代以专栏形式写给巴黎报纸的"散文诗"。在写于 1861 年的《人群》(*Crowds*)一诗中，他比较了群体生活中的各种欢乐：参与一场"充满活力的狂欢"，进行诗歌创作，"广泛而普遍的交往"以及无时无刻的情绪高涨。现代城市让每个个体"可以随心所欲地成为自己或他人"。并非所有人都能超越自身，但如果可以——如果我们有能力"融入人群""浴于众生"，这种体验注定会带给我们"狂热的享乐"，而这种乐趣是那些"把自己封闭在箱子里的利己者"无法想象的。"相比于这狂欢，相比于这灵魂的神圣奉献——把全部，包括诗与怜悯都捧给突如其来的意外与陌生的过客，人们所谓的爱情是那么渺小。"[4]

这些作家既是"个人主义"(individualism)文化的亲历者，也是"个人主义"文化的写作者。19 世纪 30 年代托克维尔在他开创性的著作《论美国的民主》一书中首次提出"个人主义"一词，[5] 并将其视作现代生活中的一个主要驱动力。他担心个人主义文化会将人们封闭在自己的私人空间里，进而清除或者急剧缩小共享社区的范围。我们的时代和托克维尔的时代并无多大差别，这些担忧在今天仍具有其正当性和重要性。但托克维尔所未料想的是：现代民主为共同体发明了新形式。这些形式只有在移民的美国梦、电灯科技、摄影技术、大众交通、公共娱乐、广告和宣传、出版自由以及成千上万的个人主义汇聚而成的原始力量被一齐抛掷到大街上的 20 世纪才能产生。于是我们有了时代广场这样的地方——宏大景象即是个人主义景象——在这里，灯光浴和“狂热的享乐”是启蒙的调式；在这里，“充满活力的狂欢”引领我们走向“终极问题”；在这里，我们可以纵情欢愉，了解自己是谁，追问自己又能成为谁；在这里，迈克尔·班内特
xxiv 和马文·哈姆里施的《歌舞线上》所展现的那种源源不断的希望，会推动着人们工作、赚钱、中奖、恋爱，通过成为自己而获得“一种独一无二的感觉”。[6] 时代广场已经成为，并将日益成为一个娱乐与身份相互交织的地方。

我们一起去市区：我的家庭罗曼史

娱乐与身份：在我和时代广场的溯源之旅中，最痛彻心扉的回忆往往也是最浓烈、甜蜜的时光。我出生并成长在布朗克斯区①，20 世纪 50 年代中期，高中时代的我开始乘地铁独自离开布朗克斯。对市区慢慢熟悉之后，我总是想着法子闲逛。那时父亲的工作地点在距离时代广场半个街区的西 42 街 130 号，我们会约在他的办公室或者林迪餐馆见面，有时和我的朋友，

---

① 布朗克斯区（Bronx），是纽约五个区中最北面的一个，拥有最多公园用地，居民主要以非洲和拉丁美洲后裔居民为主。犯罪率在全国乃数一数二。——译者注

有时和他的顾客(当时父母经营了一家名叫“贝特玛标签公司”的夫妻店，他俩就是公司的全部财产)，我们会一起闲逛或者散步。1955年的秋天，父亲心脏病发作，送医不到一周就离开了我们。当时他不到48岁，我还未满15岁。父亲的离开让我一蹶不振，我突然意识到自己的青春期在我以为刚刚开始的时候就戛然结束了。接下来的几年里，我身边的朋友们都上演了各自版本的《无因的叛逆》①，而我一直老实待在家里，担当为父服丧的悲情孝子。那时有首流行歌曲，弗兰基·林蒙(Frankie Lymon)总是用他飙高的假声唱着：

> 亲爱的，来吧，我们一起去市区……
> 亲爱的，我爱你，我想让你成为我的女孩……[7]

对我来说，“亲爱的，来吧，我们一起去市区”意味着新生活的邀请，邀请我加入一种即刻实现的丰富多彩的生活——我只需坐地铁到市区就能实现的生活。当我在布朗克斯的家中第一次从收音机听到这首歌时，我还记得：我是如何知道歌词中的“市区”就在那里，就在地铁驶向的地方；我是如何意识到尽管自己昨天还是前天才去过那里，但随着父亲的离开那里似乎听起来无限遥远了；还有“去”这个动词在我听来就像一个必然如此、注定如此的命令。我简直不敢相信自己竟然接受了歌曲的邀请独自去了市区，就更别说邀请别人和我同行了。

“妈妈告诉我”：就像摇滚歌曲里常出现的妈妈们一样，我 *xxv*

① 作者借此表明他的同龄人在当时纷纷经历了各自叛逆的青春期。——译者注

的母亲贝蒂·伯曼告诉我必须重拾生活的勇气和希望，而且她相信这不久就会实现。母亲帮我重塑生活信念的一个方法就是讲述她和父亲的故事，其中一些是他俩在时代广场浪漫约会的故事。母亲告诉我，今天我所看到的一切都包含了我们家庭成长的历史，他们的年龄几乎和时代广场差不多大——父亲出生于1907年，母亲生于1904年(1994年去世)。广场的周边就是他们大半生工作生活的地方，刚开始他们出于偶然的原因来到这里，后来他们便有意定居此地了。在“大萧条”时期最艰苦的岁月，他们相遇、相爱。用母亲的话说这情节“简直就像电影里演的”。他们当时都在第六大道高架下一个销售助听器的公司工作，父亲是推销员，母亲是会计。他们认识之后，大概有一年或者更久，彼此都不能忍受对方，互相吵架、骂脏话，让周围同事看笑话。后来有个晚上，整个办公室只剩下他们俩在被迫加班，他们发现自己一直忍不住看对方，还引得对方大笑。于是他们花了远远超出计划的时间才完成工作，工作结束后父亲带母亲去儿童餐厅吃晚餐，在灯光下漫步。后来，父亲为母亲做了一件从未有男人为她做过的事情：他送她一路走回了布鲁克林区的家。母亲说“我们就这样手牵手在威廉斯堡桥上走过”，直到拂晓时分才到达她家所在的洪堡尔特街，她的父母简直要发疯：要知道她可是个从未在外过过夜的“乖女儿”。“但我能搞定父母这关，”母亲说，“为了这一刻我已经等了很多年。”

听了母亲的故事，我兴奋极了，恳求她再多讲一些。不久之后母亲告诉我，“出去”走走，暂时远离工作、远离我们(蒂蒂姐姐和我)，像情侣一样约会……这对她和父亲来说有多么重要。我的母亲只是一个朴素、矜持的布朗克斯女人，但她却为了和父亲的约会专门购买了一条特别的红裙。起初他们会去看戏（在提到他们计划观看的演出和她送给别人的戏票时，泪水模糊了母亲的双眼），后来还会去俱乐部。母亲带领父亲了解戏院，父亲为母亲讲解爵士，最后他们会去度过那些晚上——“你知道我们去了哪里”母亲红着脸说——她指的是附近的一家旅馆。20 世纪 50 年代的宾馆房间可不像今天这样为客人准备小瓶的洗浴香波，纸板火柴倒是不缺。在父亲去世前不久的一次晚餐上，我说了一句自作聪明的话，大概是“我们家哪里来的这么多旅馆火柴？你们现在做起旅馆生意了吗?”之后便是长久的沉默。母亲说她多么怀念以前和父亲约会第二天的周日早午餐。 *xxvi*
我跟母亲说我们依然可以享受美妙的周日早午餐，只是“你要教给我怎么做熏鲑鱼和煎鸡蛋”。母亲确实教会了我，我也让她再次享受到周日早午餐。但后来我意识到，母亲怀念的不仅是父亲的存在，还有那种甜蜜满足的独特氛围。直到四十年后，已为成年人的我才懂得这种氛围来自哪里。

母亲还跟我讲了很多故事，里面的人都是父亲和我在时代广场散步时他介绍我认识的。在我和姐姐出生以前，他们常常和父母一起出去玩，其中有两个侦探——也是我遇到的最早的犹太警察，有圣詹姆斯剧院的道具管理员，有林迪餐厅的夜班经理，还有父母的老朋友——《纽约时报》的知名本地记者——迈耶·伯杰。父亲常说“我希望你和我一样了解这条街”，不可思议的是尽管从未读过巴尔扎克，他对这里却有着巴尔扎克式的现实、全面的了解。在他生命的最后几年，父亲开始感到成衣中心①背叛了他——没错，他原话就是这么说的。但他觉得时代广场仍然是值得信任的。哪里可以容他做自己，他就待在哪里。他们那群人对此都深信不疑。“来看这些舞步的足印”，《42街》②里的歌词对他们来说就像“亲爱的，来吧，我们一起去市区”对我的意义一样：人们，很多人，在那里鲜活地存在着，让我们与他们一起，一起生活。

父亲去世后，去42街成了母亲的某种坚守，那里也成了家庭聚会的地方。她说过：“我们钱不多，但会一直去百老汇看戏，不然活着真没意思。”这是母亲在以自己的方式表达“亲爱的，来吧，我们一起去市区”。（一开始，我还沉浸在父亲离世的伤痛中以至于哪儿也不想去，但我咬紧牙关，就像电影《卡萨布兰卡》里的鲍嘉，而且我告诉自己，如果她能挺过来，那么我也能。）多年来，我们的出行路线都是母亲安排的（这里的“我们”包括母亲、蒂蒂姐姐和我、艾蒂姨妈和她的女儿玛丽莲，还有这些年间我们相遇、相恋的那些人）：先去看戏，通常是周日的午场，然后找个地方吃东西、聊天或者争论。我们全家都喜欢谈天说地，现在我意识到这对我们的朋友和恋人其实是个考验，考验他们是否能够融入我们的谈话。晚餐后母亲会提醒大家“现在是灯光浴的时间啦”。这种有趣的说法我从未在其他人那里听过。（每次她和父亲拿了旅馆的纸板火柴之后也会一起进行灯光浴吗？）
xxvii 于是我们会散步穿过时代广场，沐浴在明亮的灯光

① 成衣中心（Garment Center）是纽约曼哈顿的一个区，以生产和批发服装著名，亦作 Garment District。所谓成衣中心的“背叛”意指作者父亲对于那一区域的变化的失望。——译者注

② 《42街》（42nd Street）是1933年上映的百老汇音乐剧。——译者注

下——任它们在脸上映出鲜艳的颜色，任它们照亮路人和广告。最后，我们在42街乘地铁回到各自家中。对我的家庭而言，这样度过一天的时光，其意义不亚于一次圣礼。

母亲最小的妹妹艾达·戈登(1911—2004)即我的艾蒂姨妈，是全家的中坚力量。艾蒂有着一头艳丽的红发，通常走在街上都能赚足了回头率。但内心深处的一些阴影却让她陷入孤独，她满溢的活力没能转化为自己渴求的幸福。记得60年代后期，一个春天的周日，我们一起去看午场戏，我已经记不清是哪一部，但和当时的大多数戏剧一样都是关于毒品的。那天戏院里的半数观众都是像我们一样举家前往的，散场的时候还能听到父母和子女两代人关于毒品的争论。我提到自己有时会嗑药，但不至于到让我试图犯罪或者自杀的程度，我对它没产生依赖性，所以毒品不见得是个坏东西。我们一行人沿着一条窄巷子往东走，很快就汇入时代广场的人流中，初春的暮光洒在五颜六色的广告牌上，灯光挑逗，和风微醺，引得我们驻足感叹。我们没有逗留太久，艾蒂姨妈捏捏我的胳膊，问我："我只是不明白，这些人是怎么摆脱毒品的？我们都不需要它，你为什么需要？来跟我说说，你为什么要这样呢？有什么感觉？有什么意义？你嗑药嗑到嗨的时候世界是什么样？""大概像这样。"我摆出一副浴血奋战的姿势。"啊哈，"姨妈很是得意，"你看你恰恰证明了你根本不需要任何毒品。你需要做的是来时代广场。"

时代广场(拍摄于 19 世纪 90 年代)

普通人类，原初场景

时代广场一带一直以来便是原初场景（primal scenes）①的重要源头，这里汇聚了多元文化景观，将我们的视线引领到关于他们是谁、他们如何共同生活等终极问题上。20 世纪上半期，很多原初场景帮助我们塑造了时代广场的文化传统，而接下来的半个世纪，这一传统则经历了发展、扭曲和反转。这些场景 *xxviii*
不仅和广场上各式各样的演艺事业和流行文化紧密相关，还和作为现代生活之复杂且冲突的隐喻的演艺圈相关。

我的第一个原初场景来自西奥多·德莱塞 1900 年的小说《嘉莉妹妹》，② 这也是第一部以时代广场为背景的严肃文学作品。《嘉莉妹妹》的成书时间在《纽约时报》入驻广场之前，小说女主人公是一个在农场长大的女孩，年轻时做过工厂女工，后

---

① 原初场景（primal scenes），又译作原初景观、初始场景、初始风景、原生风景等。该术语源于德语词 urszene，首次见于弗洛伊德公开发表的精神分析学案例《狼人》中。在精神分析学领域中，弗洛伊德的“原始场景”情结是指人在童年早期的记忆中，在性知识尚未萌芽阶段目睹父亲向母亲求爱与交媾画面，将之误以为暴力场景。在文学批评、电影批评和互文性阅读中，其引申意义多指自动展开的源头式场景，具有一定的不可见性和被遮蔽性，但也具有摄人心魄、引人遐思的力量。在本书中，作者借用此概念来统称时代广场这一城市空间发生的所有原发性文化景观，这些文化景观作为时代广场发展变迁的缩影，具备可读性和可诠释性，在一定程度上塑造了时代广场的今天与未来。——译者注

② 西奥多·德莱塞（Theodore Dreiser，1871—1945），美国现代小说的先驱、现实主义作家，代表作有《嘉莉妹妹》（*Sister Carrie*）、《美国悲剧》（*An American Tragedy*）、《珍妮姑娘》（*Jennie Gerhardt*）等。——译者注

xxix 来成为一名百老汇明星（小说主要讲述了她成长为明星的这段经历），后来随着她演艺事业的蒸蒸日上，乔治·赫斯特伍德——一个将她带入百老汇的中年男子，也是她的恋人——突然倒下了。德莱塞为这个角色设定了一个螺旋下降的命运轨迹，让他先后经历失业、酗酒、萎靡、绝望，最终走向自杀。① 在故事临近结尾处一幕用于展现赫斯特伍德崩溃的场景中，他才真正当了次主角：他看起来骨瘦如柴，衣衫褴褛，住在鲍威利街的一家廉价旅馆里。旅馆从九点到十七点不营业，只在夜间提供廉价的住宿，这逼着人们不得不整个白天都奔走劳顿于曼哈顿。一个寒冷的冬日，路过广场的赫斯特伍德突然被剧院天幕上的嘉莉震惊了，他在剧院门口驻足等待，希望能看到她。接下来并没有读者们所担心的情节突变（他们顺利相遇了），他们的相遇引燃了旧情，对待彼此温柔如初。嘉莉的泪水夺眶而出，她打开钱包把所有钱都给了赫斯特伍德，并不住地询问："乔治，发生了什么？"他则不停地回答："我病了。"二人之间的温柔和无助使得这一刻成为美国文学史上最悲伤的一幕。② 这一幕至此已经进展过半。几天后，赫斯特伍德再次路过剧院，剧院门口摆放着一幅真人大小的明星海报，先前被压抑的对嘉莉的愤怒
xxx 和憎恶瞬间将他席卷，他爆发了，对着"她"咆哮："我对你不够好吗？噢……她得到她想要的，让她分我点吧！"[8] 他随后意识

① 德莱塞给嘉莉成为明星的剧院起名为"赌场玩家"。事实上百老汇和39街交汇处真的有一家公司就叫这个名字。但小说中的剧院名称是为了启示读者：如同赌盘的转动或者骰子的投掷，人类的成功与失败都是随机的、变幻不定的。

② 《第二十二条军规》的读者可将临死的斯诺登（他说："冷，我好冷。"）和活着的约塞连（他说："那里，那里。"）之间的对话视作对赫斯特伍德与嘉莉的对话模式的效仿。

到：这根本不是她，他混淆了真实的嘉莉和海报上的嘉莉。一种前所未有的屈辱和绝望袭来，成为压死他的最后一根稻草(他说：“我要结束这一切。”)。赫斯特伍德的错误在于将真人及其所指相互混淆。早在广场还不叫时代广场的时期，印着明星的广告就已经占据了这里，在这样一个造星的时代，他混淆真人和广告的范畴错误不过是司空见惯。

赌场玩家(拍摄于 19 世纪 80 年代，来自老约克图书馆)

第二个原初场景来自1933年的著名后台歌舞剧[1]《42街》。片中主角鲁比·基勒(Ruby Keeler)是一个出身歌舞演员的明星，可以说是穿着舞鞋的微笑版“嘉莉妹妹”。男主角之一的迪克·鲍威尔(Dick Powell)从歌舞团中发掘并喜欢上了她，并成为其导师；向她传授演戏的一招一式，保护她免于竞争者和掠夺者的伤害(这两种人都大有人在)。他对她的感情是否不止他表现出的这些？我们无从得知。但在美国荧屏中确实少见这样别无所图、慷慨付出的男性角色。故事过半的时候，有一个情节是基勒在42街的一辆出租车顶上表演踢踏舞。这场戏的设定非常尴尬，因为它并未很好地融入整部戏剧的故事线。然而作为一场独立的表演，它给观众留下了深刻的印象，观众集体见证了“时代广场上跳舞的基勒”成为美国文化史上历久弥新的经典女性形象。这段舞蹈还丰富了剧中的导演和台下的我们对于基勒的形象认知，正因为如此，当剧中指定的歌舞团女主角贝比·丹尼尔斯(Bebe Daniels)受伤不能表演时，剧组人员和我们立刻想到由基勒代替她的位置。在贝比恢复表演之前，剧中的导演沃纳·巴克斯特如此向基勒解释她所要承担的角色的意义：

> 现在听我说——请认真听我说。两百个人、两百份工作、二十万美元……都靠你了。这关乎你所有同事们的生活。你要明白，你必须演下去——不停地表演、表演、表演——一定要让观众爱上你，一定。(他的前额冒出了汗

---

① 后台歌舞剧(Backstage Musical)指以舞台表演者为主要人物、以他们的舞台表演为主要情节的歌舞剧类型，其情节设置常被称为“戏中戏”。——译者注

珠。)你不能倒下，绝对不能……幕布拉开，走出去的时候你还是个普通的年轻人，再回到这里你就是个明星![9]

1933年正值罗斯福新政，《42街》的首演和罗斯福就任美国总统发生在同一个月，这也为该剧附上了特殊的政治经济学意义。诚如“这关乎你所有同事们的生活”所言，“明星”不只意味着站在顶端的某个人的荣耀，更是数以百计的同事们的荣耀。《42街》实现了“没有人是一座孤岛”的古典道德和创造就业的现代政治经济学的结合。该剧的词曲作者阿尔·杜宾和哈里·沃纳这样描绘当时的街景： *xxxi*

人们肩并肩共享荣耀，……
下流的、低级的、花哨的、华美的42街。[10]

剧中鲁比·基勒在大街上欢快地跳着踢踏舞，正当观众纳闷于街上的人都哪儿去了，她用一个优美的小跳告诉观众自己一直在一辆由于交通拥堵而停车的出租车顶上跳舞。(记得孟德斯鸠说过“自由和平等洋溢各处”，那是因为所有人都被困在了交通堵塞中。)拥堵缓解后汽车开始移动，我们立马看到各色人等朝各个方向快速移动的奇观，没有互相推挤，也没人绊倒。难道这就是卢梭所谓的“共同生活的艺术”的胜利吗？

弹指之间，剧情从善变成了恶。难道说这是一次失败的变化？镜头接下来转向一个贫寒的公寓房间(也就是20世纪50年代及其后来所谓的单人间，single-room occupancy，简称SRO)。一个年轻女人正悲伤地躺在床上，一个年轻男人闯进来粗暴地打她，女人挣脱开，尖叫着跳出窗户，男人朝她开枪，但没有打中。这只是位于二楼的窗户，跳下去的女人被人群中的一名男子接住了，因而并没有人受伤。但她似乎忘记了自己还处在危险中，周围的人们也忘记了这点，她开始和那个救她的男子跳舞。先前打她的男人并没有离开：他跌跌撞撞冲下楼梯，朝着正在跳舞的女人的后背猛刺下去，随即消失在人群中。人们尖叫，但又很快遗忘。整个场景中，似乎只有来自人群的那股惊人势头才是最重要的。这时一群女舞者一边跳舞一边朝着壮观的摩天大楼的边际移动。所谓的楼际线实际是由女舞者们支撑的真人大小的建筑物硬纸板模型构成的。接下来，场景又发生了神奇的转换：原本象征着42街的水平纸板模型竖立起来，一座摩天大楼在大街上拔地而起。而几分钟前在人行道上遇刺的女人正和一个陌生的男人一起撑着她的建筑物模型，趾高气扬地站立在摩天大楼上方那高耸的人行道上。

xxxii 仅仅是走在街上、置身人群，普通人就可以成为明星。大街上闭合的轮廓变形为一片开放的天空——一个可以容纳所有人的空间。[11]时代广场是具有社交公开性和包容力的中心，它将人们聚在一起，将一群人和另一群人聚在一起；不仅和他者一起，更要和另一个自我一起；不仅是共存，更要真正地相遇——以一种足以改变个体的亲密方式与他人邂逅。邂逅建构现实，置身其中，人们得以超越自己。这就是“荣耀”这一神圣字眼的要义所在。即便人们正在寻欢享乐，他们依旧能够战胜自己。这种浪漫的景象正是美国都市生活的精彩之处。

当我说时代广场是“容纳所有人的空间”时，这里的“所有人”很大程度上等同于“所有白人”，根据我的阅读和现有图片，二战前的时代广场确实如此。但战争改变了一切，随着美利坚在世界范围内不断扩展其帝国强权的羽翼，受到美国熔炉熏染的异域地区、文化和人群找到了属于他们自己的融入时代广场的方式。我的第三个原初场景便是对这一辩证历史进程的戏剧化呈现。在威廉·克莱因拍摄的1954—1955时代广场跨年夜[12]的精彩照片中，人群中出现了白人以外的新面孔，这意味着时代广场的进步，它已经准备好去拥抱他们了。

“1955年时代广场跨年夜”(威廉·克莱因拍摄，来自纽约霍华德·格林伯格画廊)

这些新面孔在过去——所谓黄金时代的时代广场是不可能出现的。但今天——1954年的跨年夜，拉丁裔已经成了时代广场新面貌的一部分。图片中的小孩或许是第一次脱离家长的陪伴(其中戴帽子的人看起来更像是他们的兄长)，从东哈姆莱特、布朗克斯坐地铁，或者从新泽西穿越哈德森地下通道，来到时

xxxiii 代广场，参与了镜头中的这一刻。或许这也是他们第一次置身如此大规模的人流之中，他们衣衫破旧，毫不光鲜，（诚然他们是贫穷的，但他们年轻：数年之后的他们必定是一番新的模样。）看似晕船一般的疲惫不堪。拥挤的人潮和鼎沸的人声让他们感到厌烦、眼花缭乱（克莱因用迷乱的灯光很好地突出了这点），他们或许还有点冷。但他们看上去却很坚定，他们就站定在那儿，没有动摇，即使他们内心深处渴望回到故乡但他们至死都不会说出“我想回家”。人群中的孩子不仅仅代表他们自己，或许他们并不知道，但克莱因知道，我们知道：他们就是明天的罗伯托·克莱门特、里奇·瓦伦斯、丽塔·莫雷诺。①

注意看孩子们口中含着什么：那些糖果雪茄，并不是真烟，只是用来玩的，但也的确能将人“延长和扩大”，让人看起来比实际年龄更大。克莱因的照片将孩子们嘴里含的东西和身体站的位置之间做了一个等同：无论是糖果雪茄，还是时代广场，都是他们成长进程中的参与因子。照片中的成长不仅是个人的，更是社会的。克莱因在拍摄构图上有意将孩子们封闭在琳琅的美式商业标牌和阿斯特酒店的宏伟外墙中间，以鲜艳的灯光为背景，似乎在宣告：“他们来了，他们宾至如归，因为这里就是他们的。”“这里是他们的”并不因此意味着这里不是我们的。事实上，他们和我们一起“在这里。”他们融入和成长的故事也是我们的故事。数年之后，这群孩子会成长为捍卫族裔平等和城市

① 他们分别是美国知名的波多黎各棒球明星、西班牙裔摇滚歌手和波多黎各电影演员、舞蹈家，是美国拉丁裔移民后代的杰出代表。他们的成功是外来移民群体和美国本土文化相融共生的例证，克莱因为时代广场拍摄的照片见证了少数族群和美国社会的第一次相遇。——译者注

民主的先驱。60 年代初的流行歌曲——玛莎和凡德拉合唱团的《街头舞蹈》里有句歌词唱得好：

> 你穿什么不重要，
> 只要你在那里。[13]

照片中的孩子没有“在街上跳舞”，但他们“在那里”。时代广场就是这样，吸纳着更多的人，让世界知道它很大，大到可以将我们所有人容下。

最后一个原初场景呈现的是广场夜晚的另一面相，我们或可称之为“夜魇”。斯坦利·库布里克的首部电影《杀手之吻》对此进行了精彩绝伦地展现。① 这部发行于 1955 年的经典黑色电影的主人公是一个运气不佳的年轻拳击手，一直想要走出小镇， *xxxiv*
希望女朋友可以陪他一起离开。直到某天，拳击手和女友分别从经纪人和舞厅老板那里讨回了自己的工钱，他们的想法才得以实现。于是二人约定晚上九点左右在百老汇西侧碰面。他们如约到达后却发现本应行人如织的百老汇却异常空旷。接下来库布里克将镜头转向巨大的虚空：广场上唯一的生命力来自闪亮的广告牌——有“斯奎普特”，一个好用且廉价的自动铅笔品牌，它的产品好到难以置信，却在 80 年代被清理出企业联合

① 斯坦利·库布里克(Stanley Kubrick，1928—1999)是美国著名电影导演，生于纽约布朗克斯区，指导过《斯巴达克斯》(1960)、《洛丽塔》(1962)、《奇爱博士》(1964)、《发条橙子》(1971)、《闪灵》(1980)等经典电影。《杀手之吻》(*Killer's Kiss*)是库布里克 1955 年导演的一部黑白悬疑影片，拍摄于纽约街头，灵感来自米奇·斯比兰和吉姆·汤普森的小说。讲述了拳击手大卫·科登因为路见不平，搭救了舞女格萝蕾拉，并对她产生了感情，从而被格萝蕾拉的情夫文森特追杀的故事。——译者注

会；有“示巴”，《圣经》人物，她的故事曾被翻拍成电影；还有“邦德服饰”，读者在下文会有机会看到它的巨幅广告……尽管如此，库布里克想展示的主要内容仍是巨大、深邃的虚空，而这虚空是如此骇人。帕斯卡尔有言“无垠空间里的寂静让我害怕”，在这一幕中库布里克用镜头转译了帕斯卡尔的诗化表达。[14]

库布里克镜头下的大街上只有一对身着施里纳套装的怪异兄弟：他们跳着奇怪的舞蹈，开着只有彼此才懂的玩笑，以一种搞笑模仿的方式摆动着身体，就像广场上最火爆的那种滑稽剧一样。随着头顶上的广告牌忽亮忽灭，他们的舞姿也越发疯狂。突然他们逼近拳击手，夺过他的围巾快速跑掉了。拳击手在后追赶，镜头却没有移动。于是跑出画面之外的拳击手的故事线也就此断开，讽刺的是拳击手反而借此逃过一劫，因为他的经纪人就在他刚才遇袭的位置——办公大楼后面一条黑暗的巷子里——被杀害了。时代广场的小巷人人皆知，但从未有人将其搬上荧屏，是库布里克发掘了这一有待展现的城市噩梦。联邦公路系统的修建和普及很快就会让世界变得：不是人越多越危险，而是人越少越危险，危险就来自人际稀少的“寂静街道”。[15]按照库布里克的预想，市区会变得越来越空旷，从而成为接下来的半个世纪中美国人痛苦的首要来源。① 他太了解虚无，所以他为我们展示了城市的虚空将会是多么活跃、恶意甚而足以摧毁城市的力量。《杀手之吻》实质上预言了美国熙攘忙碌的市区向阴暗黑洞的变异。

---

① 毒品、暗杀、肇事等美国常见犯罪情形多发生在市区的偏僻无人之处。——译者注

时代广场注定会在这场变异大潮中生存下来。半个世纪之后的时代广场既受到过冲击，也会完好无损。它不会被削弱对来自无限空间中的恐惧之物的包容力。例如在卡梅伦·克罗(Cameron Crowe)导演的电影《香草的天空》(2001)的梦幻开头中，汤姆·克鲁兹(Tom Cruise)扮演的男主角日暮时分开着一 *xxxv* 辆跑车穿梭在灯火通明却格外空旷的时代广场，广场上再没有其他车辆！难道整座城市已经被疏散一空了吗？男主角被环绕四周的巨大空虚震惊了——蓝色的天空和红色的霓虹灯下空无一人——崩溃的男主角丢下他的车发疯般奔跑，但不见人影的时代广场又哪里能够为他指示路在何方。接下来的两个小时，电影继续呈现城市中的恐惧，但无论如何都比不过开头两分钟的冲击，毕竟无论是演员还是导演都无法在其他场景中复刻电影开头时广场所带来的强烈震颤。

关于本书

本书中我将试图讲述一些故事，故事的主角是时代广场“百年景观”亲历者。有的是真实人物：西奥多·德莱赛、艾尔·乔森、巴斯比·柏克莱、埃塞尔·摩曼、杰罗姆·罗宾斯；塔玛·斯塔尔(她的公司制作了时代广场面积最大的广告)、珍·迪克森(80年代她在平分线一带的创作活动为我们奉献了大量精彩的作品)、“三女巫”(90年代为时代广场的规划和振兴鞠躬尽瘁的三位女性管理者)、泰伯·卡尔曼(一位才华横溢的设计师，为“新时代广场”的人文性战斗到生命最后时刻）。有的是虚构的角色：嘉莉妹妹、爵士歌手、《锦城春色》中的旋转门小姐、马丁·斯科塞斯的出租车司机、《欲望都市》中的一众女性。还有一些则是广告中的形象或是人类的视觉化象征：明信片上的时报女郎、动画片中的贝蒂娃娃、《飞燕金枪》广告中的安妮、卡尔文·克莱恩内衣在曼坦尼亚基督绘画上的“脱衣”营销、泰伯为《色彩》杂志设计的巨幅广告上青年男女的裸体。我的很多故事都以水手为主角，包括在1945年8月时代广场的难忘正午拥抱女护士的无名水手、《锦城春色》里为民主而舞的主人公、《最后的细节》中拼尽全力苟延残喘的大反派、那些在每年五六月的“舰队周”赶往海湾途中在时代广场上岸休息的大批水手以及一代又一代迷恋着水手的普通男女。

各章会沿时间线推进——从《嘉莉妹妹》的时代到我们生活的时代，但每一时代各有其韵律和节拍，对每一时代的想象亦自有其角度和观点。书中讲了不少故事，但本可以更多，在写作第一稿时也的确如此。这使我面临一种危险：纽约城市生活
xxxvi 的丰富多彩同时卷起了波澜壮阔的回头浪。科尔森·怀特海德曾诗意且悲伤地写道：“当你发现这座城市的往昔比如今更加真实和可靠时，你就是个纽约客了。”[16]在此我不得不重申写作的宗旨：我的书中会充溢各色人物，我的主人公们应该是一个随时可以接纳读者加入的合唱团，而不是阻止或限制读者融入的特警队。我想给那些为城市而活的人展现一种生活，一种开放的、前行的、依然在那等待被度过的生活。[17]

20世纪早期，美国社会对城市生活不加反思，任由人们爱它、恨它、亲近它、逃离它，不曾质疑看似天经地义的城市本

身。后来，尤其是引人注目的70年代，人们无不震惊地意识到：原来根本不必待在城市里。于是，数年之间，全美上下，富丽繁杂的城市景观变成废墟。几乎人人都参与了这场巨变，但却各有各的解读：怀有复古情调的人说城市是人们根本不需要的肮脏、嘈杂、混乱之地；鼓吹城市复兴的人们则将他们的宏伟计划演变成一次又一次的城市搬迁。当时的两种论调对我而言别有意义：尽管语调口气不同、情感色彩各异，但它们在书中将汇作一体，一起出现并延续在我的写作中。首先要强调这样一个观点：人类一项首要的权利便是对城市的权利。这意味着无论人们是否意识到，城市生活始终是所有人都有权享有的体验。[18]随之而来的另一个观点是：城市是脆弱易损的，因而需要不断的关爱。复古论者会引发我们大刀阔斧摧毁城市的意愿；复兴论者则会催生我们不那么浪漫却同样重要的保护能力。写作此书是为了表明，何为城市生活，为了保全自己我们又为何需要城市生活，以及如果我们学会调和人类生存中的矛盾冲突——尽管我们对此毫无把握——人们将如何获得想要的城市生活。

20世纪80年代后期，出身纽约中产阶级的另类说唱三人组“野兽男孩”曾如此这般宣唱一种看似悖论的论调：“你必须为参与的权利而斗争。”[19]在纽约这样一个始终被深度玷污的城市里，他们的疯言疯语更加发人深省。这里我想要说得更加具体：点燃我们的情感和理智吧；浸润在城市的灯光里的人们也要能够辩证地思考。

第一章

家乡的火焰在燃烧：时代广场的广告

他自言自语："我要去百老汇。"当他到达42街，如火般的广告牌正发出炽热明烈的光亮。 3

——赫斯特伍德，《嘉莉妹妹》

壮哉！广告！——让人生都显得渺小——闪烁之间明暗交替。黑暗中一幅巨大无比的广告牌正在色彩斑斓地绽放，上面的"FASCINATION"便是它黑暗中的吼叫！

——约翰·瑞奇，《夜之城》

广告广场

一个世纪以来，无论人们何时谈到时代广场，都免不了谈 5
及那里的广告一景观(sign)。它们的存在可以追溯至广场建立之初，“终其一生”都在被设计和安置来吸引和取悦广场上的路人，大概唯有“壮观”一词可与之相称。随着时代的发展，广告牌越做越大，五十英尺、六十英尺、七十英尺……有时甚至高可及楼。它们被广告艺术领域里所允许的各种东西肆无忌惮地点亮：成千上万的灯泡、可爱的霓虹字体、硕大的聚光灯、跳动炸裂的电脑图像……只要能博人眼球，这里可以不拘风格、不限技术。时代广场上的广告并非都走重拳出击的巨型路线，或者说大部分都不是，而是倾向于小巧和精致。迷你广告早已熟稔如何与巨幅广告和谐共处，毕竟广场的生态就是如此。箭牌衬衫(Arrow Shirts)的一位店铺经理曾说过：“我们就在这铺天盖地的广告瀑布下。”①人对世界的影响是有限的，环绕人类的无处不在的广告却可以发出无限的声音，“携手并肩，它们彰显荣耀”。

纽约并不是唯一一座经历了广告大军崛起的城市。早在20 6
世纪初，几乎每座城市都有自己的“不夜街”(Great White

① 此处的“广告瀑布”特指邦德服饰的一块瀑布造型的广告，详见第一章第二节。——译者注

百老汇和 44 街（拍摄于 20 世纪 20 年代，来自纽约市立博物馆）

Way)[1]。二战之后，联邦公路系统引发了全国范围内城镇的衰败，绝大多数不夜街也随之“黯淡”了，只有纽约的不夜街，历经变数，还在延续传奇。美国的许多城市——尤其南部阳光地带①——都依凭公路建设和汽车产业积累了财富，缔造了广告充斥的城市空间，这些广告和时代广场上的广告一样高大醒目。诸如拉斯维加斯、洛杉矶或者墨西哥市等城市的空间分布多呈条带状，你可以看到人们驾着小汽车从远处驶来又径直离去。广告沿着笔直的公路一字排开，这意味着路上的司机或者乘客从行驶的方向每次只能看到一个、最多两个广告牌而已。相较

① 阳光地带(Sun Belt)是指西起太平洋沿岸的加利福尼亚州、东到大西洋沿岸的北卡罗来纳州、北至密西西比河中游、南到墨西哥湾沿岸的美国南部区域。这一概念产生于 20 世纪 70 年代，该地区日照充足、气候温和、适宜居住，经济发展日趋繁荣，故而得名“阳光地带”。——译者注

之下，时代广场的广告设置规划就复杂许多。只需站在广场上，人们便会被来自各个方向的人流裹挟，想走出一条直线都变得困难。广告从四面八方映入眼帘，把身边的每个人都染得五光十色，我们亦被上彩，所有人都被移动的光影覆盖。如果你想转个身，那注定会被人潮挤变形；但想要在人潮中挪步，又不得不转身。20 世纪早期，立体主义①的产生就是对此空间形态的反映，在此类空间中，几乎只需站定一点便可获得多种不同的视角。在立体主义即现实主义的时代广场，人们仿佛重返 20 世纪 20 年代的立体主义实验电影《持摄影机的人》②。在这里，广告是基本地标，但往往俘获人心的不是任何一个广告，而是 7
复合的、总体的、大量的广告群。数不胜数的广告是对广场上数不胜数的人群的最佳补充。19 世纪 90 年代以来，学会习惯时代广场上的满溢和拥堵已经成为在纽约舒适生活的基本方式。生活再惨的可怜人儿在广场的广告中也能感到自在。《嘉莉妹妹》中的赫斯特伍德就“要去百老汇”“当他到达 42 街，如火般的广告牌正发出炽热明烈的光亮”。这个男人饥寒交迫、衣衫褴褛，精神错乱、形同槁木。但见此情景，他却不愿离开，飞蛾扑火般地被广告的温热和光亮吸引过去。

时代广场的魅力源自总体的、大量的广告群而非某个广告。

---

① 立体主义(Cubism)是西方现代艺术史上的一个运动和流派，1908 年始于法国。它主要追求一种几何形体的美，追求形式的排列组合所产生的美感，否定从一个视点观察事物和表现事物并把三度空间的画面归结成平面空间画面的传统方法。其代表人物有毕加索、乔治·布拉克等。——译者注

② 《持摄影机的人》(*The Man with the Movie Camera*)是上映于 1929 年的苏联黑白纪录片，这部里程碑式的作品系苏联“电影眼睛派”(Kino Eye)创始人维托夫用摄影机记录的莫斯科的一天，在镜头和剪辑技巧方面有着创造性的贡献。——译者注

但作为一部以时代广场为主题的作品，至少有必要对某些值得关注的广告进行简要的历史梳理，亦是对商业化的大众文化的一次纵览。此外，接受一则喜爱的广告从而与之独处、使之内化为生活的一部分，一直是人们体验时代广场的重要方式。这意味着对广告的拆解，将其从所意欲宣传的商品本身置换到我们自己的意义体系中。如果广告也有人形肉身，我们或可与之对谈：“像你这样一位可人儿在这种地方做什么?”人类为事物命名的能力不会随商品更替的洪流而消失，也不会沦为某种消极被动的默许，它使人们始终保有内在的、想象的活泼与生气。(但情形往往是：当我们想要靠近某些让我们抱有好感的广告，它们同时也在远离，正如“一切坚固的东西都烟消云散了”。)

早期的时代广场上，最醒目的景观当属五十英尺高、写有“海瑟布鲁姆衬裙——丝绸的唯一对手”的海瑟布鲁姆衬裙广告。表面上看，这款以那些每天都会路过时代广场的成百上千的普通年轻女性——打字员、接线员、学校老师或者年轻的家庭主妇为目标客户的商品，似乎是平价成衣业对高端奢侈品的廉价仿冒。20世纪初(关于年代有不同说法，此处并未确定)，当时广场上首屈一指的商业艺术家O. J. 古德利用灯光和电力设计了这幅广告，广告女主角穿越“由对角线排列的巨大灯泡所组成”的倾盆大雨(这里的灯光序列显然经过古德的精心规划)，大风抽打着女主角的衣服，掀起了她的裙子，露出了紧贴在腿部和
8 臀部的衬裙。狂风慢慢减弱，凌乱不整的衣服渐渐归位，她又重新回到了脚踩高跟、俏步徐行的姿态——等待着再次、一次又一次风雨的“洗礼”。[2]

这块广告大受瞩目，尤其吸引了一众女性。不是那些喜爱

丝织品的上层妇女（自古以来，丝绸就以其温润撩人的材质成为阶级的象征），而是缝纫女工、接线员、老师和速记员，试想她们穿着广告里的商品，去工作或者休闲。广告传递出与时代广场仅仅几个街区之隔的纽约成衣业想要传达并始终知道如何传达的信息：廉价服装对昂贵织物和设计的对抗——一种平民百姓和普罗大众可以负担的贵族式幻想。其背后的逻辑与广告本身所使用的电力化大众文化如出一辙。它探寻与发现那数量庞大的体面女性，她们愿意回应公开、艳丽的性展示，也会购买能让自己焕然一新的新衣服。广告中的衬裙至少表明了一件事，那就是女性对当时流行的层叠式女装的厌恶。它遮盖了女性的真实体型，没人能看到女人的身体到底长什么样子。（可以说，那个时代，性感只发生在黑夜，而且是只能摸不能看的性感。）20 世纪初的女性主义有感于当时女装对女性的束缚而提出“服装改革”，然而收效甚微。直至“一战”，几乎骤然之间各处都面临衣物短缺，由此服装改革才得以加速推进。此后，女性身体的可视化变革便成为 20 世纪西方现代都市文化的显著界标。任何对此怀有疑问的人，只需留意世界范围内所有反现代化的激进运动中反对女性身体可视化的狂怒情绪，就可知这项变革的意义。尽管海瑟布鲁姆衬裙的市场定位主要针对年轻女性，但商品本身属于深藏衣柜的女性用品，这个广告却将其从深闺中解放，置于大众面前，引发了长达一个世纪的曝光与展示女性的戏剧化历程。这是一个正当合理的舞台，因为女性不会加以阻止，她无须自己宽衣，也没有被好色的丈夫或男友扒光，她是被人性中自然的力量卸去了负赘的衣裳。在时代广场，这出历史戏剧成为一出喜剧，其中的戏谑与讽刺恰在于广告本身的设计和演绎：在第一幕中，女主角的衣服被风雨撕扯；第二幕随着风雨减弱她的衣服又回归整齐，第三幕中她又将重沐风雨。

香烟、瀑布和美利坚

9 时代广场的怀旧话语要追溯至20世纪40年代的二战及其战后繁荣时期。那个年代的幸存者和回忆录往往对纽约进行如此描绘：它在物理空间上明确区别于美国其他地区，又在文化上对后者吸纳融合并有能力予以体现。二战中日本宣布投降之后，《生活》(*Life*)杂志的摄影师艾尔弗雷德·艾森施塔特曾在时代广场拍下了美国水兵与女护士纵情拥吻的经典照片，这一历史性的时刻游刃于“纽约”与“美国”的张力中，标志了整个20世纪六七十年代的美国文化。在我成长的过程中，这幅老照片不断被共和党加以利用。(在福特总统1976年的竞选演说中达到顶峰。)美国歌手保罗·西蒙(Paul Simon)曾一语道破——怀念20世纪40年代时代广场的人们常借此照片“寻找美利坚”。他们感慨今天的纽约与美国已经相去甚远，他们渴望过去的那份融合无间。所以他们把目光投向时代广场上壮观惊艳的广告，从中感受无与伦比的精神契合。

在“寻找美利坚”的怀旧旅途中，邦德服饰(BOND Clothes)的瀑布广告和骆驼香烟(Camel)的烟圈广告不容错过。它们问世于战前不久，均出自时代广场的无名英雄——艺术家、工程师、土地拥有者和推广人道格拉斯·利(Douglas Leigh)之手，然后由知名广告制作公司施特劳斯工艺制作安装。[3]邦德服饰的人造瀑布广告于 1940 年投入使用，就位于其品牌陈列厅上方。它打出“服装教堂”的旗号，过去父亲常在这里购买西装，他觉得邦德的衣服便宜又好看。1941 年骆驼香烟的广告也投入使用，就在邦德广告的下方。在我的童年记忆中，时代广场似乎一直是这两家广告的天下，它们并不完全一样，但所有人都认为它俩就是一起的。我觉得人们将其并联为一体的原因就在于：无论是邦德的瀑布广告还是骆驼的烟圈广告，二者既是对危险的戏剧化演绎，又是对危险的自我救赎。

长达一个街区的瀑布广告上有一股巨大、沸腾的水流。每到夜晚，时代广场上的一切似乎都朝向那条瀑布奔流而去。只需站定并且盯着广告看上一小会儿，你便能感受到自己也快卷入其中，身边的任何东西都不见了踪迹。瀑布广告被安置在距离地面很高的位置，看到它你会忍不住担心是否会有人掉进去？小孩子能掉进去吗？那里有没有什么我们看不到的东西会将我们吸入？瀑布的南北边缘则是巨大的青铜男女人像。今天再回 10
看当时的照片，我发现自己当年的判断是正确的：两座人像确实赤身裸体！根本没穿衣服！却完全不显情色或者低级。当年我和表兄弟们还有我的朋友已经对性略知一二，但我们从两座雕像中却感受不到任何性的成分。雕像最不可抗拒的魅力就在于它们的庄严肃穆。让我想到当年在学校读过的一首朗费罗①的诗，开头一句是“这是太初之森林”，那里的大树：

① 朗费罗(Longfellow Henry Wadsworth，1807—1882)，美国著名诗人。——译者注

> 矗立着，像上古的森林女神德鲁伊，发出悲怨的、先知的声音……

两座人像如此庄重是不是因为它们要保护人们远离瀑布的边缘，免于落水，防范水中致命的激流和隐藏的巨石(我们无法看到甚至不能想象，但它们却一清二楚)？危险会不会以某种奇怪的方式来自雕像本身和邦德服饰？

瀑布下方又是另一番景象：骆驼香烟的广告是一尊身穿制服的巨型男性塑像[4]——这在20世纪40年代意喻有人正在保卫我们免受希特勒的迫害。希特勒何许人也？一个手握重权、呼风唤雨、屠杀犹太人(我祖母的整个家族都被困在立陶宛，全部遇难)，还有其他很多人的恶魔。但骆驼的吸烟者雕像已经做好了反击希特勒的准备，他如何战斗？把烟圈吐在独裁者的脸上，噢，原来如此！雕塑喷出的烟圈收集自整栋大楼的供暖系统，这种设计不仅体现了美国人的勇敢，更显得酷劲儿十足。我喜欢站在这个塑像下面，尽管看不到塑像本身只能看到喷薄而出的烟圈；但只要还有烟圈不断涌出，我就知道自己正处于保护之中。我的父母也是老烟枪，互相点烟的时候他们总是触碰彼此的嘴唇。我问过他们能否吐出塑像那样的烟圈，母亲嘲笑这显得很蠢，父亲却可以做到，并且相信有朝一日我也可以。

时过境迁，吸烟者塑像对我的意义也发生了改变。在我13岁那年，医生说父亲压力太大，必须马上戒烟。父亲确实做到了，我还一度苦恼于他究竟怎么戒掉的，未等我找到答案，他就离开了我们。父亲死后我变得痛苦狂暴、愤世嫉俗。对从不

吸烟的我而言，骆驼香烟的塑像成了哀怨和苦恼的引线，以致
后来我和家人再次来到时代广场享受灯光沐浴时，只要一走进
它，我就开始变得狂怒。我只能说这简直就是美帝国主义的代 11
言：我们到处说要保护别人，却散播了更多死亡而非生命；正如那个吸烟的年轻士兵，他是烟瘾者却不自知；烟草公司发了大财我们却亲手谋杀了自己的后代。母亲怀有和我相近的政治观念，但她无法将其表达为对广告的愤怒，对她而言，这个广告的基本意义在于多年前那个爱玩的年轻人在时代广场夺走了她的芳心。香烟便是把他带到她身边的那道宿命灵符。我希望卫生总署的吸烟调查报告能让她戒烟，但她觉得吸烟者将自身置于危险中的行为反倒使其更加高贵。后来我去了哥伦比亚大学，读到了《李尔王》，当时她也在，我们一边阅读，烟雾仿佛从她耳朵里冒出来。她说："这就是我与邪恶魔鬼对抗的方式。"

科波拉：广场或图书馆

时间行进至艾蒂姨妈的 20 世纪 60 年代，那时的时代广场是一个让毒品都显得无用的地方，因为它本身已经足够迷幻。当时有部电影生动再现了人们是如何将这里的广告进行拟人化与内在化的，这就是大导演弗朗西斯·福特·科波拉（Francis Ford Coppola）的首部商业片《艳侣迷春》（*You're a Big Boy Now*，1966）。彼得·拉斯特纳扮演的男主角伯纳德（Bernard）是纽约公共图书馆负责人的儿子，他初入社会的第一份工作便

是在图书馆，穿着旱冰鞋、整日穿梭于堆叠的图书之间。他的父母资助了一套公寓给他，鼓励他踏上独自探寻纽约之路。所以电影的基本架构是描写主人公的成长过程，讲述了他从男孩蜕变为男人的故事。影片中的图书馆就位于时代广场所在的街区，主人公伯纳德很是乐于探寻这片景致，其中最吸引他的便是“蝴蝶结”一带的巨型广告和“平分线”一带的色情书店。① 影片一开始向观众展现了伯纳德对这些广告的想象与重写。很简单：他从色情书店内部注视着42街上的长形拱廊，将这片游乐园地(Playland)更名为撂荒之地(Layland)——他给广场贴上了自制的标签。

12 一般来说，这类电影的主人公如果是男性，他的成长过程难免会夹杂两种女性间的冲突——她们必定一个浮夸艳丽、一个朴实无华，而他的任务也无非是在精神和肉体上克服前者的诱惑从而获得后者的真爱。《艳侣迷春》中第一种类型的女性是一个名叫芭芭拉·达令的舞女，她穿着时髦的玛丽官②女装，迈着“摇摆伦敦”③的步子，充满了异域风情。艾米·巴特利特是影片中的另一种女性，她是男主角在图书馆的同事，健康漂亮，富有耐心，内心聪慧、传统。科波拉将艾米的出场安排在一个晴好的春日，她在42街四处闲逛。这个稀松平常的场景中

① “蝴蝶结”地带是指百老汇与第七大道交会而形成的一片开阔宽广的X形地带，“平分线”是指垂直穿过蝴蝶结地带的西42街。

② 玛丽官(Mary Quant)是创立于1966年的英国时尚品牌，其设计师Mary Quant拥有“迷你裙之母”的称号。——译者注

③ 摇摆伦敦(Swinging London)是一个比较笼统的文化概念，泛指20世纪60年代英伦流行的青年文化现象，其影响力波及时尚、影视、音乐等领域。“海盗电台”、披头士还有滚石乐队都多少受到这股英伦之风的影响。——译者注

值得注意的是：她是大街上唯一的女性。当她发现正在色情书店用投影机看芭芭拉脱衣舞表演的男主角，让人瞠目结舌的事情发生了：她走进那家书店，从背后靠近男主角，捂住他的眼睛将他从脱衣舞图片前拽走了，她说"我喜欢你，跟我来，和我在一起"。作为观众我们不得不佩服艾米的勇气，但还未成熟的伯纳德满脑子都是投影屏幕上的芭芭拉，被她的光彩迷住了双眼。

影片中最心酸的一个场景是伯纳德与艾米在广场散步，分别时艾米搂住了伯纳德，但我们看到男主角即使在拥抱这位女士时也并没有看她，他的眼神越过了艾米的肩膀落在了广场的视觉焦点——时报大楼的一个巨型广告上。我们无意将广告解读为某种现实，毕竟此时芭芭拉距她的明星梦还有很长的路要走，但毋宁将其看作主人公幻想的一种投射。他想象着芭芭拉跳舞的剪影，想象她疯狂摇摆的臀部，与此同时，巨大的"拉链电子屏"[①]上幻化出无限循环的芭芭拉、芭芭拉、芭芭拉……。他用脑海中最露骨的形式和色彩赋予了时代广场一番新的描绘。

伯纳德最终遇到了现实中的芭芭拉，却意外发现这是一个对现实感到惧怕的女人。她在远离真实的表演场景尤其是在扮演色情女主角的情境中才能感到自在，对外人的闯入感到惊恐，因为这样她便不得不对闯入者有所回应或者表达自己的情绪。伯纳德对此感到伤心，但他不知道自己为什么受伤。最终伯纳德从伤痛中转身，和艾米并肩走向远方。主人公终于长大，这

① "拉链电子屏"是指时代广场山一个酷似拉链形状的电子广告屏，详见第六章第二节。——译者注

就是电影的圆满结局。

13 在电影的虚构世界里，艾米显然是男主角的正确选择。但一个不那么明显的逻辑就是：芭芭拉的糟糕之处在于她身处演艺圈，而艾米之所以可靠诚实是因为她不在演艺圈。影片背后含糊不清地传达出一种“对戏剧的偏见”[5]，它意味着表演者就是带标签的人，是虚伪的、分裂的、不合群的、不真实的；只有那些没有标签、不会表演的普通人才真实可信。这套观念由来已久，在基督教历史上尤甚。电影传达出的反戏剧偏见将科波拉推向了清教徒和原教旨主义者的阵营，而这恰是他的影迷所不乐见的。科波拉也因此被看作是电影《红男绿女》中莎拉·布朗小姐①的同盟，这位主人公恨不得“带把斧头将百老汇彻头彻尾地敲烂砸碎”。

以如此角度观照现实世界，无异于对时代广场投以冷眼旁观。它那永远闪亮的灯光和广告，乍看之下是那么令人心醉神迷，现在看来却尽显虚空。纽约公立图书馆也获得了另一番意义：在电影开头，图书馆仅仅是一座卓越非凡的建筑物；待及结尾，它已然作为时代广场的形而上学的对立面被赋予了新的含义。图书馆里令人敬畏的石拱门、主阅览室里终日柔和的灯光、壮丽华美的古典内景，都成了真实存在与可靠性、确定性的标志。作为图书馆的忠贞爱慕者，初次听到这种二元论调时，我很享受其中的恭维与赞美。但细细琢磨，我意识到这其实是

① 莎拉·布朗是电影《红男绿女》(*Guys and Dolls*，1955)中的女性角色，是一个专门规劝和教导赌徒的工作人员，详见第四章第七节。作者认为科波拉在电影中持有的对戏剧和表演的偏见和莎拉·布朗的角色特征相似，都怀有传统卫道士般的保守和自诩为正统的自大。——译者注

对图书馆的最大攻击。假设我们从图书馆中将所有图书——那些每一页中都倾注了作者们的得意、焦虑和琢磨，拼尽全力吸引或惊艳读者的图书移走，将图书馆大楼里排斥读者的繁复建筑景观移走——就像移除时代广场的广告那样，我们将会很快制造出大量的空虚，我们将会掏空文化中的活力。如果我们无法认识到广场和图书馆在思想和精神上的契合与统一，还不如现在就把灯光关掉。①

20 世纪 60 年代：迷幻的女神

在 20 世纪 60 年代的时代广场，我最喜爱的广告是一个取材于 40 年代百老汇音乐剧《飞燕金枪》②的商品广告。它被放置在皇宫剧院的顶部，是一个带枪的女神。枪的设计充满了未来主义的风格，可以射出色彩亮丽的塑料球，女神的造型也颇似科幻喜剧中的人物。一直以来我都没能找到女神广告的原型，甚至一度怀疑她是否是我臆造出来的。但后来我找到了她存在 14

---

① 约翰·瑞奇对图书馆和街道的关系有过更为致命的辩证法：“逃离！——我会在第五大道的图书馆里贪婪地阅读，图书馆外好色客们的声音，咆哮着，并快速地越过图书馆的高墙，但我会想方设法屏蔽它们……我在不断地同它们博弈。”详见《夜之城》第 55 页。所谓“博弈”，是作者人生故事的一部分，也是《夜之城》写作中的高潮。这本书提到了很多其他的书，作者也知道这本书终将在图书馆占有一席之地，并且会被更多的人、更多如你我这样的人阅读。

② 《飞燕金枪》(*Annie Get Your Gun*)是一部 1946 年的百老汇音乐剧，详见第五章第一节。——译者注

的两处证据：一处来自施特劳斯工艺广告制作公司CEO多摩·斯塔尔，她说“安妮·奥克利有四层楼高，她的枪射出的灯泡子弹，其距离可以跨越整个建筑物的宽度”[6]；另一个证据就是艾萨克·巴什维斯·辛格①笔下的景象。

辛格在一篇名为《第三者》[7]的故事的高潮部分提到一个女神广告塑像。它安放于77街和78街之间百老汇西侧的巨型自动售货机上。《第三者》中的两个人物分别是故事的叙述者和他的一位老友，但故事重心却是不在场的老友妻子及她的爱人，即“第三者”。他们都是纳粹大屠杀的幸存者，都没有孩子。叙述者和他的老友一起坐着喝茶谈天，对上帝之死的观念都表示认同。随后叙述者的老友开始讲述自己的故事——一段发生在康尼岛的炙热三角恋。如果故事的主角都是美国人，那接下来不过是谁要杀谁的问题。但他们都是屠杀幸存者，性和浪漫的话题早就坠入消极和无助的深渊中了。所以两个男人想的是女人到底想要什么，但他们同样不明白自己想要什么。叙述者渐渐感到自己仿佛被这个三角恋的故事吸进了一个旋涡，他想出去走走，毕竟大街上会让人清醒很多。

> 我们在百老汇闲逛，高温让我感觉置身熔炉。现在还是白天，但霓虹广告已经亮了，好像在用热烈的语言宣告自己被百事可乐、邦德服饰、骆驼香烟、箭牌口香糖买下

① 艾萨克·巴什维斯·辛格(Isaac Bashevis Singer，1904—1991)，美国犹太作家。著有长篇小说《奴隶》(1962)、《庄园》(1967)、《产业》(1969)、《舒莎》(1978)等；短篇集有《市场街的斯宾诺莎》(1961)、《傻瓜吉姆佩尔》(1957)等。——译者注

的狂喜。

对时代广场稍有常识的人对这些品牌都不会陌生，但现在一个新的“主人”接管了这里：

> 一座四层楼高的半裸女人像立在剧院的上方，被聚光灯点亮——她的头发凌乱不整，眼神放荡狂野，双腿张开，双手分别握着枪，腰部缠绕的流苏围巾刚好遮挡住她的私处……我看着西力，他的脸上半红半绿，就像一幅现代派 *15*
> 绘画。我对他说：“如果有上帝，那她就是我们的上帝。”
>
> 西力震了一下，好像从出神中被突然唤醒，说：“她必能实现她做出的任何许诺。”

“她做出的任何许诺”——但她到底许诺了什么？西力对时代广场上这位富有迷幻色彩的亚马逊女战士毫无头绪，就像他也不清楚自己的妻子在康尼岛发生了什么。辛格为读者留下了足够的线索，或许线索反而太多。女神未来主义风格的枪和子弹，到底是要把人们推开还是像丘比特的弓箭一样将人拉近？她的缠腰布是对基督的暗示——异教形式和基督教形式的神性的混合，还是一种诱人、世俗又现代的裸体，抑或类似因吉普赛·罗丝·李[①]而家喻户晓的、对皮奥瑞亚（美国伊利诺伊州中部城市）或布朗克斯（纽约最北端的行政区）每一位受人尊敬的太

---

① 吉普赛·罗丝·李（Gypsy Rose Lee，1911—1970），美国20世纪30年代著名的脱衣舞明星，详见第四章第三节和第五章第一节。

太开放的脱衣舞表演？辛格试图传达的究竟是某些价值之间注定无法共存还是任何两者都能和谐相处只要人们能够找到各走各路、各说各话的方式？

辛格完美地把握了60年代后期时代广场的本质核心，即大量的娱乐消遣都在迎合存在主义的绝望颓废。正如艾蒂姨妈所说这是一次迷幻之旅，和很多旅行一样，会把人带去他们本不打算去的奇怪地方。让观者惊叹不已的四十英尺高的性感女神像最终成了人们心中的一个问号，以至于灯光下的普通面孔也能为之疑惑、扭曲成“一幅现代派绘画”。这座塑像是纽约现代艺术博物馆的模仿物吗？还是说这就是它的展品？试想我们自己变形为一件件的现代艺术品——简直让人激动不已。然而就像辛格一样，我们需要铭记：现代艺术是一门可以减小、放大、上色、拆解、炸裂、扭曲、颠覆、撕碎、重组、改编以及展示我们存在中所有激进裂缝的艺术。如果朦胧真的有七种类型①，那么时代广场全部都有。

20世纪90年代：色彩与裸露

近年来，时代广场最惊人的广告无不建基于20世纪60年
16 代广告开创的含混性风格之上。我最中意的广告出自泰伯·卡

① 来自威廉·燕卜荪(William Empson的《朦胧的七种类型》(*Seven Types of Ambiguity*)。——译者注

尔曼（Tibor Kalman，1949—1999）之手，这位才华横溢的产品设计大师在事业巅峰期突然离世。

《色彩》杂志上的“贝纳通”（意大利服饰品牌）广告（拍摄于 20 世纪 90 年代早期）

这幅广告是卡尔曼为意大利运动服装品牌“贝纳通”（United Colors of Benetton）出版发行的《色彩》杂志设计的，于 1992 年

开始投入使用直至 1993 年。广告高达五十英尺(或许是这个数
字的两倍)，半环绕着 47 街和百老汇交叉口的拐弯处，广告上
是六个正面全裸的少男少女。事实上广告中的模特也不尽是青
少年：其中两人看起来接近 25 岁，还有两个人差不多 50 岁了。
他们也并非全裸：一些小型的图案和符号遮挡住他们的生殖器
官，就像以亚当和夏娃为主题的中世纪绘画中常用的无花果树
17 叶一样。观众很难不去欣赏这些美丽的胴体，但生殖器官上的
“遮羞布”也迫使人们不得不一道承担他们的尴尬。

六位模特的肤色形成了惊人的对比：一位明显是亚洲人，一位是非洲人确定无疑(非裔美国人或是非裔欧洲人)，两位白种人，还有两人无法断定或者是混血儿。事实上，他们极有可能都是混血儿。而广告上的标语比肤色的对比更加惊人：最左边长相酷似“枪炮与玫瑰”乐队主唱艾克索尔·罗斯的金发朋克男孩私处写着“态度”，旁边性感撩人的亚洲女孩私处写的是“种族”，相邻的橄榄色皮肤男孩是“真相”，他右边的黑人女孩是“力量”，矮小紧实的亚洲男子是“谎言”，最右边的女孩看似六个人中最年轻的一位，散发着娇艳的女人味，她私处的标语是“第一次约会”。观众不可能(或者不妨说很难)对模特们的裸体视而不见，同时标语的设置又无法让人免于羞愧和尴尬。他们带给人的第一印象便是隐喻和震惊。他们的站姿、周围的灯光和色彩、无邪的表情——即使这无邪中掺杂了些许反抗——使得他们看起来易受伤害且过度曝光。他们更像是警局里排成一队等待指认的嫌犯而非一场狂欢的参与者。那么他们的罪名是什么？广告中蕴含的人性的深度，将我们一同卷入这个场景中。在广告画面的意义确定以前，我们作为观众有必要自觉主动地

想象，去“重写”。我和妻子就想象这是一次对夜店的毒品突击检查后的净身搜查。我们注意到至少两位模特还未成年，但我们不能确定广告传达出年龄信息到底意味着什么，还是没有任何意味？（但我随即想到，如果是缉毒搜查，难道不应该有一些皮肤已经起皱松弛的更年长的人在场才合理吗？）我们不曾弄清他们私处的标语，是否应该把它们解读为权力阶层强加给他们的社会标签，又是否权力阶层拿走了他们的衣服并命令他们站成一排？他们是不是遭受成人夸夸其谈的交叉火力的年轻一代？但“受害者”这一说法难道不亦是一种成人的大话？

1998 年我有幸见到卡尔曼本人，对他进行了详细的访谈并开始渐渐了解他。（但直到最后一通电话我才得知他已经病重。）他算得上我见过的最让人愉悦的人：才华横溢、富有想象力、生活丰满充实。当时我们一起追忆反越战的年代，他曾说时代广场至少表明了美帝国主义的一个优点：它能包容每个人。今 18
天更是如此，整个世界就在那里，来自不同种族、不同族群的任何人都可以光明正大地走在街上。他问我是否知道究竟是什么让各种肤色的人在此聚集？他说是“性”：性是时代广场的魅力之源，性是冲破种族区隔、跨越国家疆界和创造人类家庭的首要力量。所以他认为裸体广告的核心要义在于：如果我们真能融入这群年轻人中，我们就能同他们一道，发现作为人类大家庭一员的我们自己。我很好奇制造和销售那些制作精良却文雅保守服装的贝纳通公司，是否真的认同广告中的情色场景，他坦承商品和它的行销机构之间确实存在鸿沟，是一扇通往自由却又被关上的窗户。他哈哈大笑，自嘲作为一个已经经历了两次精神崩溃的病人，早就料到他的广告终将与其能指分离而获得独立的意义。

我告诉他，我对他的广告感到震撼和激动，但也有人不愿对其进行友好的解读。（他们会说）广告会让观者在欣赏模特们身体曲线的同时检视和比较他们的肤色，让我们在不知不觉中陷入警察的位置，或者《洛丽塔》①中亨伯特和奎迪的位置，甚至是奴隶商人的位置。广告将裸露体验置于昏暗的光线下，这不是一个可供所有人欣赏的欢愉场景，而是一部分人（通常指年轻人）接受另一部分穿了衣服的人（通常指年长者）检查时被迫经受的场景。[8]卡尔曼对我善意的提醒表示知晓，但也表示文化生产不就是如此吗？——想要享有应得的成功，就注定要经受同样的非议甚至谩骂。

裸体广告的含混意义实则为观众设置了一道考验：我们既希望保护广告模特的肉体，又渴望占有他们，如果广告对我们发挥其本来的影响，那么我们作为父母和恋人的双重身份就会被同时唤起。时代广场再一次用它的"复杂和满溢"——这一特殊的礼物回馈了我们，以奖励我们当下的"在场"。我们是否具备强大的内心来掌控冲突的欲望、做正确的事情并且保持清醒理智？我们所面临的窘境正是时代广场广告精神力量的体现。大众文化自诞生以来便四处遇敌，敌人们纷纷宣称是大众文化让观众陷于被动、心智被关闭。此话或许不假，但至少此处它是错的。时代广场有种力量可以迫使身处其中的人们设身处地地去厘清自己的情绪、去斗争、去克服。如果能够做到这些，我们便能

---

① 《洛丽塔》(*Lolita*)，是俄裔美国作家弗拉基米尔·纳博科夫创作的长篇小说，后被改编为同名电影。——译者注

够断言我所坚信的“携手并肩，我们彰显荣耀”就是时代广场的辩证信仰。如果我们愿意接近它、拥抱它、把握它，它就会赠予 19 我们力量，让我们不仅能经受住眼前的考验，甚至变得更强。

1992 年的时候，我感到裸体广告似曾相识，但就是说不出在哪里见过。那感觉就像找不到埋藏在一大堆衣服下面的铃声大作的手机。直到着手筹备此书的写作，我才发现，我的似曾相似感来自《歌舞线上》，就是那部百老汇历史上经久不衰的音乐剧！只可惜卡尔曼已经离世，我没有机会告诉他了。《歌舞线上》的经典剧照是一线排开站立的一群年轻人，他们衣着暴露，脸上都保持着他们精心演练的表情：传递出一种确信和自由的信号。百老汇一向是此类欢乐画面的来源，但二战结束后，戏剧需要担负起和战后颓败景象做斗争的重任。斯蒂芬·桑德海姆的音乐剧《富丽秀》(歌曲《我依然在此》就出自该剧，《富丽秀》堪称尼克松时代最伟大的音乐剧)就是一部反映百老汇音乐剧衰败的音乐剧，也是一部展示美国的纯真无邪日趋消亡的音乐剧。[9] 在《歌舞线上》中，战后几年间，人们的生机活力就再次迸发出来：每个人都裹挟着全身心的力量投入表演，尽力争取角色、站上舞台；即使失败，他们充满了人性价值的舞步依旧不会停歇。百老汇在这里宣示它有力量来克服破坏性的虚无主义，来为人们提供生存的意义。广告上的裸体青年或许是被拘留者，他们推动我们直面这些场景：恐怖、戴镣铐的囚犯、军事犯人、遍布的集中营。但是，无论何种遭遇，他们的脸上始终赤诚、开放、光彩熠熠。没有什么能够剥夺他们的美丽和色彩。他们在时代广场的出现本身就是一则对生命的宣言。

第二章

百老汇、爱情和偷盗：艾尔·乔森的《爵士歌手》

“我的名字出现在灯箱广告上——一切……”

——《爵士歌手》中男主角对他的母亲说

原谅彼此的恶，

才是通往天堂的门。

——威廉·布莱克，《为了男人和女人：天堂之门》

我们惯于听说百老汇的白光，

你可知那绚烂夺目的不夜街……

百老汇在变暗……

真正的夜场表演者开始登台。

想要参与就要变黑。

——吉尔达·格雷演唱的《百老汇在变暗》，

1922 年音乐剧《富丽秀》

我想要变黑。

——卢·里德演唱的《我想要变黑》，1980 年

在我心中，《爵士歌手》①的高潮部分称得上时代广场历史 23
上最惊人的场景之一。《爵士歌手》是人类历史上第一部有声电影、第一部音乐录影带，也是美国成长类电影中的经典之作。艾尔·乔森（Al Jolson）扮演的男主人公梦想放歌世界，对他而言，时代广场便是世界的象征，他在这里披荆斩棘，成就自己，实现梦想，唱出心声，最终功成名就。他的故事开始于纽约下东区阴郁的白天，结束于时代广场华丽的夜晚，他的人生故事就在黑与白的绝妙对比中展开。电影用一个长镜头铺开一个延伸至天际的三段式结构空间：地平线上的人群；在他们上方是由闪烁的霓虹灯和通电的广告组成的灯光海洋；最上方是将所有人、所有广告容纳其中并融为一体的开阔天空——这便是时代广场的壮丽景观，这不足一分钟的画面让我们如若初见般领略到时代广场的新鲜。这是美国给现代世界、给 20 世纪最活泼最密集的城市空间以及商业至上主义的献礼。

电影的结尾，我们会在绚丽的广场上看到印有主人公名字的灯箱广告，这表明主人公早已来到了时代广场，那么他是如
何来到这里？他做了什么又放弃了什么？这条最终走向了“印有 24
主人公名字的灯箱广告”结局的故事轨迹可谓 20 世纪美国成长

---

① 《爵士歌手》（*The Jazz Singer*）是 1927 年出品的美国黑白电影，在美国电影史上创下了多个“第一”：第一部有对白的电影、第一部有声电影等。剧情描述了一位犹太牧师的儿子一心想跳脱父亲的规划，在遭到反对之后毅然离家并最终成长为一名爵士歌手的故事。片中，艾尔·乔森扮演的主人公在百老汇表演爵士乐时会将自己涂黑，扮演成黑人。——译者注

类电影的最初形态。《爵士歌手》便是一部追寻并演绎此类故事轨迹的电影。

《爵士歌手》一贯被定义为伟大的成长类影片，但它也可以被理解为成长类影片与另一种看似完全不同的电影类型——黑脸表演（由白人扮演黑人，也叫扮黑表演、黑人说唱表演、黑脸歌舞秀或者白串黑闹剧）——的综合。[1] 绝大多数受过教育的美国人都了解成长类电影的重要性，这种关于成长的严肃故事深植于我们的国民自觉中。然而很多人并不清楚黑脸歌舞表演的传统，在其中，一种最深刻的严肃性会掩盖并嘲讽自身。无论是成长类电影还是黑脸说唱，这些不同的表演传统像地铁线路般交汇于时代广场。在这里，本质和情感被霓虹灯光浸染并以娱乐表演的面貌展现出来。正是在时代广场，乔森不仅成为“世上首个电影人声”，或许更是“世上首个超级明星”[2]。他最伟大的时刻莫过于以黑脸登台演唱的时刻，即以那句“妈妈”惊艳四座的时刻。

从 19 世纪 30 年代美国黑脸表演问世以来，尽管很多演员是白人，但舞台上所有的演员均以黑脸扮相呈现。扮演黑人并不必然要求演员本身是黑人。一个世纪前，包括艾尔·乔森在内的很多极具天赋的黑脸喜剧演员都是移民美国的犹太人，包
25 括索菲·塔克、埃迪·坎特。齐格菲的《富丽秀》曾促成了坎特和伟大黑人喜剧演员伯特·威廉姆斯的合作关系，威廉姆斯坚称黑脸表演对他来说从来不是自然而然、轻而易举的事情：

> 我不相信有所谓天生的幽默。唯有靠艰辛的工作和学习才能获得……直到我能够将自己看作他人，我的幽默感才真正培养起来。[3]

而对黑脸表演最具洞察力的历史学家埃里克·洛特(Eric Lott)则有另一番看法：

> 扮演黑人：由讽刺、暴力、协商和学习组成的整体性社交世界都被包含在这种演唱中……是一种与社会冲突和政治冲突相关联的、源自脆弱、神秘和外部的、不甚稳定或者实则冲突的力量。总之，是一种灵活多变、意义含混的表演形式。①

《爵士歌手》中最引人注目的时刻发生在电影的三分之二处，即男主人公决定"扮黑"的时刻。

在弄清主人公为何"扮黑"之前，我们需要追问：他本来是谁？我们有必要对他的身份有所了解，但这并非易事。主人公扮演黑脸这一事实本身就表明了洛特所谓的"灵活多变"(slippery)以及伯特·威廉姆斯所言"将自己看作他人"的能力。此时主人公在电影中的名字叫"杰克·罗宾"，这并非他的本名，父母给他的名字是"杰基·拉比诺维茨"。他成长在纽约下东区，是一个在教堂唱诗班领唱的犹太拉比的儿子，早年一直和父亲处于激烈冲突中。父亲教他唱诵圣歌，他出色地继承了父亲的衣钵，也因此成为父亲的骄傲。但对他而言，这些神圣旋律和犹太

---

① 引自《爱情与偷盗：黑脸歌舞秀与美国工人阶级》。作为此书的忠实读者，我很乐见鲍勃·迪伦在 2002 年发行的音乐大碟《爱情与偷盗》借用了该书名。关于迪伦的更多内容详见本书下文。

教的世界还不够。他喜欢下东区的流行音乐，整日待在那里聆听学习，终于得到一份在夜总会唱歌的工作。上台演唱之前，主持人介绍："下面是杰基的时间，各位，让我们欢迎他!"由此他得到了一个新名字，像我父母这样的老一辈人管这叫作艺名，在他的一生中，这是他的第二个名字。后来杰基的父亲得知了儿子在夜
26 总会唱歌，于是可怕的事情发生了，最终导致主人公离家出走。离家后的主人公在演艺圈中重获新生，他为自己选定了一个新名字"杰克·罗宾"，义无反顾地投身到了他所选择的演艺生涯中。"杰克·罗宾"便是他第三个名字。(本书不打算就此话题更加深入。我准备专门就犹太人和他们的名字写本书，或许就叫《从雅各布到鲍勃·迪伦》。)主人公名字的变化反映出很重要的一点，即伯特·威廉姆斯(Bert Williams)所说的"将自己看作他人"的能力。多年后，重返百老汇的主人公扮着黑脸在后台偶遇自己的母亲，至此，他的三个名字所代表的不同身份重合归一。

杰基在街上演唱时的歌声并非电影史上第一次人声，确切来讲是商业电影史上第一次人声，而商业电影恰是那种预备在产生这些声音的城市街道上放映的电影。所以"大街"实则是《爵士歌手》中隐形的明星。乔森是美国移民聚集区成长起来的千千万万犹太人中的一员，却不甘心遵循犹太"父系社会"的家长制生活。[①] 一战后的20世纪20年代，犹太人推动了一种让自己和

---

① 参见欧文·豪、肯尼斯·利波：《父系社会》[*World of Our Fathers*, Irving Howe and Kenneth Libo(Harcourt Brace Jovanovich, 1976)]。该书是下东区文化研究的经典著作，充满了对那个遗失世界的怀旧与乡愁；但书中最生动的肖像恰是那些终其一生违抗遗失世界的人们。在关于娱乐和大众文化的章节里，豪的主人公——乔森、艾文·柏林、索菲·塔克和埃迪·坎特——不仅从事黑人扮演事业，更在个体意义上和黑人、黑人音乐以及黑人文化感到亲近。豪和利波对此有顺便提及但没有做深入探讨。

观众都能感到自在的文化的产生——一种“百老汇”的、“演艺圈”的、“爵士时代”的文化，也是安·道格拉斯在其关于黑人区文化复兴的书中提及的“混血的曼哈顿”文化。道格拉斯用精妙的语言呈现了这种文化的宽度与深度：她暗示“大众文化在当代最优秀的成果包括从艾尔·乔森的轻歌舞剧表演到曼哈顿的摩天大楼”①。道格拉斯想让我们看到石头与玻璃组成的毫无血肉的建筑和真人参与的鲜活、生动的表演，是如何生长于同一种现代欲望与动力中的。

《爵士歌手》的主要故事线之一是“街道”与“房屋”的两极化，在电影拍摄脚本中这种两极对比甚至更加尖锐。导演用一系列不连贯的镜头对“街道钢琴”的声音进行了特写，所谓“街道钢琴”据说是一种“手摇风琴”，那首经久不衰的流行歌曲《纽约的人行道》就是用它来演奏的。镜头接着转到一所犹太儿童宗教学 27
校，即供犹太儿童课后参加的“希伯来学校”。拍摄脚本上写道：“手风琴声穿过打开的窗户，所有的孩子都被吸引到窗边。”这时教堂唱诗班的领唱②进入镜头，他也听到了街上传来的音乐，“他的表情充满了厌恶，然后关上了门”(51)。[4] 随后他便被告知自己的儿子改名“杰基”，现在夜总会唱歌；他将孩子们带离舞台，把儿子从大街上拖回家中用皮带抽打，责骂他演唱“大街上

---

① 参见安·道格拉斯：《恐怖的诚实：20 世纪 20 年代的混血曼哈顿》，1995 年。[Ann Douglas，*Terrible Honesty*：*Mongrel Manhattan in the 1920s*(Farrar，Straus & Giroux，1995)]书名中的“混血”一词是桃乐丝·帕克用来描述自己的一个隐喻的变形，参见该书第 5 页。关于乔森和摩天大楼参见该书第 8 页。作为一本考究的经典研究成果，该书同样关注那些在犹太世界与黑人世界进行跨界的人群。其中格什温兄弟发挥了领导作用。

② 指的是男主人公的父亲。——译者注

下三烂的音乐”。这时杰基的妈妈提醒他或许儿子只是不想追随父亲(及其以前的四代人)成为教堂唱诗班领唱，但这让他更加暴跳如雷，他咆哮着：“他想要什么不重要!”(62—65)就这样，他把杰基赶出了家门并告诉所有人他的儿子死了。以移民为主题的很多类型的作品都会设置类似的冲突：第一代移民和第二代移民的矛盾，家中刻板僵化的虔诚信徒和街上开放狂野的年轻人的矛盾。艾尔·乔森是“百老汇”文化的缔造者之一，百老汇就是一个由移民二代创造的街头文化。

杰基离家之后给自己改了名字，“杰克·罗宾”就是他的第三个名字。和美国很多伟大的表演艺术家一样，他成长于街头，大街就是他的学校、他的大学。多年来他不曾后悔，我们当然有理由相信他为自己做出了正确的选择。(而且他的选择明显要比《吉卜赛》中的罗丝妈妈和她手下的脱衣舞演员们要好。①)他却也不曾登至巅峰——他在奥马哈、丹佛、西雅图等地巡回表演，就像顶尖选手却一直在打小型比赛——尽管他唱得很好，但这不足以惊天动地。杰克·罗宾在影片中第一次亮相的时候，“他穿得破破烂烂，但人却很整洁，很明显他正处在人生的低谷”(68)。有一天他听到一个教堂唱诗班领唱的歌声②(59)，歌声为他带回了自我和曾经创造的生活中迷失的所有东西。他意识到他需要更多，但需要什么？是犹太宗教吗？并不全是，准确地说应该是犹太性：在第一层意义上是指与他的过去相联结

---

① 关于《吉卜赛》详见第五章第一节。——译者注

② 这位教堂唱诗班领唱确有其人，名叫约瑟夫·罗森布拉特，是少数声音被记录并售出的犹太宗教人士之一。他将宗教性和市场价值融为一体的能力也预示了《爵士歌手》的圆满结局。——译者注

的犹太“根基”，在第二层意义上是指犹太人的深切感情和庄重严肃，这正是演艺圈所缺乏的品质。

很快，我们的杰基在一部名叫《四月富丽秀》的百老汇讽刺 28
滑稽剧里谋得一个角色。最终，他在家乡找到了突破的机会并作为明星获得了认可。观众了解他的天分，但也知道他身上涌动着病态的暗流。他的表演唤起我们对西方戏剧史上很多悲伤丑角的回忆：《丑角》《挨了耳光的男人》……还有一系列经典的黑脸歌舞秀。[①] 事实上与卢·多克斯塔德合作时期的乔森还是个孩子。在《爵士歌手》中，作为成年人的“杰克·罗宾”似乎还不太习惯“悲伤”的表演；他的面部表情四处涣散且互不关联。《爵士歌手》精心建构的叙事、节奏和色调都在向我们传达一个信息——那就是主人公的故事不只关乎表演或者成功，还涉及诗人济慈所谓的“灵魂塑造”(soul-making)或者埃里克·埃里克森所谓的“自我同一性”(ego-identity)[5]，即他能否统一他的人生的问题。影片将观众强行抛入主人公的身份危机中，而我们每个人——无论承认与否——亦面临着同样的危机。

影片中的故事继续。彩排即将开始，在这个庄严肃穆的时

---

① 20 世纪初，在乔森少年时期的表演中他发展出一套扮黑表演的规则。那时他作为独立表演者工作，穿行于全国的小酒馆和滑稽剧场之间。当时一出广受赞誉的黑脸歌舞秀巡演的负责人卢·多克斯塔德注意到了这个年轻人，给了他一份扮黑表演的工作。接下来的五年间他和这个团队一道演出，积累了名气，并获得了《变化》综艺杂志的撰文赞扬。1909 年，乔森开始为舒伯特兄弟工作，参与旗下一部名叫《巴黎贵妇》的音乐剧。短短几个月内，他成了“在当时所谓的正规剧场中表演扮黑戏剧的首位表演者”。我能发掘的关于乔森早年职业生涯的最完善的记录是迈克尔·亚历山大(Michael Alexander)：《爵士时代的犹太人》(*Jazz Age Jews*)，普林斯顿大学出版社(Princeton University Press)，2001 年。详见该书第 14 章至第 17 章关于“犹太黑脸歌舞秀”和“犹太版本的扮黑表演”的内容。

《爵士歌手》中的艾尔·乔森(来自威斯康星州立电影中心)

刻，主人公正在建构他渴望成为的自我：看哪！乔森以黑脸亮相了！他在影片中第一次呈现为一个认真、完整的个体。他看着镜中的自己，一场和新形象的冲突在舞台上小心翼翼地上演着。他会认出自己吗？他会如何对待镜中的男人？他凝视着镜中的自己，眼中的景象也如万花筒般随之破碎、分裂、变幻成多幅跳跃的画面(在 20 世纪 20 年代，电影拍摄中的蒙太奇手法还是新鲜玩意)：父亲的犹太教堂、“杰基·拉比诺维茨”、他压抑了二十年的天性与快乐。与此同时，影片用一个深邃、严肃、成熟男人的面庞——一个将扮黑当作自己事业的白人的面庞——来表现观众眼前这个充满活力的个体。他所建构的黑人面庞充满着神奇的力量，好像他已经把黑脸秀《斯旺尼河》转换成了那条他必须跨越才能长大的犹太人的约旦河。看这双眼睛：他从未像此刻这般纯洁、高贵、可敬。扮演别人让他得以辨识自己。通过成为他者，他才能够成为自己——这里似乎存在着某种魔法。事实上，这种魔法既古老、庄严又新鲜、现代，上可追溯至数千年前戏剧的源头，如今在爵士时代的百老汇茁壮成长为定义了20年代时代广场的“魔幻现实主义”。 29

然而他为何需要扮黑？对杰基或者杰克来说扮黑带来的力量是什么？继刚才引人深思的情节之后，影片中的另一个人物带着启示性的意义登场了。这个步履蹒跚、衣冠不整的角色是犹太人居住区的一个混混，名叫德尔森。此番前来，是打算通知杰克他父亲去世的消息并鼓励他回归家庭、回归社区、回归教堂、回归上帝(141—150，119—123)。德尔森凭借声音认出了主人公：“是的，那是杰基——他的声音里总带着哭腔，就像在教堂里那会儿。”但当他面对着黑脸的杰基，他完全迷惑了：“杰基，不是你。”他随即求助于观众评判刚刚发生的一幕，然后改变了主意承认眼前的“黑人”就是杰基，但一个经历了巨大改变的杰基，用德尔森的话说就是“他说话像杰基，但看起来就像他的影子”。

影子长什么样？事实上，影子象征着人类对自我和他者进行反思的最原初形象。在很多当代心理学家那里，影子隐喻关乎一个他们称之为“投射”(projection)和“识别”(identification)的心理过程。两种心理过程在自我中以完全不同的方式运作。在“投射”中，我们把在自身中无法获取的感受归因于他人。在这一过程中，我们限制自身存在的范围并且参与到一场永无止境的战争状态中，战争的对象不仅是他人，更是自己，因为自己才是对纯粹性的这场无望追踪里的首要嫌犯。（在这些心理战中，犹太人和黑人一直扮演了终生受害者的角色。）在“识别”中，我们渴求他者，想要伸手触摸他们、同他们交谈、和他们亲近、与他们融合。“识别”帮助人们成熟，让人们不只是其所是，让人得以扩充自我并学会与人和平相处。然而除非我们识别自身的黑暗面，除非我们让自己的影子重见天日，找到和它们共处的方式，否则没人能够与他者等同、融合、统一。

30 我们仍旧无法理解潜伏在这位爵士歌手影子里的精神暗流是什么。一定存在着某些情感力量：当他以天生的犹太面孔示人，他会感到这股力量被剥夺；当他扮上了黑人的面孔，他又能重新获得。1927 年《爵士歌手》拍摄时，人们普遍相信犹太人已经“来到”美国并且终将在这片土地上自在生活；他们理应感到舒适并心怀感恩。（毕竟那一时期，希特勒对犹太人的威胁仍在。）而黑人尽管早已从奴隶制的压迫下解放，但仍旧遭到由白人制定的法律所带来的私刑或者羞辱。一些黑人在北方城市打拼出一番事业，这在爵士乐发展和所谓“哈莱姆复兴”的文化大爆炸中尤其显著。但绝大多数黑人都被局限在了欠发达南部乡村的警察队伍里，就像福克纳①笔下的人物。他们生活在某种类似软禁家中的东西之下，这样的环境让他们与奋斗、成功无缘。他们只能把精力用在自己的声音上——保存并延续黑人那独特的“略带哭腔的声音”、一种代表了人类最直接情感的声音。

① 福克纳（William Faulkner，1897—1962），美国文学史上最具影响力的作家之一，曾荣获 1949 年诺贝尔文学奖。——译者注

如果你听过今天一些经典的三角洲蓝调①，听过莱德贝利、罗伯特·约翰逊还有贝西·史密斯②，你就会知道社会压抑能激发原初情感的观点所言非虚。这一伟大的传统，实则是伟大的犹太传统，孕育自圣歌的世界："我们如何能在陌生的土地唱响上帝的乐章。"

或可说德尔森的出场泄露了整个故事——这是一部 20 世纪的史诗，讲述了犹太移民和黑人以有助于大众文化和多元文化自由主义发展的方式彼此融合。这种说法不假，但这并不是全部。我在阿尔弗雷德·柯恩的电影手稿中发现了一些和银幕上完全不同的地方。手稿记载德尔森见到杰基之后的台词是"他说话像杰基，但看起来像个黑鬼"(143，120)。原来电影脚本竟带有如此粗暴的种族主义侮辱！(拍摄过程中台词发生了更改)究竟发生了什么？似乎无人可知，但在电影制作这一文化生产过程中，必定发生了某些隐秘的、未被察觉的，甚至是不自觉的转变：或许是"黑鬼"的说法唤起了人们对《一个国家的诞生》③的恐怖回忆？抑或电影幕后工作人员自己也在反思"又是种族歧视"？无论如何，手稿对黑人的唾弃嘴脸顷刻间就转变为银幕上

---

① 三角洲蓝调(Delta Blues)又叫街头蓝调，作为最早的蓝调音乐形式之一，起源于美国的密西西比河流域的三角洲平原，以空心吉他和口琴为主要乐器，以滑音为演奏方式。——译者注

② 莱德贝利(Leadbelly，1885—1949)，是美国民歌作曲家和歌手；罗伯特·约翰逊(Robert Johnson，1911—1938)，是美国蓝调吉他手、歌手和作曲家；贝西·史密斯(Bessie Smith，1894—1937)，是第一位主要录制唱片的布鲁斯歌手和爵士歌手。——译者注

③ 《一个国家的诞生》(*The Birth of a Nation*)是美国知名导演格里菲斯于 1915 年拍摄完成的黑白电影，该片以美国南北战争为故事背景，由于其对白人优越主义的提倡和强烈的种族歧视观念而在美国影史上颇具争议性。——译者注

的热情拥抱，这就是电影的成熟。

让我们把目光移回到化妆间里的杰基。黑皮肤对犹太人而言在
31 很多方面都是有益无害的，迈克尔·亚历山大在他的著作《爵士时代的犹太人》里已经说得很清楚了。他在书中提到，即使乔森的家族已经从犹太聚集区的下层贫民晋升到美国社会的中产阶级：

> 某些家庭成员依旧还带有一些和他们的社会地位不甚相符的怪异行为。他们的表现会让人误以为他们正在被急剧边缘化。此外，他们常常同一些社会地位和财富状况较低的个人和族群交际……例如仿效、保卫甚至亲身参与这些被边缘化的美国人的集体生活。局外人的身份认同……是美国犹太人心理上的悖论。犹太人一边跻身主流，一边寻求边缘。[6]

从成长类影片的立场上，犹太人从黑人那里寻求身份认同可以开启富有成效的道路。对于那些不愿意舒舒服服地享受现有经济条件和社会地位的犹太年轻人，黑皮肤能让他们无须做白人就能坚定不移地、名正言顺地成为美国人。它帮助几代犹太人成就了自己：杰洛米·科恩和格什温兄弟，亚提·萧和本尼·古德曼，谢夫曼兄弟和切斯兄弟，菲尔·斯佩克特还有布莱尔大厦①里所有英勇的音乐骑士，包括鲍勃·迪伦和劳拉·尼罗、

① 布莱尔大厦(Brill Building)是纽约时代广场附近一幢十层高的大楼。曾聚集了大约160位音乐界、唱片业界人士在那里办公。20世纪60年代，布莱尔大厦为美国流行音乐贡献了无数的上榜金曲和经典作品，也成为美国流行音乐的象征和符号。

达克·泼马斯和约翰博士、理查德·普莱斯和里克·罗宾。[①]习惯了黑人音乐的犹太人为全世界发掘了一座由黑人生活经验积淀的金矿，他们控诉美国人：这个国家对黑人的背弃就是对自己的背弃。迈克尔·亚历山大有一个绝妙好词可以表达这种态度，那就是“浪漫的边缘化”。[7]

所有这些都没问题，但任何前卫到能够想象他或她“想要变黑”的犹太人也都足够聪明，聪明到深知“变黑”之于犹太教规的忤逆与不适。正是这种内疚的不安感推动影片走向了高潮。德尔森要求杰克/杰基跟他回去完成父亲的葬礼，希望他完成柯尔尼德拉[②]圣礼。对很多犹太人来说，柯尔尼德拉是一年之中最富戏剧性也是最能唤起精神共鸣的时刻，一般发生在犹太人赎罪日——犹太历七月初一赎罪节(Yom Kippur)这天。很多入世的犹太人不一定全年都会参加教堂礼拜，但至少在赎罪节，他们都会来到教堂参与圣礼。柯尔尼德拉祷告的特殊之处在于它不是献给上帝的，而是献给祷告者身边的普通人。因为人们理应承认一年中我们对其他人的各种伤害，包括明确、公开的伤害以及暗地操纵的伤害；人们亦理应寻求他人的宽恕并施予他人宽恕。我们犯下的罪过很多，圣礼旨在让我们对所有的罪过 32
忏悔、认罪并将福泽施散他人：

我们谩骂，我们出卖，我们残酷无情……

① 他们都是20世纪美国流行音乐界的著名歌手、制作人，均为犹太人。——译者注

② 柯尔尼德拉(Kol Nidre)是犹太人在赎罪日祈祷开始时吟唱的一段祷文。——译者注

我们破坏，我们怨恨，我们信口胡言……
我们嘲弄，我们怠慢，我们压迫他人……
我们偷盗，我们违法，我们虚假刻薄……
我们屈从邪恶，我们为坏因缘而狂热。①

很少有人会做尽上述所有坏事，但总是做过一些。信仰的不可捉摸就在于如果我们能够直面他人并承认我们的所作所为，甚至我们想做而未做的恶行，我们便能获得要求别人宽恕的权利。

原谅彼此的恶，
才是通往天堂的门。[8]

相比于其他犹太教仪式，音乐在柯尔尼德拉中所起的推动作用更加明显。领唱者的独唱是一整年来所有犹太仪式中最富有感情并能引发共鸣的表演。犹太人相信除此之外没有什么可以削弱人们的抵抗意志或者开启情感的泄洪闸。很多人抱怨他们要为领唱者支付报酬，然而一旦领唱者倾尽他(或她，现在出现了越来越多的女领唱)的全力进行表演，无人不被感动，所有人离开教堂的时候都是眼含热泪，同时为自己先前的吝啬想法忏悔。在《爵士歌手》的高潮部分，杰基唱起柯尔尼德拉。他带

---

① 朱尔斯·哈洛拉比(Rabbi Jules Harlow)：《犹太新年和赎罪节祷告书》(*A Prayer Book for the Days of Awe*)，拉比大会(Rabbinical Assembly)，1972年，第376—379页。这是一本保守正统的祷文，杰克/杰基当然也属于正统犹太教。这种集体忏悔的理念及其要义可追溯至拉比时代，如今已经成为全球犹太人的共识。

领教堂会众沉浸在一种至今令他不解的神奇的情感热忱和强度中：现在，最终，他就在那里！主人公回到犹太聚集区，为不曾为自己奉献的父亲做出奉献，重修他和母亲之间那令人激动又暗藏危险的关系……他的所作所为将他的成年与童年联结，释放了他从未察觉的能量，挖掘了他为了工作和二十年来父亲咒骂下的生活而不得不压抑的情感深度。现在，父亲离开了，33
他的内心再无羁绊。他从生活中学会的是父亲的狭隘宗教信仰和浅薄的娱乐圈所无法教给他的，他的最大收获便是："音乐是上帝的声音。"在《爵士歌手》中，大众文化提出了对普世价值观的要求，不仅基于其覆盖全球的适用性，更在于其情感的力量和深度。

当扮黑后的杰基看着镜中的自己，他是在证实自己的偷盗行为——对黑人面孔和身份的窃取，同时也担下了他应负的责任。他乞求宽恕，并坚信应该被宽恕，因为他"明目张胆"的偷盗行为全然出于爱。他和镜中自己的相遇并释放出从未被察觉的能量，让他能够自由地做一个前所未有的强大、深刻、成熟的新人。[9]

除了偷窃，《爵士歌手》中还有另外一个爱的产物不能不提，那便是杰克和母亲的不伦之恋。在电影手稿"杰克·罗宾回家并为母亲演唱"一幕中（77—87，96—100），这种爱恋的色彩尤其鲜明浓重。① 杰克坐在钢琴旁边，为母亲弹奏他准备在百老汇

---

① 电影剧本第144—145页中母子二人在这场戏中的对话要比电影原剧手稿中详细，和电影实际拍摄情节较为接近。原著故事作者兼电影剧本编剧的萨姆森·拉斐尔森对影片中的表演表示失望，但他也认为这场母子对话是他最喜欢的情节。

演出的曲目。尽管人声和琴声的区别不是那么清楚，维他风录音系统(Vitaphone Sound)还是为我们记录下了母子二人伴随着音乐的对话。我们的主人公弹唱了一首改编自欧文·柏林的《蓝色天空》的歌曲，节奏轻快、变化繁多，瞬时一种纯粹欢愉的情绪倾泻而出。他一边演唱一边同母亲开着玩笑，他发誓要让她搬到布朗克斯去住："你知道那里有很多绿地还有很多人……"他的话语变得越来越狂热、亲密，现在他们共处一室，我们能够察觉到母子二人的不伦之恋已经从潜台词走上了台面。越发大胆的杰基一把拉过母亲：

> 妈妈，我还要给你买件漂亮的黑丝裙。弗雷德太太——就是那个屠夫的老婆，她一定会嫉妒你的……我还要给你买件漂亮的粉裙子，和你棕色的眼镜很配……什么？
> 34 谁告诉你的？你想说什么，不？当然不是了，你要穿粉色。我要带你去科尼岛……你知道暗磨坊吗？你去过吗？没事，和我一起去没事的。我要亲你，我要抱你。你看如果我不……

令观众吃惊的是，杰克母亲的回应就像某些原始调情教科书的翻版。她的肢体语言骤变，逐渐加速并开始有节奏的律动。她说"天哪，不要!"的方式明明就在暗示"当然可以"和"还有吗?"随着聊天和演奏的进行，母子之间的直白和狂热已经相当明显了。"俄狄浦斯情结"并不合适当下的情景，毕竟他们之间爱的电波看起来并不复杂。这一幕将观众置于一种既兴奋又可怕的情感空间中，无论是美国文化抑或其他类型的文化都无法教给我们如何回应这种场景。直到一个老人来到他们的房间并向他们大喊“停下”，我们才在遗憾的同时得到解脱。

杰基的母亲(欧也妮·贝塞雷尔饰演)是一个内心远比外表复杂和原始的迷人角色。她看似乎和大多数小说、戏剧和歌曲中千篇一律的妈妈形象(例如20世纪30年代爵士热门单曲《我的意第绪妈妈》，还有格特鲁拉·伯格《戈德堡一家》中的妈妈——莫莉·戈德堡)一样多愁善感，实际上有其特别之处：尽管她自己是一个虔诚的犹太教徒，但她坚定捍卫儿子不必如此的权利。当她的丈夫——那个教堂领唱说杰基“所有歌曲和祷文都已经在他脑子里”时，她的回答如此相反却又相关，她说：“但不在他的心里，他是美国人。”(59)换言之，她表明：首先，杰基有权利遵从自己的内心过自己的生活；其次，尊重个人意愿才是真正的美国精神。后来，她亲自探访了杰基所在的剧院，看到了扮黑的杰基，还和他的非犹太裔女友梅聊天，梅是与杰基出演同一部剧的女主角。杰基的母亲认为“这才是他该在的地方”(149，123)。这个女人虽然肢体语言缓慢、严肃、老派，但却有着超越现代的敏锐和灵敏。

“杰基的母亲”一角吸收并利用了人们关于母亲的集体情感记忆。当代际冲突出现时，父亲往往会爆发并将孩子粗暴地赶出家门，但母亲则会开通一个与被驱逐的孩子秘密交流的渠道并会保留一种远胜过子女一切坏行为的情感纽带。(同样的情景见于肖洛姆·阿莱赫姆的小说《特伊和他的女儿们》及其改编音乐剧《屋顶上的琴手》，剧中特伊公开谴责嫁给非犹太人的女儿。)杰基母亲的所作所为不过依凭黑格尔所谓的“内心法则”和
所有观众都能理解的“一颗做母亲的心”，或许还有在她的世界 35

中稍显不寻常的“一个母亲的智慧”。她是成长类电影史上最具支持精神的母亲。她捍卫子女过一种不同于她自己的生活的权利，在此意义上她可获封年度最具存在主义精神母亲。弗吉尼亚·伍尔芙在《爵士歌手》上映一年后写的《一个自己的房间》中提到过这位母亲：“然而当人们读到拥有这样一位母亲的非凡人物时，就等于在追寻一位被遗忘的小说家、一位被压抑的诗人，某位缄默和不体面的‘简·奥斯汀’，以及某位‘艾米莉·布朗特’。”就此而言，杰基的母亲并不孤独，她在历史上有很多姐妹。[①] 她是一种非常重要的现代人格，分裂于她的传统生活和她对非传统观念及子女的非传统选择的同情中。她是守护神，不仅守护了伴我成长并让我成长其中的信奉自由的百老汇观众，更守护了 20 世纪和 21 世纪的每一个先锋。

电影中，男主人公的柯尔尼德拉祷告仅仅持续了几分钟，但这是精彩纷呈的几分钟：杰基和身后唱诗班形成的复调是这场戏的主调。他用声音不断抽离合唱团，而后者则全力抵制，二者互相斗争，随着情感的势头逐渐狂热，合唱团最终让步，他们又神奇地融合在了一起。让我感到惊讶的是这两分钟的情

---

① 弗吉尼亚·伍尔芙：《一个自己的房间》(*A Room of One's Own*)，1928 年初版，1981 年秋收出版社(Harvest)再版时加入了玛丽·戈登(Mary Gordon)撰写的序言，第 49 页。这些姐妹中有一位是伟大的自由主义哲学家以赛亚·柏林的母亲。柏林是我四十年前在牛津大学的督导，1963 年早些时候我在他继子的受戒仪式上碰到了他的母亲。她问我和我的朋友杰瑞·科恩如何看待这个男孩在仪式中唱诵哈弗塔拉(旧约预言书中的一课——译者按)。我认为他读得很好，但杰瑞似乎不知要说些什么。我替他解释：“我的朋友成长在一个非常坚定的共产主义氛围中。”这完全没有引起她的烦扰，她报以温暖的微笑说是呀，上帝将人类造就得不同就是为了让他们交谈和争论，所以才会有学习与传授。随后她又就此谈了十五分钟，活生生是莫莉·戈德堡和约翰·密尔的综合体。

节俨然预示了一代人之后节奏布鲁斯(Rhythm and Blues，以下简称 R&B)的流行：雷·查尔斯、山姆·库克、斯蒂夫·旺德、阿蕾莎·富兰克林、柯蒂斯·梅菲尔德、艾尔·格林、马文·盖伊、马维斯·斯塔普斯、帕蒂·拉贝尔。[①] 毕竟，R&B 的创造者主要是那些参与了历史学家所谓“大迁徙”的黑人，以及那些经历了创伤又在美国北部城市遭遇现代生活的第一代移民的后代。他们的音乐受到宗教热忱的驱动，但他们依然对世俗生活保留诉求。例如，R&B 历史上的很多经典歌曲都是从神圣之爱和世俗之爱互为隐喻的图景中获得其深度和力量，诸如：《越来越高》《为了你珍贵的爱》《阳光照耀的地方》《过关斩将》和《我将带你去那儿》。再如，马丁·路德·金的运动诉诸宗教的途 36
径，但最终目的还是为了捍卫世俗的现代城市生活。

《爵士歌手》这部电影的巨大力量源于其先前多种媒介表现形式的积淀。它的第一个前身是萨姆森·拉斐尔森于 1921 年发表在《人人杂志》上的小说《赎罪日》；第二个前身是拉斐尔森改编、乔治·杰塞尔主演的百老汇音乐剧，剧中主人公的早期经历和内心冲突与《爵士歌手》中的乔森颇为相似，该剧 1925 年上演，1927 年停演后不久《爵士歌手》便上映了。在《赎罪日》中，刻薄的百老汇制作人对杰基离开剧团感到愤怒，他(身披犹太教男性祈祷时穿戴的披巾作为掩护)追踪杰基来到下东区的深处并且听到了他的独唱。他兴奋极了，马上打电话告诉他那位上东区的合伙人：

---

① 以上人名都是美国 R&B 的代表性歌手和创作人。——译者注

> 李说：“哈里，你想听当今美国最伟大的拉格泰姆①演唱吗？奇迹，哈里，简直是奇迹！快过来，我在东区一个叫海斯特街犹太会堂的小破地儿，我们在海斯特街和诺福克街角碰面。”[10]

拉斐尔森堪称有声电影时代最伟大的戏剧作家，曾和喜剧之王恩斯特·刘别谦（其代表作有《街角商店》《天堂里的麻烦》等）有过密切合作。他对英语的使用一向精准、巧妙，他的文字表达风格蕴含着丰富的内容。在他的小说《赎罪日》中，制作人正在下东区进行后来人所谓的选秀工作。他打电话给上东区的合伙人提到下东区正在发生的事。歌手、他所在的犹太会堂、周围的环境，是比正在进行中的演唱更为重大的事；它们共同构成了历史辩证法的三个相位。42 街和百老汇，是纽约地铁的终端，也是拉斐尔森辩证法的终点，更是美国流行文化史的源地。

拉斐尔森的小说和剧本都以浪子的回归作为结局：杰基放弃了百老汇的事业，选择只为他的同胞和上帝歌唱。本来《爵士歌手》的电影分镜头脚本中的结局也是如此：荧屏就这样渐渐淡去。突然，转瞬之间，一切都变了——一个 180°的转变，从放弃到欢呼，电影版的杰基迎来了皆大欢喜的故事结尾，即本章
37 开始的场景。这个结局是电影拍摄计划中的吗？如果是，为什么没有出现在电影脚本中。剧本“附录 1：同步声音序列”对此只

① 拉格泰姆（Ragtime）是美国流行音乐形式之一，产生于 19 世纪末。拉格泰姆非常注重节奏的变化，特别是切分的运用。——译者注

有如下记录："四季更迭—时间治愈—表演继续。"这种冲突在任何正规的文法书和英语课堂中都不会有答案，但济慈和艾米丽·迪金森[①]的读者会熟悉这些冲突：它们推进了叙事；确保了强大障碍下生活的继续。随着冲突的闪现，银幕中的声音转换为爵士乐。镜头随后切换为一个全景，里面是时代广场和百老汇闪烁的灯光。这个让人兴奋的视角，是广场对现代主义的独特贡献，将广场上壮丽的三位一体——人群、灯光、天空定义为存在的崭新整体。这些冲突就像地铁，只不过是带动情节快速抵达结局的秘密通道罢了。

在电影的结尾，我们随杰基一同来到拥堵的百老汇剧院(在片中是冬季花园剧院)。这里一如既往的灯光之海意味着"百老汇已经原谅了一切"。我们的男主人公再次以黑脸演唱，但已经完全没有了电影几分钟前的悲剧色彩。他演唱了歌曲《妈妈》，将其献给他的母亲——那个即将走到生命尽头的女人，他的表演饱含深情。他走下舞台，看着观众席中的母亲，他们距离很近，彼此沉醉地笑着。随着父亲的去世，俄狄浦斯三角恋的一角已经坍塌。主人公终于成为明星，他的名字闪耀在灯箱广告上，他和母亲再也不需要去暗磨坊(Dark Mill)了，正如屏幕中呈现的，现在的杰基正和母亲享受着一段没有柯尔尼德拉的共处时光。《爵士歌手》带领我们踏上一段大多数人都欣然往之的旅途。这一神奇的现实主义是现代大众文化的核心。它能让悲剧转瞬变为喜剧，让乱伦象征纯洁，让放弃一切成为拥有一切的前提。

---

① 美国19世纪末著名女诗人。——译者注

如果“拥有一切”的措辞听起来失礼，那绝非我的本意。事实上，在《爵士歌手》的时代，“所有”这个单词是会引起激烈争论的。整整一个世纪，美国都在奉行一种格外开放的移民政策。然而20世纪20年代，在一战的余波中，美国国会通过了一系列法律，几近关闭了其后四十年的移民通道，希望凭借此举停止美国向拥抱“一切”的国家形象的滑落，取而代之以只接纳“部分”的“美国壁垒”（即退守美国的孤立主义）。[11]格里菲斯的电影《一个国家的诞生》展现了美国的超现代大众文化如何能够屈从并服务于一个未被黑暗和肮脏的“他者”大潮污染的、失落的盎
38 格鲁-撒克逊纯粹性的田园景象。卓别林的电影也为这些“他者”的动力和梦想提供了壮丽新生活的画面。他的喜剧来自类似“东区的小破儿地”的环境。但正是诞生自这里的电影、爵士、漫画和全部“低俗的现代主义”文化，使得20世纪的美国成为真正的“新世界”。《爵士歌手》比其他任何作品，都更有资格定义这个新世界的面貌和声音。

一战期间，约翰·杜威的年轻信徒——兰道夫·博尔纳写过《跨民族的美国》（1915），这篇文章或许是关于“新世界”的最早的理论表述。博尔纳认为移民抵达美国后不仅没有同化、融入本土的白人世界，反而将其与自己旧有的文化相结合，创造了一个前所未有的、混合杂糅的美国文化。他说：“只有美国人有机会成为世界公民。”这意味着“不是单一民族，而是跨民族，编织交错，同其他地域，同各种样貌和肤色”[12]。一年之后，叮

时代广场夜景（拍摄于 20 世纪 30 年代，来自纽约市立博物馆；“哥特肖-施莱斯纳精选集”）

砰巷①的一些犹太裔及其他移民音乐创作人开始抵制所谓“百分百美国主义”的战时压力，捍卫一种“对万国之国的矛盾情感”[13]。

从乔森的时代至今，时代广场一直是美国作为“万国之国” 39
的重要体现。无论在大街上还是地铁里，无论白天还是黑夜，你都能看到、听到、感受到这点。今天和爵士时代的区别在于越来越多来自更广阔地域范围的新元素的出现和所有元素的混

① 叮砰巷（Tin Pan Alley）位于纽约 28 街（第五大道与百老汇街之间）。19 世纪末以来，那里聚集了多家音乐出版公司，各公司都有歌曲推销员演奏钢琴以吸引顾客。因钢琴使用过度，音色疲塌，发出的声音像敲击铁盘的“叮砰”声而被戏称为叮砰巷。19 世纪末到 20 世纪 50 年代末，叮砰巷不仅是流行音乐出版中心，更是时代的象征和音乐风格的代表。——译者注

合。“混合”不仅意味着不同的人“在一起”，还意味着整合、交流，意味着能够改变所有人的混合和融汇。广场上的“混合”持续不断，它就发生在大街上，发生在你我的脸上。当你置身这场“混合”，沐浴在广场绚丽的灯光下，自我的界限逐渐消融，身份变得模糊。一个无法回避的问题便是：“这些人是谁？”当你与他们擦肩而过，另一个问题又随之而来：“你又是谁？”你将改变他们就像他们将会改变你；你知道一切终将改变，即便你不知道如何改变。美国人对时代广场、对作为整体的纽约的看法往往依赖于他们对自身存在的溶解的准备程度。对杰基来说，自我的消解就是他的生活本身，他的扮黑行为本身就是多元文化的美国的首要圣礼，在其中，他既是调和者，亦是被调和物。

附：2004年年末，《爵士歌手》中经典的城市风光——黑白照片里的时代广场之夜，三位一体的人群、广告和天空——再次出现在鲍勃·迪伦《回忆录卷一：像一块滚石》的封面上，他在书中回忆了自己于20世纪60年代早期初抵纽约并出道的经历。[14]有评论者和读者表示疑惑：为何封面是时代广场而非迪伦最早公开表演并成名的格林尼治村（曼哈顿的一个区域，是艺术家和作家聚居地）。如果以《爵士歌手》为棱镜审视这个疑惑，答案就很简单了。迪伦以杰克·罗宾的继承者自居，自认为是我们时代的真正的爵士歌手。鲍勃·迪伦—杰克·罗宾：仅从名

字上看二者的关联还不够明显吗？[1] 今天再看迪伦的封面，时
代广场的富丽景象象征了他眼前的世界、他的广阔视野——这 40
一视野不仅是音乐的、更是想象的，远远超过他起步的民谣世界；代表了他的能力、变形的能力——既是调和者亦是被调和物的能力；意味着他同电力的密切关系(参见他在 1965 年新港民谣音乐节的演出)——后者是他和他的音乐大放光彩的平台和媒介；还意味着融合——与演艺圈融合、与自己渴望成为表演者的内心需求的融合。迪伦和乔森之间还有一种关联不容忽视，那就是他们略带哭腔的嗓音。两位爵士歌手都受到将世俗的娱乐同宗教的热忱相融合的需求和对卓越的追求的驱动。迪伦的宗教经历远比乔森复杂、矛盾和难以捉摸。毕竟犹太圣经就在他的标签里。

《回忆录卷一：像一块滚石》的开场令人印象深刻。迪伦的第一任音乐制作人卢·李维带他出来见世面，也算是给他机会露露脸。在杰克·邓普西餐厅的红皮电话亭，他们遇到了邓普西，这场相遇十分有趣。邓普西告诉眼前这个骨瘦如柴的年轻人要增重，打扮要体面，要勇敢地将对手击倒。李维随即向他解释迪伦不是拳击手而是歌手。听闻真相的邓普西并没有显露出吃惊，只是告诉迪伦他已经迫不及待要听他的音乐了。任何

---

① 四十年前我买了我的第一张鲍勃·迪伦专辑，母亲很喜欢他的音乐，唯独对他的名字不解："嗯哼，迪伦，那他原名是什么？"我一下子抓狂了！当然她的提问是合理的。对我父母那代人而言，这个问题就像一个擦边的笑话。(详见美国早期喜剧演员马克思兄弟的"为斯伯丁船长欢呼，他是非洲探险家"。)母亲明白她那个年代(即杰克·罗宾的年代)的犹太男孩不得不掩饰真实身份，但在我的年代情况早已改变。很快迪伦被披露真名为"齐默尔曼"。起初他似乎厌恶自己的本名，但和杰克·罗宾一样，他渐渐学会了调和并悦纳他真实的犹太人身份和他在成长过程中渴求的普遍性。

年老到能够回忆起邓普西餐厅的老一辈人都能设想这个画面。这位老人(邓普西)喜欢聊天，他对人，尤其是年轻人耐心且和善。他的身上综合了美国流行文化中两个最重要的部分——拳击界和演艺圈。关于迪伦我们唯一所能确定的，就是这个患有厌食症的消瘦年轻人日后将创作出美国音乐史上的经典之作《随风而逝》，这个小故事也由此带上了戏剧性的讽刺意味。迪伦的回忆录开场将现实主义同一种古老的、虚构的、民间传说形式的叙事相结合，前者指的是故事发生在我们所知的真实街道，涉及一位高寿且我们中的某些人或许见过的伟大人物；后者指的是邓普西"对主人公日后成功的预言""老一辈成功者拣选出新的继承人"。

关于这则小插曲只有一个问题——迪伦搞错了地址。邓普西餐厅在百老汇和 49 街交汇处的布莱尔大厦(俗称叮砰巷)里。这里是美国文化史上的知名地标。几十年来无数的音乐家、歌手、伴奏家、唱片制作人、音乐出版商、代理人和公关聚集在这里。我曾在本章列举过在这里工作的才华横溢的音乐人。这
41 里诞生的歌曲在很大程度上定义了二战后的美国：《寂寞大道》《爱的礼堂》《做我的宝贝》《猎犬》《别那么残忍》《伴我同行》《轻轻走过》《逃离此地》《社会的孩子》。(迪伦熟悉它们的每一句歌词和每一个音调。)邓普西餐厅是时代广场的代表性建筑，靠近旧

的麦迪逊广场花园①，是纽约拳坛的中心，也是流行音乐界的重镇。迪伦能在那里是因为一些像制作人约翰·哈蒙德那样举足轻重的音乐圈人士很快发现了他的才华。但他在回忆录中将故事发生的地点移到了一公里之外的58街，在20世纪60年代那里是晦暗无名的边缘地带。原因何在？他胆敢把大名鼎鼎的邓普西放到那样一个荒芜的街道上，难道不怕自己会被他一拳放倒？迪伦在回忆录封面中将自己放置在时代广场空旷的中心，但恰好处于舞台指示牌的阴影下。这意味着即便暴露自己，他也尽力隐藏而不愿被人看到。他以年轻时代发生在时代广场的趣事作为回忆录的开头，却又通过变换地址隐去了故事的真实发生地即时代广场。② 难道他仍然无法承认他正身处演艺圈并将永处演艺圈的事实？仍然无法悦纳自己的生活？同许许多多的现代人一样，迪伦或者说齐默尔曼(迪伦的本名)仍在寻找一个名字，一个能让他自在做自己的名字。

---

① 旧的麦迪逊广场花园是上文提及的库布里克的电影《杀手之吻》的主要场景，位于49街和50街，第八、第九大道之间。邓普西的餐饮事业发迹于50街和第八大道交汇处。当时他拥有两家餐馆，一个总店还有布莱尔大厦的分店“百老汇餐厅吧”。后来布莱尔大厦的分店风头一时无两。“杰克·邓普西的百老汇餐馆”官网展示有一则纸板火柴广告，上面写着：“爱情火柴，天堂制造；搏斗火柴，就在杰克·邓普西。”

② 即便我们可以理解迪伦内心不被察觉的矛盾，那么怎么理解出版商？他们为什么会允许地址错误的发生？难道西蒙和舒斯特出版社就没有一个人记得或者没有一个年轻人读过杰克·邓普西称霸时代广场的年代吗？(《纽约时报》为什么犯了同样的错误？2005年3月26日《时报》的周末“城市”版重印了回忆录封面，沿用了错误的地址和全部内容。)

第三章

凡人之眼：广场上的水手

过来，站过来，斯塔巴克，来让我看看凡人的眼睛……

——《白鲸》中的亚哈船长

对我来说，那些无忧无虑的美国年轻人是自由的化身：是我们自己，也是注定将在世界范围内传播开来(对此我毫不怀疑)的自由。

——1944年西蒙娜·德·波伏娃谈到巴黎的美国人

我猜他在船上已经掌握了平衡感。

——电影《往日情怀》(1973)：1945年芭芭拉·史翠珊饰演的女主人公发现罗伯特·雷福德饰演的男主人公，浑身穿着白色的衣服，在睡梦中直直地站着。

1945 年 8 月：一个难忘的正午

时代广场历史上最出名的两个人物都是无名小卒。他们是 45
一对拥吻的男女，也是 1945 年 8 月 15 日抗战胜利日聚集在广
场上的庞大人群中的一分子。那一天，日本宣布投降，二战宣
告结束。由美国公共电视台出品、里克·伯恩斯制作的《纽约的
历史》节目以新闻摄影的方式记录这历史性的一刻。2001 年，
我在国家档案馆第一次看到这张照片，惊讶于自己先前居然没
有看过，但从另一种意义上，我又感到自己今生今世都在看它。
这是一个精心设计的时刻：临近黄昏，纽约市长拉瓜迪亚宣布
日本投降，随即一个信号点亮了黯淡了四年的时代广场。声震
寰宇的欢呼声直冲云霄。附近的舞台上，一支大型乐队开始尽
情演奏(后来我了解到当时台上演出的是亚提·萧)，成千上万
的男男女女随之舞蹈，相互拥抱，跳起吉特巴，男士们将女伴
高高抛至空中。据说狂欢持续了一整夜，直到第二天日出才结
束。甚至没有音乐的时候，人们还在自顾自地摇摆。镜头扫过
人群，令人激动的事情正在发生：互不相识的男男女女紧抱在
一起，拥抱、亲吻、跳舞，彼此紧贴。其中一个水手和一名护 46
士，站在广场的中心，正沉浸在全神贯注的拥吻之中，他们便
是照片的主角。这幅经典之作由流亡美国的德裔犹太摄影师艾
尔弗雷德·艾森施塔德拍摄，随即刊登在《生活》杂志封面。几

乎同一时刻，美国海军随军摄影师维克多·约根森从另一个视角(一个精彩稍逊的视角)记录了同一个场景，照片于第二天发表在《纽约时报》上。[1]水手、护士、人群、广场，共同构成了20世纪的美国和美国人的经典影像。自然的、集体的、自由的爱，在此刻发光、闪耀！

“护士与水手”(拍摄于1945年，艾尔弗雷德·艾森施塔德)

这张照片的迷人之处源自它的神秘：照片中的男人和女人是谁？他们共同构建了一种与以往我们对无名战士的所有纪念活动相反的纪念模式：它并不试图提醒我们大规模的死亡，而是唤起一种平等的、普遍的、充满爱的生活。几十年来，不停有人像候补王位空缺的申请人一般、站出来表示自己就是当年照片上的男主角或女主角。1980 年 10 月，《生活》杂志发表了一篇题为《谁是接吻的水手？》[2] 的文章，搜集整理出一份不长的名单，上面列出了十位男候选人和三位女候选人。杂志还刊出了他们从青年到中年的肖像，随附简短的生平介绍和关于每个人在照片拍摄当日行踪的采访录音。此举试图对候选人的真伪进行评估，但并不奏效。十位男士(其中一位代替已故的哥哥前来)全部声称自己就是照片中的水手，希望获得世人的认可。三位女候选人的争夺战则更加扑朔迷离甚至略带讽刺：她们都说自己的确在广场上拥抱过水手，但和她们外形相似且拥抱过水手的年轻女性又何止三个？对此，当天拍摄了上百张照片的艾森施塔德本人也无从助力。男性候选人的籍贯和职业各异，有罗德岛的鱼贩、伊利诺伊的学校托管人、新泽西的历史老师以及加利福尼亚的心理学家。他们好比人民阵线①的微观缩影，让我们回忆起那场正义战争中或真实或虚构的军队、投弹手以及《生活》杂志上的其他照片。20 世纪 90 年代，网络的发展为我们提供了更多的候选人，但真相始终难以捉摸。1996 年，《时

① 人民阵线(Popular Front)是 20 世纪 30 年代中期欧洲一些国家的工人阶级政党和社会党、自由党以及温和派政党等中产阶级政党为保卫民主制、反对法西斯而结成的跨党派和跨阶级的正义组织。——译者注

代》周刊就此发表评论，认为照片的主人或许永远是个谜，但这并不重要，因为“真正的主角依旧是每一个人”。

47 艾森施塔德的拍摄视角颇有文艺复兴风范：照片前景直接对准广场的蝴蝶结地带（即百老汇和第七大道交叉形成的X形地带），高大的建筑物沿对角线分布，而蝴蝶结的中心则是一幅带有父亲形象的鲁伯特啤酒广告。拥吻的水手和护士被建筑、电车轨道、霓虹广告、天空还有其他各色人群环绕。二十英尺外，另一个水手（在其他照片剪辑中还可见第三个水手）在冲他们微笑。二人右侧的霓虹广告也暗藏玄机，它是当时全美最大的成衣品牌——邦德服饰的广告。1945年的邦德服饰在美国家喻户晓，人们无论是否穿它，但至少都知道它。和5&10、《生活》、“时代广场”等品牌一样，邦德广告的直白和简单完美地诠释出美国的民主普世的愿景，传达了想要将人们汇集凝聚的美好渴
48 望，就像人民阵线，就像《我居故我在》[1]，就像“正义战争”本身。广告象征了照片上男女主角之间的纽带，更凸显了将这座城市、整个国家，甚至全世界联结起来的一条更加复杂的纽带。照片中的其他人既是这场集体狂欢的参与者，也是和我们一样的旁观者。拥吻的主人公身着制服，制服表明其“人民公仆”的身份，也将二者与周围环绕的广大群众——他们的服务对象区别开来。水手穿黑色制服，护士着白色制服，二者的颜色反差在黑白照片中更加明显，颜色的对比不仅凸显了将二人联结在一起的拥吻动作，也为他们的交融统一赋予了各种能够唤起共

---

① 《我居故我在》（*The House I Live In*）是一部讲述美国毒品战争中非正义事件的美国纪录片。——译者注

鸣的象征意味：男和女，黑与白，土地和海洋，战争与和平，侵害和养育，阴与阳。水手、护士、人群、建筑、广告、天空——所有元素在照片中缔结为一个全新的整体。

如果仔细观察，我们将不难发现这个整体并不稳固。两位主角的身体以一个危险的角度彼此缠绕，呈现出向下倾斜和扭曲的趋势。(约根森的拍摄角度比艾森施塔德偏右约 30°，所以在他的照片中人物的倾斜更加明显。)如果水手没有找到强有力的着力点，他们大概已经摔倒了。他们知道自己会摔倒吗？或者说他们担心吗？对此，我们无从得知，但稍加思考便会想到：水手大概早已习惯了甲板，它可比百老汇的任何拥抱都摇晃得多。我们的女主人公倒是气定神闲，似乎很放心将自己交付给水手的怀抱。她看上去十分确定水手会立马调整身体以确保姿势的稳固，当然我们对此也很确定。(“我猜他在船上已经掌握了平衡感。”)从照片来看，水手面孔稚嫩，即便如此，我们依旧有理由相信他能够保护他俩、保护他的人民、保护我们。① 照片的完美得益于很多因素，但其中之一必然是：它潜意识中暗合并象征了二战的本质，即二战是一场正义之战，是为了保护美国和世界免于现实中的邪恶力量。

艾森施塔德的照片展示了 20 世纪 40 年代的街头摄影技术 49
和新闻摄影工作者的社会功能如何为摄影本身赋予力量，这种

① 为什么护士不能主导两人的姿势？她或许可以，从生理的角度上她显然知道如何调整姿势以确保身体的稳固。但在 1945 年那样一个年份，她预设她的男伴知道如何起主导作用以保证二者动作的舒适，她也会甘愿接受他的引导。然而如果男伴不能起到引导作用，她也知道如何去做。她的前提是当时一百码之外的阿斯特舞厅舞池里所有跳舞的女士和任何一位现代单身妈妈的共识。

力量便是将生存中的所有裂痕与极端暴露、调和并集中呈现给我们。人们很难不带一丝怀旧地欣赏画面，亦很难不去追问：这是哪颗星球？照片中主人公和照片外我们之间的鸿沟能否被跨越？稍后我们会就此展开讨论。

照片中望向主人公的群众和士兵如多年后的你我一样，都是拥吻的旁观者，但不同的是，他们还见证了摄影师将拥吻转变成艺术的行为本身。他们看似无足轻重，实则意义重大。好比古希腊喜剧和悲剧（这张照片显然更接近喜剧）里的公民合唱团，他们既是演出的旁观者，也是评论者，有时还是参与者。古希腊合唱团被认为是雅典——世界上首个民主制城邦——公民主体的象征。在更为重要的意义上，喜剧和悲剧都是为公民而演，没有他们，谈何表演？他们是最早的民主仪式。1944 年和 1945 年是民主历史上的伟大时刻——民主对抗人类历史上最凶残政权并最终取得胜利的时刻。（由于希特勒，这种语言的夸张和造势在这里反倒如实呈现了真相。）这一刻，随着胜利的到来，新的民主仪式也诞生了。在这一创造性过程中，艾森施塔德的照片起到了积极的作用：它赋予我们权力，去见证总体性的“自由之爱”（free love），即人群中陌生人的拥抱，是如何转变成公民之间的普遍共享。拍摄照片时的艾森施塔德是距拍摄地几个街区之隔的《生活》杂志的员工。1945 年的《生活》是当时全球发行量最大、刊登照片数量最多的杂志。艾森施塔德和他的老板或许没意识到，是他们将街头摄影提升为艺术的一种独特的民主形式；是他们将时代广场升华为一个现代的聚所、一个民主的公共空间；也是他们将“自由之爱”即陌生人的拥抱神化为一次民主的圣礼。

最近的两任纽约市长——科赫和朱利尼亚都将胜利之吻的时刻和画面界定为时代广场永恒的巅峰。根据他们的说法，他 50
们针对广场的所有政策都旨在重现那一巅峰时刻：让广场在时光流逝中成为永恒。在我看来这多少有点可笑、有点讽刺，只是他们又是否明白？

大街上的水手

照片中的水手从哪里来？如何到达时代广场？二战期间，共有超过五百万的美军在他们往返于美国和欧洲、非洲的途中经过纽约港。多数船只停泊在布鲁克林海军工厂，这里是美国最大的船舶修缮和海上搜救中心；一些停靠在布鲁克林区的布什码头和福特·汉密尔顿美军基地，还有一些停在西 40 街的北河码头(如今退役的“无畏”号航母就停靠在那里)。[3]20 世纪 40 年代的时代广场，酒吧、舞厅、廉价自助餐吧(今天自助餐厅的前身)、体育馆、杂耍场、电影院、滑稽剧场林立，还有各种级别的夜总会和妓院，事实上所有这些公共场所都一贯被统称为妓院。

这一带有两个地方对水手们有着格外的吸引力：一个叫台口餐厅(The Stage Door Canteen)，位于百老汇东的 47 街；另一个叫“平分线”(the deuce)，在第七和第八大道与西 42 街交汇处，都是美国劳军联合组织(USO)的“服务”机构。20 世纪 70 年代，“平分线”因其对女性的敌视氛围而声名狼藉，这也为后来抨击并试图整治该区的人提供了借口。回首纽约的城市发展史，我们不难发现西 42 街早在 30 年代就已经因为类似的原因而臭名昭著了。[4] 在它还是剧院一条街的全盛时期，这里曾对女性展示出友好的欢迎态度。后来的大萧条时期，西 42 街的娱乐模式发生了转变，导致这里两性平衡的和谐局面急转直下。乔治·昌西在《同志纽约》中曾如此描述这一转变：

> 42 街在整个 20 年代和 30 年代初的转变对该区同性恋生态产生了巨大影响。这里曾聚集了时代广场上最古老的剧院，已被城市精英习惯性地视为 20 世纪初的显著地标。
> 51 1931 年，事情发生了转变，工人阶级男性成了这里的新主人。42 街两家最有名的剧院——共和国剧院（后来的胜利剧院）和阿尔廷奇剧院（后来的帝国剧院）向低俗娱乐场所的堕落表明且加速了街道的男性化（the masculinization of the street）。无论是戏院里的脱衣舞女还是戏院外悬挂的大幅情色宣传牌，抑或站在剧院门口招揽客人的工作人员，都增强了这里男性领地的形象，这无疑是对女性的威胁。[5]

"男性领地……无疑是对女性的威胁""街道的男性化"……我们不得不试想 42 街正经历某种性别变革，它从一条让女性感到舒适自在的公共街道变成了一个几乎没有女性的空间，相比于整个城市的发展轨迹，这种变化很不寻常，甚至相反。中世纪的城市女性曾被隔绝于公共场所之外，除了妓女——几个世纪以来她们在很多合法传统中都被视作"大众的女人"。如今世界上绝大部分地区的女性正逐渐参与到公共领域并自适其中，这一过程或循着计划，或出于意外，有时通过和平经济变革，有时借助激进社会革命。一个世纪前，在所谓的“莎拉·贝恩哈特①时代”的戏剧界和娱乐圈，女性可以是台上的明星，也可以是台下穿着时尚的观众，还可以是幕后的制片人。大众传媒和娱乐产业早已是纽约财富及其国际声誉的来源。此前早些时候，娱乐产业全都聚集在时代广场，就在大都会艺术博物馆右侧——39 街和百老汇的交叉口，马克欣·艾略特剧院(Maxine Elliot's Theatre)的外墙上，艾略特成为第一个可以让名字光明正大地出现在聚光灯下的美国女人。几十年过去了，作为女性友好的齐格菲《富丽秀》的发源地，西 42 街始终是广场活力的中心；其不断延续的生命力也是女性统治权的媒介和象征。音乐剧《42 街》中最为著名的场景之一——鲁比·基勒在出租车顶上跳踢踏舞便发生在这里。她站在车顶上，就像船首伫立的女神，成了一个即时的现代图标；这是 42 街向世界的宣告：女性的时代已经来临。一个曾堂皇断言了女性发展史的街道如今转瞬成为女性反击的战场，这实在是纽约城市历史上最悲哀、最讽刺的一幕。二战后，几乎全美所有城市都有类似的戏码上演，男性化成为社会学家所谓“城市衰败”(urban blight)[6] 的典型象征。 *52*
在这个已然充斥了足够多奇观怪景的环境中，街道的男性化正以一种独特、怪异的形式发生着。

为了探明 42 街的性别变革，我们不妨借助当时的照片，尤其是当年镜头下的剧院。20 世纪 40 年代以来，42 街以北、第七和第八大道之间伫立的一排剧院(有八九家)一直是时代广场

---

① 莎拉·贝恩哈特(Sarah Bernhardt，1844—1923)是法国女演员，因其“现代”的表演风格被公认为 19 世纪末最杰出的演员。——译者注

最经典的画面之一。这一路的富丽宏伟，纵使里面的人或者周围的人再怎么低级和庸俗，都无碍剧院本身的高贵和耀眼。60年代末，聚光灯和市井生活构成的讽刺对照已经成为人们品评时代广场的典型视角，约翰·施莱辛格的《午夜牛郎》(1969)和马丁·斯科塞斯的《出租车司机》(1976)就曾以这种两极化对比作为电影的主题；在本书关于女性的写作部分我会对此做出探讨，但在那时的很多照片中，你只需阅读街边的电影广告，就能看到《出租车司机》向你驶来。40年代末的很多照片会将两部影片名称叠放在一起进行拍摄，例如摄影师丽贝卡·勒考夫掌镜的《刽子手》和《骑军血战史》，[7]或者泰德·克罗娜拍摄的《星条旗永不落》和《狂野比尔》。[8]50年代早期威廉·克莱因镜头下的《枪后的男人》和《鹰翼》，《车手》和《绿巾》。[9]还有五六十年代的一些黑白照片也采用这种拍摄手法，例如《单身派对》和《救援43000》，《勇冠三车》和《沉默骑士》。[10]后来，双影片名同幅变成了三影片名同幅，片名也越来越直白露骨：《黄金女郎》《火焰女孩》和《短裤抢夺战》，《活力公主》《秘梦》和《我的性感娇妻》。[11]从街道水平方向拍摄的照片往往很难展示出一个以上的电影名称。因此，摄影师在技巧上将一些完整、明晰的片名同一些暗淡或者破碎的片名并置于同一个镜头取景框中，从而产生了滑稽、怪异甚至不真实的整体效果。(其中我最喜欢杰弗里·奥布莱恩《时代广场故事》中的一张照片，它将三部电影名称中的首个单词按首字母顺序放在同一个镜头里，让人完全看不出这是由三个片名组成的。)这些战争、性欲、惊险和恐怖题材的电影尽管不全是但大部分都是“同志”类型影片，专门拍给那些会携带男伴观看的男人或男孩看。难以数计的电影采用了类似的片名，它们被廉价的双片名同幅手法绑定在一起并代代传播，并肩参与了一场让女性市场在 42 街无利可图的利基营销战。《你好，水手》的作者——美国歌手莉兹・菲尔曾在其第一张专辑中唱出了这一场景（详见本章第九节），这张专辑就是《流放在盖维尔》（1993）。[12] 53

性别革命对于 42 街自身的命运意味着什么？意味着一种新型交往形式的出现，这便是“粗暴交易”（rough trade），即认为自己是同性恋的酷儿（queers）与非同性恋者之间随意粗暴的伴侣选择行为。水手一向是此类“交易”的首选，还有出租车司机和码头工人。对“同志”而言，粗暴交易是一种边缘生活，不仅终结于危险之中，还试图寻觅危险。（此情此景恰有“飞蛾扑火”之义，作者在原文中认为“courting danger”的说法用在此处非常合适。）对女性而言，这种交往模式肮脏且危险，她们只得逃离此地。“粗暴交易”对另一种同性恋者——“仙女”（fairies）[13] 来说亦是威胁，他们在 42 街还是剧院中心和时尚中心的繁盛时期，曾经在这里如鱼得水。然而随着街道的衰败，他们发现自己正受到越来越多的歧视。于是他们被迫迁移，东至布莱恩公园附近，在那里他们化身为约翰・瑞奇《夜之城》①中的人物；向北他们占据了百老汇最有名的餐厅。50 年代的早些年间，父亲几乎每个周末都会在他位于西 42 街的办公室忙上半天。我会和他一起去市区，他整理公司的标签订单时我就在旁边看书或者单纯地望着窗外发呆。然后他会带我去林迪餐厅、托菲内蒂餐厅或者阿斯特吧。在那里，我第一次遇到“仙女”，他们中的多数

---

① 他们带着不同程度的反讽自称为时代广场的“毕业生”。约翰・瑞奇（John Recky）：《夜之城》（*Cith of Night*），格罗夫出版社（Grove Press），1963 年，第 34 页。

都是父亲从成衣行业结识的，都是男模或者级别较低的设计师。父亲乐于向我介绍这群人，但对我来说这一切实在来得太快且难以理解；但我还是很兴奋地看到他们身上姹紫嫣红的花衬衫，直到后来我才意识到，这已经预示了 60 年代末“花之力量”时代来临后男装颜色大潮。

二战爆发的前几年，时代广场的性别变革遭遇了第一次激烈的分化。战争开始后，水手全部离开战舰，但却走向了不同的道路。他们分道扬镳的界限不是同性恋或者异性恋，而是女人：大部分水手想和女人待在一起，或者靠近她们；而一小部分则坚决拒绝。还记得电影《锦城春色》开头水手们唱的那首《纽
54 约，纽约》吗？里面有句歌词“曼哈顿的女人穿丝戴锻”，试想那些对女人如饥似渴的水手们，我们不难想象他们朝广场“蝴蝶结地带”、美国劳军联合组织的“服务”区、“合法”剧院（“合法”在这里获得了新意）以及百老汇广阔的秀场迸发的场面。仍有一些水手，他们渴求一种坚固如战船的纯粹男性化的环境——一个由于缺乏权威认可而更加黑暗和危险的环境，而且我们确信他们终将混迹于 42 街。艾森施塔德的镜头捕捉到的、在广场中心享受与女性共处的水手们，他们栖居的人类空间注定不同于转角“平分线”里的水手。①[14]

---

① 杰克·凯鲁亚克（Jack Kerouac）在《在路上》（*On the Road*）（1955 年初版，1976 年企鹅出版社再版，第 130 页及其后）对时代广场边缘发生的性别分化想象进行了探讨：“里兹酒吧是时代广场的流氓聚集地，它的名字几乎每年都变。那里几乎见不到一个女性，即便在它的公共电话亭，只有一群衣着流里流气的混混，穿着红衬衫或者阻特装（20 世纪 40 年代流行于爵士音乐迷中的服装，上衣过膝、宽肩，裤腿肥大、裤口狭窄——译者按）。那里还是男妓的聚集地——年轻的男孩子靠着第八大道夜间出没的年老可怜的同性恋谋生……各种邪恶的交易都聚集在里兹酒吧，空气中都能嗅出肮脏的味道，各种疯狂的性行为都可能上演。”

水手与民主：一种传统

艾森施塔德拍摄水手和护士的举动，有可能只是偶然，某种时机的产物而已；或者说无论如何都是因为 1945 年 8 月 15 日是一个如此特殊的日子。但在西方文化传承中一直有种观念，坚信水手与民主之间有着某种特殊的关联。这一古老的观念可以追溯至古希腊，也是人类历史上第一次民主集会。水手作为一个群体大约出现于公元前 15 世纪，具体见于一本关于雅典民主的小册子，历史学家只知道它的作者是一个叫“老寡头”的人。[15]这位老寡头属于他笔下的“出身高贵的人”的阶级，是“社会的精华”。然而有违他阶级身份的是他发现自己有必要为城邦认错，因为这里的下层阶级掌握了大量实权。他们得以掌控城邦，竟是因为他们作为水手的美德：

> 原因就在于雅典的普通人和贫困阶级比贵族更加优秀， 55
> 你看，是他们在操控舰队，是他们为城邦赋予力量。舵手、水手长、中尉、船首的瞭望员还有造船的工匠——是他们为城邦供给力量，而不是出身高贵的人所领导的步兵团。

根据这本小册子，公元前 15 世纪的海军建制比陆军更加民主；它为普通人展现天分与实力、发挥主动精神和集体协作提供了更多机会。战时表现英勇的民众证明了他们同样有能力在和平时期运转整个城邦。这些出身低微的水手胸怀抱负，但抱负有限：他们想要做番实事，但不妄想控制一切。他们想要“参与政治……希望权力对所有人开放”；他们认为“言论自由应该没有例外地属于每一个人”。换言之，他们想要参政而非夺权；他们最想要的无非是说话的权利。

生活在现代民主社会中的人们将言谈视为天经地义，很难想象说话的权利居然成为问题；但如果我们放眼世界或者回顾历史，就会发现这是一个多么重大的问题。在古希腊历史的早期，有一个任何生活在公元前 15 世纪的雅典人都熟悉的转折点，那就是军阀粉碎了人民自由言论的意愿。在荷马史诗《伊利亚特》(第 229—320 页)中，[16]瑟赛蒂斯①和其他无名的“普通士兵”声称希腊陆军对特洛伊长达十年的围攻纯粹是徒劳，并叫嚣着希腊人应该滚回家去。当时贵族中也出现了类似言论——正是《伊利亚特》的讽刺性所在——但他们只敢偷偷议论，直到一个“普通士兵”替他们说了出来。奥德修斯以执法者的身份对瑟赛蒂斯进行了严惩：将他撞倒在地，用权杖击打他的后背直至流血。与此同时，围观的民众放声大笑，“肆无忌惮的笑声穿透瑟赛蒂斯的脑袋……”(《伊利亚特》，第 317 页)。这些都是我们从其后几个世纪的民间流传中得到的。随后的几百年间，随着希腊民主的发展，水手的民主——人民自由说话的权利就成了核心议题。在民主集会中，所有公民都享有说话的权利和聆听的责任。在雅典集会中，言谈从不止息，你无须作为公民便可以享有此项权利，正如苏格拉底反复强调的——言论是一种

① 诗中的一个士兵。——译者注

自由。

对于民主制度来说，水手绝对是“新人”。他和很多经典的 56
或者现代的英雄人物一样强壮、勇敢，不同之处在于：他生活在集体中，常常和他的兄弟们一起，在那里他才能自在。同时，他也很乐意上岸，毕竟只有在岸上我们才有机会遇到他，他才有机会和我们一起。无论是古典时期还是当今时代，水手的浪漫之处在于他们的开放性与包容力：让普通人感到既兴奋又恐惧的广阔海洋却让他们舒服自在；在对航海的接受和适应上，他们也被视为开放包容的，战船行驶在巨大无边的海域范围，第二年或许行驶更远，远到绝大多数人都没有去过，在普通人心中他们有着无法比拟的经验多样性。回到岸上，水手们最喜欢待在像集会这样的开放空间(雅典老派贵族和传统主义者力图关闭集会但最终未果)。这意味着他们悦纳自己此时此地的存在，悦纳与人们待在一起。水手的这种性格特质可谓最原初、最纯粹的人性开放。

对于老寡头我们所知不多；历史学家也在争辩他的身份。如果回到本章的主题“广场上的水手”，我们便不难发现老寡头和许多人有着共同之处，包括艾尔弗雷德·艾森施塔德、赫尔曼·梅尔维尔、简·奥斯汀、谢尔塞·艾森斯坦、杰罗姆·罗宾斯、保罗·凯德马斯、吉恩·凯利、保罗·古德曼、贝蒂·康顿、阿道夫·格林、莉兹·菲尔、《辛普森一家》和《欲望都市》的创作者们，还有我准备提及、已经遗忘或者不曾知道的更多人。他们都有着水手的浪漫，都以令人称奇的方式对这种浪漫做出了个性化的表达，只不过借助不同的媒体和形式罢了。

现代社会中的水手是最早宣称自己为民主战士和公民的群

体。1797 年英格兰爆发大规模海军暴动，北海舰队在一个月内成功封锁了泰晤士河。起义的水手遭到英军重创，但这场暴动在大众对民主的想象和躁动中、在统治阶级的反民主恐慌中获得了迟来的成效①。赫尔曼·梅尔维尔的小说《比利·巴德》就
57 将故事设定在海军暴动后的 1797 年，主人公“一个帅气的水手”被皇家海军从“人权号”商船上俘虏。他挥手向船员告别：“还有我的‘人权号’，再见了！”故事的最后水手被杀害，船长认为先前发生的海军暴动事件加重了他被判死刑的必要性。在梅尔维尔的另一部小说、写于美国内战前的《贝尼托·赛莱诺》中，水手们为人权而战，反对奴隶制。

在沙皇俄国这种缺乏公民权传统的国家，人们连告别的权利也没有，获得民主的唯一途径便是革命：1905 年“波将金”号战舰的船员发动起义；1917 年涅瓦河上的“阿芙乐尔”号巡洋舰②船员攻陷冬宫。水手们是苏维埃社会主义共和国的建国元勋，但 1921 年他们却不得不在自己家门——芬兰湾喀琅施塔德海军基地反抗他们一手创建的苏联新政权，他们要捍卫自己始终坚信的民主价值观——言论、出版、集会的自由，自由选举，司法公正。数千名水手遭到红军的屠杀，从此“喀琅施塔德”和

---

① 它的影响还体现在 19 世纪一首颇具讽刺意味的《英国船夫调》中：“大革命之前，路易国王是法兰西的国王。/拉呀！嘿吼，嘿吼使劲。/后来他上了断头台呀，他的政权覆灭了。/拉呀！嘿吼，嘿吼，使劲。”

② 原文是“Aurora”号巡洋舰，疑为作者笔误将 Aphrora（阿芙乐尔）写作 Aurora。——译者注

“水手”获得了新的含义，成了苏联革命的悲剧符号。①

“过来，站过来，斯塔巴克，”亚哈船长恳求道，“让我看看凡人的眼睛。”②水手斯塔巴克所代指的“凡人的眼睛”在小说中是普通人类生活的象征；这种生活距离富有魄力但致命扭曲的亚哈船长极为遥远，他最终带领全体船员走向了死亡。③ 无论 58
在哪儿，水手都知道如何与别人协力工作、友善相处。[17]“友善”

---

① 维克多·塞尔吉(Victor Serge)在《革命回忆录》(*Memoirs of a Revolutionary*)(彼得·塞奇威克编译，牛津大学出版社，1963年，第122页及其后)中对1921年的这场悲剧进行了完好的讲述。塞尔吉出身受人尊敬的革命一辈，苏联红军压制水手暴乱的时候他在彼得格勒遇到了列宁并谴责他将“热月”带给了革命——在马克思的语境中这意味着对革命的“摧毁”。列宁的回应恰恰承认了塞尔吉的观点：“这就是热月。但我们不允许自己的革命失败。我们会创造自己的热月。”(《革命回忆录》，第131页)。后斯大林时代的美国左派关于喀琅施塔德对苏联的悲剧意义有不少研究：罗伯特·丹尼尔斯(Robert Daniels)，《革命的良心：苏维埃俄国的共产主义反对派》(*The Conscience of the Revolution：Communist Opposition in Soviet Russia*)，哈佛大学出版社(Harvard)，1960年，第143页及其后；保罗·奥克维里奇(Paul Avrich)，《俄国无证主义者》(*The Russian Anarchists*)，普林斯顿大学出版社(Princeton)，1967年，第228页及其后；加里·施特恩加特(Gary Shteyngart)的小说《俄罗斯社交新手手册》(*The Russian Debutante's Handbook*)，河源出版社(Riverhead)，2002年，对苏联解体后的年轻一代中再次上演的这种斗争进行了尖锐深刻的描写。

在德国，水手也扮演了民主先锋的角色。1918年10月人民海军起义直接导致了德国皇帝的退位和魏玛共和国的诞生。起义的水手同样遭到军队镇压。详见阿尔弗雷德·杜柏林的小说《卡尔和罗莎》；哈里·帕切特最近的讨论《现代德国：一部社会、文化及政治的历史》(*Modern Germany：A Social，Cultural and Political History*)，维斯特维尔出版社(Westview)，1978年，第88页及其后，以及奥托·弗雷德里希(Otto Friedrich)的《暴风雨前：1920年的柏林》(*Before the Deluge，A Portrait of Berlin in the 1920s*)，埃文出版社(Avon)，1972年。

② 《白鲸》，第132章。对话发生在临近结局当斯塔巴克(Starbuck)恳求亚哈船长调转船头、返回陆地、回到妻儿身边的时候。斯塔巴克就是“普通”人的化身，亚哈船长羡慕他的普通平凡但不愿意成为那样人，最终带领全部船员走向了死亡。

③ 对于梅尔维尔笔下这位清醒、敏感的大副的名字——斯塔巴克是否是星巴克咖啡的前身，我始终不能核实或者反驳。星巴克的CEO大卫·舒尔茨选择这个名字寄托某种乌托邦象征。我希望这个故事是真的，因为我对星巴克咖啡的大部分好感都来源于此。

的性格也是时代广场上拥吻的水手和怀中的护士之间的共同特征。(而陆军则不具备这种友善。)水手偶尔也会渴望权力，但他更愿意分享、交流、一起玩耍，和别人互动。在波伏娃这样具有浪漫情怀的观察者眼中，他在大街上的笑声、歌声和彻夜的舞蹈，都是自由的景象，一种不仅具体展现在他的身上，也更希望被传递给世界的自由的景象。[18]在水手和当权者的关系中，他天然具备含混和弱小的特质；他通常会不加思考地充当政权代理人的角色，但有时又是政权的颠覆者(如 1797 年泰晤士河上的水手)和“屠杀水手以维护政权”之人的受害者(如《比利·巴德》或者 1921—1922 年喀琅施塔德的水手)。正如那些俄国水手，在短暂的历史中经历政治的反复，从旧政权的代理人到旧政权的破坏者，再从新政权的缔造者到他们亲手创建的新世界的受害者。[19]

凯德马斯和古德曼：20 世纪的水手罗曼史

即便水手们难逃起义、被杀的命运，普通民众对水手的罗曼蒂克想象从未停止。接下来我要讲述一些故事——水手和渴慕、寻觅他们的普通男女之间的浪漫相遇。保罗·古德曼曾写道：“岸上的男男女女简直无法逃避水手们释放的存在感。”[20]实际上，包括绘画、摄影、文学、现代舞、音乐剧、电影、流行音乐、电视等不同类型的大量虚构作品都关注过水手们的罗曼史及其与时代广场上普通民众的短暂相遇。对这些作品的参考

与透视可以帮助我们了解艾森施塔德镜头下经典一吻的来龙去脉，并把握、体会他们之间的微妙灵晕。那些我试图发掘的“背 59
后的故事”存在于半个世纪前的水手、护士、摄影师、人群、空间、城市。世事变迁，很多东西发生了改变，但当时的背景和灵晕还在。毕竟我们都是由同一种美国文化塑造的。

这里我要提及：美国文化中一个核心推动力便是人民阵线。接下来我就此展开讨论。人民阵线是共产国际在1935年提出的一个政治文化概念，其旨在号召所有“民主力量”都应团结起来抵抗法西斯和纳粹，共产党员有义务支持这些民主力量，不管其成员是否为共产党员。直到冷战之前，共产主义者的文化政策都受到这一概念的界定。在美国，人民阵线激发了共产党员前所未有、今后亦难以企及的包容性与创造力。美国产业工会联合会、田纳西河流管理局、市政租金管理中心、电影《愤怒的葡萄》、文学作品《让我们来歌颂名人》、小说《就说是睡着了》、奇异果乐队、歌舞剧《阿帕拉契亚之春》，还有电影《裸体都市》的诞生都要归功于人民阵线。它推动了二战时期美国文化的发展。尽管人民阵线最早由斯大林政权提出，但它对美国的贡献远大于它对苏联的贡献。是人民阵线，为广场上的水手赋予了自我存在感。

在以水手罗曼史为主题的众多作品中，我要首先谈一谈保罗·凯德马斯在1934年创作的油画《舰队来了!》。这幅超过一般壁画尺寸大小的油画描绘了一群或许正上岸休假的水手。作品延续了塞尚、雷诺阿等人开创的以世纪末巴黎“公园里的星期天”的公众休闲式庆祝为主题的绘画风格，20世纪很多美国画家对此都有所借鉴。画中的风景和石雕细节表明时间地点是早春的低地河滨公园，但凯德马斯为他的作品赋予了一种好似八月炎夏高峰期地铁车厢般的密度和性欲的热度。作品名称——包括其中的叹号——听起来像是两个迷恋水手的疯狂粉丝之间的通话，好似在说“他们不会停留太久，我们现在就要赶快过去找他们”！在凯德马斯那里，水手的追随者有男有女，都会为了水手打扮自己、表现自己；水手们也是如此，以便给他的拥趸留下好的印象。除了画面最左侧一位牵狗的夫人，几乎所有人都在期待和寻求艳遇。凯德马斯创造了一种色彩丰富、精心雕制的性感纬度来点燃画面，被衣物紧紧包裹的臀胯、海军和民众、男人和女人——所有元素水平排列在图中。女士们的裙
60 子紧贴皮肤，如丝制内衣般勾勒出她们的曲线。水手的制服该紧贴的地方紧贴，该宽松的地方宽松，恰如其分地展示了他们的性感。制服所体现的典型男性气概是轻松的、随意的、雌雄同体的、对两性都具备吸引力的。[①] 画中所有的普通民众都是女性，除了左侧一位金发碧眼的男士，他是典型的“仙女”装扮：剃掉的眉毛、卷曲的长发（如果这头美发是真的，大概为它去死

① “水手装”由海军学校学生制服转化而来，成为内战之后短暂时期内男孩服饰的主流时尚，在 20 世纪 80 年代亦风靡于年轻女性群体。出自《费尔柴尔德时尚词典》(*Fairchild Dictionary of Fashion*)，费尔柴尔德出版社(Fairchild)，1988 年，第 475 页。对女孩来说，驾驭水手衫需要并宣告了某种肆无忌惮的精神：“穿它的女孩能做任何男孩能做的事情。”一战之后的爵士时代，水手衫被成熟女性接受，以性感的力量展现了她们的自信(观点来自 2003 年 10 月 9 日我与艺术家安妮·霍兰德的电话访谈)。又过了十年，《舰队来了!》问世，更加确证了这种性感并保留了其原始的海上力量。霍兰德也在这幅绘画中解读出水手的色情：阿斯泰尔和罗杰斯的《海上恋舞》(1936)就是第一部关于水手的音乐剧。《锦城春色》(1944)则标志了这种成人电影类型的高峰。凯·汤普森对此类水手罗曼史表示反对，转而鼓吹她笔下《艾洛塞伊》中金色童年罗曼史(第 1955 页及其后)，书中年仅六岁、身穿水手装的女主人公穿着旱冰鞋在广场饭店滑行狂冲。

也心甘)、红色的领带、嘲讽的笑容。

油画《舰队来了!》(保罗·凯德马斯绘，来自 New York City in the'40s，http：//chum338. blogs. wesleyan. edu/2011/07/)(此图片及其相关信息由译者提供)

凯德马斯试图通过画中人物表现上岸休假的水手和普通民众之间的求爱戏码。画中戴帽子的水手刚刚接受了“仙女”递过来的香烟，半躺在二人之间的另一个水手把手搭在他的大腿上试图将他们隔离开，好像要宣告：“走开，他是我的。”画面中心，一个穿黄色衣服的女孩上下身好似扭曲成两截，她灵敏的动作立马将面前的男子推开，又向前倚靠他。画面右侧身穿一黑一白的两个水手像是在给对面的三个女孩表演什么滑稽杂耍(与音乐剧《自由的想象》和《锦城春色》中的情节相呼应)，三个女孩在稍稍远离水手的位置站着，但仔细观察不难发现她们已经迫不及待要冲进水手的怀里。最右边两个女孩似乎错过了这场求爱；或者我们没看到，只看到了她们的腿和臀部，她们正俯着身，显然是为了取悦某个水手——画面中我们只能看到(视线穿过其他水手的腿)他衣服上一抹白色。这幅作品的独特之处在于四处弥漫的性能量的抽动和流溢。牵狗的夫人充满怀恋和深意地扭头看着一切，就像出现在自己晚期作品中的毕加索，甚至更像文艺复兴或巴洛克时期的死亡警告，因为她知道所有这一切将会在哪里终结。凯德马斯的水手尽管(或者因为?)还是孩子，但却已经具备了惊人的能力，能够唤醒所有人心中自由流动的对性的感知。

61 关于《舰队来了!》还有一段有趣却不堪的历史。绘画创作于1934年，当时的美国处于和平年代，但遭遇经济萧条。和罗斯福新政时期大多数美国著名艺术家一样，凯德马斯在为联邦政府工作，参与国家复兴的建设，隶属于政府重要机构之一——公共事务进程监管委员会(PWPA)。他的绘画本来要代表公共事业振兴署(WPA)在华盛顿的可可然艺廊展出，但被休·罗德曼海军上将提前看到。上将愤怒地致电海军部部长亨利·拉特罗布·罗斯福(罗斯福总统的表亲)，谴责这幅画充满了“无耻、醉酒、肮脏和失礼的吵闹”。或许海军部部长同我们一样对上将的解读表示困惑，但他还是私自从展出中撤走了这幅画，将其带回家中并邀请客人前来参观。艺术史家理查德·迈耶讲述了接下来发生的故事：

> 《舰队来了!》遭到的审查事件激起了媒体的轰动，大量报纸和国家新闻杂志就此发表文章和评论，很多还附上了绘画的复印件。海军将画作从展出中成功移除的同时已经在不经意间将其带进了大众文化那更强有力的洪流中。[21]

凯德马斯创作《舰队来了!》的时间正是瓦尔特·本雅明所谓的“艺术品的机械复制时代”，所以画作能够并确实被传播至各处。[22]迈耶引用 1937 年 7 月《时尚先生》的话：“每一个在可可然艺廊见过原作的人，也都至少见过上千幅黑白复制品了。”一夜之间，凯德马斯成了美国最有名的画家。尽管很多人和上将一样不能接受画作的火热，将其紧缩在内心的禁闭室，但画中的人物——水手及其周围环绕的民众——还是迅速地出现在了各大港口。

《舰队来了!》被移出公共艺廊后成了华盛顿隐藏的宝藏中的一员。先是被海军部部长罗斯福没收并私藏家中；在他 1936 年去世后画作转移到阿利比俱乐部。这是一家只针对盎格鲁-撒克逊系白人新教徒开放、高度排外的俱乐部，其会员数量严格限定在五十人。它的名字听起来就像电影《夜长梦多》或者《热情似 62
火》里的故事脚本一样不真实，但它确实在现实中存在，直到今天。(小布什在其总统任期内就一直是它的会员。)阿利比俱乐部将《舰队来了!》保存了四十年，最终在海军宣布其所有权并开始法律诉讼之后同意让出。这些点缀的故事情节再次让我们想起经典的“柜子”隐喻。将来何时会有敏锐的历史学家打开阿利比俱乐部的宝柜呢？今天，这幅画作仍然谨慎收藏于华盛顿海军工厂的博物馆中，但时常向公众开放。20 世纪 80 年代我有幸看到这幅依旧热门的画作，当时它被租借给惠特尼美国艺术博物馆。

保罗·古德曼的故事《水手》写于珍珠港事件不久前，直到四十年后才公开发表。在《在豪华的皇家棕榈饭店》中他写道：

酒吧里穿着蓝白制服的水手们多么生动活泼！墙上画

> 着高更风格的橘色波利尼西亚巨人。[23]

古德曼将水手罗曼史置于“他者”主题的西方罗曼史的背景中。其中的某些人物——诸如高更，已经激发了很多艺术作品的诞生。《水手》展示了水手罗曼史的基本架构：三个水手——两个年长的分别叫乔治和巴特，一个年轻一点的叫肯尼。他们在休船员上岸假，可以在纽约待上一天一夜，翌日黎明前返回船上即可。故事从一个水手爱慕者的视角讲述：他是一个中年男子，从外表看来明显是同性恋，但他能够意识到自己这点异处。他自知作为一名中年男子，他的需求同那些年轻水手的需求有所距离；自己是一个只喜欢男人的“酷儿”，而对方是会“为了筹钱在第二天晚上和女生约会而出卖肉体”的实用主义“直男”；水手想要开展个人探险的欲求同他与水手兄弟们强烈、封闭的团结体系形成矛盾。而整个故事最精彩的部分莫过于那两个年长的水手安排年轻的水手发生第一次性关系。或许有人会问为什么他们不走开而是找自己人的乐子，答案就是“他们坐在那儿因为他们已经冻结成一体，不信你看？”

故事的最后一幕发生在海军工厂的夜间巴士上，这段并不愉快。一个名叫哈里的中年“猎艳者”看上了乔治。他提出：“水手，只要你开口，你要什么我都愿意给！”乔治的回应简洁明了
63 却又一语中的：“不要叫我水手！”这句话意味着任何想要靠近他的人都必须认可他作为一个个体并称呼他的名字。然后哈里走开了，他大概宁愿忘掉刚才的事情。不过最后他还是回来了，一副说唱者艾米纳姆的“瘦痞子”形象或者亨伯特·亨伯特的“冷酷的麦克菲特”的样子，他笑着说：

水手，要烟吗？

故事到这里就结束了：一个短暂的夜晚最终变成了一个长夜。古德曼以谴责的方式——谴责那些“想要接近水手”却又不把他们当普通人对待的民众——延续了水手的罗曼史。

原初的街之舞：罗宾斯的《自由的想象》

在现实中，“水手罗曼史”不过是珍珠港事件爆发前两分钟的一瞬，就像《乱世忠魂》[1]里战争爆发前短暂的欢愉。两年后，杰罗姆·罗宾斯[2]重拾这一主题，彼时的美国海军已然经历了骇人的杀戮、久违的胜利还有动荡的起伏。用二战时流行的说法，它“去地狱走了一遭”。罗宾斯的芭蕾舞剧《自由的想象》(*Fancy Free*)于 1944 年 4 月首演，他担任编舞并出演了其中一个水手的角色。莱昂纳多·伯恩斯坦为该剧创作了轻快的爵士

① 《乱世忠魂》(*From Here to Eternity*，1953)是美国导演弗雷德·金尼曼拍摄的一部黑白电影，讲述了一位士兵在 1941 年太平洋战争前后的故事。——译者注

② 杰罗姆·罗宾斯(Jerome Robbins，1918—1998)是美国著名编舞家和舞蹈家，1940 年加入美国芭蕾舞剧院，1944 年，由他担任编舞的芭蕾舞音乐剧《自由的想象》(*Fancy Free*，又译作《奢华的自由》或《不解风情》)在大都会歌剧院首演，该剧大获成功。他担任编舞并参与的其他著名音乐剧还有《吉卜赛》(*Gypsy*)、《屋顶上的提琴手》(*Fiddler on the Roof*)、《锦城春色》(*On the Town*)、《西区故事》(*West Side Story*)等。——译者注

舞曲。《自由的想象》重现了古德曼小说中的情节，即三个在纽约休上岸假、翌日必须返回舰船的水手的寻欢之旅。而芭蕾舞剧的不同之处，也是其首演大获成功之处在于其中包含的“大街上的水手”景象。罗宾斯或许是第一个捕捉到“街之舞”的炽热的编舞家。大都市的街道是现代环境的基本元素，也是所有现代文化传媒的核心场景。罗宾斯与波德莱尔、陀思妥耶夫斯基、亨利·卡蒂埃-布列松还有简·雅各布斯一道，投身现代街道，发掘其严肃性，教会我们置身街道的意义。[24] 1980 年罗宾斯向托比·托比亚斯提到，当时对他吸引最强烈的街道是时代广场：

> 战争时期我正在从事编舞工作，我在芭蕾舞中试图表
> 64 现的各色人物都真实地存在于我们身边。当时我们在 39
> 街、40 街与百老汇交汇处的大都会歌剧院演出。时代广场
> 就在那里，不断地涌出、包裹着我们。目光所及之处都是
> 它——那里的事、那里的人还有那些正在跳舞的孩子们。[25]

或可说，时代广场就是罗宾斯舞蹈中的一个角色。他深深着迷于我所说的“艾森施塔德时刻”：水手和平民、舒适地躺在对方臂膀中的陌生男人和女人(或者男孩和女孩?)，广场上的巨大广告和霓虹灯也在为他们欢呼。罗宾斯的舞蹈建构起性欲和情感的纽带。这是一种可以形成于普通人之间的纽带，一种至少普通人可以在时代广场这样的特殊空间中幻想形成的纽带，一种会遭到个人和社会力量摧毁的纽带。

当我打算好好看一看《自由的想象》，却发现它很难被看透。今天公众几乎找不到它任何完整版本的电影版或录像带。我曾

《自由的想象》剧照（来自霍顿-德意志展）

在纽约和伦敦看过它的重演，有些还不乏厉害的舞蹈，但都缺乏原版的精髓。林肯中心图书馆的表演艺术部类收录有该剧不 65
同版本的彩排录像，我在2003年夏天进行了大量阅览。目录中的一些录像已经丢失，另一些遭到损毁。能播放的录像带也都不完整（没有一份录像带记录了整部舞剧）、画面模糊，往往没有声音，拍摄角度各异，而且都不是直接拍摄的。录像带中奇怪的光线和诡异的角度表明当时电影界是德国表现主义默片当道。① 这些录像质地粗糙，却抓住了剧中舞者面貌中的原始的震撼力。录像还收录了《自由的想象》的音乐专辑和未公开的镜头剪辑。震撼来自纯粹的庄重感：如果仔细观察，你能看到演员们看似随意的舞步蕴含了多么复杂的感情。

罗宾斯版本的"艾森施塔德时刻"可谓我在前言中提到过的"原初场景"：一个起初融汇，随即复杂、冲突与混合的时刻。他认为广场有着独特的能力可以孕育这样的景象。这么多普通人来到这里，一部分的原因就是为了观赏这里各种类型的专业表演，同时展示自己，秀出自己的同时观察他人。罗宾斯对这一现象做出了热烈回应，他从时代广场普通人的一举一动中抓住了他们表演中流动的能量和力学。我最早见识到这一幕是在1959年的《西区故事》中，其中罗宾斯把舞蹈融入"喷气机"和"鲨鱼"这两个黑帮的交战中，让他们在分崩离析的街道上相互碰撞。然而早在《西区故事》之前，在战时黯淡且动乱的时代广场上，罗宾斯就已经将他的街头舞步体现在水手和女孩的故事里。

人民阵线的核心主题之一便是普通人在其日常生活中展示出巨大的、无意识的智慧和力量。② 三个水手走进酒吧并突然爆发出兴高采烈的身体能量：起初他们都做出伸展和侧翻的动作，好像整齐划一的集体舞；随后三人一个接一个分别用脚尖

① 林肯中心图书馆收录有一份1944年"不对公众开放"的录音带，只有得到罗宾斯信托的许可才能看到。1980年，罗宾斯在其与托比·托比亚斯的访谈中间接提到一部"由我们的原班人马打造的电影"，但林肯中心图书馆的这份录音带即便现存也依旧"不对公众开放"，更不在目录里。如果罗宾斯的朋友真想发扬而不是玷污他的名声，就应该结束这种特权政策，这简直是麦卡锡主义的复刻，或者说罗宾斯生涯中最羞耻的一幕的复刻——1953年他作为"友好证人"出席众议院非美调查委员会的调查。

② 《自由的想象》就贯彻了这一主题，这部独幕芭蕾舞剧情节如后文。——译者注

旋转并从卷曲状伸展出一系列曼妙的芭蕾舞姿。这一切都太快，66
让我忍不住怀疑林肯中心图书馆看到的录像带的真伪，但图书馆工作人员向我保证罗宾斯的舞蹈节奏就是“快”。约翰·马丁在《纽约时报》发文评论该剧，“里面的舞蹈演员就像疯了一样”。[26]水手的身体和精神都很亢奋，仿佛刚从柏拉图的“洞穴”里爬出来。19世纪早期的托克维尔认为民主不能产生任何伟大的艺术。[27]但他彻底错了，从中央公园到马克·吐温、到爵士乐、到抽象表现主义、到百老汇音乐剧，再到摇滚，许多伟大的美国艺术都诞生于这样一种文化传统、一种“费心尽力地经营却又竭力隐藏这份心力”①的文化传统，旨在创造最复杂、晦涩、规训、深刻的作品但又想让它们看起来随意、自然、不羁和显白。（美国人常常被这种表里不一所愚弄，外国人反倒更容易领会。）

不一会儿，水手们停止了精彩的斗舞。他们站了起来，但竞赛仍在继续。比什么？吐口香糖：看谁能把嘴里的口香糖吐得更远？他们仿佛神奇般地回到十岁，但他们不可能也不需要让这种状态保持很久，很快他们回归正常，因为第一个女孩穆里尔·宾利风情万种、高昂阔步地登场了。她散发着法国香颂女王伊迪斯·琵雅芙（Edith Piaf）式的气息，混合着喜欢待在家里、打扮得像贝蒂娃娃的波西米亚纽约犹太女孩的气质。她先是做了几个跳跃和滑步，游走和环绕于水手之中。随后她加快舞步，用髋部刺向一个水手，紧接着又刺向另一个。她是如此

① 这句话来自让·雅克·卢梭的浪漫小说《新爱洛伊斯》（1761），我在《本真性政治学》第252页和第四章引用并探讨了这句话。这一说法最早见于启蒙时期和浪漫主义时期的欧洲，但在美国这个缺乏悠久艺术积淀的民主国家产生了巨大影响。

狂躁暴烈，即使透过无声录像带你都能感受到她身体的重击。我看的只是彩排版本，在1944年的公开首演中他们也表演得这般“狂野”吗？试想20世纪60年代的生活剧场（Living Theatre）或者70年代的贾德森舞蹈剧场（Judson Dance Theatre），再把它们粗糙原始的表演风格投射到大都会歌剧院中。是不是很难想象？如果难以想象，就请参见罗宾斯对战时广场上的“年轻人”的刻画：《自由的想象》不仅要描绘这种经历，更要参与其中。这些旧录像带传递出一种集体探险的氛围——年轻人行走在边缘，一边拭目以待自己能走多远，一边感受着越走越远的兴奋。

67 在一个撰写于彩排前的剧本中，罗宾斯曾生动地描述他所追求的男女相遇场景：

> 音乐转换成响亮、富有节奏的布吉乌吉舞曲，这时一个面容姣好的女孩走过。她穿着紧身但合体的衬衫和裙子，锃亮的黑色漆皮鞋，还拎着一个红色手包。她知道有人在看她，她微笑，她的脚步表明了水手们正在幻想的一切。水手们看呆了，呆若木鸡地一个贴一个地站着，像一个人似的舞蹈——拼命够着身子去看那女孩，他们都快碰到脸上了。
>
> 女孩假装不知道别人在看她，这促使水手们开始行动，三个人突然分开，每个人都试图用自己的方法吸引女孩的注意。[28]

几分钟之后，当第二个女孩登场，刚刚的一切再次发生。第二个姑娘有着雪白的肌肤和红色或者草莓色的金发。和第一个女孩相比，我们暂且叫她“浅色女孩”吧。浅色女孩更加轻柔、温和，肢体语言也更为适度端庄——这只是开始。随着（和罗宾斯扮演的水手）舞蹈，她开始变得热辣。几分钟后他们都兴奋起来，就像变了个人；但这五个人里有三个男孩、两个女孩。所以现在另一场竞赛开始了，这次是跳舞比赛，而女孩是评委。好消息是男孩们要拿出他们最炫目的表演，坏消息是有一个男孩要被淘汰出局。

这些年来我看过很多场《自由的想象》的重演，但我发现它们对原版的再现都不尽如人意。饰演“水手”的男舞者无法突破他们街角的自恋。他们的舞蹈尽管在肢体上极尽华丽有时还不乏滑稽，但都无法超越他们吐口香糖时的情感深度。他们没有同女孩形成联系，也没有接近、哪怕能遥远地接近成人之爱的情感。但我已经看过了那些首演的彩排录像带，看过了很多老照片，而我想要证明罗宾斯从最开始便知道如何将男孩和女孩联系在一起。以下是《自由的想象》首演中罗宾斯的舞伴珍妮特·里德在演出三十六年之后的一次怀旧式追忆：

> 那是二战时期。当时年轻人的总体心态是非常迷茫的。
> 我们恰好身处其中。巡演过程中，哪里有军队的车子，哪 68
> 里就有我们芭蕾舞团的车子……来自陌生地方和不同城镇的所有士兵、水手和芭蕾舞演员都在一起。我们是漂泊无根的人，心态上都很无忧无虑，但我们还是会对关系的缔结感到犹豫不决……我们都很年轻……单纯而且尤其孤独……想要和一个人亲近但也知道这不会长久。所以我们会不断地试探、搜寻，但知道这只是暂时的。你能在编舞

中、在双人芭蕾舞中看出来吗？

是的，我们能。罗宾斯一贯拥有创造瞬间和谐的诀窍，任何看过《西区故事》和《屋顶上的提琴手》的人都能回忆起来。我相信这也是为什么看过首演的观众会集体站立、尖叫，以及为何他所有舞蹈中爱情的破碎都会如此悲伤。

当时和现在的很多观察者和评论者都认为，剧中的女孩是将自己作为诱惑性商品出售的妓女。这是一个误解：宾利和里德是爱玩、快速但正经的女孩——“快速”是一个已经被遗忘的词，也是她们魅力和悲情的源泉。罗宾斯的女主角都带有一种特殊的柔美，或许是因为他将她们设想为温暖、保守的大家庭——正如他自己的家庭——养育出的女儿，这种家庭里的父母如果知道了自己的孩子去了那儿，一定会经受不住打击而心脏病发作的。这些女孩会穿着得体地离开家门，但她们偷偷携带变身的服装，一旦走出父母视线就会快速换装变身。水手的气质和时代广场的氛围在罗宾斯的神奇混合下，驱动着这些正经女孩走上了狂野之路并化身“荡妇”。化身不仅是行动上的，更有表演的意味——她们要上演华丽的演出，用自己的肢体迎合响应的观众，她们乐于被看见和被观察。

《自由的想象》是对自由的庆祝，也是对人类代价的反思。对罗宾斯的水手而言，个性化是首要的威胁。作为自我完善的形式，个性化会让你远离你的兄弟、你的战船、你的军队、你生命中所有的制度之锚；会让你陷于虚无，在其中会有一些美艳女郎围着你（就像里德围绕着罗宾斯）或者留你一人在黑暗的大街上。对罗宾斯的女孩而言，危险则是自由流动的性感的狂

暴，它会将人带走，消解人的自我，超越任何客体，推翻你对
家庭和朋友的记忆，摧毁你的防御，让你变成别人玩耍的猎物 69
(不知为何也不知为谁)，把你打垮，将你遗弃。罗宾斯让我们感受到在世上界定自身空间的紧张、发现灵魂伴侣(几分钟前还是陌生人)并与之交融的狂喜，以及一条能让人自我翱翔、随后突然冲撞的途径。

这种突然之间所有东西即将发生冲撞的糟糕瞬间在《自由的想象》中共有两处。一处发生台上只有穆里尔·宾利一个女孩的时候。水手模仿并嘲笑她走路，她却和他们一起笑了起来，所有人看起来都很舒服。但随即画风突变，水手们夺过并扔掉了她的红色手包，然后他们抓住她，抛掷她；他们为她争吵，她趁机逃走，但“这场争夺已经撂倒了一个水手”(第 139 页)。转瞬之间，对女士的玩笑式尊敬变成了暴力；暴力又随即作用到水手自己身上。不难想象律师和法官的注意力会落在那个慌乱之中被遗弃在地上的红色手包上，因为女孩要找回它。

第二个糟糕瞬间发生在第二场舞蹈竞技之后：三个水手已经表演完毕，但充当裁判的两个女孩却无法做出评判，她们本应判定一人出局从而平衡目前的男女配对。三个水手突然爆发，开始“要把对方撕碎。女孩们缩进吧台里，想着这不会有什么的……但这不是玩笑，随着打斗的继续，她们决定尽快逃出去。水手们并没有注意女孩已经离开”。过了一会儿，他们才注意到并冲到街上，可是女孩们已经不见了。“他们带着顽皮的厌恶看着对方，整理自己的制服，查看伤口和痛处，一切又轻松起来。”(第 141 页)这一切不过发生在时代广场的另一个夜晚！为了让我们做好准备迎接喜剧结尾，罗宾斯在半程安排了这样一

个预示性情节：先是军队里相亲相爱的兄弟情义为争夺女人而陷入战争，然后是专心战斗的水手们没有注意到他们为之而战的女孩已经趁机溜走。罗宾斯的脚本对此情节进行了一番极其社论式的，也是理论化的评论："故事继续"。经过了一个"自由的想象"状态下的夜晚，似乎每个人——水手和平民、男人和女人都将在"战舰驶离"时获得解脱。女孩们逃走是对的。

为什么这两个女孩不能做出决定应该淘汰哪个男孩从而解决当时的困境呢？我想这源于一个罗宾斯自己无法解决的冲突。
70 他信仰民主、信仰 1944 年水手们为之而战的东西，也信仰人权、信仰个体的重要意义。作为一名编舞，他的本事在于他对日常小人物的感觉，以及对他们生活中抒情诗般的美丽与优雅的表现力。难道不是所有的人都有权利去爱吗？有没有一个充分的理由可以将任何人排除在这场爱的竞技之外？但如果我们允许每个人都参与进来，又是否有足够的自由之爱满足所有参与者？

《自由的想象》发现了我们寻求欢乐、爱情和伴侣的方式中存在的裂缝和缺陷。它的叙事华丽却毫无希望，就此而言它在很多方面都与《水手》有着相似之处。罗宾斯不止一次带领我们接近冲突，但这种感觉并不算坏。如果坐下来平心静气地接受舞蹈，你会很容易回想起某些瞬间：人们飞翔般舞蹈，陌生人在夜晚彼此碰触火花，喜悦、能量和爱情像时代广场上的广告一样点亮舞台。

在珍妮特·里德 1980 年的回忆中，很值得注意的一点是她和美国大兵打成一片的方式："来自陌生地方和不同城镇的所有士兵、水手和芭蕾舞演员都在一起。"这种全体式胜利的关键便是移情的作用。这也是他们跳舞的大时代背景——美国正在进行的“正义之战”胜利的关键。舞者们对当年青春、不成熟的自我的回忆充满了对战争最深沉的回忆才有的辛酸与强烈。这群人就像荒野大地上迷失的队伍。他们记得自己如何是个孩子（“我们都很年轻”）[29]，记得自己如何感到孤独（“漂泊无根”“迷茫”），记得自己如何伤害对方，还记得自己如何寻觅、靠近、一起疯狂地舞蹈、做以前从没做过的事。尽管快乐是短暂的、少见的，但这群兄弟姐妹在严寒的过道和狭窄的床上，重建了时代广场。他们的团结和光辉来自哪里？三十六年之后，罗宾斯和他的舞者就像将军和他的老兵，回望着年轻时经历的这场伟大战役，分享着神奇又离谱的感觉。当一代人之后的你我眯着眼睛想要在老旧、损毁和不完整的录像带中辨认他们的狂热和亲密和谐时，那种神奇离谱则更加明显。

在罗宾斯的故事中，由于我们对街道的格外关注，有一个人值得单独提及，她就是玛德琳·李·吉尔福德（Madeleine Lee Gilford）。当时她是一位年轻的舞蹈演员，也是二战期间共产党的一位组织者。让她引以为傲（至今如此）的是她“掌控一切舞台”的能力。罗宾斯在 1943 年的一次党员福利汇演时见识过，
并向她做了自我介绍。他说自己正在做一个“关于三个水手的芭 71
蕾舞剧”，询问是否可以教他一些可以用在舞剧中的“表现大街的舞蹈”。后来罗宾斯在《自由的想象》中对林迪舞①还有其他街头舞蹈进行了精彩的运用。她和罗宾斯后来产生了她称之为“严

① 林迪舞（Lindy Hop）是摇摆舞（Swing Dance）的一支，产生于 20 世纪二三十年代，其创建过程受到爵士舞、踢踏舞和查尔斯顿舞等多种舞蹈的启发。——译者注

肃的暧昧”的东西，她介绍他入党。1944 年 4 月《自由的想象》首演后不久，罗宾斯就正式入党。[30]而作为回报，她得到了名声：十年之后她和另外七个陌生人由于罗宾斯而出名。20 世纪 50 年代，她同演员杰克·吉尔福德结婚，后者于 1990 年去世。在罗宾斯出庭作证之后，玛德琳也被封杀，但他们没有一蹶不振，而是在百老汇以外的剧场界、帐篷秀还有卡茨基尔度假村里表演，度过了那段艰难岁月。[31]半个世纪之后，玛德琳对这段往事表现出异常的冷静与淡薄：“你看，我因为一个戏剧天才而出名了，谁又能记住我的丈夫(吉尔福德)是谁呢。”[32]

《自由的想象》是一个短暂但丰富的“艾森施塔德时刻”，呈现了关于水手和女孩在广场的邦德广告牌下互相寻觅、身体彼此碰撞的景象。无论是对于 1944 年的罗宾斯，还是一年之后的艾森施塔德，时代广场都象征了纽约，而纽约象征了美国：在二战的最后一年，这片壮观的公共空间宣告了这个城市的意义，这个城市则揭示了这个国家的真相。罗宾斯和艾森施塔德——两位艺术家都是人民阵线的成员，他们认同并融入美国的力量，在 1944—1945 年间帮助抗击了邪恶的法西斯政权。(由于二人均是犹太人，艾森施塔德更是流亡美国的犹太难民，毫不夸张地说是美国挽救了他们的生命。)他们享受着美国对所有人都开放的流溢的性能量，他们享受着白皮肤和黑皮肤、浅皮肤和深皮肤的多种族的融会交流；他们都将此视为美国取得战争胜利的关键。但在杰罗姆·罗宾斯的舞剧中，由于灯光与广告元素的运用，人类的联结显得更加复杂和诡异；灯光在人们的肉体和灵魂上游走，为黑暗提供了更加充足的时间。罗宾斯和他的舞者展示了性欲的紧张与震颤在多大程度上依赖于它本身的开放性、它的公众特质和表演特质以及它那能让人们敞开自己并驱动人们进入崭新空间的能力。这些新鲜的感觉为人与人之间、人与自身之间的冲突与危险、私密与公开开启了新的渠道。罗宾斯用这种新鲜经验的奇幻光影席卷了时代广场，也让我们看到灯光本应是多么的反复无常。但凡见过他的灯光的人，再也无法逃脱对灯光变暗的恐惧。

讽刺的是，罗宾斯对人民阵线最大的贡献发生在他被封杀的时期。1953 年 5 月，他接受众议院非美活动调查委员会(简称 72
HUAC)调查，供出了几个名字(包括玛德琳·李·吉尔福德)，这些人远不像罗宾斯这么出名，但他毁掉了这些普通人的生活，来证明自己现在由于对美国主义的支持已经退出了共产党。阅读这份证词并不轻松，你会看到他是如何为了消除自己内心的矛盾、取信于追问不休的美国老大哥而费尽心机。热爱他作品的观众会庆幸他失败了，庆幸他从未找到消除他对人民阵线的热爱的方法。他说他为自己是一名共产党员而感到自豪，对厄尔·白劳德表示赞扬(白劳德是人民阵线时期和二战期间美国共产党领袖，在冷战初期遭到斯大林谴责和党派除名)。HUAC 当然不会明白，也不关心他在说什么。

罗宾斯从未试图将自己打造成伊利亚·卡赞[①]式人物，而

---

① 伊利亚·卡赞(Elia Kazan，1909—2003)是出生于土耳其的美国著名导演、编剧和演员。在戏剧和电影领域都取得了最高荣誉，其代表作有《欲望号街车》《码头风云》《君子协定》等。——译者注

且他至死都背负了足够多的悔恨、折磨和内疚。[1] 尽管他离开我们并没有多久，尽管我们看过了历史对他的讽刺，但在我心中，他始终是伟大的信奉共产主义的编舞家。他运用人类身体的移动来创造对世界历史巨变的伟大叙事，他的舞蹈一直鲜明地呈现着阶层之间和种族之间的紧张关系。他的作品包含了人

---

① 《与魔鬼共舞》，第 198—210、497—505 页。黛博拉·乔伊特：《杰罗姆·罗宾斯：生活、剧院和舞蹈》，西蒙和舒斯特出版社，2004 年，第 228—231 页(Deborah Jowitt，*Jerome Robbins：His Life，His Theatre，His Dance*，Simon & Schuster，2004，228—231)。(说明：乔伊特的这本回忆性作品出版于我写作该书之后，因此我对于其中的材料没能予以合适的参考和使用。)维克多·纳瓦斯基在他经典的《指名道姓》(1980 年初版，1981 年企鹅出版社再版)中坚定地讨论了罗宾斯。关于罗宾斯接受众议院非美活动调查委员会的证词，详见埃里克·宾利：《三十年的叛国：HUAC 听证会摘要》，1971 年初版，2001 年新兴出版社再版，第 625—634 页。另一份比较简短但略有不同的证词详见埃里克·宾利的另一部作品《此在还是曾在?》(哈勃出版社，1972 年，第 102—105 页)。劳伦斯和乔伊特采访了多位罗宾斯证词直接或间接的受害者，惊人地发现他们对罗宾斯的同情以及他们怀有的复杂却讽刺的角度。纳瓦斯基表明麦卡锡主义的很多受害者也有类似的思维和话语方式。

提到讽刺，罗宾斯作证时对他的舞者采取的错误行为让他背负了“舞蹈界的斯大林”的封号。关于他的几乎所有传记、档案都充满了他事业不同阶段中的可怕故事。当《自由的想象》的女主演之一穆里尔·宾利向托比亚斯谈到罗宾斯和自己时，她听起来就像一个斯大林时期的共产主义者，用的都是党内口号(这些话可以追溯至拿破仑时期)，例如“不打破鸡蛋就做不成煎蛋”。她将自己认定为被打破的蛋并且为煎蛋成功而感到荣耀，她甚至坚称正是“打破”她才成就了她。(这些比喻和情感一直是舞蹈的一部分，但罗宾斯或许将它们发展到新的高度。)

罗宾斯的斯大林式行径直到 20 世纪 90 年代才逐渐解冻，那是苏联解体的第一个十年也是他生命的最后阶段。在他创办的剧场研讨班里他遇到了年青一代的新人舞者，他们不了解冷战期间的故事，不仅尊敬他的天分更给予他无条件的爱。(以上资料来自 2003 年 8 月 22 日与艾米丽·科茨的电话采访。)

如果参看阿瑟·米勒在 1956 年出席众议院非美活动调查委员会听证会的证词将会发现有趣的一点。他在听证会上对共产主义及其从人民阵线到冷战时期的退化进行了分析，这一说法和罗宾斯接受听证时对共产主义的评判很像。不同的是米勒以此叙述作为反对众议院非美活动调查委员会用政治标准评判艺术作品这一主张的论据。(《三十年的叛国：HUAC 听证会摘要》，第 789—825 页。)

类舞蹈同他们的观念、音乐和他人之间的结构性讽刺，但这一切都是由包裹它们的、它们料想不到的世界历史性力量推动。罗宾斯料想到了，他的叙事才能为我们展现了这股世界历史性力量的模样和感受。这在《西区故事》和《屋顶上的提琴手》中表现得淋漓尽致，事实上，它无处不在。写到这里我忍不住问自己：我们是否应该将伊利亚·卡赞同他相提并论而让这一切更加讽刺吗？我想不应该。卡赞从一种较为低级的共产主义想象中汲取灵感：这便是社会情节剧。卡赞最好的作品——例如《码头风云》(1951)和《萨巴达万岁》(1952)——无非是好人与坏人的冲突。而罗宾斯的故事则更富悲剧性：我们都沉浮在历史的长河中，而历史之河可以载卿亦可覆卿。 73

两个版本的《锦城春色》

关于罗宾斯的"三位水手"模式，我们已经讨论了《自由的想象》，但还有一部同样使用该叙事模式的音乐剧名气更大，那就是《锦城春色》。事实上，《锦城春色》直接衍生自《自由的想象》，并于同年首演(具体时间是1944年12月31日)，当时二战已接近尾声(但也进入了最惨烈的阶段)。相比于1944年的《自由的想象》，同年公演的《锦城春色》更难还原，因为几乎没有相关录影带或影视资料留下。[33]所以我参阅了1997年出版的《康登和格林的纽约音乐剧》一书，其中包含了大量手稿和精美照片。我认为《锦城春色》中让人印象最深刻的舞蹈是出现在音乐剧半程的

“时代广场芭蕾”。[34]该剧集合了罗宾斯的编舞、莱昂纳多·伯恩斯坦的配乐（他贡献了一系列全新的单曲）以及贝蒂·康登和阿道夫·格林的剧本。

《锦城春色》的故事依旧由渴慕靓丽“纽约女人”的水手们推动，他们同样享有一天一夜的上岸假，只需在翌日凌晨返回他们在布鲁克林海军工厂的舰队即可。相比《自由的想象》，康登和格林的剧本还是做出了一些明显的调整。

第一个变化就是以水手的团结协作取代了相互竞争。剧中男主人公之一的盖比在时代广场的地铁站看到一个他想要占有、为之着迷的女孩（译者加：印在地铁车身海报上的“旋转门小姐”），但她随即消失在地铁上。盖比立志要在纽约展开浪漫的
74 寻爱之旅，而他的好兄弟阿吉（格林饰演）和奇普也将盖比的幸福当成头等大事。阿吉对奇普说：“如果不是盖比把我们从醉酒中喊起来，现在我们哪能在纽约！……怎么可以不心怀感激？”所以他们同意“分头追踪海报上的所有线索”，当晚十一点在时代广场的尼迪克橙色酒吧会合。[35]为了褒扬水手们的高贵品格，编剧（康登和格林）在情节上为每一位男士都安排了一个可以和他跳舞、让他感到自在的女孩。这种情节上的调整驱散了推动《自由的想象》情节发展的男女不平衡性，而代之以一种喜剧的和谐。尽管这一切并不能持久，但至少它营造了一种“自由之爱”的乌托邦。现在问题不再是谁属于谁或者谁能否属于谁，而是我们眼前这三对共同属于彼此的男女能够自由地走多远。

剧情上的第二个变化是开场的一幕。同样都是水手们在一天一夜的上岸假期间寻找快乐，《锦城春色》对主人公穿梭于其中的纽约景色（由担任过《自由的想象》的布景设计的奥利弗·史

密斯设计），和即将与他们产生联系的“纽约女人”，进行了更加精心的安排。时代广场是纽约风光中最惹眼的城市景观。罗宾斯编排的第一场群舞就设置在《锦城春色》剧情过半的时候，叫作“时代广场芭蕾”。观众和评论者都对此表示出格外的赞赏。[36] 出演该剧的芭蕾舞女星园子大里（Sono Osato）如此形容这段舞蹈——“竞赛、漫步、见面、聚会，还有无眠纽约那充满活力、永不止息的民众……像旋转木马般轮番出现”。[37] 她的评价也清楚地表明了《锦城春色》和巴斯比·柏克莱的《42 街》及其中的《百老汇摇篮曲》的关系：这些舞蹈选段都讲述了舞蹈发生地的故事——巨大壮观的环境，让人置身其中忍不住跳舞，将普通的行走变成舞蹈、将普通的行人变成舞者，激发并驱使人们跳起狂热、无畏甚至冒险的舞步。

康登和格林的剧本对女性角色予以了翔实、深刻的塑造，以至于围绕着水手登场的女人，成了音乐剧最富戏剧性和情感张力的中心。她们分别是对性口无遮拦的出租车司机（南希·沃尔克饰）、性格乖张的人类学家（康登饰）和“旋转门小姐”艾薇·史密斯（园子大里饰）。出租车司机属于典型的工人阶级，人类学家来自有闲有钱有教养的上层社会，而剧中女一号“旋转门小姐”的阶级身份则让人难以确定甚至有点神秘。罗宾斯为温文尔 75
雅、活泼可爱的“旋转门小姐”设置了一些特别的戏码，在水手们第一次在海报上看到她的一幕中，康登和格林借用了《时代广场》文学史上经典隐喻之一——我们在前面提及的《嘉莉妹妹》中的“明星及其广告之间的对照”。当时高速运输管理局的工作人员正把印有“旋转门小姐”的海报张贴在地铁上，盖比立即夺过海报说他一定要找到海报上的女孩，几分钟后，借着流行文化所独有的现实主义的神奇魔力，“旋转门小姐”本人（即艾薇·史密斯）出现了。此时此地，女孩和她的海报没有含混不清也没有混淆不明。我们被告知且我们相信高速运输管理局的海报将会明确告诉我们——谁才是真人而真人又会变成谁。

那么她是谁？康登和格林借用该角色对美国大众文化及其在战时达到顶峰的名人文化进行了讽刺。剧中的“旋转门小姐”源于真实存在的“地铁小姐”，它是当时纽约一场非常有名的选拔活动，由高速运输管理局和梅西百货策划，从20世纪40年代举办至60年代。（这项评选活动最近又有复兴之势，但已经不复当年鼎盛时期的关注度了。）获得“旋转门小姐”称号的女孩应该是、也往往是出身平民的普通女孩，每月选评一次。当选者可以做为期一个月的名人——有点类似于安迪·沃霍尔在20世纪60年代提出的“出名15分钟”——然后回归平凡。（有时“旋转门小姐”会收到潮水般的求婚，然后嫁一个富人，不过再怎样也富不过四十年前音乐剧《佛罗拉多拉女孩》中的那位。）偶尔也会有“旋转门小姐”选择开餐馆，例如“艾伦的星尘餐厅”，它在市政府一带开了几十年，现在搬到了时代广场北面，里面的侍者年轻又多才多艺。对于“旋转门小姐”是“明星人物”还是“无名小卒”的争论贯穿全剧，但并有得出什么结论。大部分的争论都追溯至19世纪40年代——杰克逊或者托克维尔的时代，当时普通人参与美国政治生活的举动引发了关于普通人价值的热烈讨论。但20世纪40年代与一百年前并无大异，那些持有“大众是无价值的肤浅之辈”观点的人依旧带着教条的、盲目的自信。而民主孕育出的大众——正如我们在剧中所看到的——对他们自己并不了解，但正是这种不自知和不自信，反而赋予他们一种单纯的魅力，更展示了他们身上的某种本性和深度（那些贬低他们的人不曾知道）以及自省的能力（那些贬低他们的人也不具备）。

《锦城春色》的开场是一个浮夸的主持人正在介绍“旋转门小姐”[38]的候选人，用一系列甚至是互相矛盾的特质对“旋转门小姐”进行了一番天花乱坠的描述。演员园子大里用一段舞蹈再现了这一情景：长相普通的人和面容出众的人，出身平民的人和出身上层的人，学识丰富的人和教养浅薄的人，有文化的人和没文化的人。随着以上种种矛盾特质的发展，被身上累赘的装饰和华服所累的女主人公已经由起初的优雅变得越来越疲倦。（相信喜剧女王露西·鲍尔一定能很好地演绎出这讽刺性的一幕。） 76

每个月（主持人宣布）都有一位幸运的纽约女孩当选为该月的“旋转门小姐”。她既要艳压群芳，又要有普通女孩的气质……

她既要像普通女孩一样对大兵们充满崇拜和爱慕，①
又要精通诗歌和马球（这可一点都不普通）。

这段说辞是对二战宣传中人民阵线话语的拙劣模仿。1944年的人们比今天的我们更容易理解这种浮夸的语言所要针对解决的问题，即平民主义的价值观和美国人理应为之而战的民主

① 1949年米高梅电影公司出品的电影将“旋转门小姐”和海军勾连起来，目的是配合后方女孩爱慕并认同前线士兵这种电影情节的展开。

价值观之间的冲突以及现实美国生活中尖锐的、通常表现为邪恶的阶层划分和区隔。罗宾斯和《锦城春色》的其他主创，包括编剧康登和格林、配乐莱昂纳多·伯恩斯坦、制片人乔治·阿尔伯特、舞台设计奥利弗·史密斯、演员园子大里，都试图面对这一冲突，将其转化为玩笑从而容纳它、消解它。而我们的女主人公并没有理解这个玩笑，这本身也成为玩笑的一部分。于是美国人最基本的价值冲突在她身上流于表面，她希望同时展现这两种价值，而这一野心将她变成了一个意志薄弱的人。

剧中“旋转门小姐”艾薇的意志薄弱还体现在另一个方面。如同多萝西·阿兹娜导演的电影《跳舞吧，女孩》(1940)中的有些主演，及其所映射的现实中的成百上千位女性，她为了支付白天学习高雅艺术的费用，而不得不在夜晚去夜总会表演唱歌和跳舞，她学习的高雅艺术包括了正经严肃的唱歌和跳舞、歌剧以及古典芭蕾。她对“高雅文化”的虔诚堪比她对“美国”的热
77 爱，但她却辜负了其中任何一个。艾薇去卡耐基音乐厅学习歌剧和芭蕾，她的导师是一位俄罗斯移民——“母夜叉”迪莉夫人。在经过了一系列将艾薇的形象180°逆转的情节之后，迪莉夫人坚称一个为艺术献身的女孩就应该放弃对性和爱的追求。艾薇将从事艺术和文化看作某种神职，而卡耐基音乐厅就是她世俗的修道院。只不过艾薇看上去不够坚定，似乎对其他信条也保留开放的态度。另一边，水手盖比已经仔仔细细看过了艾薇的海报，尽管他才第一天到纽约，但已经能轻车熟路地追寻至卡耐基音乐厅。他闯进音乐厅的一幕被演绎成“野蛮人进攻神庙”一般。讽刺的是20世纪40年代的美国民主社会即便在战时也无须担忧安全问题，卡耐基音乐厅根本无须上锁，一个人想要

进去只需要光明正大地走进去。盖比就这样走了进去，课堂上老师不在(或许出去喝酒了?)，他喊了艾薇的名字，然后开始表白。

艾薇：你怎么知道我的名字?

盖比：我在地铁上看了你的海报。

在喜剧性逐渐增强的纽约，地铁的海报揭示了真相。艾薇给了盖比另一张带有她亲笔签名的海报。但眼见真人就在眼前的盖比怎么可能满足于一张签名海报。“我找到你了！我找到艾薇·史密斯了！史密斯小姐，今晚你愿意赏光吗?”他想让艾薇赏光的地点当然是时代广场，其他水手和他们的女伴也在那里。她稍作犹豫，但随即跟在他后面冲了出去，她说“我愿意跟你去”。[39]到这里，全剧达到了情感的高潮。

当盖比向艾薇提出约会的时候，他的请求是什么？又是什么样的价值观被他的请求置于了危险境地？在地图上，时代广场与卡耐基音乐厅仅隔几个街区，但在康登和格林的笔下，从音乐厅到广场的旅行则意味着一次存在主义的跳跃。浪漫的男主人公对艾薇的爱之邀请是一次存在主义的挑战。盖比不想让她放弃“旋转门小姐”的身份或者对高雅文化的追求。(二战之后的女性生存图景显然不同，浪漫的男主人公必定会坚持要求他的女人为他而放弃自己的追求，放弃她对公众认知度的追求，只为他一人而存在。)[40]盖比想要得到艾薇，却不希望她放弃什么；她和他在一起时可以保持自我，这意味着她拥有其所有、是其所是；她越是做自己，他越能通过爱她而更好地做自己。 78

他对她唱起情歌，歌曲的最后是这样唱的：

> 我不想做任何人……
> 我很幸运我是我自己。[41]

男人对女人的认同模式远比女人对男人的认同模式典型。在 20 世纪 70 年代，它成了支持女性主义新浪潮的“新式感性男人”的一个重要特征。迪莉夫人和卡耐基音乐厅的其他女性认为，爱和艺术对女人来讲不可兼得。但《锦城春色》——如果说它传达了什么，那么它传达的就是——要说“是的，她可以兼得”。卡耐基音乐厅代表了 20 世纪 40 年代的高雅文化，意味着对席卷时代广场的大众文化的排外和抵制。《锦城春色》的天才之处就在于，它设想了一个可以接纳和包容卡耐基音乐厅的时代广场。

园子大里的表演中至关重要的一个元素鲜少得到讨论，那就是她的外貌。这位“完全美国化的女孩”外表迷人、充满活力而且非常“日本”。她分享了自己为克服文化差异和阶级差异所做的努力，但对她漂泊无常的民族身份和国家属性则闭口不谈。在人类历史上最凶残的种族主义战争期间，这个问题确实很难启齿。《锦城春色》的百老汇巡演正值二战的最后一年，战争双方几乎没人怀疑美国及其同盟会取得最后的胜利，而问题只是胜利何时到来、战争结束前双方还要产生多少伤亡（最终二战死伤高达数百万），以及轴心国在战后会遭到何种对待。在这种背景下的 1945 年，即使只是一个拥有一半日本血统的美籍明星，对美国大兵而言也是“异类”，而后者在同样的象征意义和真实层面上也是她的“异类”。（当然她对美国观众来说也是“异类”，即使她拥有合法美国国籍。）在战时舆论中，大里是美国人眼中的珍珠港，而美国人则是她眼中的广岛。大里和约翰·拜特斯、雷·哈里森搭档的双人芭蕾，不仅诠释了“胜利之爱”的主题，更传达了该主题的阴暗面——“和敌人同床共枕”。

美国的民主是否已经做好准备实现这一跨越、拥抱并实践它？如果做不到，美国是否还有权自称民主？或可说《锦城春色》的主创人员都是《爵士歌手》的后裔；他们是成长于贫苦移民家庭的犹太人，得益于美国娱乐产业的蓬勃发展，他们取得了超越父辈想象的更多的成就和认可。①他们还是左派以及人民阵 79
线的拥护者。战争期间日益强大的人民阵线的基本理念便是以民主打倒法西斯，民主的包容性被格外强调：民主就像无限的空间，允许每个人在其中自由呼吸。在纽约尤其是时代广场，成千上万来自不同民族、宗教、阶级、种族和国家的人们，每天在纽约尤其是时代广场上与他人相遇，这里俨然成了民主的空间。孕育了《锦城春色》并将其搬上舞台的罗宾斯、伯恩斯坦、康登和格林在拿民主下注，他们赌上了美国人对剧中各种肤色的演员的接纳。他们将剧中的水手视为某种成熟的先锋，认为

---

① 很多犹太人在进入演艺圈时都放弃了犹太本名，例如罗宾斯放弃了他出生时的名字“拉比诺维茨”（意为拉比的儿子），讽刺的是他的本名和《爵士歌手》中男主人公的本名相同，后者在剧中改名为“杰克·罗宾”。有些犹太人对此表示不能理解。据说哈里·拉比诺维茨一直将儿子的改名视作某种背叛。罗宾斯的晚年致力于创作一部精神分析路线的音乐剧，试图将自己接受众议院非美活动调查委员会调查的经历在剧中发挥至高潮。该剧的早期手稿开篇便是：“我是拉比诺维茨，我做这件事……”（格雷格·劳伦斯：《与魔鬼共舞》，第495页；黛博拉·乔伊特：《杰罗姆·罗宾斯：生活、剧院和舞蹈》，第495页。）

水手的标志性力量能够引导全国人民和他们一道，拥抱“异类”并与之共舞。

《锦城春色》以不同的方式为我们描绘了美国与“异类”的融合。大里饰演的艾薇担负了性别和阶级的双重意义；她被塑造成所有美国男孩都想带回家的日本女孩形象。从古至今的所有剧场艺术，都会愿意将艾薇和盖比促成一对作为多元文化伴侣的原初模型。但在《锦城春色》中，他们并不是唯一一对跨越文化界限的情侣。另一个“异类”是狂野大胆的出租车司机希尔迪（南希·沃尔克饰演），她向水手隐藏真名“布琳希德”（就像《尼伯龙根指环》中将死亡的勇士摆渡到英烈祠的瓦尔塞里一样），她在很多方面都和水手有相似之处，不仅是她对于性欲的开放与贪婪，还有她对心仪男子（水手奇普）和自我，既蔑视又接受的那种极具毁坏性的智慧。以下是她对水手所持有的关于开放性的传统美德的一段讽刺：

> 孩子，跟着我。我已经等了你一辈子。我对你一见钟情，你是我的。我喜欢你的脸，它是那么开放和坦诚，你懂我的意思吗？我没什么别的意思。我就是爱你的脸。吻我！[42]

这位给人留下深刻印象的女性简直是当代的奎克莉夫人①。（遗憾的是《锦城春色》的创作者们没有给她搭配一位“福斯塔

① 奎克莉夫人（Mistress Quickly）是莎士比亚戏剧《亨利四世》中的酒店女店主，其说话行事直接不掩饰，作者在此处指代《锦城春色》中的女出租车司机对于性爱诉求毫不掩饰、直白大胆的表达。接下来提到的福斯塔夫（Falstaff）也是《亨利四世》中的角色。——译者注

夫”。）和主演们的罗曼史同样重要的是剧中的集体舞演员。作为 80
百老汇“第一部完整的音乐剧”，《锦城春色》在首演后一炮而红（在一些地方则声名狼藉）。其“完整”不仅在于群舞演员中既有黑人又有白人，还在于罗宾斯和伯恩斯坦倾尽全力和声名来确保黑人演员和白人演员的协作、保证观众能够看到他们的共舞，就像他们能在时代广场的任何一个舞厅里一起跳舞并被别人看到一样。[①]

20 世纪 80 年代以来，时代广场上的狂欢已然为人们“跨越界限”——跨过定义人生的民族、种族、阶级或性别界限——聚在一起制造了氛围，也提供了大量放大并神化其存在的广告。跨越界限的机会成了时代广场“自由之爱”的核心因素。《锦城春色》对这种自由进行了庆祝，更唤醒了其中的政治分量和深度。随着二战的结束，重大的政治变革正在距离时代广场几个街区以外的地方酝酿。在 42 街尽头的东河沿岸，基于法西斯政权覆灭和《世界人权宣言》的联合国正在筹建。这一景象因时代广场作为“世界十字路口”——对所有人开放的战后生活的壮丽全景——的崛起而变得更加充实和具体。广场成为一个容纳所有人的地方，“所有人”不仅意味着美国大多数的边缘族群，还包

① 参见格雷格·劳伦斯：《与魔鬼共舞》，第 84 页及其后。劳伦斯引自大里十年后对其角色的评价。他坚持认为日本芭蕾舞女演员的独舞和身后群舞中的黑人演员之间存在某种联系，并且高度赞扬罗宾斯在争取过程中的远见和勇气。他还引用了剧中黑人演员多萝西·麦克尼克的回忆：“我们离开纽约后去了巴蒂摩尔、马里兰，那里的人不让我进到后台准备。他们说我不能上台演出，海报上不能有我的头像！……杰里（指罗宾斯——译者按）对他们说：‘如果你胆敢赶我的人，你就等着丢工作吧。’”这些小故事唤起了我们对杰克·罗宾斯和他的团队的早期回忆。这群人或许充当了推动对正义之战的岁月里那股怀旧浪潮的反作用力。

括它的敌人。园子大里在剧中的出现预示了一个被美国征服又即将被美国接纳并和平重建的日本形象。在这里，太阳帝国的崛起将被接受和欢迎，但仅仅欢迎作为时代广场上众多灯光和广告的一员的日本。[1]《锦城春色》和艾森施塔德的照片共同诠
81 释了标志着二战胜利的伟大希望。他们都将时代广场理解为民主的空间——一片所有人都能自由生长的人类绿地。时代广场的水手以其清新的开放风气不仅充盈了纽约，更在1945年风靡美国。《锦城春色》中的场景——美国男孩可以在街道上跳舞，在城市里疾驰，向不仅是陌生人更是“异类”的女孩大胆求爱，是战后纽约和美国可能实现的美好景象。杰罗姆·罗宾斯对该景象进行了透视和呈现，在此意义上他比任何人都值得赞誉。总体而言，《自由的想象》和《锦城春色》或许是人民阵线最深刻、最原创的艺术创作。

1949年《锦城春色》被改编成电影。电影版《锦城春色》已经完全看不到战争的踪迹，一方面，战争确实已经结束；另一方面，几位电影主创的某些决定似乎瞬息间就驱散了原剧中的辛酸和深度。没有了和德国交战的痕迹，也就无须担心主人公们的生命安全了，希尔迪不再需要隐藏她的真名“布琳希德”，她的交通工具也从出租汽车换成了马车。（富兰克林·辛纳特拉对此嘲讽道：“女孩还开什么车？战争都结束了。”他大概也不会幻

① 二战结束三十年后，由于纽约财政危机，大量美国企业从时代广场撤走广告，是日本企业挽救了局面。索尼、松下、佳能、三星（三星是韩国企业，此处作者弄错了。——编按）、三得利、东芝和三菱等众多日本品牌以一种与珍珠港轰炸相反的方式，在广场北岸建立了新的“基地”，创建了全新一代的、富丽壮观的“广告景观”，重新点亮了濒临黑暗的时代广场。

想她将自己载入闺床。显然富兰克林不喜欢她，但这不会持续太久。)没有了同日本作战的痕迹，美国水手对“完全美国化”的典型日本女孩的爱也就失去了意义，将“异类”选评为纽约地铁的女神(“旋转门小姐”)同样失去了意义。米高梅电影公司将该角色交由金发、奔放的薇拉·艾伦出演，她有着非常典型的美国形象，如果这个“美国”指的是“白人”的话。电影的群舞演员没有黑人；事实上根本就没有群舞。只有艾薇身上还残留了些电影演员的身份含混性：她试图行动举止都像个老练的“纽约本地人”，但她始终——如盖比所说——“是个来自印第安纳州草原城镇的孩子”，看上去就像八月的堪萨斯一样土气和陈腐，实际上片中的所有角色都是如此。随着版本的变换，从罗宾斯和伯恩斯坦到吉恩·凯利和斯坦利·多南(二者是电影版的导演)，《锦城春色》已经完全丢失了当年的格调。

尽管如此，电影《锦城春色》依旧是影史上的经典。原因有三：精彩的集体演出、充满想象力的摄影和导演吉恩·凯利。影片演出班底囊括了凯利、饰演“旋转门小姐”艾薇的薇拉·艾伦、弗兰克·辛纳特拉、饰演出租车司机的贝蒂·加勒特、朱丽斯·穆辛以及饰演人类学家的安·米勒。片中的水手表演不只是演员在唱歌和跳舞那么简单，而是舞蹈明星在唱歌、歌唱明星在跳舞，没有人是两项全能，也没有人企图抢镜，他们就 82
像开启连续快攻的篮球队一样团结协作。[43]当男演员和女演员对戏时，他们以另一种完全不同的方式相互协作：他们将歌唱和舞蹈献给彼此，每个人关注自身并给予他人的程度越激烈——用片中常见的情节来讲就是将自己抛给别人——对方反馈的能量也就越多。如此一来，正如人类最原初的两性关系那样，付出越多，收获越多；每个人给予越多，每个人得到就越多，所有人都将得到欢乐。十岁那年我第一次看到这部影片，它对我来讲是成人性生活的预览，让我迫不及待想要长大。三十岁时我第二次观看影片，时值越南战争，我对莉兹·菲尔的歌词“自由之爱全是胡扯”感同身受；我怀疑演员们到底被施了什么迷药才能完成如此默契的配合。六十岁那年，我终于明白电影中所有不同的元素——水手的白色、女孩的五颜六色、人类的肉体、城市的水泥还有绿地和蓝天——为何能融洽完美地汇合在一起了。布鲁克林大桥就像一件巨型束身衣，当你透过它的一束束钢缆透视纽约的港湾和人群，他们闪耀着前所未有的光芒。电影为我们展示了人与人之间、人与城市之间、人与世界之间的和谐，作为一名左派，这种和谐是我毕生的追求：看啊，就在那里！这是民主的赞美诗，它展示了生发自普通人正常展开的欲望和需求中的波澜壮阔的美！

《锦城春色》的拍摄特色在影片开头就显现出来：一组室外蒙太奇镜头，配以歌曲《纽约，纽约》和伯恩斯坦创作的爵士配乐，镜头追随三个水手跨过布鲁克林桥，来到华尔街，对面是三一教堂，穿过中国城、下东区、福尔顿鱼市，从地铁中进进出出，有时在双层巴士上，驶进又驶出时代广场，行至西区，到了格兰特将军墓和河边教堂，走进中央公园——在那里我们看到三个水手搭乘轻便马车、骑马、骑自行车、跳跃过草地——来到帝国大厦（一小时后电影会回到这里并展开高潮部分），最后到达洛克菲勒中心。快速变换的蒙太奇镜头在短短五分钟展示了大量迷人的画面，将水手和纽约最壮观的城市景观融汇在一起。[44]

三位水手对眼前的全新景象不仅持开放、接受和着迷的态度，更沉浸在无边的欢乐中，他们不知疲倦，渴求更多的景色。只是列举这些景点（我确信我还有所遗漏）都耗尽了我的体力，
他们却丝毫没有疲倦。事实上，他们看到的、经历的越多，他 83
们对生活的欲望和渴慕也就越多：这也是水手最原始的浪漫所在。电影开始大概八九十分钟后，水手和他们的女友已经坐上了希尔迪的马车驶向科尼岛，身后是追赶的警察，镜头从前面的车辆朝他们拍摄。经过时代广场的时候，警笛开始大作，焦急和紧张似乎要将他们吞噬。这时凯利或者辛纳特拉问道："哪里着火了？"穆辛从车顶往后看，回答："我们就是火！"这段台词也成为电影的一大笑点。我们为何会笑？因为电影已经将我们带入水手们共有的一个信念里，那就是他们或许会烧着，但永远不会烧尽。

在科尼岛，一行六人为了逃避警察混入了一个变装杂耍的游行队伍中。这本身就是一个经典的喜剧情节，出现在比利·怀尔德 1959 年拍摄的电影《热情似火》中。可惜三个水手没有戴面具，所以他们很快被海岸巡逻队抓走了。此时希尔迪面对警察发表了一通振奋人心的演说："我们的公民自豪感在哪里？我们本应该将他们拥入怀抱，跟他们说'小伙子们，这城市是你的！'"她的宣言是对古代雅典才有的城市精神的一次考验：想要知道一个城市是否自信，就看它对水手的接纳和招待能力。

吉恩·凯利为电影带来的加分，来自他作为编舞和舞者的双重身份。作为一名舞蹈演员，他在电影中的大部分表现都非常谦虚克制。他毫不抢镜，尽管我们知道他可以。他的谦逊所蕴含的政治意义丝毫不亚于其艺术价值：他所饰演的水手试图

成为一个民主的公民，想要和他的兄弟们待在一起。但是凯利才华横溢的编舞又创造了一股涌动之流，流溢于人与人之间，流溢于环绕人们的城市景观之间，这就是赫拉克利特的活火，也是电影中最亮丽的生活广告。

电影行进至三分之二处，凯利终于奉献了一段独舞。在电影开始的几分钟里，凯利从地铁里偷取了印有艾薇·史密斯的“旋转门小姐”海报。尽管男主人公在曲折的情节中经历了很多，但他始终将海报当作护身符般地紧握在胸前。此刻要将感情释放，他向手里的广告求爱并拥抱它，以华丽的身姿在舞台上滑行，在空旷的舞台上紧握着海报，此时天空已泛出黎明前的浅蓝色(记住，“当一个百老汇人跟你道晚安，这必定是快到早上
84 了”)，远处摩天大楼的轮廓已经若隐若现。他的舞步变得更加疯狂，也更加可笑；不一会儿，独舞似乎过于冗长了；观众有点期盼他的水手兄弟们能像之前那样打断他。最终，仿佛为了奖励我们主人公对海报女孩的荒唐的忠贞，物质女——薇拉·艾伦扮演的“旋转门小姐”终于登场了，她和她的海报会合了。她穿着华丽的服装，鲜艳的色彩正好搭配水手的白色；他们拥抱的时候，管弦乐奏起了胜利的和弦——《纽约，纽约》，我们应该明白，拥抱不仅是水手的胜利，更是这个所有人都能找到自由之爱的城市的胜利。

《锦城春色》中的警察常常被忽视，但在我看来他对凯利饰演的主人公和电影本身都有着重要影响。音乐剧中只有一个警察，而且戏份非常轻微。但电影里的警察反复出现并发挥了显著的作用。在电影开头，警察怀疑三个水手破坏了展览馆里的恐龙化石。这听上去有点可笑(也借此寓意：“警察保护的到底

是美国社会里的哪些群体”)。电影没有放过这个铺陈，他们不会习惯于好莱坞常见的启斯东警察①模式。他们继续追捕，反复出现，成为推动剧情的核心因素，将我们的主人公从城市一端追至另外一端并最终将其逮捕，所以主人公们没能尽情欣赏他们梦寐以求的浪漫城市夜景，警察成为他们寻爱之旅中挥之不去的阴影。警察的追捕行动和反复出场，幽灵般贯穿主人公穿越曼哈顿的全程，电影或许想要传达：冷战就是出没于战后娱乐产业的那个幽灵。正如尼采所谓“伟大的中午”[45]，1945 年 8 月的经典一吻发生在完全开放和透明的氛围中。艾森施塔德的照片帮我们了解当时的环境，照片本身长达半个多世纪的影响力则保存了记忆的鲜活。然而 1949 年当电影《锦城春色》在百老汇首映时，氛围已不复当年，时代广场的开放与透明已经深埋于阴影中了。

1949 年的吉恩·凯利似乎到达了事业的巅峰，但作为一名左派、一个公会活动家，他深知冷战时期即使明星地位也不可靠。他深植于人民阵线中的激进主义体现在他对“普通人”的认识中，“普通人”形象则常常具体化在他的舞蹈，尤其是水手角色中。几年之后，凯利的第一任妻子、电影演员贝斯迪·布莱尔成了好莱坞黑名单的受害者。20 世纪 50 年代初，凯利的另外两部电影《一个美国人在巴黎》(1951)和《雨中曲》(1952)大获成

---

① 启斯东警察(Keystone Kops)是 20 世纪初美国喜剧电影中常见的警察形象，较早出现在卓别林电影中。他们像是从疯人院里跑出来的，头戴铜盔，穿着肥大的上衣和短了一截的裤子，只要走路就一定会“下意识”地摔倒。动不动就陷入一场疯狂的追捕，结果一定是人仰马翻或者反被痛打。启斯东警察也成为嘲讽警察无能的代名词。——译者注

85 功。但他比所有衷心祝贺他的人都更清楚：成功让他成了攻击的目标。他在《雨中曲》的高潮部分有一段独舞，表现的是主人公正在享受胜利的喜悦，此时警察突然出现了。观众只能看到他的背影短暂地充斥了整个镜头；警察勒令主人公离开这里并拿走了他的雨伞。电影问世后获得了许多奖项，但不久之后，凯利和妻子就被迫离开了美国。直到 1955 年他们才返回美国，回国后的凯利妻子在电影《君子好逑》中谋得一角。凯利也继续从事表演工作，他无须像罗宾斯那样向官方机构屈服，但仍有很多人说他已经难回当年的巅峰。（当然，这种判断或许来自评论者对电视的无视，毕竟凯利后来在电视领域做出了卓越的成绩。）我无意于将话题变得沉重，但对冷战稍加关注能够帮我们重构故事中的警察到底在做些什么，[46]以及没有雨伞在雨中唱歌是什么景象。

最后的细节

水手题材电影中另一部经典是越战时期的伟大影片——哈尔·阿什比和罗伯特·汤的《最后的细节》（*The Last Detail*，1973）。电影用一个小故事讲述了一个大道理。故事主线和古德曼的小说以及《自由的想象》《锦城春色》类似，依旧是三个水手的搜寻之旅。故事发生在战争期间，但故事的主角却生活在一个远离战争的世界，他们是老兵杰克·尼克尔森、奥蒂斯·扬和年轻士兵兰迪·奎德，他们接下来的经历也与战争无关。为了将这部电影放进本章的写作，我不得不适当放宽了切题的标准，毕竟主人公不曾到达时代广场。尽管我们知道他们想去时代广场，我们也在电影中某处类似广场的夜景中看到了一幅幅广告，但就像弗兰茨·卡夫卡笔下寻找“城堡”的土地测量员 K.一样(《城堡》)，他们从未真正到过时代广场。在某种程度上，他们的旅途始终朝向时代广场。《最后的细节》建构了银幕史上最惊人的地面景观——一个向我们展示了一代水手之迷茫的景观。

电影的主要情节如下：尼克尔森和扬是驻守在诺福克以南的某个海军基地、等待出海命令的两个老兵，我们不清楚他们要去往何处，但肯定不是越南，因为他们已经去过了。二人稀 86
里糊涂接到指令需要他们护送刚刚获刑的年轻犯人奎德(他所犯的罪行不过是轻微的偷窃)去新罕布什尔的朴茨茅斯军事监狱服刑。他们被指定的路线是向北经过华盛顿、哥伦比亚特区、费城、纽约、波士顿等美国人口最密集、历史积淀最深厚的地区。电影没有进行实地取景拍摄，所以尽管他们走了很远，却没有真的去过任何一个本该经过的地方。这是一次没有尽头的旅行，从无名之地到另一个无名之地，穿过操场、天桥、长廊、小巷、阶梯、男厕所、死胡同，成排的平房(他们歇脚在奎德妈妈的房子附近，但房子太难找，她妈妈当时也不在)，汽车旅馆(我们在电影中只能看到旅馆里的床脚)，巴士(观众可以看到他们坐在巴士的后排)，火车(他们坐在车厢里，一列更快的火车从一旁超过)，等候室和站台。尼克尔森说“我们是一支三个人的海军队伍”①，他和扬谈起他们对大海的热爱，但我在电影里没看到一滴海水。电影里的天空始终是灰色的，没有任何阳光和雨水的迹象；有时地上会有雪，但不会下雪。有一幕是在费城30街火车站，但你看不到大会堂；一幕是在华盛顿广场，但你见不到大拱门；还有一幕在波士顿公园，但没有宏伟的州议会大厦。我们唯一看到的真实存在的场景出现在他们旅途的结尾：那就是坐落在朴茨茅斯、即将看押奎德的、耸立着高高圆顶的军事监狱。

《最后的细节》是一部远比其表象要深刻的电影。片中的水手在某种程度上可谓《锦城春色》三位男主人公的延续。《锦城春色》中的水手们身处“正义之战”的巅峰，他们以舞蹈的方式穿梭于一处又一处景观；他们经过的地方塑造了他们；他们体验了生动的谈话、歌唱和舞蹈，他们传递着自由的感觉，参与了那个时代的集体生活，怀有性的渴望，拥有爱的能力(当他们发现有魅力的女性，他们会给予关注)，对未来充满希望——所有这些都是一个成熟的幸福状态该有的元素。《最后的细节》中的水手是经历了越战的一代，他们监测敌方的雷达屏上不会有宏伟的景观和美好的愿景。生活看起来像是一条无处可走的死路、
87 一个没有发展和成长的序列、一段无限循环播放的影像。水手、

① 此处，像多数战争文学一样，他们最大的敌人是好战的、武装的现役军人：在电影中就是水手们碰到并在(我认为是)纽约的男厕所与之愉快交战的士兵和监管朴茨茅斯监狱的海军。他们的第二大敌人似乎是平民。

犯人和守卫，终其一生都在等待戈多。[①]夜晚他们能看到明亮的灯火，但他们却永远无法到达，只能无限接近。

《最后的细节》避免了对越战的直接评论，但战争期间任何大兵主题的作品都被视为战争电影。水手们经过美国东部的城市，那里缺乏对战争的热情。没人将他们拥入怀抱，没有城市真正地接纳他们。没人因为战争攻击或谴责他们，只有一个忧郁的文人自称不明白“你们怎么能保护尼克松”，并挑衅他们能否“列出尼克松哪怕一条优点”。水手们没有为尼克松辩护或者列出他的任何优点，他们的沉默显得意味深长。(1970 年，美军对越战的分歧已经越来越深，不难想象三个美国大兵里没有一个人支持越战，电影很好地把握住了这点。)但电影并没有把平民塑造得多么高明、深刻。其用意在于表明这些身披戎装的男人经历过的东西是超越评论者想象的。尽管我从未参军，但我认同这点。这种观点至少在一个只经历过一次侵占的幸运国度里是合理的，但在数百万平民死于战争并历尽可怕炮火的其他国家就不见得合理了，即使在美国，“9·11”后的人们大概也无法表示认同。真正的鸿沟只存在于经历过战火的人和未经历过战火的人之中。

自《伊利亚特》以来，生活的基本面貌一直是战争文学的核

---

① “戈多”不只是一个标志了无用和徒劳的陈词滥调这么简单。塞缪尔·贝克特是法国解放的英雄，是巴黎反纳粹抵抗运动的积极分子，也是英勇勋章获得者。[详见安东尼·克罗宁(Anthony Cronin)：《塞缪尔·贝克特：最后的现代主义者》(*Samuel Beckett：The Last Modernist*)，哈勃柯林斯出版社，1996 年，第 21—22 章]，如果存在一个巴黎版本的艾森施塔德瞬间(或许摄影师罗伯特·杜瓦诺可以)，贝克特必定身处其中，站在人群边缘发出神秘的微笑。1952 年《等待戈多》在巴黎出版，贝克特却发现自己已然成了血腥的帝国战争中错误一方的公民。

心主题。然而这一主题往往混淆于一种更加暧昧不明的东西里，这便是企图为战争辩护的宣传和舆论。一战的恐怖催生了一系列涉及正反两面、两种主题的伟大作品——一类是在战火中生存，一类是为胜利而战斗，由此产生了二者之间的巨大鸿沟。[47]二战中两类主题再次陷入无望的混乱。越战迫使美国再一次划清界限。创作于该时期的《最后的细节》便是划界过程的一部分，
88 三位水手偶遇了一群嬉皮士，尼克尔森向一群女孩吹嘘在军队服役是“做男人该做的事”。但一分钟后，随着谈话的自然进展他敞开了心扉，他的吹嘘变成了悲伤的哀叹，他说“我曾见过他们做出过我都不知如何向你们开口的事情……”。水手身上这种对普通民众具有吸引力的男子气概，或许依赖于他们对国家战争不假思索的认同上。若果真如此，这种男性气质或许也是越战的一大诱因。战争教会或者说迫使这些男人在战火中思考；但当他们这样做时，这些无忧无虑的年轻人也就变成了古代的水手。（古代的水手也可以性感，但多数情况下是向那些本身就在这一区域游荡的人。）

对男性气概的反思最终给养了这部电影的深度。《最后的细节》和古德曼的《水手》不仅在人物设置上存在相似，更在老兵确保新兵学会成长的情节安排上惺惺相惜。相比本章提及的其他水手，学会成长对奎德来说是格外高的要求。这位帅气的年轻水手是个不折不扣的失败者，他是个小偷，但是一个愚蠢的小偷。他的偷盗十分笨拙，仿佛等着被抓；他在押送期间曾试图逃跑，但每次都是在不可能逃跑的情形下。在三人一路向北的行程中，他始终压抑的忧郁越积越厚，甚至足以倾覆他们乘坐的火车。尼克尔森和扬对他在监狱的生活表示担心，“或许他会

高兴去关禁闭。外面对他来说太危险了”。当然这是个笑话，但是奎德的确缺乏随处生存的基本生活技能。他们点餐时服务员送错了餐，尼克尔森抱怨了几句并将餐退了回去，服务员接着便送来了他们点的食物。这本是寻常的社交活动，新兵奎德居然表示怀疑：你是说你可以要求你想要的而有时真的能得到？听到这话老兵们失望至极：军队让他们教给新兵如何清扫甲板、站岗巡逻还有清洁、装卸和使用枪支，却没有教他们辨识自己的欲求并确证自我的存在。这位年轻的新兵必须快速建立基本的自我，否则无法在监狱中生存。而尼克尔森和扬是可以提供帮助的仅有人选。这些自认为由于参军而逃避了家庭生活责任的老兵，现在却不得不重新肩负起教育的责任从而帮助年轻的新手迅速成长。电影是神奇的，他们也是。下火车前，奎德点 89
了些东西但服务员送错了，此时我们屏住了呼吸，猜测他将会怎么做？只见他将送错的东西送了回去。他没有争吵，只是说出了他想要的。对他而言，这一举动本身就是一次精神的巨大突破。他兴奋地喊着“我学会了”，由衷的微笑填满了整个荧屏。这对他的两位导师亦是一次突破：他的成长便是他们的成长；这支三个人的海军，都在学习如何成为男人。

奎德随后在波士顿的一家肮脏的妓院学会了更多。这次成长得到了卡罗·凯恩和一位老人的帮助，前者是一个脱衣舞女，在奎德烂醉如泥时护士般地照料奎德，而后者充当了医生的角色，向护士解释了奎德的需求。他们之间就像美国军队传统中的战友关系，正如《水手》或者《锦城春色》里的水手。[①] 他们压抑自己的欲求和需要，晚上睡在长沙发里，“只要他需要”便用自己的钱资助奎德。在他们的精心护理下，奎德在第二天早上又重新焕发了活力。他告诉卡罗，他知道她是妓女，但他能感受到卡罗对他的照顾不仅仅是因为钱。尼克尔森表示认同，他的解释是：“和所有人一样，她也会有感情。”此处，导演阿什比和汤再次发挥以小见大的功力，用一句漫不经心的台词传递了一个复杂的道理，那就是异化中的自由：即使是那些靠伪装自己的感情来谋生的人，依然能够拥有感情并能够将其自由地给予，哪怕只有一次。如果奎德能够理解卡罗的真情，他便会知道自己在这世上并不孤独；即使在监狱，他也能够找到东西支撑他离开那里。

奎德也能宿醉的事实让尼克尔森和扬意识到，“这个年轻人确实进步了很多”，他们的教学已见成效。奎德成功了，他的两位导师也成功了。这支三个人的海军，这次真的做了一件“男人该做的事”：他们帮助一个濒临崩溃的年轻人学会了成长。讽刺的是，既然他已经学会，也就做好了入狱的准备；既然他们已经帮他成长，也就可以将他送到该去的地方了。他试图再一次逃跑，三个人扭打成一团，鲜血染红了白雪。（还记得古德曼的“他们已经冻结成一体”？此处他们真的冻成了一体。）朴茨茅斯军事监狱是奎德悲剧命运的终点，又是对他的挽救：从一个更

① 初到纽约时，老兵们将奎德独自留下和一个女孩待在一起。他们以为她会带他上床。相反，女孩对奎德进行了一番政治教育，并鼓励他逃去加拿大。观众听到而两个老兵听不到的奎德的回答是，“我不能这样做——他们是我最好的朋友——这会害死他们的！”可见他学到的东西远超过老兵的认知。

加悲剧的命运——越南战争中挽救出来。战争的创伤对老兵历 90
历在目，这趟旅途赋予了他们重新面对生活的勇气，扬去了巴蒂摩尔，尼克尔森去了纽约，或许这次他能到达时代广场。他们离开监狱的时候，屏幕上只留下背影，似乎经典电影中的男主人公总是要消失在落日中(尽管全片没有太阳)。他们离开的脚步充满了新的可能，陪伴他们的还有管弦奏响的《起锚歌》。

我对水手情节的研究已有一段时间，最吸引我的始终是“水手与民主”这一可追溯至古典时期、在二战期间被再次拾起的话题。艾森施塔德、罗宾斯和吉恩·凯利的水手们在二战的尾声重新焕发了他们的潜能和理解力。《锦城春色》中，水手们踏上纽约人行道，这一简单的举动象征了自我成长的实现。在日出之前返回布鲁克林海军基地的他们(和观众)，已经见证了整个城市的壮阔与美丽。他们用舞蹈取代行走：他们像年轻的希腊神一样跨越人行道，接受海水和太阳的汲养；他们如同在海湾舞蹈，从矮桥划破天空跃上高塔，他们的脚步和歌声没有一刻的停留与止息。正如 1945 年美国呈现给世界的民主那样，他们只是平凡的好孩子，但至少在当下，他们有能力跨越任何地方，实践任何事情。

一代人之后，时值越南战争，海军工厂已经不在，无限的视界已经关闭，伟大的跨越也被切断。纽约、美国和民主都陷入危机。我们还能见到水手，但他们或者负伤或者等待任务，要么在封闭的火车车厢里，要么在男厕所或者汽车旅馆。越战之后，现实的每一处“最后的细节”对他们而言都像是障碍，让他们难堪、让他们意识到自己的有限。他们彼此碰撞，任肉体相互挤压。只有通过复杂的协商，才能在虚无之地迈出微小的一步。或许通过否定古老的水手神话，他们才能重拾生活的勇气；又或许只有身处空虚，他们才能寻回自己、重建自己作为男人和公民的尊严。《最后的细节》是献给整整一代人的挽歌，这代人无法阻止战争但他们开创了一种美好而体面的反主流文化。它提供了一种反转老生常谈的辩证法：最后的将会是最初
91 的。如果我们的主人公可以看到自己脸上的无力，他们必将同彼此和他人团结在一起，必能构筑一条将世界上有限但真实的能力带给自己的纽带。离开了广阔海洋的水手依然耀眼地代表着整个时代、代表着整个广场。

水手、《辛普森一家》和 1989

本章最后三个有关水手的场景分别来自 20 世纪 90 年代莉兹·菲尔的歌曲《你好，水手》、福克斯电视台的连载动画片《辛普森一家》和家庭影院有线电视网络公司的连续剧《欲望都市》。《你好，水手》和《欲望都市》都传递出女性对于自己和水手邂逅的幻想。直到今天，对水手或者水手与平民相遇的故事谈论几乎全部来自男性。（事实上几乎涉及所有话题并且记录在案的谈论都来自男性。）作为当代生活和文化的新鲜力量，越来越多的女性想要发出她们的声音并渴望被聆听。

在今天的时代广场上，广告对人们的生活依旧发挥着至关重要的作用。然而当年如婚礼彩篷般横跨在水手、护士和 1945 年的所有人头顶和背后的邦德广告早已不在，取代它的是更加

巨型、更加艳丽的“维京广告”(VIRGIN)，商业巨头维京唱片(其业务包括图书、服装、食物和饰品)的商店，不仅占据了邦德的位置还拓展出更大的疆域。讽刺的是今天时代广场人群中处女(其英文单词 virgin 与维京的英文拼写相同)的数量，却远少于历史上的任何时期。尽管如此，维京在以下两个场景中仍是不折不扣的主角：它间接出现在莉兹·菲尔的《你好，水手》中(事实上它在歌曲画面中并没有真实出现)；它直接再现于《欲望都市》里并象征了每一个夜晚的结束。关于“处女”有一个流传在时代广场上的经典笑话，它的前身是孟德斯鸠在 1721 年嘲笑巴黎时的调侃。它是钢琴家、喜剧演员奥斯卡·莱文特关于爵士歌手、喜剧女演员多丽丝·戴的一则笑话：20 世纪 50 年代多丽丝·戴转型为好莱坞一名饰演天真少女的新星，某一次访问过程中，奥斯卡·莱文特告诉电视谈话节目主持人杰克·帕尔，他对多丽丝的过去知道得一清二楚，他说“在她变成处女之前我就认识她了”。《你好，水手》和《欲望都市》里的女主人公都是经验老到的成熟女性，她们想要变成处女，但也知道并不可能。

在此不妨先把目光交给《辛普森一家》。《巴特将军》[48]是这部 92
动画连续剧(至今仍未完结)问世不久后播出的一集①，里面没有水手也没有时代广场，只有一份艾森施塔德经典照片的卡通复印图片出现在这一集的结尾。该集讲述了一个卡通版的“二战故事”，丽莎为她的老师和同学做了纸杯蛋糕，但春田小学的小恶霸尼尔森抢走了她的蛋糕，边吃边把它弄坏了。尼尔森个头是大家的两倍大，还有一群小跟班。为了保护妹妹，巴特挺身

① 第一季第五集。——译者注

而出，但遭到尼尔森的痛打和羞辱并成为全校的笑柄。第二次类似的事件之后，他向祖父——一位老年痴呆的老兵（至于他参加了什么战争我们并不清楚）、当地军事纪念品商店店主还有《命运战士》杂志寻求帮助。巴特组建了一支由尼尔森的前受害者们组成的杂牌军（“如果你也讨厌和害怕尼尔森，加入我吧……”），这些男孩生平第一次学会了自律。巴特的顾问们教他采取围绕敌军刺探作战的方针，随即再用生日庆典专用的水球“展开全力轰炸”，直到光明正大地将坏人拿下。两分钟的战争画面之后，尼尔森的军队溃败逃离，尼尔森被迫投降并签署了失败条约。他被五花大绑地带走了，人们涌向春田镇的街头，每个人都开心地享受胜利的喜悦。这时一个陌生的、带着水手帽的庞然大物，突然从屏幕外面飞进来、砸向丽莎。丽莎厌恶地将它炸飞，它如来时一般神秘地消失了。消失之前，有人用拍立得拍下了这个怪物，于是它再次闪现在我们眼前：天啊，原来是1945年时代广场的那张照片！我猜观众看到这里都会唏嘘“啊！原来是个冒牌的复制品”。这个情节将会是玩世不恭的后现代的一个实例，或许这也是《辛普森一家》广受喜爱的原因。然而作为一种后现代的调侃和玩笑，这场拙劣的模仿还是失败了。1945年艾森施塔德原作的力量，并不在于水手在刚刚结束的二战中“真实”身份或者护士对他的“真实”情感，而在于其象征了一种与个体感受无关、将所有人包裹在内的集体的真实。让这张照片看上去空洞、肤浅的唯一方法，就是对二战场景的空洞、肤浅的复制。而《辛普森一家》的创作者们尽管已在离经叛道之路上走了够远，仍没有做好充分的准备尝试这个方法。

和你看到的相反(巴特说)，战争既不辉煌也不好玩。战争中没有赢家，双方都是败者。没有什么正义战争，除了这三个例外：美国大革命、二战和《星球大战》三部曲。 93

动画片里只有无尽的讽刺和自嘲，并没有总体性虚无。《辛普森一家》对经典照片的再处理表明了它的创作者在后现代怀疑主义中想要走多远以及哪里是他们并不想去的。[49]

我注意到这个动画片是因为十一岁的儿子丹尼，2003 年夏天他看到了家中墙上挂着的、艾森施塔德为《生活》杂志拍摄的经典照片，他说自己刚刚在《辛普森一家》中看过这张照片。我只能立马坐下来陪他一起看。我看到的是一场校园里的“微观二战”。动画片的创作者们尽管有着玩世不恭的才华，但他们对战争冲突的处理依旧和艾森施塔德、伍迪·盖瑟瑞和罗斯福的手法神奇般相似。我忍不住怀疑，这些人文主义自信都来自哪里？后来我意识到这只是动画片的第一季：它还在成长期，仍在摸索，尚不清楚自己的未来和方向。它创作于柏林墙倒塌的短短数周后，正处在 20 世纪最自信的时刻中心，对这样一个时刻的最好描述来自爱尔兰诗人谢默斯·希尼的名句“希望和历史琴瑟和鸣”[50]。这是一个世界范围内自感经历了太多的人们感受到一个再次回归单纯的机会的时刻。这一时刻不会太久，但希尼的诗句帮我们保存了此刻的鲜活。DVD 版《辛普森一家：第一季全集》同样以一种出乎意料并充满嘲讽的方式保存了此刻的鲜活。这些年来，《辛普森一家》和它的观众或许经历了很多，但很多人收藏了第一季的全集 DVD，当希望和历史琴瑟和鸣——就像当年广场上的水手和护士，我们不仅能够重温自由之爱的震颤，还有希望的纯粹。

女孩、盖维尔和海湾战争

莉兹·菲尔的歌曲将“自由之爱”这一美好愿景，当作她发泄愤怒的目标。菲尔是当今流行音乐界最有才气的歌手，也是最难读懂的歌手之一。如若给她的音乐归类，那必定是某种朋
94 克-民谣的类似物。她喜欢用她那摇摆的女低音和富有感染力的音调浅吟低唱。歌曲所传达的内容中不乏粗鲁、恶劣、色情甚至暴怒的情感。她塑造了一种类似于《自由的想象》中穆里尔·宾利的人物形象——甜美的乖乖女学会了荡妇的举止并走上了狂野之路，所以她很多歌曲中的主人公比水手还会说脏话。在最新专辑的封面和内页上，菲尔打扮成20世纪70年代42街上的脱衣舞女，仿佛语言/歌曲已经无法将她送达她要寻觅的某种终极裸露。[51]但正是她的语言让我们记住了她。她有着詹姆斯①式的复杂头脑；她同歌曲中人物的关系，也一直是我们甚至她自己都无法解答的难题。

她最具代表性的歌曲当属才华横溢又灼热撩人的《速食之爱》，歌曲收录在菲尔的第一张专辑《流放在盖维尔》中，也是整

① 亨利·詹姆斯(Henry James，1843—1916)是美国小说家、文学批评家，被公认为心理分析小说的开创者之一，对人物行为分析有独到之处，是20世纪意识流写作的先驱。主要作品有长篇小说：《一个美国人》《一位女士的画像》《鸽翼》《使节》和《金碗》等。——译者注

张专辑中最先公开的单曲。歌曲中的女主角在一个男子的臂弯中醒来，她意识到身边的男人一旦醒来便会将她抛弃。她悲叹自己总是被这些“干完就走”的男人引诱又抛弃，又随即明白自己和他们并没有本质的不同。她最想要的就是一个老实善良的“男朋友/那种因为爱你才和你做爱的男孩”。但她担心：如果真的有一个好男人爱上我该怎么办？她甚至不会辨别真爱，又怎么回馈真爱？还是说这些年来她的心已经被不断的速食之爱变得麻木？这能成为女人获得自由的目的吗？“盖维尔”在此处象征了存在主义的恐惧(不只针对女人的恐惧)——一种深陷于没有感情、践踏爱情只会哼着有性无爱的歌曲滚回家去“坏男人”的恐惧。

菲尔在自己二十岁出头的时候创作了《你好，水手》，时值柏林墙倒塌之后，正经历第一次海湾战争的余波。这首歌从未真正发行，但在网上可以轻易地找到歌词。[①] 由此产生了一种模棱两可的情形，而这种含混和模糊才是真正让菲尔感到舒服自在的地方。歌词所表达的对水手的狂暴愤怒让人震惊；歌曲的叙事者(也是歌曲内容的女主角)以近乎咕哝的方式谴责了战
争。第一次读到歌词的时候我惊呆了，但作为一个有着四十年 95
教龄的教师，我还是辨认出了她要说的内容。主人公对水手的全然不认同说明她不曾学会分辨掌权者和无权者，也提醒了我

① 根据2003年美国在线音乐搜索的莉兹·菲尔的个人简介，菲尔曾将《你好，水手》收录在一个名叫《女孩的声音》的录音带小样里，并将小样寄给了20世纪90年代的某些音乐界人士。我和我认识的所有人都没有听过这首歌。我在这部分的写作完全基于她的歌词，她的粉丝贴心地把歌词放在几个精心打理的莉兹·菲尔网站上。她没能记录这首歌曲以及歌词在网上的随意流传恰恰说明了她性格中的含混不清。

们：今天数代美国人的历史记忆其实仅始于越战甚至其后，在他们那里已无从追踪“正义之战”的踪迹。如果这就是主人公的记忆，那或可解释为何她对水手缺乏认同。然而鉴于她只是菲尔歌曲中的人物，她的历史记忆始于哪里还无从确定。菲尔是擅于制造矛盾心理和复杂身份的大师，所以歌曲中的主人公会想要和她所鄙夷的男人融为一体。或许她从未搞清歌曲中的主人公同自己的区别，这大概也是《你好，水手》没有被收进专辑的原因。或许是斗牛士唱片公司选择将这首歌束之高阁，因为他们不想让她的音乐掺入政治，作为一个没有积淀的新人歌手，她还不具备创造性的掌控力可以处理这一切。

与此同时，我们应该对歌词予以注意。透过文字，我们可以想象一个女人同美国大兵的相遇，他们之间不只有性，她还可以对他说：“不要为石油流血！”她还有很多精彩的提问，例如：“在自己的国家被痛恨和被爱戴是什么感觉？”但最让人震惊的是她反复声明的一段宣言：“自由之爱全是胡扯。”在歌曲的结尾，这句话重复了三遍，看着重复排列在纸上的文字，我们仿佛能感受到主人公声音里的愤怒在扩散。不难想象菲尔歌曲中的主人公怒气冲冲地离开，只留下诧异的水手一个人在街上，他不明白这个女人为何如此疯狂以及她到底想要什么。

她想要什么？女孩自己并不比他知道得更多，但我们知道。只需稍作回顾我们便可得到答案：时代广场、胜利之吻照片、《自由的想象》《锦城春色》……热情相拥的陌生人之间的瞬间和谐；短暂而真实的爱情，其中的男人和女人不仅关注彼此的脸蛋和身体，更关注他们身处的生活整体；属于个体更属于集体的爱情（就像《锦城春色》里的出租车司机希尔迪说的那样），身处其中你能感到整个城市都在拥抱你并告诉你——“小伙子们，这城市是你的！”在民主的、公开的时代广场，在象征了美国的纽约，在代表了世界的美国，爱情被公众庆祝并神化。在美国追求幸福的无尽旅途中，1945年的景象俨然成为我们履行追求幸福之责任的原初图景。这是一幅单纯的水手保护单纯的女孩 96
的画面，或者在康登或者格林描绘的更加复杂精细的图景中，单纯的水手和单纯的女孩可以保护彼此。在这样的图景中，我们和陌生人能够彼此相爱，因为我们共同生存在“正义之战”的恐惧战火中。这就是美国的命运和历史：我们的确经历了“正义之战”，而经历回馈给我们的是纯真，经历让时代广场成了世界的集会，经历让成千上万的人振奋鼓舞，即便是冷静通达的波伏娃，也忍不住在那个时刻一起融化。

这才是莉兹·菲尔的女主人公真正想要的。她想要融入；她想要男人让她依靠、将她引导并明白自己的责任；她想要被整座城市拥抱和热爱的感觉；她想要和一个男人一同感受成为整个世界自我释放过程的一部分的震颤与兴奋。她想要得到艾森施塔德照片中的护士所得到的；她想要《锦城春色》里的出租车司机、人类学家和“旋转门小姐”即将得到的。但她知道这一切都已是历史，今天的美国和美国人已经走了很远。她知道那是过去，这是现在；她知道半个世纪前的真实在今天都是胡扯；她的疯狂，也正是为此。

欲望都市：广场上的孤独女人

如果说菲尔歌曲里的女孩想要融入，那么有线电视喜剧《欲望都市》中的凯丽（莎拉·杰西卡·帕克）则坚决相反：事实上，她想以她想要的方式拒绝融入。《欲望都市》在1998年首播的时候看不出任何的深度，后来凭借华丽的视觉风格、全体演员的精彩表演以及持续不断且出乎意料的深度，成为电视圈的经典。《欲望都市》展示了一段由对历史无知的人创造的历史，正是该剧对这样一段历史的敏锐捕捉，造就了《欲望都市》的深刻。

在《锦城春色》首演半个世纪后，《欲望都市》为我们展示了一幅充满生机与活力的“穿丝戴锻的曼哈顿女人”群像。剧中的主人公是四位女白领，她们工作生活的纽约，正受到曼哈顿服务行业和景观产业的推动，而日益膨胀为虚假繁荣的经济泡沫。她们分别在法律、公关、媒体出版和艺术交易等领域出售自己
97 的智慧、美貌和能力，换取好的生意和机会还有出自设计师之手的精美华服。《欲望都市》将故事设置在20世纪90年代末克林顿任职期间的美国大繁荣时期（没有人会被裁员，即便是剧中一个亲了女人阴部的男人被以内线交易的罪名逮捕也不会被裁员），该剧的一大看点是那些性欲堪比克林顿的女人：她们不会抱怨被男人诱惑，反而主动走出去诱惑男人，她们可以诱惑任何她们想要的人。一个反复出现在电视剧中的镜头是四个女人手挽手走在百老汇的大街上，直冲着镜头走来（撞向镜头前的我

们），精致华丽的服装和手包、超短裙下裸露的大腿……她们看起来像要在街头起舞。这个镜头严格来说借用了或者至少指向了《锦城春色》。但其中蕴含的严肃性和标志性力量，则来源于画面本身的反讽的“后”意蕴：它是后二战时代、后越战时代，它是后性别革命的，也是后女性主义的。主人公以“一支四个人的海军”面貌示人，不与任何大于彼此的群体相关；她们的表情或许怀旧地暗示了 20 世纪 40 年代水手的女朋友们，但在性的层面上，她们自己就是水手。[52]

四位主人公全都是莉兹·菲尔《流亡在盖维尔》的后裔：她们知道如何和男人一样速食地恋爱。观众拿不到主人公的履历（网站上是否有主人公少年时代的相关信息被我遗漏?），但可以想见她们必定出身城市郊区优渥的家庭，受过良好的教育，成长在上等的社区；我们也应该心知肚明她们早已学会了在某些特殊的场合不循规蹈矩。《欲望都市》的背景就是在超级现代的大都市，对于光鲜亮丽的白领，最让人兴奋的欲望就是交谈。讲脏话对于主人公的肮脏和顽劣至关重要——她们在脏话上的词汇量十分丰富。蒙太奇风格的叙事模式也是她们顽皮与出格的重要标志：我们看过了一幕幕她们和各色的男人裸体（或者接近全裸的肉体）纠缠在床上，但这种情节的出现似乎只是为姑娘们第二天的午餐提供谈资。她们无止无尽的午间聚餐（所有午饭后都要赶回去工作的人都会嫉妒她们）是种治疗：她们将痛苦甚至可怕的经历放置于成长的背景中来帮助彼此度过它们。年轻的卡尔·马克思在巴黎蜜月期间写到爱情，那时他就已经理解了《欲望都市》主人公们即将明白的道理：“人类的痛苦只能人化地理解，是人对自我的一种享受。”[53]

98 作为美国现实主义作家德莱塞笔下女主人公们的后裔，凯丽一角背负了其笔下所有女性内在生命的重担。她是一家“另类期刊”的专栏作家，专栏主题便是性。她的画外音串起了这部每周一集的电视连续剧。有时她的隐形叙事者聪明甚至深刻，但多数时候都是典型的现代人物，即亨利·詹姆斯所谓的“不可靠的叙述者”。她在剧中是唯一一个被与街道勾连在一起的角色，由此引发了围绕她的一系列争议，就像《锦城春色》中的“旋转门小姐”：她是重要人物还是无名小卒？她自己并不确定。按照时代广场的传统话语模式，凯丽应该要和她的广告或海报产生互动。剧中有一个情节便是：凯丽走到42街，一辆城市公交刚刚转过街角，车身上恰好印着替她的专栏做宣传的广告，而广告把她设计成了巨大的女奴形象；正当她陷入沉思的时候，刚刚驶过的公交溅了她一身泥水。她狼狈地回到家中继续写她忧郁的专栏。她写道：“我们这些无忧无虑的单身女孩是否已经错过了爱情的小船?”和莉兹·菲尔《流放在盖维尔》的主人公一样，她也渴望爱情，梦想“一个老实善良的男朋友”，但她也害怕多年的欲海沉浮已经让她失去了爱的能力。

下面要写的这一幕是2002年夏天播出的，不妨称之为凯丽版的《你好，水手》，我要以此结束本章的写作。这是一个将她和我们都精确带回我们的起点——时代广场的时刻。她的“水手”由年轻帅气、散发阴郁气质的非裔美籍男演员丹尼尔·逊亚塔饰演。在市中心的大街上，丹尼尔帮助凯丽叫到了一辆出租车，他自称是来自路易斯安那州的路易斯·勒罗伊，并邀请凯丽和她的朋友们参加当天晚上美国劳军联合组织在时代广场附近举办的海军聚会。凯丽的朋友——一向生活混乱的萨曼莎说

“我们要让他们见识什么是纵情狂欢”“这也是纽约女性义不容辞的爱国责任”。她的回答恰好呼应了《锦城春色》中大胆奔放的出租车司机。在度过了颇为不顺的一天之后，凯丽决定赴约。接下来镜头为我们呈现了充斥了俊男靓女的华丽聚会，凯丽也再次遇到了路易斯·勒罗伊，他们在舞池中共舞(伴奏是奥蒂斯·雷丁的《尝试一点温柔》)，路易斯轻抚凯丽的后背，她发出叹息，他们深情地对望。对于凯丽这样的情场老手来说，此刻似乎就是实现“欲望都市”的最佳时刻：不是当下，又是何时？但令观众吃惊的是，凯丽离开了她的“水手”，头也不回地冲进了夜色中的时代广场。

这则故事还有一个有趣的背景需要交代。当路易斯向凯丽做自我介绍时，他说了一句“舰队来了！”在 1984 年，时任市长 99
科赫同海军部达成协定，决定在每年的 5 月或 6 月设立一个“舰队周”①。此后，纽约市每年总会有那么一两个周被大量的战舰和水手涌入，再现了当年海军部关闭布鲁克林海军工厂并搬走之前的“鼎盛时代”。届时水手们会离开战船上岸观光，发起“甜蜜的行动”，结交朋友，花天酒地(有句俗语叫作“像醉酒的水手一样花钱”，可见民众眼中的水手多么喜爱饮酒作乐)，寻欢作乐，谈情说爱。市民们也会到船上参观，从甲板上欣赏壮丽的城市风光，参观发动机舱，探索这些大船的美丽与魅力，或许还会交上一两个海军朋友。这是一场公众关系的美梦：其中的每个人都是赢家。(2003 年年末我和儿子丹尼去了“无畏”号航空母舰参观，沿 43 街的哈德孙河游览，当时我俩确实感觉自

① 亦称纽约海军周。——译者注

己是赢家。）所以当路易斯说“舰队来了”的时候，他或许把自己当作了舰队周的活动宣传大使。（很多真正的水手在每年的五六月份确实会做类似的事情。）抑或——我们认识他时间尚短，还不足以发现——他借用保罗·古德曼的名画来表明两者正好契合。后来当凯丽将她这位水手朋友的聚会介绍给自己的朋友时，一个人问道：“他们难道不用去海湾？”她看上去并不真的关心这个问题，但问题本身确实存在。2002年，“去海湾”意味着“助力”布什总统2003年对伊拉克的入侵。水手们在2002年要去的地方是《舰队来了！》中的水手无论如何也想象不到的。凯丽的“水手”似乎在用海军田园牧歌般的纯真来打造一种完全不同的海军形象，那就是穿越险峻海峡、驶向残酷战争的海军。（也有可能并非如此：路易斯或许只是想表达对日渐消失的和平时期的海军的怀恋；呼唤“舰队来了”或许是表达他不想让舰队离港参战的美好愿望。但他明白，我们也明白，一旦身在海军，他们命令你去哪儿，你就必须去哪儿。）

凯丽和“水手”之间的烈火撕扯着舞池，他们都感受到彼此的热度。他们退回到后面的楼梯处，分享着雪茄，开始了凯丽所认为的“都市欲望”的基本表达方式——亲密的交谈。然而一旦离开了舞池，她的“水手”就甜蜜不再了。凯丽问路易斯一个人一生能有多少次“刻骨铭心的爱”，他的回答是“只有一次，或许更少”。随后，作为调情和增进亲密的必要步骤，凯丽向他倾吐晚上遇到他之前“纽约给我的糟糕的一天”。他的反应完全不对：他没有把她拉得更近，而是远远地站着，开始批判纽约；
100 批判它的喧嚣、它的脏乱、人们粗俗无礼（他没有意识到此刻的自己也是相当的粗俗无礼），“反正我不适合这里”。他鄙视纽约的口吻就像校长将犯错的小学生赶出学校，或者是福特总统二十五年前拒绝以联邦借贷挽救城市破产的冰冷语调。对那次财政危机留有记忆的任何老一辈纽约人都能回忆起这个冷漠的声音：至今我还会在噩梦中梦到它。镜头聚焦到路易斯微笑的脸上，冷漠的他瞬间变身南方的煽动家，他的面孔像一副自满的杜莎夫人蜡制面具。他看上去和那些长时间以来将纽约妖魔化为“异类”，以及执掌美国政坛超过两百年的南部白人毫无二致。

路易斯·勒多伊对纽约的不敬在多种意义上都是悲哀的。人们喜爱水手的一个原因便是他们历史悠久的接纳性。出身小城镇的男孩停泊在全世界各大港口，他们展现出适应陌生环境、享受各地赐予、迎合从未相识的人们、让自己感到舒适的能力。艾森施塔德的照片、《自由的想象》，还有《锦城春色》都赞扬了美国水手的开放。我很确信这些优良品质是真实存在的。正是美国大兵的友好和善为美国赢得了遍布世界的朋友，讽刺的是这也促成了美国帝国主义势力和操控的全球扩散。友善是否还在？设想一个二十岁的美国水手，对纽约、爱情和生活表达着中年男子才有的确信，是多么悲哀的事情。路易斯仅仅在纽约待了一天，他的下一站就是可能伤及性命的战争，可悲的是这些他都知道；大概没有人能给他带来新鲜感了，即便是浪漫靓丽的纽约女人。他只是一个孩子，但他在存在主义的层面上已经自我关闭了。电视剧是否表明从正义之战到第一次海湾战争，我们的水手已然退化？或者说水手的自我认同俨然是个错误，如果我们仔细品味经典的盖维尔中的男孩子们，我们便能发现他们并没有更加自由、更加有爱，并未比我们拥有更多的内在和谐？

凯丽知道她是时候离开了。“谢谢你陪我跳舞，今天真的很需要这样的放松”，她向他致意然后准备离开。他提出太晚了不安全(而不是说他想和她在一起)，她向他保证自己可以应付。她意识到和眼前这个人聊天已经没有一点意义。这时画面中响起了欢快的画外音，她感到只有画外音中的“她”才能理解她。
101 “如果路易斯·勒罗伊是对的，人一生只能得到一次真正的爱，那我的男朋友就是纽约，我不能容忍任何人说他的坏话。”(画外音)另一边，路易斯像《你好，水手》中的水手一样，被傻傻地留在原地。作为凯丽的忠实观众，我们当然能够理解她的离开。她如同高速传输文件一般，将浪漫水手身上的一些品质——开放性存在、尝试新事物的渴望、不害怕受伤、东山再起的决心——迅速转移到一个浪漫的城市身上。是否存在一个公共空间能让她免受风雨？她跑进霓虹灯和黑暗共同组成的深夜广场上，连续两辆出租车不理睬她的招手从她身旁驶过。整个情节和氛围都引得观众，不得不将她追赶出租车的行为理解为追逐爱情的象征。整座城市就是她的爱情——凯丽的顿悟让她以一种更加积极的心态看待白天和刚才所遭受的城市对她的冷遇：就此而言，即使是错过，也都是缘分。她立刻跳下交通岛，走上了42街。这时想起了萨克斯风布鲁斯的音乐，仿佛是护送陪伴她的侠义骑士。她走向时代广场的地铁站，中间有那么一分钟我会忍不住设想：继主人公和各色男人在床上的裸体画面之后，《欲望都市》会不会更进一步，让我们看到这些天之骄女在地铁上演裸体秀？(当然这只是我的臆想，这一集在凯丽到达地铁站前就结束了，或许只能等下一季了?)伴着音乐，凯丽汇入了深夜的人群。镜头以反向跟踪拍摄的方式追随着主人公的脚步，时代广场的全景逐渐进入镜头。如果放在 1992 年，我们会担忧她的安全，更会担忧她对安全问题的粗心大意，但这是 2002 年的纽约，公共场合早已安全到无须担心独自出行的人们。21 世纪初深夜的时代广场，一个披着昂贵皮草大衣的独行女人，多么完美的搭配！

深夜中剧院和餐厅里的人们渐渐散去，绽放着艳丽色彩的电灯广告，显得比平时更加巨大。镜头聚焦到广场那又大又红的维京广告上，它散发着柏拉图理念式的、孤独的庄严与宏伟。从广告下走过的凯丽将手中的外套扔向夜空。就像法国导演尚-卢·高达 20 世纪 60 年代电影中的女人公们一样，她对霓虹广告的拥抱象征了她隐秘的、无力的内心渴求，她担心勒罗伊们的“战船已经起航”，和很多现代女性一样她“已经错过了爱情的小船”。如果她能用自己的世故圆滑换取她所梦想的纯真简单，102
或许她的爱之船还能回来？同性感水手分开之后，她把整个水手群体当作寓言的材料：“或许，人的过去就是不断将我们拉回的锚，你只能放手让当下的自己离开，才能变成想要的自己。”凯丽用画外音向我们讲述她的寓言，也在告诉自己是时候放手。这一刻，时代广场所有的色彩消融，她的世界变成了简单的黑白，然后消失，我们亦渐渐淡去，消失于黑暗之中（本集结束了）。

电视剧结束前的最后一分钟，我们的女主人公陷入了一个重要的现代困惑中，那就是——如果我们能够忘记所有我们知道的、做过的还有我们是谁，我们便能达到原初的纯真状态和单纯快乐的新高峰，即尼采所谓的“创造性的遗忘”。镜头上巨幅的维京广告是凯丽通向深夜的旅程尽头的启明星。再次成为处女：这是四十年前多丽丝·戴梦想的完成，是杰罗姆·罗宾斯试图让众议院非美活动调查委员会和他自己相信的完美美国主义的理想黄金国，是一赌定人生的另一位见证者——艾比·布罗斯对他的《红男绿女》中知道太多的工作人员的幻想。① 在我看来，这也是后来那项工程巨大、历时二十年、花费数十亿美元的“时代广场大整治”的首要推动力。

《欲望都市》不会为这场整治买单。因为它想要的广场是一片深暗无边的酒海，在这里，人们紧握着自我之锚，作为带着强烈和复杂需求的成年人来辨识彼此。在这里，背景音乐实际上成为前景的一部分，不仅陪伴着孤独人群中的每一个人，更可以作为供人们带回家中的时代广场纪念品，继续将人们联结在一起。在最后一个镜头里，凯丽融入了时代广场夜晚的流动性，这是一个孤独的时刻，亦是共享的时刻——一个自我与他者共享的时刻。

---

① 艾比·布罗斯(Abe Burrows)编剧的电影《红男绿女》拍摄于1955年，影片主要围绕两名赌徒和一名非常传统保守的少女之间展开。老赌徒马斯特森(马龙·白兰度饰)与他的一位朋友那唐·底特律(法兰克·辛那屈饰)打赌一千美元，吹嘘自己可以说服那唐随意挑选的任一个女人与他一同前往古巴的首都哈瓦那，急需钱来营造流动赌窝的那唐接受了马斯特林的打赌并挑选了一个最不可能被马斯特林打动的女人，那就是一个叫萨拉·布朗的极端保守的女人，为此两个人之间展开了一场较量。——译者注

第四章

时报女郎和她的女儿们

电流漂散河中……在一片广袤之中顾自地嬉戏……我登上时报大楼——摩天大楼中最英勇无畏的一座……所有广告中最邪恶的一个是一张女人的面孔，她像大熊星座一般布满头顶的天空。在闪烁的几秒钟里，她眨了眨左眼似乎在诱惑谁……他们究竟是卖什么的？

——法国小说家皮埃尔·洛蒂《纽约印象》，

载《世纪杂志》1913 年[1]

……她赚钱的能力落后于她的欲求。

——默片《分门别类》(1926)中的接线员巴布丝·科梅

要了解时代广场的女性历史，就不能不提到其波澜壮阔的 105
变迁轨迹。自19世纪90年代以来，百老汇及其周边开始出现电力化的剧院，随之展开的是一幅女性的生动画面：许多女性以明星的身份展示自己，并邀请更多女性在公众场合以观众的身份展示自己。后来(具体时间有待争议)，这幅女性图景发生了微小的变化，分裂为两个截然相反的部分，一个是剧院林立的“蝴蝶结”区(百老汇与第七大道交会而形成的一片开阔宽广的X形地带)，一个是酒池肉林的“平分线”区(垂直穿过蝴蝶结地带的西42街一带)。[①] 前者日益发展成广告聚集地，一代又一代的男人和女人在那里互动与成长，见证了1945年那个“伟大的中午”，见证了陌生人的拥抱和爱情；后者则成了一条脏乱的长街，那里的女性形象让人鄙夷，现实中的女性往往排斥那里。两个区域在相当长的一段时间里保持着微妙的平衡。直到20世纪70年代，城市财政岌岌可危、濒临破产，平分线区愈来愈难管理，它的脏乱差一度扩散甚至危及蝴蝶结区，以致那里的广告景观越来越黯淡，曾经开放的公众场所几近关闭，那里的女性深感被抛弃的孤独。90年代，(纽约市和私企巨头之间)一系列大宗地产交易以滥用黑格尔“否定之否定”的方式，改变了昔日的场景，也改变了那里的女性。新一代的女性崛起，前所未有地登上了政府和公司管理部门的高层，掌控并实施了这场巨
变。“交易”本身也成为时代广场这一人间剧场迄今为止最杰出 106

① 关于“蝴蝶结”和“平分线”详见第一章第三节相关尾注。——译者注

的作品，任何试图把握和评判它的人今天都生活在了其中。

本章涉及的女性：有些是真实的人物，就像我的母亲和艾蒂姨妈，她们是时代广场的过客或者就生活在那里；有些是图书、游戏、电影或者卡通里的角色，她们诞生在时代广场及其附近；有些是歌手，或者歌曲中的叙述者及被叙述者；还有些是广告中的形象。这群女性有时被放置于男女关系中得到描绘；有时则和其他女性放在一起；有时被当作时代广场大集体中的一员；还有时会单独出场。或许你认为我在试图混合各种各样的语言、风格和文化类型，但你要明白，这里本就是一个杂糅了各种不同的、通常是截然冲突的生活与现实的混合地；在我看来，试图描述时代广场的大部分作品——即使是那些最好的——都还混合得不够。

时代广场是工作场所，是娱乐的源头，是娱乐产业的各种职业的发源地，就此而言它对女性做出了细致庞杂的分类。不仅如此，时代广场在女性的成长、品行教育、自我寻找、身份建构等诸多方面都发挥了巨大作用。这里是供女性实施约翰·密尔在《论自由》中所谓的“生活实验”(experiments of living)的场地。[2]当然，这里对男性而言亦是如此。它帮助我的父母跳出了养育他们的下东区的狭小眼界。像时代广场这样的地方，对女性的意义总是要比男性更大，因为身处其中意味着强烈的公开性。历史上的大多数时期，男性生活很大程度上是由其在社会公共生活中扮演的角色所决定的——不管这个角色是自由选择还是被迫承担。而女性则多被禁锢在各式各样的家务劳动之茧中，根本无法参与任何形式的公共生活。有一首几乎每个小孩都会的童谣再好不过地唱出了这种性别两极化：

皮特，皮特，吃南瓜的人，
他有位妻子却无法安顿.
他把她放在南瓜壳里，
从此安顿再无忧。[①]

几个世纪以来，社会唯一认可的“公共女性”只有妓女。现 107
代化的漫长过程和大都市、大众民主、流行文化、爵士歌手的“名字出现在广告上”等现代现象，已然在公共生活领域为两性营造了巨大的开放性。但是女性，在她们到达广场以前，首先要打破自己的“南瓜壳”；她们不得不经历漫长的旅程、越过鸿沟并付出高昂的代价。

19 世纪 90 年代——在嘉莉妹妹的年代，这一带还不叫时代广场而是朗埃克广场。当时，很多年轻女孩已经突破了她们的“南瓜壳”。回顾本书开篇的“时报女郎”明信片，穿过她和高楼，你可以看到广场远处的西侧都是五层的矮楼。19 世纪 90 年代到 20 世纪 20 年代，这些低矮的建筑开始被当时所谓“剧场公寓”的高层办公楼取代，里面住着来百老汇寻求发展的年轻人(或者年轻家庭)。尤金・奥尼尔[②]就出生在这里(他的父亲扮演基督山

---

① 童谣原文是英文，十分押韵，在此附上：Peter，Peter，pumpkin eater/had a wife but couldn't keep her/He put her in a pumpkin shell/and there he kept her very well. ——译者注

② 尤金・奥尼尔(Eugene O'Neill，1888—1953)是美国著名剧作家、表现主义文学代表人物、美国民族戏剧的奠基人。主要作品有《琼斯皇》《毛猿》《天边外》《悲悼》等。——译者注

伯爵长达二十年)。作为托马斯·沃尔夫①的恋人和灵感缪斯而被周知的剧场设计艾琳·伯恩斯坦也成长于此。她曾用优美的语言向我们再现了某年夏天这里的年轻人，是如何精心着装、涌出公寓、围着经纪人渴望得到一个角色："他们用自己装点了百老汇。"[3]美国流行文化为这些初入百老汇的年轻人树立了太多经典的喜剧和悲剧标杆，有《42街》、掘金女郎题材电影、贝蒂娃娃动画片、《摘星梦难圆》《跳舞吧，女孩》《红男绿女》《龙国香车》《歌舞线上》，等等。苏珊·葛兰在她的《女性景观》一书中将这些女孩描绘成一股新势力："对新一代城市奋斗女性的反思，(她们)象征了现代女性在20世纪的崛起。"[4]

再次回到"时报女郎"：她的明信片在很多方面都超出了一张普通明信片的影响力。它没有向我们传达"我在这儿，还是那个你熟知的人，站在这宏伟的宫殿前"，而是在说"我已经变了，我正变得越来越像这个女孩，这座勇敢崭新的建筑正在帮我成长"。寄送"时报女郎"明信片的行为本身就是一次精神的探险，是对寄送者所梦想的自我的一次公开。"时报女郎"将她的左腿跨过街道、撑在建筑物(应该是今天的孔戴·纳斯特大厦)上。大厦的外墙上除了填写寄信人姓名的空白处之外，就只有一句
108 话："想要聊艰难时世？先给我你的缓冲垫！"众所周知，1900年狄更斯的《艰难时世》是一部经典的现代小说，它向我们展示了城市工人阶级的苦难。或许这就是设计明信片的文化背景。

① 托马斯·沃尔夫(Thomas Clayton Wolfe，1900—1938)是20世纪美国文学史上最重要的小说家之一，主要作品有《天使，望故乡》《时间与河流》《网与石》《你不能再回家》等。——译者注

然而任何人只要仔细观察明信片前景上的时报大楼，便可发现“艰难时世”还有一层透着粗糙喜感的性欲意味。狄更斯的悲剧和梅·韦斯特[①]的喜剧——明信片同时包含了双重意义。在20世纪初，想要融入时代广场就要设想你自己具备这两个方面。如果我们能够在脑海中勾画出“时报女郎”明信片的寄信人或者收信人，我们便能够更为透彻地理解时代广场的辛酸与深刻。

“时报女郎”不仅是“嘉莉妹妹”最小的姐妹，还是20世纪喜剧主人公第一人(与之相似的卓别林的“流浪汉”或许是第二个)。她将自己暴露、伸展和绽放于深渊之上。她看上去毫无防备，仿佛一座空城。但她又把手搭在时报大楼上，不仅保持了平衡，看上去还很享受，或许还在对着自己大笑。她身上的喜剧性源于其对悲剧的亲密距离，它们距离太近了！她像荡秋千一样充满活力地将双腿高高翘起。即便深深为之着迷，我们仍旧明白：尽管时代广场看似她的玩乐之地，但它绝不是游乐场，从现实到游乐场——这之间是一条漫漫长路。“时报女郎”深知这点，所以她把自己的魅力发挥在明信片上。借助邮递，她向世界展示自己的精神和肉体。看着她，你会在她身上找到现代女性的经典原型——占据城市的中心，却生活在城市的边缘，周围环绕着想要得到她的放纵却不愿承认她的权利的男性和机构。她以活力和勇气体现着19世纪40年代波德莱尔所谓的“现代生活的英雄气概”。

---

① 梅·韦斯特(Mae West，1893—1980)是美国著名女演员、编剧。她在好莱坞，凭着天生的傲人身材红极一时，是20世纪30年代中期美国薪酬最高的女演员，被人们戏称为“银幕妖女”。——译者注

20世纪初，朗埃克广场在报纸的舆论重压下改名为时代广场。《纽约时报》新的公司总部在1905年新年夜的零时零分举办了一场奢华绚烂的烟火秀。时报大楼是一座高达二十五层的摩天大楼，有着和三角形的熨斗大厦①相似的时髦外形以及颇具佛罗伦萨文艺复兴风格的精致细节。大厦广受好评，它的形象和照耀全城的照明灯被大量复制在明信片和报纸周末影印页上。(直到20世纪30年代的某个具体时间之前，时报大楼的照明灯
109 只有在特殊的节日才会打开。)1904年，广场成为IRT(美国跨区快速地铁公司)地铁和BMT(布鲁克林运输公司)地铁的终点站。每天有成千上万的旅客搭乘地铁，他们不仅让42街和百老汇瞬间成为纽约最拥挤的地方，也直接联结了广布在布鲁克林、布朗克斯和皇后区的每一个偏远的移民聚居区。1905年，新巴洛克风格的阿斯特饭店开业，立刻受到人们，尤其是演艺圈的制片人和消费者还有寻觅“美国风情”的大量游客的喜爱；这份喜爱甚至持续到1965年饭店意外损毁前。这些大楼推动了建筑业的发展，为更多的高楼尤其是写字楼的建设打好了基础，而且带动了时代广场全天的客流量。广场周边工作的数以千计的人们成为剧院、餐馆、舞厅和繁荣于夜间的卡巴莱歌舞表演②的主要客源，促进了娱乐产业和娱乐场所的飞速发展(此刻这些客人们就在外面大街上呢)。与此同时，20世纪初电能的开发让电力广告成为可能，这些巨型的广告有时被安置在矮旧建筑

① 熨斗大厦(Flatiron Building)，1902年纽约第一高楼。——译者注

② 卡巴莱(Cabaret)是一种流行于欧洲的歌厅式音乐剧，兴起于19世纪末的法国，后传入德国和欧洲其他国家。是一种集喜剧、歌曲、舞蹈及话剧等元素于一身的简单直接的娱乐表演形式。——译者注

物的楼顶，有时出现在摩天大楼的外墙上。百老汇和第五大道业主联合会之间长达数年的冲突导致了曼哈顿大部分地区对广告安装的限制，但此举反而迫使广告向时代广场集中。1909年，州法院推翻了一项限制广告大小的市立法，几乎一夜之间，新一代巨大、明亮、闪耀的广告卷土重来了。[5]

新出现的广告给时代广场带来了全新的面貌。整个20世纪，直至今天，电力广告牌都是放大和彰显自我的最重要的表达方式。时代广场也就此成为全世界梦想“创造自己的景观”的男女老少的乌托邦。

每一天，千千万万的人涌出地铁、走下高速列车和有轨电车、走进时代广场。在这股巨大的人潮中，有一群魅力各异的女性，来自各个阶层和族群，她们是厨师、面包师、服务生、裁缝、制帽商、女仆、办公室保洁员、售货员、演员、歌手、舞者、服装保管员、服装供应商、接线员、时尚模特、剧院领位员、化妆师、夜总会衣帽间服务生、办公室记事员、打字员、速记员、会计，等等。附近的很多公寓都是男女混住，数千名 110
工薪阶层的年轻女孩在这里栖身。理查德·哈丁·戴维斯①在1892年对她们进行了如此描述：

> 单身的女孩——售货员或者工厂女工……能够并且确实独自走在街上……在柜台后或者织布机前度过了劳累的一天，她回到公寓，发现自己的小床那么冰冷、那么孤单，

① 理查德·哈丁·戴维斯（Richard Harding Davis，1864—1916）是美国新闻记者、小说作家，主要作品有《命运战士》。——译者注

孤独往往化作乡愁……所以她戴上帽子，走到了街上，让自己迷失在百老汇那看不到尽头的人流中。尽管她不认识任何人也没人认识她，但那里有灯光和色彩，至少她不是一个人。[6]

每一个日夜都有成千上万人以消费者的身份冲着各式各样的娱乐类型来到时代广场。或许不曾有任何时代的任何地方能像这里一样汇集数量如此庞大的各色女性。她们中间有很少一部分人叫作妓女，专门提供各种性服务，吸引各个阶层的客人。① 还有一些女人，作为业余的性工作者(她们也是相当老练)，向同事、老板或者陌生的消费者献上自己，她们有时想要寻求一场划算的婚姻，有时只想得到皮草、珠宝或者房租等最原始的满足。一些把婚前贞洁看得比性命还重的女人，则会借

---

① 劳伦斯·塞内尼克(Lawrence Senelick)认为“从一开始，时代广场就沦为红灯区了”，详见他的文章《公共区域的隐秘地带》(“Private Parts in Public Places”)，摘自《发明时代广场》(*Inventing Times Square*)，第 330 页。另见蒂莫西·盖尔福尔(Timothy Gilfoyle)的《性的治安》(“Policing of Sexuality”)(摘自《发明时代广场》，第 297—314 页)及其《性爱城市：1790—1929 年间的纽约市、卖淫和性的商业化》(*City of Eros: New York City, Prostitution and the Commercialization of Sex, 1790—1929*)(诺顿出版社，1992 年)一书。盖尔福尔用大量细节表明了卖淫是如何追随住宅区的正经娱乐业而日益兴起的，尤其是 19 世纪 80 年代百老汇和第 39 街的大都会歌剧院的开幕。盖尔福尔认同“扫黄”积极分子——第十五委员会的判断，即 1901 年该区至少“有 132 个不同的地点在进行某种形式的卖淫活动”，包括妓院、出租房、公寓还有旅馆，委员会还提供了一份详细到区的卖淫活动分布图。他强调了该区公共场所卖淫活动的扩散，并引用了亚当·克莱顿·鲍威尔教士(来自哈莱姆区，他的儿子后来成为一名国会议员)的抱怨——他的西 40 街教堂“正处在纽约市最声名狼藉的红灯区”。鲍威尔说，他每个周末走出教堂都能看到妓女穿着四敞大开的衣服站在教堂所在的街上，招揽着刚刚从教堂走出来的男人。盖尔福尔补充到，后来成为《纽约时报》总部的西 43 街在 20 世纪初被称作“轻浮女人街”。(《性爱城市》，第 207 页及其后)

助其他魅惑的方式，用穿衣打扮和言谈举止来展示自己的性吸引力。

所有这些都让时代广场弥散着性承诺的氤氲。也吓退了一些道德家，于是他们叫嚣着法律应该制定宵禁，并为剧院、餐 111
馆和卡巴莱表演设置更早的歇业时间，还要关闭地铁，总的来说就是一场“时代广场的大清扫”。重要的一点是时代广场的敌人并非一个单一的群体，有些人是刘易斯·艾伦伯格所谓的“传统的道德家，往往具有福音派的宗教背景，坚信戏剧本身就是对上帝的冒犯”。[7]另一些则是世俗的知识分子，政治上归属左翼，像是简·亚当斯、沃尔特·利普曼、路易斯·芒福德，他们想让大众更加激进和好斗进而为自己的权利斗争，他们相信商业化的大众文化正在侵蚀人们的头脑。

道德家们不仅厌恶妓女，他们或许更气愤纽约新兴的卡巴莱之风，这种歌舞演出在20世纪初兴盛于时代广场。卡巴莱的前身可能是19世纪末巴黎的咖啡厅音乐会(其原型可追溯至德加、马奈、洛特雷克的画作或者左拉的《娜娜》)。不同于当时业已存在的沙龙、舞厅(男性消费者会调戏这些场所的女性雇员)，卡巴莱是“男人和女人都可以来”的场所，“对所有人开放”。1905年颁布的《雷恩斯法》对纽约的酒类饮用和销售做出了规定，并对公共场所进行了严格的分类。它设立了一些新的规定，同时取消了部分旧有的界限：

> 卡巴莱与其他场所的不同之处……在于它不允许明确和公然的卖淫活动。有性服务需求的男顾客现在要到旅店进行真正的性交易。这使得卡巴莱里的性欲气氛非常微妙，

> 它接纳想要享乐的中产和上层阶级女性。[8]

出现在世纪之交的卡巴莱帮助时代广场转变为“危险的开放场所”。正经体面的女性开始受到危险的笼罩：因为像卡巴莱这样的地方会让“女人失去控制”。十年后，舞厅取代了卡巴莱，成了新的恐惧源头。社会评论家、《欢迎来到纽约》(1913)的作者朱力安·斯特里特曾哀叹：

> 体面的年轻女士——已婚的、未婚的，还有初入上流社交圈的少女——形形色色的女性不仅和市区来的女人在同一个屋檐下跳舞，更在同一个房间里跳舞。[9]
>
> 112 无怪乎他们称时代广场为“危险爱情之都”。[10]

这些愤怒的道德家到底在担心什么？黑格尔在19世纪20年代写道：“主体性自由是现代世界的法则。”[11]公共空间将所有人放置在内并对外展示，“市区来的女人”一贯是被展示以供出售或者出租的，而正经体面的女性只有在特殊的场合(例如节日)才能得到展示，而且是在父母、丈夫、兄长或者牧师的监管之下。时代广场在它的早期，甚至还不叫时代广场的时期，一直是作为这样的场所——正经女性在这里拥有“观察别人和被别人观察”[12]及展示自己的自由——而存在。当走过时代广场的女性观看彼此、在剧场和影院观看女性角色和女演员(同时看其他女性观众)，或者在俱乐部和卡巴莱观看女歌手、女舞者和女主持，又或者观看她们身边的、头顶的广告上的女性形象的时候，我们应该尽力将她们的所闻所见，设想为她们人生成长过程的一部分。来自其他女性的视野表明了她们或许想要了解、亲近、同化抑或希望成为什么样的人。(当我们观察男人的时候，也会有一个类似但又不同的视野。)如果女性正在寻求方法，让自己更加现代，想要改变自己，想要同时成为性欲的主体和客体，想要以发挥主体性的方式投身性关系，那么时代广场将是一个绝佳的市场、集市或者公共场所，这里包含了人类的各种可能性，这里是民主空间的典范。[13]当然，对于那些不想改变或者想要不变的女人和男人来说，时代广场就更是一个问题场所了。

嘉莉妹妹：高处不胜寒

“危险爱情”在时代广场上的首次亮相出现在西奥多·德莱塞的小说《嘉莉妹妹》中。[14]故事始于一辆开往芝加哥的火车：德莱塞的女主人公嘉莉正动身前往大城市，她希望在那里谋得更好的生活。她没有谋生的技能，只有年轻和美貌。但在镀金年代的大城市，年轻和美貌的市场价值远超过嘉莉的想象。她的长相不是那种标准的美，但也足以让人们注意到她；人们会被她流露出的情感和渴望而触动。她先后爱上了两个男人。第二 113
个男人乔治·赫斯特伍德放弃了原有的生活和她一起搬到纽约。起初，她不知道自己要做什么，但她很快在纽约迅速崛起的娱乐产业谋得了一份工作。19 世纪 90 年代的娱乐产业正在进军时代广场的中心。

时代广场在 19 世纪的大部分时期都是作为纽约生活区的界

标而存在。在19世纪70年代，广场的主要用途便是界隔住宅区与非住宅区的围栏。然而随着1879年电灯的发明，广场迅速变成了城市的主要娱乐区。大量的剧院、餐馆和卡巴莱出现在住宅区或者搬往住宅区；它们都配备有电线和电灯，成为一道闪亮的景观。19世纪90年代也是“同性恋的年代”，整片区域都沐浴在灯光中，散发着朦胧的气息。灯光秀衍生出20世纪美国两个最显著的画面：一个是“无眠的城市”①，一个是“名字出现在灯箱广告”②上的明星。小说的结尾，嘉莉已经从歌舞团脱颖而出成了明星；她不仅有了个新名字——作为“嘉莉·麦登达”而获得重生，还让自己的名字出现在了灯箱广告上。客观来说，《嘉莉妹妹》远远超越很多百老汇的音乐剧，它构成了百老汇日后最鲜明的传统：从它到20世纪30年代的《42街》再到70年代的《歌舞线上》。我们可以看到这些主人公都出身歌舞团；歌舞团是明星的摇篮，剧院实践了民主的原初神话。③

---

① “无眠的城市”听起来非常超现代，但实际上可追溯至《圣经》，尤其是公元前6世纪《以赛亚书》第二部中的寓言式景象。《以赛亚书》作者乌托邦式的寓言还提到了“世界之城”的理念：“兴起，发光！因为你的光已经来到……众人都聚集来到你这里……大海丰盛的货物必转来归你，列国的财宝也必来归你……你的城门必时常开放，昼夜不关，使人把列国的财物带来归你。”(《以赛亚书》60：1—13)

② 女演员、制片人和歌舞剧主唱马克欣·艾略特或许是纽约第一个让自己的名字出现在灯箱广告上的人。1908年，就在大都会歌剧院开幕后不久，她就在其斜对面开设了自己的马克欣·艾略特剧院，她的名字由此登上了灯箱的广告。

③ 这一传统以二元论的面貌出现，对应了苏珊·葛兰的观点：“女性自我确证的景象”和“消除女性关于自主和个性的观念的剧场场景”(《女性景观》，第8页)。葛兰的目的或许是揭露这一传统根本就是谎言。任何现任或者前任的歌舞团女演员和任何剧院爱好者都会同意这几乎就是个谎言。然而正是塑造了剧场氛围的神话中的真相的核心，引导了一代又一代聪明、有天分的女孩(和男孩)奋不顾身将自己投入其中，并保持了剧场作品的延续。葛兰专门引用了《嘉莉妹妹》以及薇拉·凯瑟1915年的小说《云雀之歌》，“表演的女人通过舞台景观探索女性自我成就的主题”(《女性景观》，第7页)。

德莱塞将嘉莉所在的剧团设置在 39 街和百老汇的交界处，紧邻时代广场，它的名字叫作“赌场玩家”。德莱塞似乎在现实 114 生活中的确认识几个百老汇圈内人士，都是由他的兄弟——百老汇的歌曲作家保罗·德雷瑟介绍给他的(德雷瑟是他将自己的本名德莱塞更改后的名字)。在德莱塞的自传式回忆录《新闻记者的岁月》中，他提到“声名在外的赌场玩家，最出名的就是那里歌舞团的女孩们，她们让那里成了夜间寻欢者的圣地”。[15]赌场玩家和它华丽的歌舞团还出现在了音乐喜剧《佛罗拉多拉》中，该剧与《嘉莉妹妹》同样问世于 1900 年。这部音乐剧中的歌舞团由六位天真无邪的少女组成，她们演唱的《美丽的少女，请告诉我》在其后几十年间都是轻歌剧中的经典歌曲。(20 世纪 50 年代我在《你的演出的演出》中第一次听到这首歌，当时觉得歌词非常幼稚。)多年来，阿特金森说“她们都嫁给了百万富翁”。[16]这段历史有助于某种故事原型的塑形——年轻女孩为了吸引到有钱人投身演艺圈，希望他们能和自己结婚并将自己带出演艺圈，而这一原型贯穿了整个 20 世纪。《佛罗拉多拉》女孩开创了对自身魅力进行工具主义和实用主义展示的先河，后继者包括《绅士爱美人》(1953)(及其电影歌曲《钻石是女孩最好的朋友》)还有《愿嫁金龟婿》(1953)。这些故事里的女孩们或许都是剧场里的明星，但社会这个大剧场，才是她们真正向往的。

现实版《佛罗拉多拉》女孩中最著名的要属伊芙琳·内斯比特，她是一名普通的歌舞团演员，被阿特金森称为“一个出身宾夕法尼亚塔伦特姆的 16 岁迷人姑娘”。她的情人是宾夕法尼亚车站和哥伦比亚大学的设计者——伟大的建筑师斯坦福·怀特，而她最后嫁给了煤炭大亨哈里·萧，这位百万富翁是宾夕法尼亚大学的校友。（实际上，怀特也毕业于宾大；其中的关系虽然难以为外人琢磨，但却是构成这类桃色新闻的众所周知的秘密。）世人都以为萧的智力存在问题，几乎连一句完整的话都说不出。我不确定他是否是某个将自己的豪华轿车停在后台入口的愚蠢的百万富翁的人物原型，即使不是，他也必定启发了那个角色的诞生。尽管看起来呆笨，他还是有能力杀死了怀特——朝他的头部连开了三枪，制造了一起当年轰动一时的杀人案，引发了百老汇对案件中金钱、美色、阴谋和私情的无尽猜测。最终萧被认定无罪，但这一事件为他的人物形象增添了新的内容：他不仅是一个呆笨的百万富翁，是一个呆笨的富翁杀人犯。内斯比特的故事流传了好多年，但显然没有转化成她内在的积淀来填补其逝去的青春。在普通人心中，她不过是一个玩偶、一个怀特曾
115 经为她制作的玩偶（一个纯粹的性玩偶？一个有感情的玩偶？还是二者兼有？）、一个“红丝绒秋千里的女孩”。①

---

① 《红丝绒秋千里的女孩》是1955年问世的一部电影，由理查德·弗莱舍导演、查理斯·布莱克特编剧。（电影讲述了一个发生在两男一女间的情杀案，类似于现实中内斯比特的故事。——译者按）电影版的“斯坦福·福特”由雷·米兰饰演，“哈里·萧”由法利·格兰加饰演，“内斯比特”则由年轻女演员琼·柯林斯饰演，伟大的犹太人演员卢瑟·艾德勒饰演了帮助萧免于死刑指控的律师。据我所知这部电影没有发行录像带。（我还记得这部电影在我童年时代上映时，人们对它的评价：他们一致认为电影拍得并不高明，但是一部非常情色、肮脏的电影。为什么我要提到这部影片？当时我还是布朗克斯科学高中一个15岁的男孩，那个年龄的我想要看肮脏但不愚蠢的东西。我渴慕的女性是玛莲娜·黛德丽、劳伦·白考尔、莲娜·荷恩、西蒙·西涅莱这种看上去既色情又聪明的女性）

E. L. 多克托多或许是第一个对内斯比特报以同情和尊敬的人。他的《拉格泰姆》（兰登书屋，1975年）一书将她放置在20世纪初年代下东区的大背景中，将她和其他贫困的犹太艺术家、遗弃儿童还有艾玛·哥德尔曼放在一起。他把内斯比特描绘成一个能够进行精神成长和自我完善的复杂人物。

在德莱塞故事的结尾，嘉莉成了明星，粉丝来信开始如雪片般飞来。大多数写信人都宣称自己是男性百万富翁。这种信件第一次出现时，她的朋友洛拉鼓励她抓住机会："你为什么不去见见他……人家不会伤害你的。或许你们还能发生点什么。"嘉莉尽管孤独，但对待这种事情还是很坚定："我明白他的意思。我不想以这种方式见任何人。"(《嘉莉妹妹》，第 48 章第 456 页)①。随着小说临近结束，嘉莉的人物性格也越发开放，但尚未完全定型。无论如何我们都相信她不愿像佛罗拉多拉女孩那样出卖自己。了解她不想成为哪种人也不失为一种了解她的方法。

嘉莉所在的歌舞团叫作"赌场玩家"，是德莱塞整个世界观的戏剧化再现。它展示了人类命运的随意和无常。伴随着嘉莉的成功，赫斯特伍德开始了人生命运的下落。他先是保不住工作，随后连新工作也找不到了；他开始酗酒，然后陷入了万劫不复的深渊；最后走向了自杀。是他先离开嘉莉的，因为他知道对方已经没有什么可以帮助他了。德莱塞深知如何展现人的堕落与下滑，他巧妙地避开了任何道德主义的说教：没有为赫斯特伍德的遭遇寻找"借口"，从书中我们找不到任何可以充当悲剧裂缝的东西。有人进取，有人堕落：在赌场玩家的世界，这就是生活。

德莱塞对萧伯纳曾致力描绘的 19 世纪后期的剧院表达了同样的轻蔑。嘉莉观看并亲自参与的演出愚蠢且肤浅："它们具有在理想状态下展示痛苦的魅力。"(第 35 章第 325 页)它们对演员

---

① 下文对于《嘉莉妹妹》的引用将只标明页数。

116 和观众别无所求。尽管如此，一旦站上舞台，她就能表现出超越肉体的表达力量，即德莱塞所谓的“情感的伟大”——一种“追求更好生活”的丰沛情感(第 40 章第 378 页)。她身边的很多女孩都带有掘金时代的自夸和自负，但她没有。她对穷人始终抱持同理心，“嘉莉饱受失业和贫穷的痛苦，所以她会敏锐地同情”(第 47 章第 457 页)。第一次坐在纽约的高级餐厅用餐的时候，她的脑海中闪现了“另一个嘉莉——贫穷、饥饿、走投无路，芝加哥对她来说就是一个冷漠、封闭的世界”(第 35 章第 324 页)。即使在成为好莱坞明星后，“她还会回想起当年走在芝加哥的街头”(第 45 章第 435 页)。但早在她的恋人赫斯特伍德日益堕落之前，她的同理心和曾经丰沛的情感就已经枯竭。失业后的赫斯特伍德担任了一段时间的家庭煮夫，有一次他抱怨黄油太贵，嘉莉的回答是“如果你有工作你就不会在意了”(第 39 章第 365 页)。他说自己在纽约找不到一份稳定的工作，而她的反应里不仅有不耐烦还有之前从未有过的傲慢：“是你还不够努力，我就能找到。”(第 42 章第 401 页)很快她便开始疏远他，专注于自己的事业，试图逃避她生活中迟早要发生的悲剧。

时代广场是他们最后一次相遇的地方。不知过了多久，赫斯特伍德已到了穷困潦倒、濒临崩溃的边缘。他衣衫褴褛、在寒风中瑟瑟发抖。他，还有很多像他一样的人，整日穿梭于寒风中，从曼哈顿的一端游荡到另一端。即便如此他还是能够阅读、可以了解到嘉莉的成名史。某一个冰雪天，赫斯特伍德经长途跋涉来到时代广场，站在剧院的后台入口等着嘉莉。

“乔治，”嘉莉叫道，“你怎么了？”

> “我病了，”他回答道，“我想去医院，看在上帝的份儿上，我需要钱，你能帮我吗？”
>
> 嘉莉说“当然”，她的嘴唇微微发抖……“不过你到底发生了什么？”
>
> 她打开钱包，掏出了里面所有的钱，一张五元的和两张两元的。
>
> “我之前就病了，我告诉过你……”
>
> “给。我身上只有这些了。” 117
>
> 他轻轻地应着：“好，改天我会还你的。”
>
> （第 49 章第 477 页）

人们看着这对穿着明显不搭的男女，心想：他们怎么会在一起？嘉莉对赫斯特伍德的状况也并不了解多少，但她怀有足够的同情心以供悲伤和内疚来麻痹自己。赫斯特伍德正陷于显而易见、几近绝望的贫穷中，他却没有表现出生气或者愤怒，仅仅是格外的悲伤。他告诉嘉莉自己正和一群酒鬼住在一起。既然又和她建立了联系，赫斯特伍德不免对她产生了某种近乎奉承的热切盼望。

> “你还是进去吧，”他说，“我很感激，但是我不会再来麻烦你了。”
>
> 她试着说些什么，但他已经转身向东走了。

嘉莉和观众都明白他要走向何处。“向东”意味着东河，在 1900 年的语境——史蒂芬·克莱因 1893 年的小说《街头女孩玛姬》

（又名《纽约故事》）中，东河象征了死亡。一个世纪前，对纽约的穷人来说，东边不是日出而是日落之地。看得出来，如果可以的话嘉莉愿意为赫斯特伍德提供更多帮助，但当时已经没人能帮得了他。（考虑到德莱塞所赋予男主人公的压倒性忧愁，或许当时没有任何人能够帮到他。但此刻的嘉莉终于意识到了我们一直心知肚明的一点——那就是她过早地离开了这趟死亡列车。）

这便是美国文学史上最悲惨的一幕，但故事到这里还没有完结：德莱塞在下一章里用决定性的结尾给了所有人最后一击。小说的末章，比先前更加神志不清的赫斯特伍德如飞蛾扑火般一头扎进灯火通明的时代广场。

> 他告诉自己“我就要去百老汇”。
>
> 当他到达42街，街上的广告灯已经亮了。行人步履匆匆地赶去吃饭。透过街角明亮的窗户，可以看到在豪华餐厅用餐的一群群同性恋。马车、拥挤的电车从旁边驶过。（第50章第493页）

118 德莱塞在小说开头部分描写了嘉莉初抵百老汇时的情景。富丽堂皇的商店和广告还有这里的人，都让她感到震撼。人们想让此地与外界隔绝、成为一个犹太上层的聚居区，但这个想法随着20世纪初期地铁的修建而破灭了。德莱塞还提到一首经典歌曲，歌曲描写了一个贫穷寒酸的男人，并提出困惑：“他在百老汇有什么权利？”（第34章第323页）赫斯特伍德来到百老汇同时昭告了他在此的权利，那就是“观看他人并被他人观看”，他或许是疯了。他停在一家豪华餐厅外，餐厅招牌欢快地闪耀着……透过玻璃窗可以看到里面红色和金色相间的装潢、高大的棕榈树、洁白的桌布、亮晶晶的玻璃杯，当然还有闲适的用餐者。

作为一个外人，他继续保持着自己的动作——一个 19 世纪最经典的姿态：他把脸紧贴在玻璃上向里张望。这一幕大概是对 19 世纪文学的一个原初景象的城市化表达——盛大化装舞会中间，“包法利夫人转过头来，看见花园外的农民正在向里张望，他们的脸紧紧贴在玻璃上”[17]——因为这已经成为时代广场最日常的景象；当时的时代广场是一个每晚都有盛事发生的地方。(20 世纪初时任纽约市市长的朱利亚尼将赫斯特伍德的姿态称为“生活质量的犯罪”。)和 19 世纪 90 年代广场随处可见的“同性恋们”距离如此之近的赫斯特伍德最终陷入了癫狂：

> “吃，”他咕哝着，“没错，要吃，别人都有吃的。”人们转过头来看他，这个呆滞邋遢的人显得多么粗野。有几个治安官一路跟着他，但没发现他向任何人乞讨。

他意识到自己已经引起了太多注意，而自己却经不起这么多的注视。“他就不应该来这里，毕竟他那么疲倦和饥饿，和这里的一切形成了强烈的对比。”

> 然后，他的声音越来越低，心里的幻想也消失了大半。
> “太冷了，”他咕哝着，“冻死了。” 119
> “有什么用，”他心想，“总是跟着我，我要结束这一切。”(第 50 章第 494 页)

当天晚上，他在鲍威利区找了一个住处，打开了瓦斯，将自己化成了一幅“燃烧的广告”(第 50 章第 499 页)。

在这可怕的结局到来之前，德莱塞揭开了所有人(赫斯特伍德、嘉莉还有观众)的伤疤：还是在百老汇，赫斯特伍德再次经过赌场玩家，这一次他已经不愿意浪费时间能等任何人、问任何事，他甚至不知道自己在哪儿。突然，嘉莉出现了！填满了整个屏幕！怎么是她？是她，但又不是她——是一个“镀金边框的大幅海报，上面印着精美的真人大小的嘉莉”。这不是那个女人——他曾经的挚爱——只是她的海报。海报的出现将神志不清的赫斯特伍德拉回了现实，也唤起了他心中潜藏已久的怨恨和深深压抑的愤怒：

> “嘉莉，”他最后对她说，“我对你不够好吗？噢……”
> “她得到了她想要的，”他说……“让她分我点吧。”
> (第 50 章第 494 页)

他走向舞台入口想要去找嘉莉，却被服务生一把推开，滑倒在雪地上。他从地上看着时代广场闪烁的灯光和广告。

> 对嘉莉的厌恶在他心中突然升起——就是一种极度的愤怒，然后所有的事情都浮现在他脑海中。“她欠我东西吃，”他说道，“这是她欠我的。”

“在绝望中他再一次转身走向了百老汇，他拖着步伐，乞求、痛苦，思绪一片混乱。”德莱塞让赫斯特伍德和观众都陷入了某种不确定：我们不知道他是否知道眼前的不是嘉莉，只是她的海报。这是生命的最后一夜了，但他却不愿温顺地走进良宵。他确证着即使是最落魄最低贱的人在“百老汇”也应有的权利。嘉莉的海报让他充满了愤怒，讽刺的是，也正是广告在他一步步走向死亡的途中将其拉回到现实。

“她欠我的。”嘉莉或许会认同，因为她身上有一种明星的品 120
格，即对那些永远不可能成为明星的普通人的同理心。19 世纪的伟大演员大多对自己的下层出身采取压抑的态度并尽力跻身贵族的谱系。只有狄更斯是个例外。嘉莉则是另一种类型，这让她在 20 世纪的大众文化中成为一个独特的明星——出身社会底层却不曾忘本。20 世纪，大众娱乐的受众范围明显扩大，出身下层的观众占了多数；随着电影和其他电气化娱乐形式的发展，未来观众的主流势必是那些不仅出身下层而且依旧生活在下层的群体。20 世纪的很多明星都将个人早期的贫困经历融入到成名后的明星光环中，将低微的出身转化为他们同“观众”的亲密纽带。查理·卓别林、路易斯·阿姆斯特朗、艾尔·乔森都是这一类明星的典型。(莎拉·贝恩哈特兼具以上两种类型，可视之为 19 世纪明星类型向 20 世纪过渡的人物。)还有大萧条时期的比利·哈乐黛、约翰·加菲尔德和伍迪·格思里，二战之后的伊迪斯·皮雅芙、埃维塔、埃尔维斯、约翰·列侬和图派克·夏库尔、“大个小子”等说唱歌手，以及布鲁斯·斯普林斯汀、艾米纳姆……都是这一类型的明星。他们不回避出身，并从中获得摄人心魄的深刻，而正是这种深刻，超越了可能反将明星淹没的名人光环。①

在《嘉莉妹妹》的最后一幕，嘉莉和她的朋友兼室友——洛拉向观众提示了两种回忆过去的方式。她们坐在共同租住的饭店套间里，外面正风雪肆虐。她们看到一个男人倒在雪地里，嘉莉问道：“你难道不为那些今晚一无所有的人感到歉疚吗？”洛拉的回答是“不”，她并不感到歉疚。事实上，那个人倒下的时候她还在笑。她说当年自己落魄的时候也没人给她任何帮助。她似乎认为这已足以解释为什么她对现在那些落魄的人没有同情心（第 50 章第 495 页）。洛拉的话让我们回想起狄更斯《艰难时世》里的庞德贝、萨克雷《浮华世界》里的贝基·夏普，还有现
121 实中许多“靠自己打拼成功的人”和“社会达尔文主义者”，后两者在 19 世纪 90 年代已经越来越多。德莱塞对穷人抱有同情，但不滥用感伤。他告诉我们一个人的贫穷经历既能产生巨大的同情和慷慨，也能走向反面。1900 年《嘉莉妹妹》的出版并没有让德莱塞获利多少，但让他一举成为文坛的新星。不仅因为作品对人的上升和堕落的描绘闪耀着叙事的力量，更在于他对成功人生的含混性进行了透视。嘉莉的特殊性不在于她成了明星，而在于德莱塞对她的想象方式让读者感到她值得拥有这一切。

“那不是她，只是海报。”这一幕堪称时代广场的经典瞬间。

---

① 如果有机会另写一本书来专门探讨这个话题，我会将让·雅克·卢梭视作第一个出身底层的现代明星。他的母亲在他出生的时候就去世了，他的父亲也遗弃了他；从小他便辗转生活在亲戚家中，在家乡一带闯下了无数的麻烦。十六岁那年他离家出走，在两个国家被当作无家可归的流浪儿遭到逮捕。尽管如此，过去经历的一切赋予他一种孤独的主体性，还有对“人民”的直觉以及对他们集体性的忧伤、希望和历史的视野。总之，他创造了自己那充满矛盾的写作风格，在定义“现代思想”方面比任何作品都要深刻。

自 19 世纪 90 年代以来，过多的广告已经成为时代广场的一大特色。1900 年，由于电气化的发展，广告比以往更加花哨和闪亮。它们的目标是大众。而摄影技术的进步又使得超真人大小的海报成为可能。这些广告让时代广场从公共空间变成了大众媒体。他们的出现必然导致人们在视觉和思维上的集体性巨大飞跃。马孔多的建造者加西亚·马尔克斯如此看待时代广场："在那种致幻的清醒状态下，人们不仅能看到他们自己梦想的画面，更有一些人能够看到他人梦想的画面。"[18]

对于 20 世纪的男人和女人来说，新的"致幻的清醒"意味着什么？它的效应将会是充满悖谬和矛盾的。赫斯特伍德与嘉莉真人的相遇是"他自己梦想的画面"，这唤醒了他对她的爱；他与嘉莉海报的相遇是"他人梦想的画面"，却让他感到沮丧甚至受伤。至于嘉莉，她热爱自己作为演员在舞台上的工作，但不能适应做一个名人。成名意味着所有人都想要被看到和她在一起或者接近她，但没人真正关心她内心所感所想；评论者赞美她表演中投射出的灵性，但没人过问她内心发生过什么。唯一的例外是德莱塞的回忆录作者、评论家埃姆斯，他认为嘉莉内在的孤独唤起了很多观众的共鸣。她住在威灵顿饭店的"明星套房"里：饭店只向她收取"明星价"——可以用"任何你认为自己能够支付的东西"来支付房租(第 42 章第 451 页)，因为他们知道她的存在本身就是一种可以吸引更多生意的明星效应。在她的套间里，看着窗外自己的名字在灯箱广告向世人展示，嘉莉
比以往更加孤独。悲伤放大了她忧郁的魅力。对此洛拉很不耐 122
烦："你不应该孤独，有那么多人愿意对你俯首帖耳。"(第 47 章第 458 页)事实上，"她孤独甚至自我退缩的性格"将她塑造成一

种新式的“公众眼中有趣的人物”(第49章第478页)。但有趣不等于快乐。① 海报标志了她的成功，但却让她感到挫败。或许，她就是美国历史上第一个高处不胜寒的人物。

西奥多·德莱塞在成为小说家之前是一名文化记者。他出身米德韦斯特的小城镇，随后去了匹兹堡工作，最后在百老汇迅速找到归属感。他的兄弟——歌曲作家保罗·德莱塞(后来更名为德雷瑟)在1897年创作了美国流行音乐史上的经典歌曲，里面有句歌词唱道：“我想要在门口看见我的妈妈。”(这是歌曲《在沃巴什河岸》的主题句，这首歌在前唱片时代创下了五十多万复本的年销量。)[19]德莱塞对20世纪大众文化的讽刺性有着本能的敏锐，居伊·德波在20世纪60年代称此为“景观社会”[20](society of spectacle)。一个充斥了景观的社会正在百老汇成长壮大，正是在这样的时代背景中德莱塞以小说家的身份登场。仔细研读他的作品，或许可以帮我们适应这个不断产生自我展示和自我异化的实验的环境，这个人类的所有对立面在同一片强光下彼此缠绕、公共繁荣的环境。

---

① “高处不胜寒”是20世纪大众文化的永恒主题。很多身处高处的人会认为这很可笑。玛丽莲·梦露、朱迪·加兰的自杀表明这一主题背后的现实性，这一现实对女性而言就像一把刻刀。1968年夏天詹尼斯·乔普林在菲尔莫东俱乐部自杀前说：“听我说，我让成千上万人知道了什么是性感，而我却要一个人回家。”巴尔扎克《幻灭》里的柯拉莉还有左拉的《娜娜》都是该主题的写照。嘉莉或许是美国历史上的第一位实践者。

20世纪20年代："致幻的清醒"

最初我打算以普通的一章来完成对20世纪20年代时代广场的写作，但随着时间的流逝，普通的一章最后变成了关于艾尔·乔森和《爵士歌手》的一篇长文。文章中一个非常突出的主题便是时代广场上犹太人的到来，尤其是"从另一半世界"远道而来的东欧犹太人。他们促进了轻歌舞剧和流行喜剧在时代广场上的繁荣发展。在百老汇和51街交汇处的"叮砰巷"，他们开 123
创了流行音乐的新类型。(这也是音乐剧《演艺船》和《爵士歌手》的核心主题。)他们莽撞冒失地"闲逛"在林迪餐厅或者直接公然现身街上，他们以这种方式宣告了自己的存在。人们不喜欢他们，说他们把时代广场变成了犹太聚居区，相比于一战之前，他们确实让这里变得不拘且通俗。他们精心营造的妙语连珠式的言谈很快走进了美国年轻人的心里。他们自由游走在各种传媒之间——轻歌舞剧、剧场、卡巴莱、电影、广播，并且先于社会学家创造了"大众文化"；他们还创造了一种舆论和语言来谈论和表达这种"大众文化"。这一语言的突出贡献者包括乔森、欧文·柏林、沃尔特·温切尔、《变化》杂志鼎盛时期的总编西美·西弗尔曼以及比利·罗斯，杰出的女性则有多萝西·帕克、艾德纳·菲伯和范妮·布莱斯。[21]

20世纪20年代见证了时代广场上摩天大楼的崛起，其中最高大、最惊人的派拉蒙大楼引发了职业女性群体的巨大增长。

我的母亲便是其中一员，她是一名顶尖的速记员，后来做了会计，在丈夫去世和儿女长大之后她成了一名“财务总监”；她一生都在时代广场附近的办公室努力地工作，这样便可以离剧院和市政厅近一些，一年四季都能看到那些“聪明的女性”在穿什么。(注意：只有时代广场的女性，而非第五大道的女性，才符合母亲所谓的“聪明”的标准。)克里斯托弗·莫利的电影《女人万岁》中的女主人公就是以这一女性群体为写照，我的母亲和艾蒂姨妈对这部电影一直记忆犹新。(他们认为这部由金吉·罗杰斯主演的1940年的电影有其吸引人之处，但过于肤浅。)还有1926年的无声电影《分门别类》，20世纪90年代我在电影论坛[①]看过这部电影，想要在此写些什么，但无法找到它的录像带以供细节的考证。这部电影的主人公“巴布斯·科梅”，在时代广场一家类似《纽约时报》或者《论坛报》风格的报纸做接线员，负责接听报纸上分类广告的咨询电话。她是一个佛罗拉多拉类型而非贝蒂娃娃类型的打工妹：梦想着(并且最终实现了)一个迷人王子的出现，将她带离现在的工作而不是帮她做好手头的工作。但是电影对文学史上经久不衰的一个主题和一种职业女性类型未能进行足够的探讨，那就是：“她赚钱的能力落后于她的欲求。”

124 20世纪20年代，时代广场经历了由黯淡到明亮的巨大变化，我的母亲称之为“灯光浴”。人们开始更多地将时代广场作为一种足以致幻的环境加以谈论，它成了人们口中的“梦之街”。这场盛大的灯光浴以一种着迷的方式侵袭了人们的头脑。一些

① “电影论坛”是电影院名称。——译者注

人担心这里的景观会使人们——通常是年轻人，尤其是年轻女性，事实上是所有人——“在灯光中迷失”。法国超现实主义诗人保罗·莫兰德是对这场灯光秀最具想象力的“司仪”之一，他曾在纽约担任外交官。[22]莫兰德迁移并生活在和皮埃尔·洛蒂①同样的文化传统中；他的写作亦和洛蒂相近，都展现了对时代广场和纽约的欣赏——这种欣赏态度在欧洲作家中要比在美国作家中更常出现。“今天，一个冬日的傍晚，我在六点钟到达时代广场。这是百老汇最美好的时刻。在这里，直至午夜，纽约享受着灯光的沐浴。”莫兰德对广场上所有灯光的色彩、所有形式的变幻进行了抒情的描绘：“翻转的、急速的、转向的、曲折的、卷曲的、竖直的、垂直相交的、舞蹈的、癫狂的；边框在旋转，字母从黑夜中绽出。”他仔细观察各种各样“熊熊燃烧”的广告。“42街的夜晚简直是灼热的夏日午后”，是“隐秘的棱镜”中的世界，一个“有着方形彩虹”的世界。

> 下雨的时候，或者雾气萦绕四处的时候，这里还会更美；雨水变成了黄金之水，摩天大楼仿佛从半截就消失不见了，除了圆顶的光圈悬挂在彩色的雾中，其他什么都看不见……时报大楼顶上硕大的探照灯正扫过天空。
>
> 好一条不夜街！所有美国人都梦想拥有一个百老汇。对娱乐消遣的渴望向革命一样爆发……它为城市的其他庆典提供了所有错误的前提，但是……一切的错误都是庆典

① 皮埃尔·洛蒂(Pierre Loti，1850—1923)是法国小说家，因作品中的异国情调而享有盛名，主要作品有《阿齐亚德》《冰岛渔夫》《菊子夫人》等。——译者注

> 第二天的。真理只有一个，那就是今夜的真理！……这就是最华丽的生活。
>
> 在这里，阶级战争不再有任何意义。这才是胜利！电灯不再是照明的设备，而是让人迷醉的机器、清除一切的机器……疲倦的人群决定先不回家、决定先去消费、决定
> 125 让自己迷失在错误的日光中……42街是商业对抗黑夜的阴谋……这里只剩下一个界限，那就是享乐的界限。

莫兰德的抒情在让人震颤的同时也让人难以理解。它是否意味着大众对娱乐的渴望本身就是革命，这种对幸福的追求就像托马斯·杰弗逊将《独立宣言》推崇为一种“不可剥夺的权利”？莫兰德高呼“今夜的真理”来麻痹大众不去思考明天，就此而言，他是否在回应同时代的奥尔特加、路易斯·芒福德、沃尔特·李普曼、奥尔德斯·赫胥黎，或者预言法兰克福学派、境遇主义者以及20世纪50年代所有“大众文化”的书写者？他所说的是否和勒·柯布西耶①的“建筑或革命。革命能否被避免”一样？[23]如果是的话，是否因为“最华丽的生活”对于灯光景观的制造者和赞助者来说是全面的胜利？抑或是如马歇尔·麦克卢汉所言——因为这场旨在使人们“迷失在日光中”的机械操作能够随意赋予他们第二种视野，一种对比白天工作日的真理更加深刻的“今夜的真理”的透视？对此，我们很难获知。但在当时，

---

① 勒·柯布西耶(Le Corbusier，1887—1965)是20世纪最重要的建筑师之一，是现代建筑运动的激进分子和主将，被称为“现代建筑的旗手”。他的主要作品有朗香教堂、马赛公寓等，并著有《走向新建筑》。——译者注

即使是莫兰德——时代广场最热情的“司仪”也承认灯光浴无法让人头脑清醒。

1927年10月《爵士歌手》问世的轰动，几乎淹没了或许是好莱坞迄今为止最伟大的电影——早于《爵士歌手》几天上映的德国导演F. W. 莫尔诺的《日出》。莫尔诺作品的主人公是一个经营家庭农场的农民，他爱上了一个从城里来到乡下度假的女孩。他当时正处于严重的资金短缺，农场几近破产。对女孩十分着迷的主人公梦到了一幅抽象的城市景观，梦中的幻境是一个类似时代广场的X形地带。在梦中他袭击了妻子(珍妮特·盖娜饰)并试图杀死她(当时刚刚出版的德莱塞的《美国悲剧》中也有类似情节)，她逃进了森林。一辆有轨电车像神话中的精灵一样突然出现在森林深处。既魔幻又现实的是，电车载着这对惊魂未定的夫妇驶向了一个类似城市的地方。他们在那儿游览了一天，莫尔诺让这场旅行同时改变了他们二人。其中只有妻子的变化才是我们真正相信的。在故事的开头她完全就是一个埋头于农活和家务、没有自己情感的劳动机器。来到城市后她仿佛活了过来，变成了一个活泼有生气、聪明又清爽的性感女人。她的丈夫不再迷恋城市女孩，因为进城后的妻子已经变成了他迷恋的那种女人。她成长的平台便是莫尔诺对时代广场的象征 126
性映象。《日出》或许是第一部真实可信的旅行罗曼史。在电影里的想象中，旅行引发了一场重生；而在电影外的现实中，旅行受到铁路和海洋线路的推动，正在纽约的经济生活中日益发挥着重要作用。

大萧条和打工女孩

大萧条时期关于时代广场的所有书写都围绕着它的经济衰退和日益破败。广场俨然成了衰落和萧条的鲜活比喻和话语试验场。我们不妨看一看 1939 年联邦作家计划(Federal Writers' Project)发表的《纽约指南》。这份阴郁的纽约评估的作者据说是年轻的约翰·奇弗：

> 大萧条带动了时代广场一带娱乐场所的发展。剧院一家接一家地关闭，桥牌俱乐部、棋王赛还有马戏表演占据了原来的商店和餐厅。而在此之前，对娱乐业起着决定性作用的大众，已经果断将他们的支持从戏剧和音乐剧转移到了电影。好莱坞抢占了最佳地段，将合法剧院的生意逼退到小巷。一时间百老汇仅剩两家合法剧院。
>
> 42 街西侧原是百老汇的演艺场所，现在这里著名的剧院已被不间断放映两种节目或者粗俗歌舞表演的二流电影院取代。在这些低劣的杂货店、咖啡厅和汽车站中间的是尚不遥远的过去的符号——新阿姆斯特丹剧院大厅上的齐格菲《富丽秀》的照片、共和国剧院的外墙和灯光闪耀的穹顶上的一连串名字：埃尔廷奇、瓦莱克、山姆· H. 哈里

斯、"自由""时代广场"、赛尔温、利里克。①

奇弗的写作是对城市的恢宏与衰败的隐喻。他将此话题围 127
绕于"合法剧院"的瓦解。他所谓的"合法"要相对宽泛，还包括了歌舞秀，诸如已成为过去式的齐格菲《富丽秀》(尚不遥远的过去的符号)那种表演形式。他认为昨日的百老汇是演出"戏剧和音乐剧"的繁华场所，但今天已然衰败为廉价的"娱乐场"。衰败的标志是什么？一是"粗劣的杂货店、咖啡厅和汽车站"；二是电影。提到西42街，奇弗尤其强调了先前高贵华丽的剧院向所谓"二流电影院"——这个说法涵盖了电影和滑稽戏表演——的退变。他的观点是否应该理解为：性感是污秽和堕落的代理人？电影和滑稽表演等现代文化样式已经受到感染，但"合法剧院"却没有？(如果此观点成立，还没来得及被奇弗写进书里的色情小说的读者便要发笑了。)当然，奇弗还遗漏了一个更加重要的

① 公共事业振兴署(简称WPA)：《纽约城市指南》(*WPA Guide to New York City*)，万神殿出版社(Pantheon)，1982年，第175页。时代广场的剧院一直是备受争议之地。20世纪六七十年代，这些剧院一度成为色情演艺场所，也是马丁·斯科塞斯1976年导演的电影《出租车司机》的故事发生地。到了80年代末，它们被迫关闭，成了城市发展规划中的治理对象。而1990年和1991年的短暂时期内，这里又成为各式各样辛辣批判的概念艺术的展览场。之后不久，这些剧院便被拆毁或者完全改造。90年代的最后几年，它们作为"老42街"的怀旧性符号被纽约文化圈奉上神龛。《格兰特街》杂志(1997年第57期)和萨缪尔·德兰尼的《时代广场的红与蓝》(1999年)对此景象进行了描绘。本书稍后会对相关话题进行探讨。

关于20世纪30年代时代广场的巨变最为精当简洁的表述或许是劳伦斯·塞内尼克发表在《发明时代广场》(第335—338页)的《公共区域的隐秘地带》一文。从装饰华美的剧院到滑稽表演场所的堕落被转化为一句习语里的黑色幽默，即"它走上了皮肉之路"。塞内尼克认为时代广场的滑稽戏表演格外肮脏和廉价。它的繁荣"建立在由大街上的男人的欲望煽动起来的廉价劳动力和二手风景之上"。即使塞内尼克知道并不肮脏和廉价的滑稽戏表演传统，他也不会告诉我们其时间和地点或者如何找到它。

现代文化样式，也是更值得尊重的、好莱坞的雏形——豪华电影院，它的主角是曾在时代广场和派拉蒙大厦大放异彩的戏剧女演员，它们的出现可谓20世纪30年代百老汇的中心文化事件。30年代的很多知识分子都对此怀有憎恶，他们幻想：如果我们不谈论大众文化，或许它就会自然而然地消失。① 或者，奇弗提到这些电影院只是出于地产运营的考虑，认为它们从外部侵犯了好莱坞——“好莱坞抢占了最佳地段”——不允许它们和它们的产品带有任何它们自己的特色。

在奇弗和公共事业振兴署《纽约城市指南》共同建构的景象中，20世纪30年代的时代广场完全就是灾难。然而如果你从另
128 一个角度、从市区以外的地方来看待它，时代广场简直棒极了。吉普赛·罗丝·李在自传式回忆录中记述了她1931年第一次来到42街时的情景。此前她的大部分时光都在路上度过——跟随马戏团、搭乘公交、和行李箱挤在一起。但她最近转向了脱衣舞表演，作为一名经验老到的脱衣舞女，她一夜之间获得了巨大成功并得到了梦寐已久的百老汇的邀约。她被预约在明斯基的共和国剧院演出。她站在42街和第七大道交会处、内迪克的橙色酒吧和热狗摊上方的一个房间俯视剧院：

> 1931年初夏的42街闪烁着令人兴奋的华丽，合法的剧院挤在畸形人博物馆、热狗摊还有滑稽戏表演场之间。在新阿姆斯特丹剧院，弗雷德和阿黛拉·阿斯泰尔主演的《龙

① 20世纪30年代知识分子中有一个例外便是纳撒尼尔·韦斯特，其好莱坞讽刺文学《蝗虫之日》(1939年初版，1962年新方向出版社再版)中的一位电影女主角引发了一场城市暴乱。但小说的叙述者大概认同这一观点，即他的写作对象根本不能说话。

> 国香车》正在上映。《私人生活》也在隔壁明斯基的共和国剧院上演。上演《美丽房间》的阿波罗剧院的正对面，是一天连演四场的埃尔廷奇滑稽秀。楼上，一个精致的展览台正以1美元的价格推销香波、手指烫发和美甲。[24]

罗丝·李的回忆展现了她对时代广场上各种冲突画面的好感——美国流行文化史上最有贵族气质的演员阿斯泰尔，可以在堕落和快餐味道构成的冲突环境中表演。这种诡异的并置被很多人谴责为时代广场衰败的迹象，但对罗丝·李而言，这才是让人激动不已的城市的创造性所在。

时代广场南端内迪克的橙色酒吧、广场中心的自动售货机、北侧的霍华德·约翰逊酒店——作为20世纪30年代快餐连锁的代表，代替了十年前辉煌期的高级餐厅。1980年前去世的很多人或许对内迪克一无所知，但他们会记得它的广告牌，直到90年代广告还屹立不倒，上面印着那句"欢迎来到世界的十字路口——时代广场"。实际上，20世纪30年代的广场以前所未有的方式成了各个阶层、观念和价值观的"十字路口"。时代广场的新客人们不比十年前的老一辈，他们没有多少钱可供挥霍；因此广场的商业模式被定位为廉价的游览方式。但客人们却更加用心、更加积极、更加热烈了。30年代的时代广场不仅经历了民主化，还经历了政治化。

时代广场的首要客流来自今天的成衣业，很多工厂和作坊 129
最近已经从住宅区搬到了联合广场附近。成衣业的工会——女装工会、男装工会以及帽商工会(60年代以前，多数成年人都有出门戴帽的习惯——这在今天已经成为一种遥远的回忆；在当时脱帽有着不亚于其他激进行为的叛逆性)——比其他多数美国工会更具有意识形态上的自觉和激进心态。这些工会的社会主义者和共产主义者允许并放任一种松散、可怕的狂怒，早在1945年以前，他们就创造出了关于冷战的全套摩尼教式的词汇。当然他们对此并不认同。1935年后，共产国际提出人民阵线，工会认为第七大道应该插满鼓励所有美国人“支持民主对抗法西斯”的旗帜。他们喜欢民众示威和集体游行，而时代广场的广阔和封闭、永不停歇的灯光浴和公众性，让这里成为示威游行的绝佳地点。他们的多数示威游行都是为了争取对工会的认可——“认可”是大萧条时期大众政治的关键词——意味着活的工资。其他示威游行则更为抽象和意识形态化：参与者也更加多元和混杂，利用广场上过剩的大众媒介——报纸、杂志、剧院、广播、图片社、新闻业、流行歌曲、电影资讯——向城市以外的乡村甚至全世界来传播他们的口号和观点。

布鲁克斯·阿特金森将他关于百老汇历史的写作中涉及大萧条的一章叫作“30年代的悖论”。所谓“悖论”在于百老汇的剧院在数量上的损失却孕育了质量上的收获。十年间剧院的数量急剧减少，截至20世纪20年代末仅剩250家，还不及30年代末的三分之一。[25]但今天的历史学家认为从20年代到30年代剧院数量的增长是由于资本市场的繁荣，尤其得益于大量急需洗清的黑钱的存在，“而无关艺术的生命力”。[26]经济大萧条集中了人们的心智，让他们能够将智慧和想象集中到如何让美国从正在经历的苦难和困扰复苏。百老汇史无前例地严肃起来；它负起了自己应负的责任，不仅成为娱乐的园地和景观的秀场，更成为自我觉醒的摇篮。

《摘星梦难圆》：失败的纽约 *130*

了解百老汇剧院在大萧条时期睿智而严肃的转变具有重要的意义。讽刺的是，剧院在智慧上的提升却导致了自信上的减弱。大萧条期间，戏剧产业遭受重创，而电影产业在有声电影出现的头几年里一直保持着乐观的发展势头。它们之间的鲜明对比将每一个身处纽约的人都置于自我防守中。将纽约视为文化中心的那一代人不得不接受现实，即突然之间他们的城市文化遭到删减、变得不发达以及平庸。当然，纽约的文化相比于美国的其他地方还是依旧辉煌。但是剧院比任何其他地方都让那些对它们的创造力抱有信心的人们感到一种自我解释的需求：它们到底在此做什么？几乎一夜之间，"此处"变成了"彼处"。纽约的文化突然变成了自卫的文化。归属这一文化意味着成为失败者。决定归属这一文化则意味着做出了一种至少表面上看起来不切实际且荒唐可笑的人生决定。

《摘星梦难圆》是1936年首演的音乐剧经典，第二年被翻拍成电影。戏剧版和电影版有很多重要的区别，但二者在环境营造上却惊人地相似，那就是它们都有"脚灯俱乐部"——一个由梦想登上舞台的女孩们组成的俱乐部。俱乐部位于时代广场不远处的"一栋旧房子里，房子当年的富丽堂皇已经随着这一区的衰败而一去不复返了"。[27]俱乐部的居民都是年轻或者不再年轻的寻找工作的女性。每次竞争戏剧角色甚至是很小的角色时，她们都会彼此细细询问。在困难时期，她们只能找那些自认为“上不了台面”的工作，例如在夜总会或脱衣舞俱乐部跳舞或者在广播上念食谱。她们从未停止对男人的竞争，争夺能带给她们舞台上正经工作的男人或者争夺可以和她们结婚、把她们带走的男人——阿普尔顿、威斯康星和西雅图都属于可以将她们“带走”的地方——带她们离开日复一日的辛苦工作。每每想到未来，她们常常濒于绝望。即便如此她们还是相互扶持，分享裙子和丝袜、交换男友、帮助彼此背台词、对世界嬉笑怒骂。无论发生什么，她们的公寓总是洋溢着生活的乐趣。两个版本的《摘星梦难圆》都延续了“时报女郎”的路线——将从事演艺工
131 作的年轻女孩作为时代广场的灵魂人物。无论是戏剧版作者埃德纳·菲伯和乔治·S. 考夫曼，还是电影版作者莫里·里斯金德和安东尼·维尔勒，都没有使用任何明确的马克思主义的语言。尽管如此，他们还是成功地将观众的意识集中在我们所谓的马克思主义的方向上。他们塑造的女主人公都是同一个阶级的成员，都是集体苦难的受害者，都带着集体自觉，都是集体抗争的主人公。我们或可将这一群体称为打工女孩。

有一个议题在戏剧版《摘星梦难圆》中至关重要，在电影版中却被忽略(不难发现原因)，即一个纽约工人在纽约不能为其提供工作时应该做什么。“纽约工人”究竟是否有所意味？《摘星梦难圆》所有女孩中最出众的特里(在戏剧版中由玛格丽特·沙列文饰演，在电影版中由凯瑟琳·赫本饰演)，谈到她对舞台的热情，“但如果他们都没给我机会，我怎么表演”，这里的“他们”指的是戏剧的投资人及其雇用的导演。特里白天在梅西百货的专柜工作，晚上就参加戏剧的试镜。但任何一份工作都没什

么指望。后来她的朋友珍为她俩安排了一场电影公司的试镜，对方很喜欢她们，珍已准备给她俩买好去好莱坞的车票并打算接下工作，但特里说她不想去。为什么不去？因为“那不是表演——那就是一份计件工作。你不是作为一个人在那里工作”。特里就像法兰克福学派的马克思主义者，将马克思的“异化劳动”挪用到20世纪的大众文化。珍的回答则近似一份对戏剧界的控告，她反问特里，剧院又对它的员工做了什么？“你把在剧院工作叫作像一个人一样地活着？三个人挤在一个恶臭的杂物堆里睡觉？它培养了你，是吗？”特里辩解她目前在脚灯俱乐部的生活只是她漫长职业生涯的开始。珍说“你不可能一直在台上演小姑娘”，百老汇对待女性不比好莱坞慷慨多少：美国东西海岸的两大传媒中心都在规训她们的过程中粉碎了她们，然后在她们得到成长机会之前抛弃了她们。

特里的说辞存在问题。一个演员不应该说出“百老汇式”表演要比“好莱坞式”表演——在舞台上与观众面对面的表演要比在屏幕中表演——更加高贵和人性。一个没有任何演出机会的演员——这一幕发生时特里处于失业状态——就更不应该说出，待在百老汇无戏可演要比在好莱坞有戏可演是更好的选择。但最终我们的主人公还是留在了纽约，继续在梅西百货工作，继续参加戏剧试镜，继续坚持自己的信念，希望一切会有转机。戏剧版《摘星梦难圆》让人欣慰的一点在于它是喜剧，而喜剧中事情总会变好。在戏剧版第三幕的结尾，当特里渐渐消失在落 132
日中的时候，她已经不仅是一出大戏的主演，更遇到了一个帅气、聪明、多金的男人，是他投资了这部戏。结尾的寓意在于：你无须去好莱坞也照样能圆好莱坞式的美梦。

对此我们又能说些什么？盖希文兄弟在他们1937年的歌曲中唱道："如果能得到工作你就好好干！"但我们也可以说我们看到，纽约的流行文化正处在自我防守的过程中，并且陷入僵局。这是一个文化产业的发展面临危险、不确定和随风飘摇的时期；而今天似乎只有电影能免于衰败。越来越多的作者、演员、设计师感受到打铆工、葡萄采摘工或码头装卸工才有的那种强制性：哪里有工作就去哪里。就业状况看起来很不乐观，但毫无工作地自我耗损更加糟糕。在这个时代，成千上万的人们为了寻找工作在乡镇四处迁移，如果得不到工作任何人都没有理由留在任何地方。或者留在那儿？从现在起，纽约文化的任何参与者将不得不超时工作以全力回答这个问题：为什么我们还在这里？在戏剧版《摘星梦难圆》中，我们已经隐约看到"我爱纽约"运动的进行——菲伯和考夫曼正为日后的《安妮·霍尔》①扫除障碍。

贝蒂娃娃：反抗的象征

为什么我们还要在这里？不同于好莱坞的电影——表现为多种不同的、竞争性的视觉风格，好莱坞的动画片就像福特T

---

① 《安妮·霍尔》(*Annie Hall*)是1977年的美国喜剧电影，由伍迪·艾伦执导并主演。该片讲述了喜剧家艾维·辛格在经历了两次失败的婚姻后，遇到了一心想成为歌星的安妮·霍尔，两人之间逐渐产生感情的故事。——译者注

型汽车一样只有一种视觉风格，那就是迪士尼。迪士尼公司的动画作品力图打造——也确实成效显著地达到——一个平顺、同一的世界。迪士尼的世界里有很多邪恶生物或者黑暗势力，但在其之上总有一种前定的和谐、一种总体性的综合，统治着整个迪士尼世界。

百老汇里唯一能和迪士尼对抗的女孩，也是无数动画电影和上百部连载漫画的主角，就是贝蒂娃娃（Betty Boop）。[28] 从1930年到1939年，贝蒂娃娃创作于百老汇1600号的费雪兄弟动画工作室。（工作室早已不在，它所在的办公大楼也已被豪华公寓套房取代。）① 贝蒂延续了“时报女郎”的传统：既有成熟女 133
人的性感，又有乖乖邻家女的甜美和纯真。费雪兄弟工作室最初只是把她当作一个不起眼的配角来创作的（那部卡通的主角原本是只狗），但贝蒂出现后深受喜爱，人们呼唤更多关于她的作品。于是在20世纪30年代早期，费雪兄弟为她量身打造了一系列角色，有豪华轿车里的摩登女郎、爵士歌手（有时是百老汇齐格菲尔德式讽刺剧中光芒四射的女主角，有时是昏暗肮脏的地下俱乐部里过气的女歌手）、母亲、保姆、学校老师、日本艺妓、（和上百个女孩一起）找工作的打工妹、护士、律师、总统、

① 20世纪80年代，这栋大楼、也是百老汇最矮的大楼成了珍·迪克森一幅朴实、新霍普风格的夜景画作的对象。事实上，她画的只是大楼前面的一条小路和一些闪烁的霓虹灯。画中只有三个人，他们的面孔看不清楚，只能确定一个老人在和一个年轻人交谈，另一个人可能是警察，或许在找枪，或许正试图制止一场毒品交易。这幅略显单薄的画作所表现出的巨大、骇人的含混性，或许就是创作者想要表达的主题。这栋大楼是画面中最大的景物，也象征了一扇打开的窗户、一个窗台还有不在场的珍·迪克森。她是否知道她的视角正是当年贝蒂的位置？

鹅妈妈[1]，等等。她深色的头发和眼睛、轻快而性感的步伐——她总是快步走在赶往目的地的路上——还有丰饶的身体曲线唤起了整整一代女孩，通常是出身美国大城市贫穷移民犹太家庭里的女孩的共鸣。这些女孩一旦获得允许，便迫不及待地踏上通往市区的地铁，“出去”工作，来逃避自己的家庭，但也正是她们所逃避的家庭，给予了她们最多的支持。

费雪卡通的一个显著特色就是他们使用现场版爵士演奏作为动画的原声配乐——这也是他们和迪士尼动画的首要区别，后者创造了一个完全自我的、甜美却讨厌的音乐世界。贝蒂被设定为一个移民家庭的白人女孩(她父母的口音掺杂了各式各样的犹太腔)，她喜欢城市黑人音乐，她在动画片里唱歌的时候都被配以路易斯·阿姆斯特朗和凯伯·凯洛威等音乐家的声音。(凯洛威为她动画系列中的一部短片《乞丐米妮》进行了演唱。)贝蒂对爵士歌曲的喜爱让她看起来就像一位理想的现代公民——一个能够同他者舒适共处的人。然而无论在此处还是别处，贝蒂还散发着讽刺的味道。她迷人的甜美让很多人想起了自己的女儿，或许还强化了人们的焦虑——自己的女儿会变成什么样子(抑或她们已经成了什么样子)，更打击了一种晦暗的主张，
134 这种主张试图压抑这些来到市区工作的女孩的情感。(《乞丐米妮》首先就是一则毒品广告。不仅宣传了毒品，还宣传了被禁止购买毒品的场所，它“踢开了禁锢的围栏”。)

20世纪30年代，贝蒂的知名度越来越高。同样参与了贝蒂

---

① 鹅妈妈(Mother Goose)被认为是西方最早的儿歌及童话故事的收集者。——译者注

卡通创作的派拉蒙电影公司不断受到海斯办公室[1]的压力，继而又将压力传递给费雪工作室。后者被告知要对贝蒂做一些调整：冲淡她的张扬，拉平身体的曲线，抬高领口、拉低裙边以防走光(走光一度是她的标志性形象)，将单钩吊带袜从她的衣柜里清理出去(单钩吊带袜是她身上另一经典元素)，弱化她富于情感起伏的音调，对她语言中的双关语进行消音，让她多些距离感、少些诱惑性。这些压力在1934年后随着电影制作守则的流行而变得更加紧迫了。今天，如果我们能够租到贝蒂动画的录影带，并按照编年顺序仔细观看(贝蒂系列动画的先后顺序通常没有定论)，便能够想象如果没有顶住压力，费雪和他们的动画人物会沦为多么残缺不堪的模样，我们也就更会钦佩他们让贝蒂走了那么远、那么久。

在半个多世纪后的今天重读贝蒂，还有另一种方法。1933年贝蒂动画电影之《贝蒂的大老板》上映，时值大萧条的低谷，同时期的电影作品还有耳熟能详的《42街》。动画片里的贝蒂正站在一部通往大楼顶层的电梯上，周围全是和她一起应聘秘书工作的年轻女孩和中年妇女。她在面试时用娃娃音演唱了一首歌，里面有一句歌词是“当你让我独自回家，你便会被我惊讶”，但这首歌没有起到积极的作用反而贬低了她的工作能力。而老板——在动画片中大概是《工人日报》的老板——被她的歌声吸引当场就录用了她。后来观众发现原来贝蒂的秘书工作能力非常优秀。有一次，当她的老板试图亲吻她，她“被吓到了”。她

① 海斯办公室(Hays Office)特指威尔·海斯任职期间的美国电影协会。该协会负责美国电影产业的监管。——译者注

叫了警察，却来了一支军队，他们炸掉了大楼，大楼顷刻倒塌。最终，当贝蒂和老板摔在地上的时候，她发现自己压在对方的大腿上，二人似乎陷入了一种爱的拥抱。到底什么才是真的？又在什么意义上是真的？这是对60年前存在、今天依然存在的职场性骚扰的讽刺吗？无论如何，贝蒂给我们留下了深刻印象。她像时代广场的很多打工妹一样：每天被迫早起乘地铁去工作，她们的工作不仅辛苦劳累还有可能遭受侮辱。她整日对自己唱着“他们带不走我的卟啵卟啵嘟啵”[1]，唱出了她对身边装点着
135 皮草、珠宝、豪华车还有聚光灯的声色犬马的回应，而这种回应象征了她对城市夜晚的征服。[2]

大萧条期间贝蒂形象的变化反映了创作者们承受的审查压力；然而，如果我们按照贝蒂创作者们希望的方式去反思她，便会看到一个更加真实的、在历史中鲜活的、靠一己之力努力工作的贝蒂：她为自己的外表而努力——是少一些自我展示还是多一些、想要看上去年轻还是成熟、体重多一点还是少一点（始终维持在大约20磅）、善于还是讷于言谈、娃娃音还是成熟腔、表现出柔弱可怜还是足智多谋、扮演天真无邪的少女还是

---

① 这句歌词来自贝蒂系列卡通1932年的*Boop-Boop-A-Doop*英文歌词如下：You can feed me bread and water，Or a great big bale of hay，But don't take my boop-boop-a-doop away! You can say my voice is awful，Or my songs are too risqué. Oh，but don't take my boop-boop-a-doop away! “boop-boop-a-doop”在歌曲和动画中象征了贝蒂身上不可移易的纯真天性，而单词并没有实际意义，所以译者采取音译的方式。——译者注

② 辛迪·罗波的音乐录影带《女生玩乐主义》和麦当娜的《物质女孩》是流行于20世纪80年代的热门歌曲，两首歌直接借用了贝蒂卡通中的意象，歌曲中“女孩们”所不理解的家庭就是《乞丐米妮》中米妮家庭的翻版。今天再来回顾这些录影带，我想我可以找到她们对贝蒂的更多引用和联结。贝蒂尽力提供了一曲关于爵士歌手主题的变奏——一个能走进嘻哈一代很多男孩女孩心中的故事。

自作聪明的家伙、梦想嫁个好男人还是成就好事业；她试图弄清她的哪一种面相，能在她生存和工作的环境中更加吃香；她也尽力辨明，什么才是真实的感受、什么才是真正的追求。20世纪30年代到处弥漫着埋葬时代广场昔日美好的怀旧味道，贝蒂却以当下和未来代言者的姿态横空出世——她坚信依旧在此奋斗的年轻男女正在建筑自己的辉煌。

贝蒂卡通系列中有一部电影，我只看过片段，录像带已经损坏和褪色，我不知道电影的名字，却记住了里面的歌曲。贝蒂穿着类似和服的服装，发出了摇摆、震颤的歌声。她开始是用英语演唱，随后变成了一种类似日语的模仿。我至今不明白这首歌为什么要出现在电影中，但它是甜美的、严肃的、积极向上的：

有一种语言是我的，任何地方都知道。
你必定知道它，卟啵卟啵嘟啵。

贝蒂在歌曲中宣告了一种个性化的能量，它充斥四周，随处可见，无论性别、肤色和国籍都可以和谐共享，它是超越时空、超越20世纪30年代的时代广场，它在某种程度上是最原始的东西——“你必定知道它”，即便你不知道自己知道。甜美年轻的可人儿贝蒂为生活的力量而战，而这力量再次让世界团结。

掘金女郎：好莱坞的百老汇

136 “好莱坞抢占了……”——大萧条期间，伴随着好莱坞电影的兴起和百老汇戏剧的衰落，有人开始追问百老汇继续存在的必要性。好莱坞在大萧条时期最杰出的贡献在于它对百老汇经典剧目的翻拍，包括《42 街》《摘星梦难圆》、巴斯比·柏克莱的《掘金女郎》系列，还有 20 世纪 30 年代末多萝西·阿兹娜的《跳舞吧，女孩》。翻拍原因何在？或许是鼎盛时期电影界的很多从业者都有着戏剧界的工作背景，他们始终相信戏剧——尽管充满了危险、不定、脆弱——但比电影更加真实、更加可信。另一个原因是这些翻拍电影都有一个共同的主题，那就是后台世界——一个幻觉背后的真实世界；它们都展现了观众看到的戏剧假象是如何由真实的人们——真实的权力层级中的成员，以出卖劳动力换取金钱但往往找不到雇主的男人和女人——创造出来。大萧条时期时代广场的平分线一带就聚集着这群急需工作的人；如果不能出名，他们就付不起租金。[29]

2000 年以来，平分线地区出现了新版的音乐剧《42 街》，并在翻新的美国航空剧院重演。新版的《42 街》完美地复制了 1930 年原版中的场景。尽管场景被设置在 1933 年，新版的《42 街》却没有一丝 1933 年的味道，要知道那是大萧条最严重的一年，也是罗斯福和希特勒同时上台的一年。新版音乐剧缺乏经济萧条的氛围，当年笼罩了演员、导演、舞台工作人员、观众甚至是戏剧出品人的经济压力不仅为戏剧情节增添了人文急迫感，也构成原版音乐剧获得巨大成功的原因，这些在新版中都毫无踪迹。新版没有使用“萧条”或者任何可与之替换的词来表现整个国家所处的水深火热。但正是重创了百老汇的水深火热才提升了百老汇的品质，也让这个制造戏剧假象的地方在历史上第一次成了现实世界的代表。没有了经济萧条的新版《42 街》和没有了二战背景的《南太平洋》没什么两样。

20 世纪 30 年代对个体性和集体性最深刻的反思之一，当属巴斯比·柏克莱在《1935 掘金女郎》中的插曲《百老汇摇篮曲》。这部电影的女主人公是 30 年代持续扮演“时报女郎”类角色的演员和歌手威妮·萧。她的主人公地位体现在两个方面：一是她比片中其他人表演和唱歌的戏份更多，因而出现在荧屏上的次数也多；二是电影的全部工作人员、上百人的表演都以她为核心，展现了她的成长、内心世界、对自我的幻想和对身份的追寻。所有元素都戏剧化地围绕她来进行，这一切就像是她的梦境。据我所知，该片对个体及其内心世界的关注是柏克莱电影生涯中最付诸心力之处。片中还出现了导演惯常使用的皮拉内西①式远景以及规模庞大的合唱队伍。但不同寻常的是，这些元素不再是从奥林匹亚天空中空降到观众头脑中的抽象修辞，而是有机地生发于一个女人的生活、渴望、她的梦想和欲求中。不喜欢柏克莱的人批评他营造的景观是“法西斯主义的”，但法 137

① 乔凡尼·巴蒂斯塔·皮拉内西(Giovanni Battista Piranesi，1720—1778)是意大利雕刻家和建筑师，以蚀刻和雕刻现代罗马以及古代遗迹出名，作品中充满了强烈的光影和空间对比以及精致的细节。——译者注

西斯主义可不会与人类的本性和谐共生，更不会与任何人——尤其是一个打工妹——对身份的斗争和谐共生。（事实上，法西斯主义对人们的吸引力就在于，它向现代的男男女女许诺能将他们从身份斗争中解脱出来。）①

电影中最有名的一幕来自高潮部分：让观众惊恐的是，在巨大人潮的拥挤下，女主人公从阳台上跌了下去——是她自己不小心还是被人推挤？（当年第一批观众也和今天的我们一样不确定。）但最丰富、最深刻的情节则始于主人公的一场梦。在梦中，她先是伴着模糊而微弱的伴奏缓缓唱起了摇篮曲；她的脸
138 在身后完全黑暗的背景中闪闪发亮。她特别唱了最后几句："宝贝回家，回到她的公寓，回去睡一整天。"随后镜头放大、拉近并聚焦在她的脸上。她冲着镜头微笑，黑色的头发盘绕在脸上。她抬起头，突然之间、神奇般地，她的脸变成了城市：她的眼

---

① 对法西斯主义的心理学批判有三个经典来源：陀思妥耶夫斯基《卡拉马佐夫兄弟》（1881 年）第三部分第五章的《宗教大法官》、萨特的短篇小说《领袖的童年》（1938 年）以及埃里希·弗洛姆的《逃避自由》（1941 年）。一旦涉及对法西斯主义的谴责，心理学的批判便略显独断，毕竟法西斯对欧洲和美国的大举进攻和节节胜利也是不争的事实。我在童年时期就听过类似的心理学论调，即纳粹党的纽伦堡集会（详见《意志的胜利》）是"基于"或"植根于"美式足球的中场表演和歌舞表演（即二者都是一场疯狂的集体无意识——译者注）。著名文化批评家齐格菲尔德·克拉考尔在 1927 年评论柏林一个名叫"蒂尔勒女孩"的流行卡巴莱表演团体时说："这些美国文化分工厂的产物不再是独立的个体，而是一个坚固的集体，这些女孩的舞步就像是数学公式计算好的那般整齐划一。"详见《大众装饰：魏玛时期齐格菲尔德·克拉考尔文集》（*The Mass Ornament: Weimar Essays by Siegfried Krackauer*），托马斯·列文（Thomas Levin）编译，哈佛大学出版社（Harvard），1995 年，第 75—76 页。从类似的观点中我们能够清楚地明白苏珊·葛兰半个世纪后的观念"剧院景观……消除了女性关于自主和个性的观念"来自哪里（详见《女性景观》，第 8 页）。柏克莱的《百老汇摇篮曲》呈现了一个生发自平凡女孩的梦想和内心世界的大众景观，它或可视作对不复存在的、作为个体的女孩的反击，对让他感到内疚的个性消除这类言论的反击。

睛、鼻子、嘴巴统统变成了纽约市中区的景观。此时她再次唱起摇篮曲，但这次换成了爵士的旋律并伴着庞大的伴奏。她的梦境逐渐展开，城市里的人们环绕着她、包裹着她，她与他们时而融合时而抽离。她站在一座巨大的舞厅里：有时是一支大型合唱团中的一员，有时又是独唱，她被一个男人抛至空中、在高空回旋，从舞步判断这个男人是弗雷德·阿斯泰尔；她又出现在剧院包厢里，和一个电影明星一边喝酒一边观看表演，观众后来才看清这个明星是迪克·鲍威尔。鲍威尔在她的梦中扮演了非常特殊的角色，类似于他在《42 街》中扮演的富有同理心、慷慨无私的导师——乐意将自己全部所知传授给她，并不带任何感情要求和性索取地帮助她成为明星。在美国文化中，这便是新型"白马王子"的代表。鲍威尔鼓励她加入包厢下方的表演队伍，而他的鼓励充满了分量，她表示同意，并妩媚地唱起"为什么你不来得到我?"她立刻(记住这在梦里，所以她可以立刻从包厢移动到人群中)化身为表演队伍中的领舞。她带领大家一边跳舞一边登上一座巨大的旋转楼梯直至楼梯顶层，看到时代广场的开阔景观。她和鲍威尔不知怎的隔着阳台玻璃门热烈地拥吻。此时，突然涌现的人群将她包围。她难道忘了吗?他们是刚刚跟随她跳舞的人群。不过她似乎忘记了，她看上去充满了疑惑并试图逃走，哪怕获得只有一秒钟的喘息。但正当她转身的时候，人潮中莫名的涌动将她推下了屋顶。然后就到了开头提到的惊恐一幕，我们能看到屋顶和街道变得越来越大、越来越近。就在一切要爆发之前，银幕变黑了。再次亮起的时候，城市又变回了她的脸。她正走在回家的楼梯上。她的邻居朝她微笑。"宝贝回家，回到她的公寓，回去睡一整天。"我们知道，明天，她又会准时醒来，迎接城市的另一个夜晚。

这便是美国电影史上最难以忘怀的一幕。但它的主演威妮弗雷德(简称威妮)·萧也像她饰演的女孩那样，戏剧般地坠落
139 了。从1934年到1937年她参演了26部电影，但此后直到1982年去世，再无作品。[30]

莎拉·布朗小姐：交换爱情

与《掘金女郎》同时期的另一位时报女郎，是达蒙·朗伊恩1933年的小说《莎拉·布朗小姐的田园诗》中的女主人公，但和掘金女郎不同的是，她的结局更加幸福。这或许是朗伊恩最有名的作品；1950年深受喜爱的百老汇经典音乐剧——弗兰克·罗瑟和阿比·布若斯的《红男绿女》(*Guys and Dolls*)便由这部小说改编而来。然而编辑们似乎并不钟情于它：我很惊讶地发现这部作品没有收录于朗伊恩死后出版的任何选集里，包括1967年的《达蒙·朗伊恩精选集》、1981年的《百老汇侦探》和1999年的《百老汇的达蒙·朗伊恩》。1942年版的《红男绿女》甚至也没有收录。[31]下文我所引用的文本来自一本名为《伟大的美国爱情故事》(1988)[32]的文集。朗伊恩的读者并不满意这部小说，故事场景仍旧设置在作者熟悉的百老汇，但其中包含的心理的复杂

性和深刻性，则更接近伊迪斯·华顿[①]或者亨利·詹姆斯的风格。

莎拉·布朗，又名救赎修女，为百老汇和49街交会处的一家拯救灵魂、劝人从善的慈善机构服务。她用对工作的激情和劝诫他人时的炽热，来鼓励时代广场的赌徒们忏悔并改变现状，也由此受到故事的男主人公——赌徒司盖·马斯特森的爱慕。司盖(Sky)的名字源于他在赌博上的天分和大胆(作者在此引用了朗伊恩的原文"the sky's the limit"来形容主人公胆大无边)。朗伊恩如此描述他们的相遇："司盖无可救药地爱上了这位百老汇罕见的美人儿。"(《伟大的美国爱情故事》，第220页)。他不断接近莎拉并向她所在的机构捐出了自己赌博的部分所得。鉴于慈善机构的资金短缺，莎拉也渐渐习惯了司盖的陪伴，并对他的捐赠表示感激。(记住，大萧条时期，整个百老汇和全国其他地方一样都面临着资金困难。)但后来她遭到机构内部的攻击，出于自卫她迅速变成了冷冰的正义者：她对司盖说不想要他的脏钱，并将他赶走了。故事到这里告一段落，但没过多久，莎拉不知从哪里来的胆量，只身闯进了内森·底特律的赌局，在
这个全是男人的赌局上，她向司盖发出了挑战——一场事关生 140
死的决斗：她问他是否敢堵上自己的灵魂和她玩一局双骰赌博？二人的赌博构成故事戏剧性的高潮："司盖先生，我拿两美元和你赌。这是我的全部家当，但你的灵魂还不值两美元。"她随后施展了骗子惯用的开场伎俩：先是假装自己完全不懂怎么出牌，

① 伊迪丝·华顿(Edith Wharton，1862—1937)是著名美国女作家，主要作品有《高尚的嗜好》《纯真年代》《四月里的阵雨》《马恩河》《战地英雄》等。——译者注

而后突然以一张六和一张五干净利落地结束了赌局，走出了赌场。

> 显而易见，司盖跟着布朗小姐出去了……（她）转身对司盖说了下面的话：
>
> “你是个傻瓜。”莎拉·布朗小姐说。

正如她以勇闯赌局震住了司盖，接下来司盖对《圣经》的熟练引用也令她大吃一惊：

> 司盖说：“为什么？保罗说过，‘如果你身边有人看似聪明，那就让他变成傻瓜，这样他才有可能真得变聪明。’我爱你，莎拉·布朗小姐。”（《伟大的美国爱情故事》，第227—228页）

故事的完美结局来自一场双向交换：莎拉变成了一个在夜晚谴责黑夜价值的女人；而司盖为爱变成了她的傻瓜并迫使她进入了一场世俗之爱；任何一个变化都没有以他们想要的方式发生，他们彼此交换并被彼此改变。他们的互相交换带来了幸福的结局，而结局正如罗森塔尔所说是“伟大的美国爱情故事”。朗伊恩以让人眼花缭乱的笔法铺设了故事的高潮。而小说结尾的反转则借由叙事者的口中说出：“她赌赢司盖灵魂的骰子……完全是假的。”——他们早就知道。和大萧条时期的多数罗曼史一样，这样的结局苦乐参半。爱情会征服所有人，因为只有它才能解决战斗。恋人们终于明白，除非他们学会在彼此战斗之外还有自我的让步，不然爱情里没有赢家。

红男绿女：从交换到欺骗

20 世纪 40 年代末当阿比・布若斯和弗兰克・罗瑟将朗伊恩的小说改编成音乐剧时，时代已经完全不同了。二战和激进 141
分子所谓的“永久战争经济体”让百老汇热血沸腾，也让时代广场陷入了前所未有的疯狂。挥金如土的狂徒越来越多，其中一些赌徒不得不流水般斥巨资养活自己的契约订立人和代理人。[33] 纽约市中区夜总会林立，一掷千金和炫耀挥霍达到了新的高度——时代广场和百老汇俨然一副美国战后“富裕社会”的代表姿态。历史背景的变迁为莎拉的角色赋予了全新的批判指向性和共鸣感：她成了谴责整个百老汇文化的百老汇偶像。她说“终有一天，我要用斧头将百老汇从头到尾彻底粉碎”[34]。她拿什么对抗百老汇？毕竟，百老汇就是时尚。她要对抗时尚，却是以时尚的方式对抗时尚。她的时尚是不自觉的、无意识的，而但凡对时尚有过思考的人都会认同这才是最好的时尚。

在莎拉・布朗小姐众多的戏剧界先驱中，最重要的当属萧伯纳 1913 年的小说《芭芭拉少校》。1941 年芭芭拉被搬上了银幕，第一次出演电影的黛博拉・蔻儿对这位主人公进行了精彩的演绎。然而布若斯和罗瑟版本的布朗小姐，其突破性不仅在于主人公对传统性别观念的违抗，更在于那走向完美结局的曲折情节。无论是《红男绿女》的戏剧版本还是电影版本，莎拉和司盖的联结，都是靠隐秘的相互关系和戏剧的魔力共同完成的：就像骰子刚好掷出想要的数字。音乐剧高潮部分的配乐《幸运如淑女》便是对这一魔幻现实主义的诚挚赞美。

《红男绿女》是迄今为止最耀眼、最欢快的音乐喜剧。它的某些特色延续了百老汇和好莱坞的传统：它营造了一个充斥着怪人的世界，让我们感受到共鸣，意识到我们都来自同一个（正如波德莱尔所谓的）“眼睛的家庭”。对于音乐剧的另外一些特色，我则有话要说，尽管无意付诸太多文字，至少还是要问：布若斯为何将朗伊恩的结尾进行了一番“大清扫”？将其与布若斯在充当众议院非美活动调查委员会友好证人期间的“坦白交代”联系在一起，是合理的猜测还是完全的臆想？

布若斯的“大清扫”并没有破坏整体的戏剧效果。音乐剧开始了，迈克尔·基德为我们揭开了街道的蒙太奇画面：流氓们的地下赌局、莎拉和司盖的爱情场景（伴着优美的情歌），都诠释着时代广场的辩证法——拥抱你的对立面：“协手并肩，它们彰显荣耀。”——并为之注入了新的意义。莎拉一角得到了精彩的演绎，她强化了朗伊恩对时代广场的女主人公的辩证塑
142 造——一个为了粉碎黑夜而主动投身黑夜的女人，受到情感力量的驱使却拒绝变成她最终要成为的样子。然而布若斯对原著结局的“大清扫”确实削弱了男女主人公彼此融合的过程，这恰恰是成就该剧的一个重要因素。

在《午夜的任务》一幕中，我们见证了布若斯对麦卡锡主义的借用，也很难不对此反感。剧中内森·底特律突然成了黑帮老大（或曰委员会主席），为了树立权威他要求本尼表示服从，

但遭到了拒绝。本尼说："我只服从第五戒律。"强压之下，本尼最终认输。随后情节变成了一场自卑的狂欢，主角是演唱忏悔咏叹调的琼森(斯塔比·凯饰演)，背景是全体流氓高亢的和声。他唱道："我昨晚梦到自己坐上了通往天堂的小船。"梦中的他带上了赌博的常用装备——骰子、威士忌和世俗的怀疑主义。同船的乘客纷纷责骂他，他以嘲笑反击。他们说："人们都说，'快坐下，快坐下，你正在晃动小船。'"梦的最后他被海浪拍打，一边大声呼救一边惊醒了。

这时至关重要的一句台词出现了，也是琼森自我救赎的证明：

> 我对自己说："快坐下，快坐下，你正在晃动小船……"

他表明自己感激不杀之恩，他会乖乖坐下并且闭嘴，其他乘客无须告诉他要像他们一样安静坐着，因为他自己已经意识到了。这一幕难道不是麦卡锡主义的翻版吗？不妨把1955年《红女绿女》电影版录像带借来观看，尽管电影版对戏剧版的剧本略做了改动，它仍旧可以提供关于那个时期的很多内容。①电影版导演约瑟夫·曼凯维奇在片中增添了些许政治因素，谨

① 布若斯于1951年和1952年两次作为友好证人出席众议院非美活动调查委员会的听证。埃里克·宾利(Eric Bentley)将他的证词收录在他的《三十年的叛国》(*Thirty Years of Treason*)[1972年初版，2002年民族出版社(Nation Books)再版，第533—568页]和《此在还是曾在?》(*Are You Now or Have You Ever Been?*)[哈勃出版社(Harper&Row)，1972年，第81—97页]。两本书都强调了布若斯作为讽刺作家的才能。

防电影的政治倾向不够鲜明：结尾处，司盖和莎拉、内森和阿德莱德在广场上众人面前举行了集体婚礼，然后两对新人在警车中开始了他们的蜜月期。

143 冷战和50年代文化的关联非一言可蔽，检视这一关联难免冗长的叙述，厌倦了冷战话语的读者不妨尝试另一种关联。全部由犹太人组成的《红男绿女》制作团队——塞·福伊尔和厄尼·马丁、布若斯和罗瑟、迈克尔·基德和乔治·S.考夫曼——将富有犹太风味的赌博亚文化演绎得淋漓尽致：电影中的赌徒以起司蛋糕和果派的售价下注，他们唱起情歌《起诉我吧》却以一场集体的"犹太人改宗"收场——他们的信仰集体变成了救世军式的、严厉的白人新教徒原教旨主义。犹太人对自己的这番演绎让我不知道如何才能使今天看到这一幕的犹太人不感到尴尬？究竟应该用什么才能让这群人揭下身上的遮蔽物？会否有人愿意以身求证犹太人自我憎恨的辩证法？我不曾期待在百老汇——这个世界上最具活力的犹太场景之一——能找到答案。这只能说明我的无知，即使我身为犹太人(所以起诉我吧!)我也只能说，如果是梅尔·布鲁克斯[①]来写作此书，至少读者可以知道这一切都是一个笑话。

我错过的另一个玩笑是1955年《红男绿女》电影版中时代广场的布景。不知道是不是场景设计人员故意强迫自己打造了一个完全没有纽约风格的时代广场，广场上的所有建筑都是整齐划一的白色，涂着灰泥，间杂以机场塑料蜡笔般的配色方案。

① 梅尔·布鲁克斯(Mel Brooks，1926—)是生于纽约布鲁克林的犹太人，美国喜剧大师。——译者注

用意何在？对于父亲和我这样的电影爱好者而言，这种完全变味的场景尤其让我们震惊，因为我们将好莱坞视作纽约众多浪漫和华丽景象的源泉(试想《42 街》)。[35]为什么电影改编者要为这部纽约名片式的作品设计一个和真实纽约呈 180°反转的场景？当时正处冷战时期，好莱坞和美国的很多机构一样经历了黑名单的审查。难道是黑名单的幸存者试图以此强调一个真正的“美国”，并将其与我们“非美国”的城市脱离？我不由得担心“纽约”和“美国”之间的这种两极对立。实际上，这种对立确实存在，而且大众传媒对于这种对立不加反思的传播长达三十年甚至更久。这种对立正符合共和党的南方战略①，20 世纪 70 年代，纽约面临财政危机，时任总统、共和党人杰拉尔德·福特在《纽约倒闭》(*New York Drop Dead*)的演说中，号召“美国人民”即使纽约衰落也不应受此影响，一时间，纽约和美国的对立言论甚嚣尘上。对此，美国人民毫不买账。而电影《红男绿女》或许是 *144*
这项诡异计划的一部分，为了给这部彩色的“黑色电影”上色(涂上政治正确之色)并将时代广场带离纽约。我不明白当年的美国智囊团是如何设计了这样的思想实验，正如我不明白他们今天又在想些什么。

① 南方战略(Southern Strategy)是美国大选时采用的竞选策略，即倚赖南方州的选票来决定选举的最终结果。——译者注

多萝西·阿兹娜：舞蹈的深度

1940年，大萧条接近尾声，多萝西·阿兹娜①拍摄了电影《跳舞吧，女孩》[36]，在这部不甚知名却意义非凡的影片中，我们的时报女郎分身为两个。《跳舞吧，女孩》和1937年的《摘星梦难圆》同样发生在时代广场附近，地点是西40街上旧时所谓的戏院公寓附近。阿兹娜镜头下的时代广场有着田园诗般的美好景象，庄严宏伟的时报大楼伫立其中。她展示了这里各式各样的舞蹈类型和表演场所：芭蕾舞剧院、形意舞工作室、大大小小的舞厅、百老汇戏剧中的歌舞场、夜总会的舞蹈秀和脱衣舞表演。(在文化史上有着重要地位的爵士舞厅没有出现在她的拍摄对象中。)她还带领观众领略了20世纪30年代纽约舞蹈文化的流动性，这种流动性使得舞者对不同舞蹈类型的兼容并包成为可能。

第一次观看《跳舞吧，女孩》，我便被电影开场镜头中的巨大广告牌惊呆了：广告上写着"出售迪士尼"。华特·迪士尼公司②如何能够出现在1939年的时代广场上？又如何能够出售？后来证实此迪士尼并非彼迪士尼：它的真身是位于第五大道和

① 多萝西·阿兹娜(Dorothy Arzner，1897—1979)是美国有声电影史上第一位女导演，在她的导演生涯中，她也是好莱坞唯一的女导演。她的主要作品有《跳舞吧，女孩》《红衣新娘》《娜娜》等。——译者注

② 迪士尼总部位于美国西海岸的加利福尼亚州。——译者注

42 街的“迪士尼制帽公司”——专门生产优质上等礼帽。[37]阿兹娜以“礼帽的出售”桥段，暗指曾以迪士尼礼帽为地位象征的上流社交圈的没落。① 但她随即重拾礼帽将它们戴在了自己主人公的头上，电影的第一幕便是一群头戴礼帽、华丽迷人的女郎在亚克朗市的街头表演大胆裸露的舞蹈，一群警察粗暴地终止了表演。阿兹娜借助帽子表明了脱衣舞最后的魅力与力量。

《跳舞吧，女孩》以 20 世纪 30 年代世界范围内的大萧条为故事框架。在美国，大量劳动工人失业，罗斯福新政下的福利国家还在初始阶段，成千上万的人们每夜顶着饥饿入睡，“找工 145
作”成了所有人的绝对命令和持续困扰。任何一个想要得到表演工作的女孩或妇女都不得不向那些叼着雪茄、庸俗肮脏的男人出卖自己，包括自己的肉体、活力还有性吸引力。如果交易失败，她和她的家人便要饥饿度日。生活高于一切，这便是《42 街》《摘星梦难圆》和《掘金女郎》系列电影背后的世界，也是《跳舞吧，女孩》的社会背景。电影里一个年轻的舞者得到了一份表演工作，面对人们的议论，一位制片人秘书站出来维护她：“不要谴责那个女孩，因为她不得不赚取自己的生活。”戏剧公寓里的女孩们为了主演的角色和富有的男人而竞争，但就像《摘星梦难圆》里的女孩们一样，竞争的背后是团结：她们分享匮乏的资源、互相扶持寻找出路尤其是工作。[38]

《跳舞吧，女孩》中的时报女郎是两个对比鲜明的女孩，她

---

① 电影的实际用意是影射曾将礼帽引入舞蹈界的美国著名电影演员、舞蹈家弗雷德·阿斯泰尔。阿兹娜欲说明什么？或许是他伟大的礼帽舞已经预先假定了礼帽的淘汰命运并试图以存在主义的方式重塑礼帽的社会地位，以此来支持这项曾经辉煌而今空洞落寞的艺术身份。

们不仅追求不同的舞蹈类型，还追求两极化的生存样态。阿兹娜曾告诉朋友：“我决定将电影的主线设置为艺术灵魂（玛琳·奥哈拉饰）和牟利能手（露西尔·鲍尔饰）之间的对立。”[39]阿兹娜对此没有做出更多解释，而事实上这一两极化对立的深刻程度远远超过她的设想。鲍尔饰演的“波波”是时代广场的脱衣舞皇后，奥哈拉饰演的朱迪则是一个正经严肃的舞者，直到电影的最后她才为自己的天分和梦想找到了合适的位置。两位主人公第一次亮相时，她们戴着个性的礼帽，穿着闪亮的短裙和靴子，相同的着装之下已然投射出截然相反的性格。波波善长迎合：她性格里带着轻松活泼的随意和不拘，这一女性形象的传统可追溯至奎克莉夫人、英国小说家笛福的《摩尔·弗兰德斯》、梅·韦斯特的《绅士爱美人》，还有《42 街》的《无时不安妮》。（波波之后，这一形象的化身还包括美剧《中国海滩》里的玛格·海格柏格、麦当娜 20 世纪 90 年代的歌曲《物质女孩》和美剧《欲望都市》里金·凯特罗尔饰演的萨曼莎。）她善于诱惑和示好，尤其是对那些富有多金的爱慕者；她不期待被爱与爱情，因为她从不会孤单太久。与她相反，朱迪喜欢拒绝，外表冰冷，对以任何方式对她表示兴趣的任何人都拒之千里。她给我们第一印象或许仅仅是害怕或者冷淡，看不出任何城府，但实际上她有自己的策略。随着情节的推进，当曾经被她拒绝的人们热切地
146 追随其左右，我们才会意识到她不只是像我们看到的那么简单。征服世界最好的办法便是表达对它的冷漠和鄙弃——这种策略甚至可以追溯至基督教创立的早期。

阿兹娜在电影中无意于表达对浪漫的任何理想主义情结，却对工作和艺术充满了理想。这一使命感的结晶便是朱迪——

一个“只想跳舞”的女孩。她只想跳舞、不想取悦或娱乐观众：每当谈及观众，她总是一副观众的存在是对她的贬低的姿态；她把观众当空气般抽象地跳舞，以此保持她对艺术的正直与诚挚。波波则相反，她重视并迎合观众，她可以同时性感地表演和表演性感，可以和在座的男人放声大笑。她是那种会穿“海瑟布鲁姆衬裙”的新式女人，穿着时髦的睡袍，再用风力机将睡袍吹起。从阿兹娜对两位主人公的设定上，不难确定朱迪就是阿兹娜的代言人，也是我们理应崇敬的模范。可惜，奥哈拉的表演苍白无力；她甚至不能让观众感受到我们所能设想到的朱迪对导演的那种重要性。所以露西尔凭借其对波波行云流水的演绎抢尽了前者的风头。

按照时报女郎的传统，两位主人公都是凭一己之力为生活打拼的女性。她们都轻视上层社会——尽管她们曾经被同一个酗酒、堕落的花花公子追求过，并且不愿意承认她们也被对方吸引。两个女人之间的团结是电影凝聚力的情感黏合剂。成了百万富翁的情妇和脱衣舞明星的波波没有忘记自己的出身，她珠光宝气、牵着宠物回到当年的公寓，邀请朱迪在她的表演中担任一个角色。朱迪对脱衣舞表演表达出傲慢的蔑视，但波波和女房东(最近一直收不到房租)则异口同声地指出它是份稳定的工作。

于是两位主人公开始一起工作，也为电影的核心情节埋下了引线。这根引线就是“艺术”，作为脱衣舞表演的永恒主题，它体现在如何将“高雅艺术”与“低俗艺术”的结合上。电影对该主题深思熟虑的呈现背后是导演本人的自我描绘。朱迪在波波的演出中扮演的角色，或许就是阿兹娜对自己的比喻——象征

了她和自我的关系，A面(亦是阿兹娜的主线)是想要在好莱坞一鸣惊人的阿兹娜，而B面是想要为女性拍出好电影、情感丰
147 富的阿兹娜。表演开始了，朱迪作为开幕戏首先上台，她顾自地跳着芭蕾的舞步，高傲地无视面前的观众。观众却并不买账，他们不理解朱迪的肢体表达，还要无端忍受她的冷漠，观众们越来越渴望和演员的交流；这时波波登台了，她非常乐意向渴求已久的观众献上感激和温暖。但已经熟悉了朱迪及其表演风格的观众反倒不适应波波的热情了。这戏剧性的一幕甚至登上了《变化》杂志的头版，标题就叫《波波和她的配角》。波波和朱迪之间产生了微妙的化学反应，情节百转千回，她们的敌对关系随着突如其来的变化瞬间瓦解：朱迪的裙子裂开了，道具落在她身上，而观众的反应也唐突得残酷。此时镜头移到观众上方以一种异常可怕的方式进行俯拍，按照好莱坞的惯例，这种拍摄方式无异于将观众对朱迪的残忍，比拟为古罗马斗兽场高高环座的观众叫嚣着中间的困兽应该被吃掉。从上台到此刻，朱迪对观众始终不以为意(或者至少表现得如此？我们无从得知)，但现在她无法再忽视他们了。她面对着观众，掷地有声地说出了下面一番话：

> 继续吧，继续看我吧。我将毫不羞耻，继续嘲笑吧！值回你们的票价。没人会阻止你们。我知道你们想看我衣服扯烂，这样你们的五十美分花得才值。五十美分就能买来特权，用妻子不允许你们的方式盯着一个女孩看。你以为我会怎么想你们——你和你那让母亲蒙羞的傻笑？我知道服装商想必也会冲过来嘲笑我，但我也会嘲笑你们，因

为我们，你们才能花钱坐在这睁大眼睛品头论足。有什么用？这样你们就能在表演结束后回到家里，在你们的妻子和爱人面前趾高气扬假装自己是大爷？我相信她们早就和我一样看透了你们。[40]

这便是电影中最激情澎湃的一幕，也是让阿兹娜成为后来女性主义者心目中的英雄的一幕。女性主义者将此视作对男人、男性享乐和“男性凝视”[41]的批判。我认同朱迪的演说是对男性和男权的一次猛烈攻击，但攻击的对象远比表象更为复杂和含混。看看台下的男人(夹杂着女性观众)：他们凭什么要遭受朱迪的蔑视？他们只不过做了史上所有观众都会做的事情：寻找乐趣、 148
寻觅轻松时光、期待表演者的迎合、获得良好的自我感觉。当朱迪先后搬出母亲和孩子、丈夫和妻子的形象，她无异于表明自己对“表演者—观众”这一关系中的深沉的情感基础的认同。若果真如此，她的斥责带给观众的创伤要远远超过她的认知。如果她不想成为母亲/孩子中的任何一个，也不想成为丈夫/妻子中的任何一个，那么我们或可发问——在成人之爱中还有什么是她想要的？那她在台上又是做什么？(或者在镜头面前?)如果她痛恨以带给观众良好感觉为己任的娱乐圈，那么这种愤怒岂不是要摧毁所有的娱乐产业、所有的大众文化，摧毁时代广场、百老汇和好莱坞创造的一切，包括阿兹娜正在拍摄的电影？“我知道你们想看我衣服扯烂……”，表演者扯烂自己的衣服只是为了揭露深埋的、愤怒的虚无主义——这不是第一次，也不会是最后一次。

然而反转之中更有反转。讽刺的是观众在听完朱迪混乱、暴怒和痛苦的演说后竟报以慷慨的掌声。阿兹娜深知20世纪30年代时代广场的部分观众，乐见对他人对自己的批判。总有一些观众，他们复杂世故，他们阅读易卜生，他们欣赏马奈，他们品味萧伯纳，他们参观军械库艺博会，他们观看威尔和布莱希特①的戏剧。朱迪的观众就是这样一类人。他们对迎合自己的艺术感到厌倦，那种直呼他们的名字或者将他们如空气般对待的艺术才能让他们感到震颤。他们是《大厦将倾》《三分钱的歌剧》这类戏剧的观众，也是大量现代诗歌、绘画和音乐的观众，甚至是爵士乐——它从摇摆乐队转化而来，而摇摆乐队旨在让人们感到兴奋、将人们带入孤单独唱者演给自己生活的心理剧②——的观众。阿兹娜深知现代的观众就在某处，而她的一生都在奋力抵达那里。

阿兹娜为她的主人公注入虚无主义的狂怒，但又不想让主人公毁于这种狂怒。（我们知道导演很清楚这种狂怒可以将主人公毁灭。）朱迪并不知道，导演为电影赋予的主题将会拯救自己并以一种建设性的方式释放自己的能量。阿兹娜设定的拯救者

① 库尔特·威尔（Kurt Weill，1900—1950）是德国（晚年改为美国籍）著名作曲家。贝尔托·布莱希特（Bertolt Brecht，1898—1956）是德国著名戏剧家、诗人。威尔认为音乐是促进社会变革的动力，达到这一目的的最好手段是歌剧。而布莱希特的“叙事剧”的理论和戏剧表演的“间离方法”（又称“陌生化方法”）强调艺术应使观众看见生活的真实面貌和它的复杂性、矛盾性，促使人们思考，激发人们变革社会的热情。20世纪20年代威尔与布莱希特结识并开始合作，经典音乐剧《三分钱的歌剧》便是这一时期的作品。——译者注

② 心理剧（psychodrama）由精神病理学家莫瑞努（Moreno）于1921年提出。心理剧能帮助参与者，通过音乐、绘画、游戏等活动热身，进而在演出中体验或重新体验自己的思想、情绪、梦境及人际关系，伴随剧情的发展，在安全的氛围中，探索、释放、觉察和分享内在自我，是一种可以使患者的感情得以发泄从而达到治疗效果的戏剧形式。——译者注

是拉尔夫·贝拉米饰演的史蒂夫·亚当斯——舞蹈团的经理人、林肯·柯尔斯坦[①]式的人物。他说他想要的舞蹈应该能够为“美国人的生活——店主、技工、飞行员的生活”提供解释。贝拉米的期望让我们仿佛重回人民阵线。电影用短暂的镜头向我们展示了贝拉米舞蹈团的表演，这段由恩斯特·梅齐设计的舞蹈简直是人民阵线的活动壁画。带有人民阵线之敏锐性的艺术，其力量就在于它开阔的眼界、人文的包容、广大的视野；它的弱点则在于其他对观众的迎合趋势和为观众描绘的先定的安逸生活。贝拉米饰演的角色不是电影的主角，但却清晰嵌入了我们将要认定的电影的主题：一切都开始朝向一种综合朱迪负能量和史蒂夫正能量的整体发展。他追求她，她逃离他(尽管我们知道他能帮她实现舞蹈梦想)。在经历了千难万阻之后，他们终于走到了一起，电影也在复古的、好莱坞式浪漫拥吻中结束了。我们不由自主地感到：自己就在这一伟大历史时刻——美国文化即将实现伟大跨越的时刻——的现场。奥哈拉为了艺术而艺术和贝拉米为了店主、技工和飞行员而艺术——两种艺术即将聚合，一种新的舞蹈即将诞生。有那么一个瞬间，《跳舞吧，女孩》中出现的所有艺术力量与社会力量，让我们仿佛重新置身杰罗姆·罗宾斯和莱昂纳多·伯恩斯坦的《自由的想象》、玛莎·葛兰姆和阿隆·科普兰的《阿帕拉契亚之春》、艾格斯格·德·米尔为罗杰斯和汉莫斯特编舞的《奥克拉荷马》、戏剧版和电影 149

① 林肯·柯尔斯坦(Lincoln Kirstein)是美国舞蹈家、戏剧家。1934 年与巴兰钦合伙成立美国芭蕾舞团。1948 年起任纽约市立芭蕾舞团团长，一生致力于美国舞蹈的创新和发展，被公认为 20 世纪美国最有影响力的文化人物之一。——译者注

版的《锦城春色》，还有乔治·巴兰钦战后成立的纽约市立芭蕾舞团。

所有这些发生在1940年，美国正摩拳擦掌准备投身反抗纳粹的“正义之战”。阿兹娜对战争的贡献在于她为舞蹈形式提供了一幅乌托邦景象，这幅景象联合并点燃了美国人民。而她对所有能为人们带来良好感觉的艺术形式的野蛮控诉，却彻底粉碎了她苦心营造的美好景象。是的，时代广场上还会有新的公司亮起新的广告，但谁又能保证未来的艺术家或是观众不会在灯光中陷入迷茫？

电影让人伤感之处在于阿兹娜对波波的遗漏。到目前为止，甚至到结尾，波波都是《跳舞吧，女孩》中最鲜明的存在。但电影主题决定了朱迪的人物形象必定要凌驾于波波之上，后者及
150 其脱衣舞精神不得不被埋没。[①] 上文中我曾提及阿兹娜对波波的人物形象颇不认同，但有文章报道她同波波的饰演者鲍尔却在银幕之外有着愉快的相处。对我们而言，有必要准确地把握

---

① 事实上，在20世纪30年代末和40年代初，纽约市市长费奥里罗·拉瓜迪亚实施了一项压制脱衣舞行业的运动。此举得到了天主教堂和新教非政府组织的大力支持，后者对油腻、好色的犹太人形象一向反感。42街的财产所有者和店主委员会也对行动表示了不公开的支持。20世纪30年代，美国宪法第一修正案颁布了有利于大众文化的条文，政府不能仅仅因为剧院的演出肮脏低俗而关闭剧院。但同时期“致力于涵盖所有形式的户外活动”的城市规划机构——包括游乐场、街头音乐家还有小巷咖啡馆——帮助设计了各种形式的地产分区，最终使得纽约和其他城市能够关闭旧有区划上的低俗娱乐场所从而化解了这场危机。详见劳伦斯·塞内尼克(Senelick)《公共区域的隐秘地带》(“Private Parts in Public Places”)，摘自《发明时代广场》(*Inventing Times Square*)，第336—338页；关于反对低俗娱乐场所的言论诸如其存在“使街道变得廉价”详见安德里亚·弗雷德里曼(Friedman)：《情欲：1909—1945年的性别、民主和纽约的淫秽》(*Prurient Interests*)，第73—77页。20世纪80年代末，地产区划策略会再次拯救时代广场。

银幕上的鲍尔及其所指。波波完全不认同朱迪发出的谴责，即使朱迪能够明晰表述她的虚无，波波也未必能够理解。她认为没有必要（朱迪所谓的）“看透”她的观众，因为她从不认为他们带有伪装：观众的性欲以及引发了刺耳笑声的、对性欲的尴尬，于她而言都是光明正大的。她既不为观众猥琐的表情而感到贬低，也不认为自己的道德相比于观众有多高尚。她可以自由游走、出入于母亲/孩子和丈夫/妻子（或者恋人/恋人）任何二元体中，而不必担心个体的消解。鲍尔在《跳舞吧，女孩》中的成就在于创造了一种演员和观众之间此呼彼应的有机联结，使得观众和自己都能感受到平等、交互和自在。这是艺术的成就，亦是政治的成就。这是对人民阵线的传承，亦是对它的实践。没有了它，时代广场是否还在？美国舞蹈是否还在？

鲍尔的演绎成就了流行文化和人民阵线的巅峰，电影结尾处未来舞蹈世界对她的抛弃难免让人感伤。但是波波还会回来。十年之内她必将复仇，从百老汇、好莱坞和其他所有地方解放出来，必将出现在作为人民阵线新化身和新拥趸的大众传媒中，必将出现在那儿，哪儿？她将舞动在每个人的身旁。

第五章

街道的分裂与扭曲

在时代广场散个步

手提箱里装着手枪

——**英国歌手玛丽安娜·菲斯福尔《时代广场》，1983**

在20世纪末回望时代广场，或许有这样一种解读，那就是水手和女孩的分离。西42街、平分线地区成为水手及其男性同伴还有爱慕者的自在之所，女孩和她的朋友们却日益发现她们曾与鲁比·基勒在车顶共舞的这片土地已经没有了自己的空间。后来，国防部关闭了布鲁克林海军工厂，将那里的大型机构转移至南部和墨西哥湾岸区，港务局也几乎停止了纽约港的全部事务，1945年的爱国英雄、《锦城春色》的耀眼主角——昔日魅力四射的水手们，[1]就这样退出了时代广场。港务局将货运业务转移至新泽西，将其在纽约的财政预算集中到地产投机上，最有名的一处便是世贸大厦市中区。[2]与此同时，房地产市场的发展为时代广场带来了毁灭性打击：它失去了两座最闪耀的建筑——新巴洛克风格的阿斯特饭店和建立于世纪之交的时报大楼，它们曾经不仅标志了广场的视觉焦点，更定义了这里的社会身份。明信片上的时报女郎曾倚靠在这里；如今，她要倚靠什么？遗憾的是，当年《纽约时报》将自己的大楼卖给联合化工有限公司，没有一家媒体有勇气刊登"《纽约时报》出售时报大楼"这样的标题。（它们当然拥有自己的产业和地产，但不断寻觅新的交易是企业的常态。）[3]新买家们没有像对待阿斯特饭店那样埋没了时报大楼，而是用白色大理石把它覆盖一新。大楼的新外观让很多纽约人为之震惊。我更愿意将其视作一项公共服务，使现代大众得以建立与《圣经》价值观的联系，让我们直接

153

154

体验了象征着耶稣所谓的“白色坟墓”的内在空虚与死亡。[1] 是的，时代广场的生命和内涵正在流失。想想《推销员之死》《欲望号车街》《南太平洋》《西区故事》《阳光下的葡萄干》，还有《长日入夜行》，便可知百老汇的戏剧和时代广场的文化产业在战后曾一度登至创造力的顶峰。从戏剧和广告中，我们或可窥视昔日美国的何去何从与所得所失。

埃塞尔·摩曼：无处不在的女人

纽约人埃塞尔·摩曼(本姓齐默尔曼)是时报女郎最光彩照人的化身之一。她的戏剧生涯从大萧条时期持续到20世纪70年代。很多音乐剧女演员将百老汇当作通往好莱坞的跳板，但对她来说，只有剧场忙碌充实的节奏、只有纽约，才能让她感到舒服自在。这也是她深受像我父母一样的纽约人喜爱的原因：纽约正日益遭到孤立，四面楚歌的城市需要自己的声音，而她就是纽约的声音。

我观看的第一部百老汇音乐剧就是摩曼主演的《飞燕金枪》

---

① 《马太福音》23：27。时报大楼的新外观让我感到好笑，多年来我一直不忍直视。尽管难以接受，但遍布的广告已经让人难以辨识曾经的大楼了。

(*Annie Get Your Gun*)①，是父母在我八岁生日那天带我去看的。[4](我们观看的是日间场，演出结束后还去了时代广场和林迪餐厅。)摩曼的音色嘹亮高亢，却有着谈话般的轻松随意，所以她一开口我便立即沦陷为她的粉丝。《飞燕金枪》一炮打响，成了百老汇的经典，也深受大众喜爱，各种版本的翻拍和重演接连不断。当人们谈及百老汇对世界文化的贡献，《飞燕金枪》总是赫然在列。它让人们记住了摩曼，记住了欧文·柏林，二人 155
均在剧中奉上了最高水平的表现。但有一点常常被它的观众遗忘，我和父母却记忆犹新，那就是剧中的女性主义情结。[5]

《飞燕金枪》的主人公安妮是一个天生的"神枪手"，这个天赋横溢的女人——事实上她在故事的开头还是女孩——没有接受过专业训练也不谙人情世故。编剧赫伯特·菲尔兹和多萝西·菲尔兹设置了两个戏剧化问题：一个关乎安妮，一个关乎世界。世俗能否认可安妮的天分？安妮又能否发现内心的坚强与平衡来面对这个世界？问题的答案随着男主人公的出现变得更加复杂有趣：菲尔兹兄弟让安妮爱上了一个枪法紧追其后的男人弗兰克·巴特勒，我母亲常说他是一个典型的男人——只

---

① 《飞燕金枪》(*Annie Get Your Gun*)由神枪手安妮·奥克利(Annie Oakley)与其丈夫弗兰克·巴特勒(Frank Butler)的真实生平改编，1946 年在百老汇帝国剧院首演，其后又出现多个音乐剧版本和电影版本。此处作者主要借鉴了 1946 年百老汇版本的剧情。剧情简介：男主人公弗兰克·巴特勒是《野牛比尔的狂野西部秀》的当家小生，主人公安妮是一个土生土长的乡下姑娘。当西部秀来到安妮家乡，从未接受过正规训练的神枪手安妮参与了演出方举办的射击比赛并赢得冠军，于是被邀请加入演出，遇到了弗兰克·巴特勒，两人彼此倾心，后者却不能接受自己的枪法在安妮之下。后来安妮通过演出成为明星，弗兰克的自尊心受到了打击，离开了安妮。之后两人再次相遇，安妮决定退出演艺圈。两人决定最后进行一次射击比赛，安妮有意输掉比赛，两人终成眷属。——译者注

会爱上自己可以把控的女人。于是安妮与世界的问题转化成：她在爱人面前能否维护自己？他在明知自己枪法稍逊的前提下，是否还能支持她？这种情况下他们能否学会爱与被爱？如果不能，故事到此为止了。我和观众里的其他孩子也要学会：学会明白这是一场喜剧，故事中间的任何困难在结尾都会得到该有的解决。在剧中《狂野西部秀》的酋长“坐牛”和“野牛比尔”的帮助下，[①] 弗兰克克服了对所为事业成功的一味追求，并成为安妮的经纪人，安妮也学会了如何信任男人，最后他们深情地对望、拥抱，像西部秀里其他团结的演员们一样，携手并肩去面对这个世界。音乐剧的最后全体演员合唱，台下的观众也一同起立，他们已经全然融入故事里。我终于明白，原来演艺圈是一个诠释公平、自由、尊重和爱的地方。（不得不承认：这样的演艺圈已经是过去式了。）

包括我父母在内的很多人将《飞燕金枪》视作关于自己的故事，这也是它对百老汇精神、百老汇观众的包容精神的体现。观众可以毫不费力地将菲尔兹、柏林或者摩曼饰演的安妮·奥克利带入自己的生活。等公交、做饭、哄小孩入睡的时候，他们都会唱起里面的歌曲，或者独唱，或者对唱，将歌词融入生活中无时无刻的对话里。《顺其自然》唱出了安妮和弗兰克的一见钟情。《卸下心防》讲的是二人心中对彼此的芥蒂和克服芥蒂

---

① 《狂野西部秀》(*Wild West*)是野牛比尔制作的系列表演。野牛比尔(Buffalo Bill)原名威廉·科迪(William Cody，1846—1917)，原为美国陆军侦察兵，因善于猎杀野牛得名“野牛比尔”。他制作的《狂野西部秀》塑造了美国西部的荒蛮形象，对美国文化影响深远，西部秀表演也捧红了酋长“坐牛”(Chief Sitting Bull)等经典人物。——译者注

后的激动之情。安妮作为山地农民的出身，代表了(包括欧文·格林在内的)观众在下东区的贫民区度过的困苦童年。我的父母从未想过拿枪(军队曾以心脏不适为由拒绝招募父亲)，安妮却说："虽然我是女孩，但我能像男人一样射击。"显然，"射击"对父母而言意味着"思考"，所以弗兰克·巴特勒离开《狂野西部秀》的时候才会对安妮说"你对我来说太聪明了"。但后来，他学会了接纳。巴特勒努力去爱一个比他枪法好的女人，象征了父亲努力去爱一个比他聪明的母亲。父亲自知在某些方面他是聪明的——他常说"我知道所有的街道"，但他告诉我"你的母亲才是这个家里最聪明的人"。他做过的最聪明的事就是娶到她、守护她、在她说话的时候倾听。(这是他们夫妻生活的喜剧，他们的悲剧就在于没有找到自己的伯乐——"狂野水牛"。) 156

《任何你能做的事情，我都能做得更好》是《飞燕金枪》里面父母最爱的一首插曲。我曾试图记住歌词、跟上节奏，一个人承担两个声部还要忍住不笑。这首二重唱的两个演唱者要互损——半个世纪后我的学生们在自由说唱比赛中也是如此——同时表现出自嘲：

> 你买的任何东西我都可以更便宜地买到，
> 我买的任何东西都比你买的便宜。

他们就像参加竞拍一般互相贬低，只有两个人都不会的事情才能让他们和解，那就是烤派饼：

> 你会烤派饼吗？不会！我也不会……

长大后我才明白《飞燕金枪》如何展现了美国人自我提升的罗曼史，又如何通过对女性参与权的坚持而扩展、加深了这一罗曼史。[6]然而，音乐剧的喜剧魅力不仅在于其对女性自我提升的颂扬，还在于对所谓普遍提升的荒谬性的揭示和接受。

随着年龄的增长，我发现那些被排除在演艺圈之外、拒绝
157 自我提升的人的命运更加悲惨。事实上，包括《飞燕金枪》《锦城春色》《亚当的肋骨》《帕特和迈克》在内的大量战后女性主义喜剧，不过是虚幻的曙光。冷战的推进耽误了整整一代优秀的美国女性。大约是 1964 年的时候，我给母亲带去一本《女性的奥秘》①，她读得很高兴但也表示书中的道理，她和所有教过我的女老师早就明白了。崇拜者往往难以把握他们所推崇的圣物的真谛，将《飞燕金枪》推崇为美国经典的人们也是如此：他们根本不明白它究竟讲了什么。

音乐剧《吉卜赛》(1959)问世的时候我正在读大学。摩曼在其中的表演，在我心中已经无出其右。这部喜剧在我看来是一部极尽黑色风格的音乐剧(堪比 20 世纪 50 年代末的那部非百老汇音乐剧《三分钱的歌剧》)。表面上看，《吉卜赛》取材自传奇脱衣舞女星吉普赛·罗丝·李的回忆录。阅读回忆录，读者不难发现一个聪明、有趣、热情、有着自讽的敏锐性的吉普赛，她在书中回忆起自己的朋友——《绅士爱美人》的编剧安妮塔·卢斯，展现出对写作对象完全的把控能力。[7]但摩曼版本的《吉卜

① 《女性的奥秘》(*The Feminine Mystique*)由美国著名学者、社会改革家和女权运动活动家贝蒂·弗里丹(Betty Friedan，1921—2006)于 1963 年出版。——译者注

赛》却是一个和书中截然不同、更为可怕的世界。[8]摩曼在剧中出演女主人公吉普赛的母亲——“罗丝妈妈”，这个角色在剧中的强势和残忍，堪比《白鲸》中的亚哈船长。事实上二者确有很多共同之处：船长和船员之间的两极对立；迫使（象征了“平凡人”的）船员们陷入集体被动和服从的可怕的安逸；核心人物随着情节推进而产生的对所谓“英雄”或“恶人”标签的远离、对“超越善恶”标签的接近；作品对内心平衡的缺乏和情节突变之前观众对于故事走向的不确定；将观众带离今天生活于其中的强大帝国、回到昔日脆弱和破碎的国家的挥之不去的黑暗。

《吉卜赛》中的黑暗世界将观众抛置于讽刺和寓言中，并强迫观众以讽刺和寓言的方式进行思考。当摩曼唱起《一切都将变得称心如意》时，我们很难不紧接上一句“是啊，不过只有在墓地里”。《吉卜赛》中的所有大腕们都欢迎（事实上需要）观众这种带有偏见的回应。剧中罗丝妈妈认识了一个名叫赫比的新男友，他是她的经纪人也是她的爱慕者（当然没有得到她的回应）。当罗丝妈妈旗下最有名气、最受喜爱的舞女琼偷偷逃离（后来成了女演员琼·哈沃克）、男孩子们也集体叛变的时候，在观众看来 158
赫比和罗丝妈妈显然陷入了麻烦；但他们即便认同观众的判断也不会表现出来，而是以欢快、活泼的舞蹈三重唱来面对他们的处境。这首歌叫作《无论何处我们都在一起》，但了解背景的观众或许更愿意叫它《一起跨越悬崖》或者至少是《自我麻痹之舞》。总之，在从齐默尔曼变成摩曼的三十年后，她终于碰到了一个角色，能让她实现所有喜爱她的观众始终坚信她能实现的梦想——她将无处不在。

当罗丝妈妈经营的歌舞表演倒闭后，正如观众所预料的，她将女儿吉普赛推上了舞台。吉普赛借此机会逃离母亲，后来，她变成了吉普赛·罗丝，在42街的明斯基脱衣舞俱乐部打响了名气，罗丝妈妈怒骂女儿给自己丢人现眼。但观众心里明白，真正将她惹怒的恰恰是女儿的“争气”，即她的成长。

《吉卜赛》的经典歌曲之一是三个普通脱衣舞女演唱的《必须有个杀手锏》。吉普赛的“杀手锏”就是她圆滑的自嘲，这比她任何外表的魅力都更为重要。从登台的那一刻起，自信和自嘲就被武装在她的一言一行中，而这往往是人们要经过多年的修养和磨炼才能达到的。她又是如何达到的？多年在后台为歌舞团里其他姐妹缝补演出服的经历，让她成了自己的精神导师，让她学会了对自我、家庭和世界的检视。她的内心在罗丝妈妈的控制下悄然成长，因为从来不会有人过问或者注意她的想法。她好比一颗持有异见的苏联卫星，直到发起全面攻击的时刻，克格勃才会发现它。此刻，罗丝妈妈轻视她、打击她，但观众的鼓舞和欢呼会让她更加强大。尽管观众不了解她——按照罗丝妈妈了解她的那种原始方式我们必然不了解她——却认可她、喜爱她，愿意帮助她克服，因为我们能够感受到她的身上有着像我们一样的对命运的奋力反抗。

摩曼是《吉卜赛》中不是主角的主角，在最后一幕中依旧如此。只不过此刻她不得不面对一个前所未有的复杂难题：那就是放弃她的权力。（我记得自己曾怀疑摩曼作为演员是否有足够的演技可以演绎角色对权力的放弃；但随后变成了我对自己居
159 然会怀疑摩曼的演技的质疑。）最后一幕始于一场为吉普赛举办的聚会。我们的女主人公正准备盛装出席，罗丝妈妈却突然闯入——她全副武装，攻击、侮辱甚至要毁掉吉普赛。在这紧张

弥漫、一触即发的时刻，吉普赛仿佛突然长大，她勇敢地看着眼前的“美杜莎”，毫不畏惧——她赢了！胜者吉普赛邀请母亲参加自己的聚会，甚至将自己的裘皮大衣给她。面对女儿的好意，罗丝妈妈极不情愿，但仍旧一边咕哝着“我穿更好看”，一边接过了大衣穿在身上。她正处在认可的震惊中——不只是对女儿的认可，亦是对自己的接受。她正在适应：吉普赛已经从她这里成长，吉普赛的自由正日益变成力量的源泉，这股力量让吉普赛逐渐成长为这个家庭的核心；从现在起，自己的身份也不得不变成吉普赛的配角。放手让权使得罗丝反思：她口口声声为了女儿的生活——此刻她才明白——实际上是为了自己。《吉卜赛》本是一部后台音乐剧①，却随着情节的演绎成为一篇人权的宣言。它确证了子女成长、脱离父母、拒绝父母的安排、自己规划人生的权利。对《吉卜赛》的主创劳伦和桑坦而言，这意味着“生活，自由和对幸福的追求”。子女能够照顾父母，父母必须认可子女的成长，从而学会放手。②

《吉卜赛》是美国戏剧史上最折磨人心的作品之一。让人惊叹的是，百老汇在短短十年内奉献了如此多的伟大戏剧——《推

---

① 后台音乐剧(Backstage Musical)是指围绕在以舞台表演为职业的人物设置情节的歌舞剧类型，如《42街》。——译者注

② 2003—2004年，伯纳德特·彼得在新版《吉卜赛》中饰演“罗丝妈妈”一角，她的歌声优美，在音乐技巧和情感表达上都要超出摩曼。但她却达不到摩曼的“无处不在”。她无法击中在座的观众。当她和其他演员同台表演时，她把自己普通化于众人之中了，所以这一版《吉卜赛》从一开始就是典型的喜剧。当最后一幕她终于认可作为成年人的女儿时，她的表演似乎缺乏人性的庄重。随着新版《吉卜赛》的演出，彼得和摩曼这两个版本之间的鸿沟也越发明显。讽刺的是，新版的排演却促成了旧版的复兴，后者如恶灵般挥之不去反而成了抹杀新版存在感的威胁力量。或可说，彼得对罗丝妈妈的演绎复活了早已离世的摩曼及其更具威胁性的表演。

销员之死》《欲望号街车》《长日入夜行》——无一不是对人心的叩问。作为其中一员，《吉卜赛》设定了一个喜剧的结尾。在故事的高潮，吉普赛提出照顾母亲，罗丝接受了她的照顾，这一罕有的乌托邦时刻让我们见证了悲剧向喜剧的转变。这种时刻在
160 历史上并不常有。试想，如果科莉迪亚的国家能给年迈的李尔王一个栖身之所，如果亚哈船长在最后一刻能调转船头，回到那个能让他尽请喝酒、穿新衣、说大话的南塔基克岛，如果红军拒绝对平民开火而是融入布拉格之春的欢呼中去……可惜，一切只是如果。但劳伦、桑坦和摩曼让我们有机会看到一幅激动人心的景象，在其中，曾经只手遮天的人（指代影片中的罗丝妈妈，也暗指美国）能够学会分享。这一令人印象深刻的瞬间，既是政治的时刻，也是戏剧的时刻，更是时代广场、百老汇，甚至美国历史上至关重要的时刻。[9]

摩曼版《吉卜赛》的公演时值肯尼迪任期，在我看来这种时间上的重合反倒十分相宜。肯尼迪上台前夕——1960年到1961年之交的冬天，我在剧院观看了这部音乐剧。印象中我曾在莱昂纳多·里昂为旧版《纽约邮报》所写的百老汇专栏里读到如下内容：肯尼迪家族很喜欢这部作品，常常一次性预订下午场的二三十个位置。这个信息对我来说意味深长，毕竟，当杰克和博比①将自己和后代从他们自己的罗丝妈妈——拥有亿万财产的法西斯式大家长和希特勒的追随者约瑟夫·戈培尔——解放出来时，肯尼迪也迎来了家族史上的一大步。我的同时代人都

① 杰克是美国第35任总统约翰·肯尼迪的昵称，博比是约翰·肯尼迪的弟弟罗伯特·肯尼迪的昵称，二人均遇刺身亡。——译者注

会记得肯尼迪遇刺，多数人也都认同这是一次悲剧性的损失。然而除非我们能意识到，肯尼迪家族推进了美国从法西斯主义到自由主义的跨越(这一跨越曾短暂地让美国政治生活的美好场景成为可能)，并在此意义上感到钦佩和惋惜，否则我们永远都不能真正理解这场悲剧的悲剧性所在。

20世纪60年代末，摩曼的演艺生涯遇到了瓶颈：已经“无处不在”的她还能走向哪里？相比于罗丝妈妈，她所饰演的哪个角色不是微不足道？还能有谁为她写一部百老汇版本的菲德拉或者麦克白夫人？① 或者这个曾经实现了从齐默尔曼到摩曼之转变的女人，能否再次实现从摩曼到艾瑞莎·富兰克林②之转变？还会有一个“野牛比尔”站在背后推她前进吗？比尔·格雷厄姆曾说，他会很乐意在东菲尔莫尔演唱摩曼的歌曲，但他担心对方热情的粉丝找不到这个地方。③ 他的担心或许是对的，但未免让人感到悲哀，毕竟犹太人聚集的第二大道曾为百老汇奉献了太多令人赞叹的精湛表演。(遗憾的是身为纳粹大屠杀幸存者的犹太人格雷厄姆却没能将美国文化的宝藏发掘出来并奉献给公众。)

1966年，《飞燕金枪》在林肯中心第一次重排，摩曼再度出演，这也是她职业生涯中最后的几个角色之一。这次的重演在 161

① 菲德拉是法国剧作家拉辛的《菲德拉》中的人物，麦克白夫人是英国剧作家莎士比亚的《麦克白》中的人物，二者都是戏剧史上经典的女性角色。——译者注

② 艾瑞莎·富兰克林(Aretha Franklin，1942—　)是美国流行音乐歌手，有“灵魂歌后”“灵魂乐第一夫人”的称号。——译者注

③ 比尔·格雷厄姆(Bill Graham)是20世纪美国摇滚音乐的标志，也是当今摇滚音乐会的鼻祖。东菲尔莫尔(Fillmore East)则是纽约知名摇滚演奏厅，位于曼哈顿区第二大道上。——译者注

几个不同层面上都具有讽刺的意味。我没有去看，我的母亲去了。她和一些观众深感不适：摩曼的声音和她纯粹的表演依旧精彩，这就像一个母亲，她的孩子已经长大，她重返学校还在班里名列前茅。但我的疑问是：她为何不能重返学校？一个不容许自己培养的女星重返和重生的百老汇还有什么意义？母亲对此毫无异议，但她就是觉得奇怪。戏剧史上素来就有女演员追求事业第二春的传统。一个世纪前的莎拉·贝恩哈特便是一例，她本会悲剧性地死去——棺材曾是她最爱的道具——但她却胜利地从坟墓重生；那些质疑她的"死亡"和"重生"的人们必定没有看过她患病后的演出。《嘉莉妹妹》中成名后的嘉莉也鼓励并引导我们相信她的重生，只是她本人尚对此怀有疑虑。（当然，她的海报已经打消了任何的怀疑并证实了她的重生。）朱迪·加兰德在皇宫饭店的复出本是场失败，但她毅然前进，为了或许是最后的一搏，面对自己和观众都心知肚明的无望之希望，她仍努力追求，60年代末的观众们因此而爱她、为她即将发生的早逝而悲泣。[10]

1966年，看过了《飞燕金枪》重排版本的观众都在谈论埃塞尔·摩曼的变化。然而美国又发生了何种变化？其中一大变化与枪支有关。想想越来越多的暗杀，想想越战：枪支对人民都做了些什么——"摧毁槟榔是为了拯救槟榔"；想想弗朗兹·法农那作为自我解放的浪漫谋杀（拉斯柯尔尼科夫，伤心去吧）；想想黑豹乐队那首《拿起枪来》；再想想身边数量急速增长的杀人犯——十年间纽约杀人犯的数量已经增长了四倍（其他城市的状况甚至更糟）。《飞燕金枪》在百老汇首演时，美国正处升平之世，人们可以自由安全地谈论枪支和杀戮意味着什么。而二十年后，人们已经很难不把枪支看作杀人工具了。从 60 年代中期开始，毒品市场日益猖獗，先是在平分线地区附近的巷子，随后蔓延至街道。每到晚上，从剧院或者 42 街公共图书馆走出来的人们，经常能够在附近听到类似枪支开火的巨响。我始终不 162
愿相信这是真的，但有时 23 点的新闻会播出尸体袋和大街上的血迹，第二天早上报纸的城市版块就会登出整个过程甚至死者的名字(如果他们能够确认身份的话)。大多是我们不认识的人，但不久以后我们便会知道自己正处于一场交火中——在这里，枪支已不再是演员的道具或者孩童的玩具了。

既然谈及时代广场，不妨借助广告来窥探广场的变迁。且看《飞燕金枪》1946 年首演版的海报，作为音乐剧的复制品，它将埃塞尔·摩曼塑造成一个全副武装却值得尊敬的持枪妇女形象。

实际上摩曼在剧中的形象并非如此，她粗心大意，情绪不稳定，甚至有点可怕，浑身散发着天不怕地不怕的朋克魅力。但从音乐剧的节目单和宣传牌来看，观众无论如何也想象不到：人物的本色已经被广告洗刷一清了。一个不仅持枪还会开枪，更自知枪法精湛的女人注定是一个潜在的危险角色；音乐剧的宣传方式试图中和这种危险，所以他们为女主人公镀了一层八月堪萨斯的乡土气和蓝莓派般的平庸感。此前我曾引述奥斯卡·莱文特关于多丽丝·戴的百老汇经典玩笑：“在她变成处女之前我就认识她了。”音乐剧的海报就为我们展现了一个已经变成处女的摩曼、一个带有人造天真和纯洁的摩曼。如果说她是性感的(很多观众确以为如此)，那也是在艺术评论家托马斯·赫斯所谓的形象里：“挂在墙上的图片里的女孩……活力四射的美国拉拉队长类型”，有着“开朗、友善的微笑并露出整齐洁白的牙齿……美国都熟知、都喜欢的那种平易近人的邻家性感女孩”。[11] 战后时代广场上到处都是这类女孩的巨幅形象：穿着泳衣，出售苏打水或者香烟、口香糖或者牙膏(还有人记得“伊帕纳的微笑”这个牌子吗?)；随着时代的变迁，女孩们出售的商品也越来越高端，变成了香水、威士忌、华服和名车。1946 年海报上摩曼饰演的安妮和她们一样，浑身散发着健康完美的魅力，就应该印在陆军妇女军团的征兵海报上。

20 世纪中期的美国文化充满了活力，也充满了矛盾。一个论点往往衍生出它的反面：大量“好女孩”的人为塑造反倒让人们开始想念“坏女孩”。肮脏、好斗、凌乱、暴力的形象将她们
163 推向了前台。她们的性感是暧昧不清的、显白外露的但也是难以掌控的。就像 50 年代早期，威廉·德·康宁的抽象表现主义绘画突然被露齿大笑的坏女孩占领，从此他的作品再无纯洁。

托马斯·赫斯称这些女孩为“偶像”，将其视为“以视觉形式对美国女性现状——以墙上美女画中的女性形象为主流——的智力和情感上的激烈批判”。[12] 她们成了 20 世纪中期美国最活跃的文化形式，即黑色电影中的常客：她们在电影中总是面临危险，但同时也是危险的源泉。她们的形象装点了美国最早一批平装书的封面，包括《城市之夜》《安博公爵》，还有《孽海枭雄》。我还记得当年的自己是如何被这些封面吸引，又如何对里面不温不火、浮华夸张的文字感到失望的。这些作者们何曾把握得到：这些蛇蝎美人们带着几分激烈的愤怒，又带着几分浓厚的希望。用游乐场上男孩们的说法，这些女孩“咄咄逼人”。她们会要求大家的瞩目并唤起包括男人和女人在内所有人的强烈情

感，至于她们要做什么，又即将发生什么，却没有人知道。

曾在第一章提到的1966年版《飞燕金枪》的海报，其女主角就是赫斯所谓的“偶像”。海报以坏女孩形象给人留下了深刻印象，而这恰恰是音乐剧本身所不具备的。海报女主角复活了1949年版《飞燕金枪》的精髓，即某种浓烈如火的情感，它将安妮·奥克利描绘为一个“坏女孩”，她更像一个朋克摇滚乐手而非陆军妇女军队员。广告同时提醒了观众：这时的摩曼已经不再是孩子，她演过了罗丝妈妈，她一度无处不在，她是一个挥之不去的女人。可惜，1966年版《飞燕金枪》的宣传海报已经找不到了，我们只能借助想象。在四十年的演艺生涯中，埃塞尔·摩曼对于戏剧角色和歌曲的表现、放大和神化的天分已经到达如此的程度：她成为美国的化身，让百老汇成了世界。《飞燕金枪》里的摩曼是简单纯粹的美国人，不仅渴望权力也值得拥有更多的权力。而《吉卜赛》里的摩曼则是世故老练的美国人，需要学会放手，更要学会分享。

满溢的平分线：肮脏大道

他走出去，去肮脏大道…… 164
远走高飞，从肮脏大道……

——卢·里德《肮脏大道》(1989)

几乎整个20世纪，时代广场营造的氛围始终让那里的女性既是商业的、性欲的对象性存在，同时又是真实的、人类的主体性存在。双重存在构成的内在平衡却在接下来遭到破坏。二十年间，时代广场经历了物质世界的繁荣和精神家园的崩塌。正如历史常常上演的悖谬，精神崩塌催生了各式各样的文化创造性——开篇里德的歌曲便是明证。尽管如此，崩塌确然存在，承认这点至关重要。毕竟，正是广场昨日的崩塌，才有了今天镀金的企业化进程对广场的全面包围。

平分线是广场上率先发生“倾斜”的地区。那里上可溯至 19 世纪 80 年代的色情产业在这一时期以惊人的规模繁荣发展，并吸引了相当数量的、全部由男性构成的顾客群体。自 20 世纪 30 年代以来，42 街就实现了性别的隔离而成为男性的领地，[13] 70 年代的女性日益感到自己正遭到 42 街的排斥和直接威胁，这种威胁甚至呈蔓延之势。整个广场已经变成了一个让女性不得不做好准备才能待下去的地方。

20 世纪七八十年代，《纽约时报》报道了太多自家后院的负面故事，一度将自己变成了整日抱怨家长里短的低端小报(例如乔希·巴伯奈尔的《42 街：一个地下世界》；莫琳·道的《地狱的童年：成长在时代广场》)。我相信这些故事大都是真的，但报纸的视角未免有失偏颇：毕竟，谁家的后院没有故事，谁家的故事又不惊人呢。(看看我教书的哈莱姆区；看看南布朗克斯区——那里几十年来几乎每周都有纵火；再看看华盛顿、迈阿密或者休斯敦这样的城市——无论是曾经还是现在都比纽约更
165 加危险。)就短期来看，我对《纽约时报》的质疑没有问题。但从长远角度，《纽约时报》的“偏颇”也自有其道理：广场的堕落不仅对这里的人们造成影响，对所有从其他地区、其他城市来到

这里的人们也都有影响，毕竟时代广场一直是众人向往的灯光浴，是他们离开家乡后的避难所，是不同于过去生活的新选择。

这一时期，国家和全球都遭遇了变故。美国的基础产业因1973年石油禁运而遭受重创；大型企业（诸如通用汽车公司，它曾一度作为时代广场的界标）削减生产并撤除了大量广告。曾经闪耀的广告巨幕变得暗淡，广场上开始出现前所未有的大片空白。面对这种状况，有人诉诸天启的解释，也有人像我一样视之为某种暂时性的过渡。果真如此吗？谁又知晓？没人能够否认，黑暗与空白是如此真真切切地在广场上存在着。

同时，广场的人口状况和基础设施也经历了显著、剧烈的变化。这里聚集了大量贫困人口，换作几十年前，他们大概都是遍布广场以南、以西或者码头地区的成衣业的工人，此外还有政府保障性住房的居民。经济学家所谓的“去工业化”最先重创了这些旧城区，[14]首要的变化便是工人阶级的失业。还有西40街的改造，六七十年代这里林立的豪华饭店，被改造为单人套房公寓和政府为城市贫民准备的保障住房，许多房产商借此从美国福利部门大捞一笔。（其中，卡特饭店——这家装饰精致的饭店曾从42街迁至43街——的变故尤其让人唏嘘。）这一代人，大批失业男性整日在街上闲逛，孩子们在儿童不宜的街道上度过童年。黑暗摇滚的代表卢·里德已经看得再清楚不过：

> 这里没人梦想成为医生、律师或者其他，
> 他们只想着在肮脏大道上营生。

一些孩子的梦想远远超越这首歌，他们梦想能找到关爱自己的

父母，他们梦想有目标的生活，他们梦想待在学校，他们梦想考上大学。90年代我在纽约城市学院认识几个出身广场贫民窟
166 的孩子，其中一个人对我说：“你从来就不是这里出身的孩子。”他们提到自己的兄弟姐妹或者朋友，有的变成了毒贩的哨兵或者运毒者，有的被警察从肮脏大道的各种色情产业中带走。他们发现自己可以比父辈赚更多的钱——尤其相比那些“看上去老实巴交”的长辈，但只需一两年、只需经历几场无名的老实人（管他是赫伯特还是奎尔蒂）的葬礼，这些孩子的信心和热情便会消耗殆尽。一个只有我年龄一半大的年轻人跟我打赌他参加过的葬礼肯定比我多；但我不忍也不愿跟他打赌。

在那些艰难岁月，百老汇遭受了磨损却又奇迹般的完好，倘若我们将所谓的剧院一条街（包括第九大道和第十大道之间的42街和外百老汇以及外外百老汇）也算在内，百老汇不但完好无损反而繁荣壮大了。戏剧之外的其他文化类型却遭到了不同程度的打击。灯火通明的书店变成了全天营业的色情书店，街上的夜间剧场变成了色情场所，时代广场的灯光依旧明亮，但我感到已经不只为我而亮了。一些色情书店的前身是二手书和二手杂志商店，它们的一些老主顾我从高中时代就认识了。（九年级时我曾来到时代广场寻找一本1938年版的《大众机械》，当时这里全是旧书店或者二手杂志店，我和朋友想要建一座短波电台，相关的方法就在那本杂志上。后来朋友们嘲笑我建造失败，然而我提醒他们注意，是我，帮大家找到了建造的方法。）早先我在这些二手书店里可以随意翻阅浏览，在所有书店里都是如此。但后来书店营销模式发生了变化，图书都被塑封。顾客无法拆开包装进行浏览，所以必须提前清楚地知道他们要买

什么。于是书店的轻松闲逛变成了快餐式的进店—购买—离开。顾客也变成了留着短发、穿着西装和雨衣的中年男子，在我看来他们都是一副“我从印第安纳州草原镇”来的样子。我常常在想：他们为什么总能确切地知道自己在书店要买什么？不打开看看怎么确定这就是自己想要的？我始终没有勇气上前询问。（若干年后，书店营销模式再次发生变革：纸质印刷品遭到一种更加昂贵的出版物的排挤，那就是录像带。那时的录像带是多数家里有小孩的成人都不会带回家去看的。后来，顾客已经无须出门：90 年代，网络作为一种新兴容器提供了大量的色情故事、图片、网站、聊天室以及博客。浏览网页不仅可以让人无 167
须走出家门甚至无须离开椅子，便能在自己喜爱的幻想中得到满足，还能进一步提炼成某种沉迷、与趣味相投的人建立联系。）

关于平分线地区最后几年狂野岁月的最为严肃认真的讨论当属诗人、小说家萨缪尔·德尼兰的《时代广场的红与蓝》[15]。书中有些文章以生动而详细、尖锐但不煽情的笔触描述了广场的色情影院和同志酒吧中的性生活与社交生活，有些文章则是对公众政策的精致批判，用简·雅各布斯式的口吻提出现代城市需要土生土长的交友范式和社交范式。对于经历了朱利亚尼（1993—2001 年任纽约市市长）执政时期的虚伪虔诚之后的纽约人来说，德兰尼的文笔恰似一缕清风。他深知如何塑造让普通读者直接带入的普通角色。他笔下的人物大多是和他一样的中年男子，有着诸如出租车调度员或者午餐火车操作员等稳定的无产阶级职业。书中还包括了这些普通人的肖像，以图标似的坚固性唤起了人们对于爱德华·霍普、沃克·埃文斯，还有人民阵线宣传画的回忆。[1] 书中的角色——港务局公交总站的“出租车调度员安东尼·坎贝尔”完全适宜于出现在总统山上，他的形象完全符合詹姆斯·厄尔·琼斯[2]出演的角色——我们怎么会忘记他的表演？德兰尼在书中含蓄地呼吁：这些普通人应该得到关注。我们又怎能忍心否认这些普通人追求幸福和友谊的权利？

然而，没有人认为像他这样的普通人是 42 街一切问题的根源。他们认为 42 街最大的问题是孩子——就像下图中的孩子——暴躁粗俗、鬼鬼祟祟，蛇行一般靠近你、直视你。

“西 42 街”(拍摄于 1984 年，安德里亚斯·费宁格；来自纽约市立博物馆，图片由拍摄者赠送)

---

① 爱德华·霍普(Edward Hopper，1882—1967)是美国绘画大师，以描绘寂寥的美国当代生活风景闻名。属于都会写实画风的推广者。沃克·埃文斯(Walker Evans，1903—1975)是美国纪实摄影大师。尤其以关于美国乡村和小镇的人们及环境的鲜明照片著名。——译者注

② 詹姆斯·厄尔·琼斯(James Earl Jones，1931—)是著名美国演员。他因在戏剧和电影中饰演平凡、严肃角色而成为最成功的黑人演员之一。——译者注

讽刺的是，这一时期百老汇最杰出的编舞师鲍勃·福斯(代表作有《酒店》《芝加哥》《浮生若梦》等)用他的男舞者和女舞者再现了这些孩子的面相——性感的、同时也是危险的面相。他不止一次在深夜中穿梭于平分线地区，想着这些在街上鬼祟蛇行的年轻人是否已经化作了他的灵感。

42街的另一个问题是它对女性的敌意，玛丽安娜·菲斯福尔[①]面对此景大概会考虑拿枪。我曾护送我的女学生去公交站或者地铁站长达二十年，而且我们的路线尽量绕开平分线地区。那里不只是有很多男性，而且全部是男性。对此，德尼兰心照 168
不宣地表示“我们的文学”——他大概指的是男性同性恋文学——

> 我们的文学全部充斥着这种类似建构起来的全然男性的场景，场景中的吸引力、社会性和温存度——如果有的话——完全依赖于女性的缺失，或者至少依赖于对女性空间的挤压直至屏幕成为女性在这里的唯一生存空间。

接下来德尼兰提到一家全部是男性顾客的色情影院，里面有人在手淫，有人在口交。他的一位女性朋友被此场景吸引并表示想要亲眼见识。她说：“如果你带一个女人去，那里将会发生什么？大概会惹怒所有人。”或许她担心自己的出现会导致欧里庇德斯《酒神的伴侣》中的一幕——一个男人试图偷偷潜入酒

① 玛丽安娜·菲斯福尔(Marianne Faithfull，1946—　)是英国歌手、词曲作者和演员。除了摇滚乐专辑和戏剧，她的性格和生活经历也堪称传奇。——译者注

神节上狂欢的女性举行的秘密仪式，却被识破进而被女人们撕碎。时代广场上的男版美娜德①面对色情影院里唯一的女性是否会爆发？某个周六的午后，德尼兰带他的女伴去了大都会——不是42街的大都会，在他的笔下，地点转移到时代广场的东14街。他们一起走进去，她和同性恋们相安无事、一切如
169 常。这是个玩笑，故事的结尾竟然是喜剧——无事发生！[16]他们难道是《宋飞正传》里的乔治和伊莱恩吗？② 显然，德尼兰意不在此：他试图引导读者将那些男性顾客视作一种代表了约翰·密尔式自由的美德的模范。（一种你可以放心让女儿和他们待在一起的男人！）我愿意相信德尼兰这则故事的真相如他所写，但他为何要将故事的场景从西42街改为东14街？在西42街，如此之多品行败坏的男人在声称他们对该地区独占的权利，所以对德尼兰而言，场景的变更是他对最坏情形的刻意回避。

时代广场中被德尼兰有意遗漏的东西在布鲁斯·本德森③那里都可以找回。某种程度上或可说本德森就是德尼兰的"恋人"，而平分线就是他们的相遇之地。作为"恋人"，他就像是德尼兰的影子、是正经背后的痞气、是自我掩盖下的反自我。他用狂热的语言描写《时代广场的嗑药妓女》；他将街道比作《当今下层社会的无根叛逆之地》。关于平分线，他写道：

---

① 美娜德（Maenad）原意是崇尚酒神的疯狂女性祭司。现泛指暴怒狂躁的女性。——译者注

② 《宋飞正传》（*Seinfeld Show*）是NBC于20世纪90年代推出的情景喜剧。这部连续剧讲述了四个普通人（杰瑞·宋飞、乔治、伊莱恩和克瑞莫）的平凡生活，贯穿全剧的主题便是——没有主题（"A Show About Nothing"）。——译者注

③ 布鲁斯·本德森（Bruce Benderson，1946— ）是美国作家、小说家。他在1997年的长文《走向新型堕落叙事》中对时代广场的现状进行了尖锐的揭露。——译者注

每个人都是“黑鬼”。这里有一种让人深陷其中、让所有人不能自拔的深深的需求或者失序……这个被压抑、不满和过度保护的阶层，渴求与现状完全不同的生活经历和知识。他们感到毁灭性的焦躁。他们注定是新的牺牲品……他们既害怕城市阴暗面的暴力，又肤浅地模仿这种暴力。

渴望改变的人们，反抗吧！是时候将你们自己献祭给新型堕落叙事的危险中了！[17]

如果德尼兰笔下的黑色午后读起来像是一集被撤销的《宋飞正传》，那么本德森的版本则是“纽约世界展”中不间断表演的裸体午餐秀。如果德尼兰致力于创造一个稳固、复杂的同性都市风格，那么本德森的目的则是为了一个即将爆发大毁灭的城市而战。(德尼兰和本德森的时代广场是如此相反和冲突，即便名导演和名编剧们——弗尔里斯和库雷西或者茨维克和赫斯科维兹——也不知如何表达二人的戏剧张力，或者需要一个莎士比亚才能裁决他们内在矛盾所构成的这出戏剧？)

如果乔治·昌西(《同性纽约》)这样的同性恋历史学家所言非虚，想必男性已经以同性恋的方式推动平分线长达几十年了。或许很多人早已将平分线视作男性的领地，如同湾脊之于意大利人、南波士顿之于爱尔兰人：任何入侵平分线的外来者都将遭到驱逐。需要注意的是，“粗暴交易”是平分线最主要的同性 170
恋模式：它对于男同性恋中的“小仙女”群体、女性和其他异性恋男性来说都是同样的恶心。我曾在距离平分线一个街区外的学校执教长达三十年，见过了那里自由活动的各式各样的污秽，但我表示理解：我成长于贫民区(那里的生活对孩子来说尤其艰难；对于成年人反倒不那么残酷)，早就明白一个男人想要保住他在这里的位置必须有的手段。但在西 42 街，性隔离和性侵略共同造就了一个公共空间，在一个集群是对街道最大的威胁的环境里，这个空间为数代人提供了一个结为一体的绿洲。这是城市的灾难。从 19 世纪 90 年代至 20 世纪 60 年代，时代广场最大的魅力就在于其为女性提供的丰富可能性。但 20 世纪 70 年代，真正的女人(不是屏幕上或者画报上的女人)日益感受到广场周边街道的驱逐，于是，女性最原始的力量开始抬头。

在上文关于 1966 年版《飞燕金枪》宣传海报的内容中，我曾提及一种日益走向复杂性、含混性和意蕴丰富性的趋势。然而接下来的走向却让人沮丧：

在平分线的北面、紧邻第八大道地铁走廊一带，仔细观察你便会震惊：这里的女性已经在多重意义上遭到“减损”！看看她空洞的眼神、呆滞张开的嘴巴、将大拇指遗漏的美甲、乳头上可悲的装饰，还有毫无伪装的身体和饱经世事的面孔。她们脸上写满了巨大的虚无，让《花花公子》和《藏春阁》的裸女、百老汇广告牌上的招贴画女郎，都变成了伦勃朗和维米尔笔下的女人。图中最让人寒心的细节是单词“完整”：广告并没有告诉我们，花费 10 美元可以对这个女人做什么或者和她一起做什么，但它向我们保证 10 美元可以换来完整的服务，什么也不会少。或许我们可以称她为“完整小姐”？李尔王有句话大概十分适合她：“你是东西本身，不适合为人的人……可怜、赤裸、不真诚的动物。”[18]平分线留给人们最沮丧的遗产就是这一幕女性

“第七大道”(拍摄于 20 世纪 70 年代，安德里亚斯·费宁格；来自纽约市立博物馆，图片由拍摄者赠送)

群像：它将裸露、性感的女人看作“可怜、赤裸、不真诚的动物”，而不是让性别成为一项人类的探索和一种超越的形式。在20世纪长达三分之二的时间里，“完整小姐”邀请我们前去分享的经历都是一场置生于死的噩梦，它将揭开盖在时髦高傲、视野宽广、希望洋溢其上的幕布，而这些东西，恰恰是世纪之初
171 时报女郎和时代广场所呈现给我们的。

我曾以为“完整小姐”是所有问题中最糟糕的了。随后我想起《李尔王》中埃德加的那句话，只要你还能说“这是最糟糕的”，那就能够说明还会有比这更糟糕的。[19]事实上确实还有更糟糕的——我怎么能忘记？它已立在那里好多年，先是在平分线的最东端，然后移到西端：它就是《好色客》杂志封面的巨幅印刷
172 广告。广告似乎在呼吁：“我们不要把女性视作肉体。”封面图片上是一个头脚颠倒的裸体女人，你只能看到她的腿，下方的头部显然已经被送进巨型绞肉机里了。图片只能引起观者的惊恐，但《好色客》似乎旨在传达：“这不是我们的意思，我们也恨它，我们展现给你们看是为了让你们拒绝它；如果惊吓到你，去指责那些虐待女人的人，不要指责我们。”杂志以为自己意图诚恳，便可用邪恶充斥封面。20世纪80年代前后，这幅广告人尽皆知，不是在《好色客》杂志上——当时它的读者只有少量的纽约知识分子，而是在42街和百老汇拐角处一家机构的宣传广告上。这家机构叫作“女性反对色情”，简称WAP（Women Against Pornography），它将原图放大了数倍。WAP致力于关闭色情商店和拘禁色情杂志的所有者。为了尽可能唤起人们对于敌人的愤怒，它借用并放大了《好色客》那张骇人的图片。它表明，是清除邪恶的愿望赋予了它以超级巨型的景观、年复一年地将邪恶充斥于时代广场并向人们“扑面而去”的权利。（当然，

这一向是时代广场的传统；WAP 才不会在乎。）WAP 擅长发动游行和示威；时代广场是它最爱的舞台。它的口号构思巧妙，就叫“夺回夜晚！”。它的目标是打败那些让女性惧怕城市夜晚的压力，对此我深表赞同；我相信它在夜晚组织的游行示威能够聚集人群、提高街道的人流量和安全性、帮助女性——且不只是女性——在街道上更加舒服自在。事实上，WAP 的野心远不只这些。那些有所主张的女性、领导游行的女性、散发手册和传单的女性，还有开始在美国研究生院和法学院出现的女性，都坚信她们正在为一种夜晚的独占权而战斗，这种权利意味着不同群体只能享有极其有限的部分的夜晚。我想她们已经偏离了时代广场的基本信条：夜晚是充足的，灯光亦是充足的，而且是我们所有人共享的。

“男性凝视”：扭曲的女人，扭曲的街道

如果说 WAP 有一套自己的形而上学或者本体论，那么 20 世纪 70 年代出现的一群艺术史学家和电影史学家，便是其继承者和发展者。即便美国电影正日益失去其与“去市区”体验的联 173
结（拜联邦高速路系统所赐），即使成千上万的市区景观正落败为鬼镇，[20]美国和英国的“电影研究”依然取得了惊人的繁荣，这一成果得益于公立大学系统尤其是新兴大学的建立，和难以受到法律监管的录像机和刻录机技术的发展。电影研究的首个试验场便是对经典或者典型影片的“解构”。伴随着“解构”，女性

主义电影批评中最强有力的一支潮流围绕“男性凝视”的概念发展起来。

对“男性凝视”最经典的剖析之一，是英国电影评论家劳拉·穆尔维1975年的文章《视觉享乐和叙事电影》。穆尔维并不是“男性凝视”概念的发明者，确是将此概念提升至形而上学层面的第一人。[21]她所展现的思想力让人——即便是像我这样不太友善的读者——折服。但她的文章却搞错了某些基本的人类经验，她犯错的方式恰恰是其文章影响力的来源。穆尔维曾不经意提到自己最喜欢的电影类型是情节片，读罢她的“男性”理论，我发现了其中的原因。她对性和爱的理解具有明确的、情节片般的病态，或许“情节片”还不足以概括她对作为掠夺者的男性的理解，抑或我们应将穆尔维视作格林兄弟笔下那个被长期忽视的扭曲的女人。

在20世纪60年代晚期及其后的反主流文化氛围中，穆尔维释放了心中被压抑许久的怨恨。她的语言变得冷漠且致命：

> 据说享乐和美丽被对自身的分析所摧毁。这就是我文章的张力所在。

她是要摧毁每个人对电影怀有的乐趣和美感吗？是的，即便冲着这种无所畏惧，我们也要对她嘉奖。但相比于接下来的一切，嘉奖还远远不够。因为，她要摧毁“自我”。

> 代表了迄今为止电影史之最高点的对自我的满足和加强，必须被摧毁。（作者的意图是）一种对虚构类叙事电影

中的舒适性和丰富度的全面否认和总体拒绝。

这样的语言在21世纪初的今天或许略显离奇和可怕，但在 174
20世纪60年代末的左派中却随处可见。当时新左派分化为彼此敌视的两派——激怒者和被激怒者，他们宣传不同形式的虚无主义，这些虚无主义之间既有矛盾又有重合。这是一个几乎涉及所有人的战争宣言。[22]我不了解穆尔维的故事，但我熟悉她的语言。这是一种伴随越战成长并学会庆祝死亡的心怀希望的好孩子的语言。

穆尔维的思想发力点表面上限制在好莱坞类型片和影片广泛的吸引力上，但她以教条般的、左翼海德格尔式的、宣告风格的表达模式书写了存在的本质。她坚称凝视的主体是广大的男性。“在一个由性别失衡主导的世界中，观看的乐趣分裂为主动的/男性的和被动的/女性的。”最基本的男性享乐是“窃视癖”，这一心理学术语意味着某种类似视觉的享乐或者观看带来的乐趣。穆尔维的方法是将这种享乐放入拉康的研磨机：将其切割、进行分类，视之为一种窥阴癖与恋物癖、施虐者与受虐者的混合体。穆尔维的分类解析没有任何内在的错误，但上帝赐予我们智慧必定不是只用于此吧？难道我们不是都同意：眼睛看到的绝不是生活的全部？而穆尔维的特殊才能在于她能将心理分析语言变成校园里的谩骂。她将“偷窥”一词推崇为一种新时代的秽物。只可惜，这个源自法语的单词一旦被英国人说出，就少了几分柔和与优雅；但它依旧常常被人们使用，说话者的音调变化说明了他们想要发出这个单词的迫切希望。（另一方面，像“恋物的窥视癖”类似的表达就容易说出，也确实常被使用。）

穆尔维对“男性凝视”的分析为后现代“文化研究”树立了典范，引发了人们对该领域趋之若鹜，也让它成了一个自相矛盾的学术空间。在那里你会听到上个周还对自己“敢于违抗”的洞察力自鸣得意的激进知识分子们，这个周就转向另一端，反而开始指责自己那想要了然一切的违抗性。[23]

让我们来看看穆尔维所批判的男性凝视的原型。这个男人所做的一切在她看来都是阴险的、凶恶的。当他看向女性，他的凝视必定是“控制欲的”。实际上他要“控制事件”“让事情发生”，他是“力量的代表”，他享受“全能的感觉”。女性的形象被他“不断地窃取”。事实上，男人观看女人的行为本身就是一种窃取。且就此不论，他又为何想要她的形象？只有一个目的，
175 那便是“控制和占有”。然而男人的愚蠢就在于他不明白：一旦女人“成了他的财产”，她也就“失去了外表的光彩照人和普遍的性感魅力”。第一次读到这些文字的时候，我便告诉自己这一切似曾相识。后来我终于记起：这种论调不就是 20 世纪 50 年代——我的童年时期大多数女孩家长会强加给女儿的所谓永恒的智慧吗？他们会教导女儿：永不屈服，一旦投降就意味着毁灭，女人就成了损坏的物品。

穆尔维并未给她的教条论说提供很多案例。劳伦·白考尔是其中让人颇感意外的一例。在穆尔维看来，这位电影明星便是女人由于屈服而被毁灭的明证。白考尔对自己的毁灭(大概是在其搭档兼丈夫亨弗莱·鲍嘉的臂弯中)毫无察觉，她甚至没有意识到她正在上演一幕日后将引发争议的演出，也不认为有任何必要来维护或者支持自己的表演。半个世纪前白考尔在荧屏里营造的灵晕在今天依旧鲜活，它实际上来自白考尔对成熟之

爱——恋爱中的女人既不需要屈从自己的性感和自主，也不会受到伤害和毁灭——的表现力。她深知如何成为相互尊敬、双方共赢的恋爱关系中的一方。让一向毫无芥蒂、坦诚相待的白考尔受伤的是好莱坞的文化、反犹主义、酒精和麦卡锡主义，而不是爱。穆尔维或许会说白考尔不感到受伤恰恰说明她已被伤得麻木；观众有多爱她就会有多受伤，他们对“一种对舒适性和丰富度的全面否认和总体拒绝”的要求有多高，他们受伤就会有多深。

与此同时，穆尔维笔下行走在街道上的女性从来没有做出反凝视。即便聪明如白考尔的女人：她的剧本中也没有发出女性的凝视。无论是屏幕上的女性还是现实中的女性，她们在穆尔维的视域中都被冠以海德格尔式的“任之被视性”（to-be-looked-at-ness）。然而她们只可远观，即便是想要窃取她们形象的男人，近视也是不被允许的，因为恐惧就潜藏着她们华而不实的外表之下：用穆尔维最深入人心的说法（是否具有天主教的背景），女人是“流血的伤口的承受者”。在她看来，“伤口”便是“阉割”。她完全以否定性的思维来设想女性：她们不想要、不幻想、不投射、不认同，甚至不梦想，她们看起来只能等待凝视，她们唯有忍受和流血。

穆尔维模糊地回忆起她口中的“最好莱坞式的魔法”，这一神奇的力量创造并推动了“美国的电影中心”在时代广场上长达几十年的叱咤风云。当年的广场聚集了一代又一代平凡的男男 176
女女，他们结伴看电影，又被广场的大众文化彼此联结。在时代广场，盖布尔和考伯特、鲍威尔和罗伊、鲍嘉特和白考尔、崔西和赫本①的私密情话让人们得以在电影审查的重压下感受到片刻的温存与亲密，成千上万的普通男女带着它们越过桥梁、穿过隧道，在父母、邻居、老板和子女的包围下用它们创造出属于自己的、享受欢乐和亲密的传情代码。对母亲来说，电影和其他大众传媒便是她谈情说爱的代码，还有父亲的爵士乐、艾蒂姨妈的舞蹈……都赋予他们一种关于音乐、舞蹈和爱的激进梦想，而这份梦想远远超越他们生活的社交世界；电影同时又是重要的保守力量，将他们和世界紧密联结。这种冲突性和复杂性才是真正的"最好莱坞式的魔法"，也是穆尔维所忽略的。她狭隘的视角或许只适用于20世纪70年代的平分线：魔法分解，视界崩塌，男性凝视变得肮脏，路过的女性被迫遭遇凝视，女性只有以"完整小姐"那般无精打采的女性印刷品的形式才能在那里舒服地存在。对穆尔维最合理的称赞恐怕只能是：她笔下耸人听闻的景象，是对一个已经落败为"肮脏大道"的街道的最佳描述。

177 WAP的理念和活动似乎预言了80年代的《德沃金-麦金农法案》，该法案试图将色情文化制品从美国第一宪法修正案中规定的言论自由保护中去除。它将色情重新界定为一种暴力行为或者强暴类型：色情不是一种可能引发强暴行为的言论，它本身就是一种强暴行为。[24] WAP似乎还预示了朱利亚尼市长在90年代关闭布鲁克林博物馆的举措，他和他的支持者们认定博物馆的某些艺术展品不"雅"。[25]我始终坚信，任何监管文化的企图对于它所声称要保护的对象而言都是灾难和危险。信仰民主的

① 他们是美国电影史上的明星搭档，塑造了一对对的荧屏情侣。——译者注

“女性反抗暴力”运动(来自丽尔·戈德堡)

人民需要看到，民主意味着他们能够决定自己要看什么、读什么、想什么以及对什么感到震撼。尽管如此，“女性的退化”确实不是幻觉。试想“完整小姐”、《好色客》杂志封面和 WAP 巨型复制品上被扔进绞肉机里的女人，试想这些被压缩在图像中的深度和恐怖。无论我们对于紧跟时代广场女性退化的社会政策做何感想，我们必须意识到问题确实存在，否则一切的政策都将毫无头绪和希望。就此而言，穆尔维的视角，尽管扭曲，却指向了事实。

这种现实指向或许有助于解答一个对我而言不可理喻的事实：一代女性害怕和憎恨时代广场。大约有十五年的时间，几乎我认识的所有女性都不敢到那儿去。从70年代开始，我在西42街、正对布莱恩公园、和时代广场一区之隔的纽约市立大学研究生中心任教超过三十年。我的研究生班总是在傍晚或者晚上上课，大部分时候课程结束已经是深夜。结果我的很多学生都对广场的街道安全表示担忧，护送她们去西区地铁和港务局公交总站就成了我的额外工作。如果都是女生，我们还会特意选择路线来绕过42街。我和任何女性去百老汇或者外外百老汇看戏时也会采取同样的措施。当然绕行需经过的40街或者41街、第九大道在夜间也有不安全的因素，但没有一条街像42街那般让女性感到自己时刻暴露在攻击下。

我曾提到42街对女性来说是一个做好准备才能去的地方。
178 准备的方法有很多。我的母亲曾在平分线附近工作，她去剧院或者去买票(距离网络购票的出现还有很久)时的“准备”工作就屡试不爽。我问她是否有过任何危险遭遇，她说大部分来自西班牙人，但她自有办法：“我就是置之不理。”——她可以完全当这群肮脏的男人不仅不在场，而且不存在般地走过整条街。我的一个学生还为我展示过她购自时代广场的金属关节指环，此后但凡去42街她都要戴着。如果有人对她出言不逊、使用脏话——已经发生过几次了——她就会亮出“我的指环”，飙出一连串用词丰富的辱骂回击他们。“现在他们见识到了，”她边说边笑着，“我有所准备，所以我被尊重。”还有一位坚强的女性——下东区的社区管理者，也是我的学生。有一次我向她推荐一部或许她女儿爱看的戏剧，她的反应是："带她去那儿？除非时代广场被炸掉否则我绝不会带女儿去那里。"这番对话发生的时候时代广场确实还没得到任何的大力整治。但从她这样一位女性的口中听到这样一番话，让我坚信时代广场的"大爆炸"已为时不远。广大的女性，尽管信念不同、坚守和捍卫的东西不同，但她们都有一个共识，那就是西 42 街是一条正面针对女性的单向街。不直面她们的感受，就无法把握最终摧毁平分线的力量。

出租车司机：男性的迷失

1976 年，马丁·斯科塞斯的经典电影《出租车司机》上映，它为我们展现了肮脏大道席卷全球的噩梦般的景象。电影情节始于一个夏夜，出租车司机特拉维斯·比克尔(罗伯特·德尼罗饰)正在时代广场闲逛。街上行人越来越少，只有广告还在火焰般燃烧，红色和蓝色的灯光不停闪烁(镜头颇有明尼里的画面表现风格)，周围的一切都显得忧郁而庄严。电影的开场是观众熟悉的典型的时代广场景观——最早由文森特·明尼里为米高梅电影公司出品的《锦城春色》设计。随着出租车的行驶，一条大街突然跃入眼帘：基础色调瞬间变为明亮的黄色，镜头移动突然加快并且开始晃动，不断有人从街上的各个角落涌出，他们看上去几近赤裸，蛇行般走着，摇晃着身体，彼此挑逗，也挑逗着周边的一切。这是一场关于肮脏大道的极度狂妄的噩梦， 179
是一幅充满了威胁的原初景观——在其中，城市是威胁、街道是威胁、人群是威胁、性是威胁、他人亦是威胁。这一切让特拉维斯忍不住发抖，电影插入一条画外音表达了他的愤怒："早晚有一天，会有一场真正的大雨，冲刷尽街上所有的浮渣。"(7)[26]观众不明白到底发生了什么，但他突如其来的愤怒让我们忍不住感叹幸好没在那辆车上。

此时特拉维斯的脑海中，一种对于公众卫生的扭曲观点正在悄然发生作用。随着故事的进展，总统候选人查尔斯·帕拉丁坐上了他的出租车，并询问特拉维斯认为下届总统应该做些什么。接下来是这位出租车司机的长篇大论：

> 我觉得他应该清理这片城市。这里除了污秽就是浮渣，除了浮渣就是污秽。就像一个露天下水道。有时候真是受够了。
>
> 平时走到街上闻到这股味道，我就会挥之不去地头疼。我们需要一个可以清理这片垃圾的总统。把这里冲刷干净。(第28页)

此处"卫生学"的隐喻①在现代历史上已经不是个例。1908年，《未来主义的创立和宣言》的作者菲利浦·托马佐·马里内蒂就使用该隐喻写下赞美诗《战争，世界唯一的卫生》：

> 我们要赞美战争，这是世界上唯一的卫生——军国主义、爱国主义、无政府主义者的破坏性姿态，杀戮的奥义还有对女人的轻蔑。[27]

① 电影的本意是用公共环境的脏乱比喻时代广场的肮脏。——译者注

马里内蒂的诗作写于经历了将近百年和平的欧洲。他希望唤起年轻人投身战斗的热切心情，盼望一场世界大战的来临。他的宣言文采飞扬，他对公共卫生的扭曲被他发展为“杀戮的奥义”之一，后来他的观念为纳粹所利用和长期宣传。但是我们的目光不应仅仅停留在欧洲，当今时代，世界的每一个角落、每 180
一种发展水平的地区都经历了不同程度的种族屠杀。他们或许没有真正实施屠杀，但都受到了卫生隐喻的影响。这一隐喻帮助他们开展轰轰烈烈的重新勘测，帮助他们制定了以清理固体垃圾为目标的屠杀行为。在 1994 年卢旺达发生的对图西族人的大屠杀中，最狂热的支持者便是卢旺达卫生部的那位女部长。卫生隐喻要负的责任还有很多。《出租车司机》恰好将其置于时代广场的场域上。

特拉维斯开着车在市区闲逛，百无聊赖之际一个名叫贝茜的女人进入他的视线。贝茜(斯碧尔·谢泊德饰)是帕拉汀竞选委员会的志愿者，是一个看似正经、举止轻佻、和特拉维斯年龄相仿的中产阶级女性。“她就像这个露天下水道里的天使”，他在日记里这样描述贝茜。(13)他跟踪贝茜，后者不得不叫同事来将他赶走；对她(和其他任何人)来说，特拉维斯显然是危险的人物。但她的微笑、她的肢体语言、她说话的声调、她挑逗的暗语(她将他比作克里斯，克里斯托弗森热门单曲里的主人公)，又表明特拉维斯让她多么兴奋。后来贝茜同意和特拉维斯约会。特拉维斯带她去了自己唯一知道的娱乐场所：平分线的一家色情影院。当一群裸体的男女出现在屏幕上时，贝茜感觉到深深地被冒犯。她立马冲出影院，跳上出租车，要求司机带她尽快远离此地。离开之后她委婉地问自己："我为什么要来这儿?"见证了她和特拉维斯交往的观众知道问题的答案：她被他身上危险的气息吸引。

正如莎士比亚的"戏中戏"，刚才这一幕电影版的"戏中戏"对于《出租车司机》的情节发展至关重要。它帮助我们辨析劳拉·穆尔维反乌托邦的"男性凝视"景象中的对与错。穆尔维、WAP、德沃金-麦金农……20世纪七八十年代的所有反色情的女性主义者都倾向于：将男性想象为自主之人——不仅掌控女性，还掌控自己的性感觉和对自我的总体感觉；而女性则没有自主——是"流血的伤口的承受者"，只有作为被动者和受害者才能享受到兴奋与舒适。导演斯科塞斯和编剧施拉德试图表明，男性对色情的迷恋源自他们对性和存在的深层困惑。当特拉维斯被贝茜拒绝，他找不到原因，"特拉维斯很大程度上活在自己
181 的世界里"是施拉德对他的评价，"他无法理解他者的世界"(30)。色情业的最大问题不在于它是暴力的或者危险的，而在于它将自我隔绝。所以想要亲近贝茜的特拉维斯只能借助他唯一了解的娱乐媒介——一种必然导致失败的媒介。色情业的第一个黄金期——启蒙时期——的思想家卢梭曾对"一只手阅读"的色情文学有过恰当精要的描绘，他深知人与人的亲近需要两只手完成。[28]但特拉维斯不知道：无知是他最有力的特质。编剧又让这种无知更进一层：他"想带单纯的白人女孩去晦暗的色情影院"。对此，特拉维斯依旧完全"无知"；他不明白自己的做法会导致什么。而贝茜作为成熟的女性，显然是一个接近拥有自主权之人的角色。她追随内心的冲动向危险靠近，又能将自己从"暗磨坊"中拉回到街上。

贝茜离开后，观众本欲分享她刚刚经历的可怕遭遇。但如果施拉德对“可怕”的解释是对的——可怕是灯光与黑暗的辩证法，是单纯与违抗单纯的辩证法——难道所有的影院不都是如此吗？岂不是所有人、不只是单纯的女孩都被置于黑暗的危险中了吗？若是如此，危险就不仅来自七八十年代的破败的平分线，还来自正值繁荣时期的庄严宏伟的“美国电影中心”，这点想必斯科塞斯和施拉德也会认同；或许将我们引领至这样的结论正是他们的本意。若果真如此，这就是他们和所有人的共鸣之所在，包括WAP这样的机构(成立于1979年《出租车司机》首映并大获成功之后不久)，还有他们自己的主人公特拉维斯——他注定将创造自己的电影工作者同样视为“浮渣和污秽”。这部深刻却离奇的电影中最奇怪的一点莫过于：在美国声势正劲的“文化战争”中，这部电影的创作者反对它自己。

被贝茜拒绝的特拉维斯很快投身到一项新的自我转变中。他的目标是让自己变成一个致命杀手——尽管他最初还不清楚自己要杀谁。他买了各式各样精致的枪械并开展了一系列艰苦的训练。“总体的训练非常必要。每一块肌肉都要紧致。”(42—49)观众看着他出现在靶场或者镜中、训练自己快速流畅地开枪。自文艺复兴以来，随着镜子的廉价和普及，主体在镜中和自我映象的相遇已经成为自我觉醒和情感成长的有力象征。[1] *182*

---

① 在歌德的《浮士德》中，格雷琴面对镜子的自我觉醒成为她内心成长的标志性转折。详见拙作《一切坚固的东西都烟消云散了》第53—59页。斯科塞斯让自己的影像呈现在出租车后视镜中，作为特拉维斯的另一个自我、一个带有可怕的生动幻想的残忍乘客——幻想如何能够杀死不守规矩的妻子。当然这是电影的黑色幽默，因为这个角色无非是导演的众多自我中的一个。

在斯科塞斯对镜子意象的运用中，我们的男主人公在镜中戏剧化地遭遇了自己——“你在我和讲话”——随后，一次又一次，杀死了镜中的自己。枪、镜、暴力的挑战、观念1(和主人公讲话是一种致命的冒犯)、观念2(他在以“你在和我讲话”的方式自己冒犯自己)，汇集在一起，共同建构了美国电影史上最永恒的经典影像。

触发特拉维斯转变的是雏妓艾丽丝(朱迪·福斯特饰)，她光彩照人的面庞作为特拉维斯的另一个自我出现在镜子里。她是他的第二个“下水道天使”。然而遭到贝茜拒绝后的特拉维斯以仇视的态度看待一切的性欲，或者说他将所有的性欲都扭曲成了愤怒和仇恨。他审判了所有占据了艾丽丝性生活的掠夺者——她的皮条客(哈维·凯特尔饰)、她的顾客还有一个类似守卫的老男人，为了解救艾丽丝，他给所有人判了死刑。影片的高潮便是这段沉重、杂乱、可怕的血海枪战(电影还对流血进行了特写)，最终他杀死了所有人。枪战开始时，特拉维斯的对手们并未意识到他要杀死他们，他开枪的刹那他们也开始寻枪反击。警察赶到时，所有人都已倒在血泊中。特拉维斯对着警察微笑，拿起枪对着自己正在流血的脑袋，还未开枪便昏倒了。电影剧本上这一幕的标题叫作“杀戮”。施拉德写道：

> 杀戮是特拉维斯一生都在追求的时刻，剧本却足足用了85页表达这一时刻。这是所有累积的压力的宣泄；这是现实挺进自我。这是精神病人的再次附身。(86)

艾丽丝最终回到了匹兹堡的父母身边。特拉维斯被媒体描

绘成解救雏妓的英雄。电影的结尾(88页及其后)，他依旧待在
纽约，依旧开着出租车。只是——按照瑞奇的说法——他已经
“从时代广场毕业了”，他的工作地点变成了中央公园对面富丽
宏伟的皇宫饭店。他的伤疤清晰可见，他看上去老了十岁，面 183
容却很平静。他和同事们开着善意的玩笑；他们称他为“杀手”，
他一笑置之。他不再是一颗行走的炸弹；他变得柔和圆润、容
易相处。或许要感谢杀戮“消灭了他内心的巨大愤怒”?[29]电影最
后的情节是象征着成人之性感的贝茜上了特拉维斯的出租车。
接下来注定是一段好莱坞式的时光：我们能感到二人之间的化
学分子再次蠢蠢欲动。特拉维斯说他看到了她老板(他一次性的
乘客帕拉汀)得到了总统提名。谁能想到今天的特拉维斯会如此
习惯应对这个世界、习惯被注视？贝茜说她看到了他的新闻；
他的回应是“新闻总是把事情搞大”，但“我克服了”。最后他没
有收取贝茜的车费，而贝茜和他约定了下次的见面。我们相信
特拉维斯不会再带贝茜去平分线了：他似乎超越了那个色情的
世界，做好迎接真正爱情的准备了。当他说出“我克服了”的时
候，我们愿意相信他真的克服并将继续克服，最终他们会“从这
条肮脏大道”远走高飞。我们为他加油，为他们加油，以我们一
贯支持明星的方式，或许更多的方式。随着出租车驶远，片尾
字幕开始出现在暗掉的屏幕上，我们不禁对这场浪漫结尾的几
个前提产生质疑：那些被特拉维斯杀死的人，能否如导演删减
角色一般地被从生活中除名？一场谋杀能否真正克服“精神病人
的再次附身”并带来内心的解放和成长？这些问题没有自明的答
案，我们却不得不追问，因为电影将我们带入了贝茜——真正
想要爱上特拉维斯的成熟女人——的境地。《出租车司机》引领

我们踏上了一段旅程，其中有诱人的时刻，也有粗暴的震惊；它没有指向一个明朗的终点，而是将我们遗留在街道上独自探寻，那条肮脏大道，终究无法被我们抛之脑后。

在《出租车司机》投射出的众多讽刺性中，有一点源于电影对儿童角色的利用。20 世纪 70 年代末，“明尼苏达条带”的故事充斥各种媒体：灰狗长途汽车(the Greyhound)从明尼阿波利斯驶来，在此下车的十几岁的女孩们，大都会被胁迫，或者受毒品诱使而成为平分线一带的妓女。我们有理由相信是这些不法行为让电影中的艾丽丝不幸沦为成年人的盘中餐。在好莱坞，朱迪·福斯特、斯科塞斯、施拉德还有摄影师聚集一起、团结
184 协作，将艾丽丝的形象变成了一幅引人注目的活广告。即便在排斥女性和社会解体的肮脏大道，时代广场将女性放大的传统已然焕发着新的生机并取得了再一次的胜利。[30]

艾丽丝的形象对时尚界产生了巨大的影响：一个甚至不足以被称为青少年的儿童，却被一个成年男性利用以意淫所有可以想到的成熟的性感动作。这是诱人的，更是可怕的，是粗野色情和严肃图像以及高贵摄影技术的结合。几十年来，无数的美国女孩体验过这种凝视，其中就有我的学生。天气转暖，你会在校园、大楼的每一个角落看到她们的身影。但你无法在时代广场发现她们。她们明白，在时代广场，凝视就等于危险。

时代广场：田园诗的新型堕落叙事

另一个以远走高飞的方式解决问题的女孩来自电影《时代广场》。这部由艾伦·毛利拍摄、1980 年上映的故事片的主人公是一个名叫帕琪·珀尔(翠尼·阿瓦拉多饰)的情感丰沛的女孩。对帕琪而言，“家”不过几步之遥——就在自由派犹太人聚集的上西区。她的母亲已经去世，父亲是一名房地产开发商；这对父女的亲密程度远胜过一般青少年和家长的关系。这位房地产商一直希望清理时代广场上“少儿不宜”的街区，并展出了一座“新时代广场”的塑料模型。而帕琪则着迷于朋克摇滚的反叛精神。(时值 20 世纪 70 年代末期，正是朋克摇滚的全盛时期。包括了卢·里德、帕蒂·史密斯、莱蒙斯乐队、传声头像乐队在内的电影原声配乐至今在售，其生命力远远超过了电影本身。)帕琪追逐朋克摇滚来到了时代广场，在那里她遇到了尼基·马洛塔(罗宾·约翰逊饰)，尼基是一个痞里痞气的女孩，也是(我们也会有同感)一个真正的朋克。她们结识了一个流行音乐节目主持人，借此契机，调频青年广播播放了帕蒂写给父亲的粗俗肮脏的歌曲：“西班牙佬/黑鬼/蠢货/乞丐/你的女儿就是这样的人。”

帕蒂从家里逃离和尼基住到了一起；她们自称为“堕落姐妹”，共同住在海滨一座废弃的码头上，让人忍不住想起《午夜牛郎》里强·沃特和达斯汀·霍夫曼的那片废墟。电影对她们的

住所进行了高超的拍摄，由此我们才能将风雨飘摇的平分线视
185 为社会分化的历史和整体演进中的一部分。帕蒂也就此成了布鲁斯·本德森的响应者：

> 渴望改变的人们，反抗吧！是时候将你们自己献祭给新型堕落叙事的危险中了！

然而大街上的生活——正如电影中所展示的——并不可怕。帕蒂和尼基的亲密关系中没有性，42街的朋克世界和电影审查时期米基·鲁尼或者朱迪·加兰德电影中的田园小镇一样纯洁。毒品在电影中亦不存在。帕蒂的父亲为了呼唤女儿回家将她的照片印成公交车身广告。按照好莱坞的传统——上可溯至《嘉莉妹妹》中赫斯特伍德遭遇嘉莉的海报——帕蒂和尼基必然会以亵渎的态度面对车身上的广告。尽管没有收入，贫穷却不是她们的问题：偷来的食物远超过自己的需要；她们亦有办法保持洁净。她们穿着讲究，每个镜头里的衣服都好像是新的，每一套装扮都像是直接从商店衣橱里拿下来的。她们在俱乐部和赌场小试牛刀，不过最终都成了笑话。她们还搞到一把装满子弹的手枪，像模像样地实施了抢劫，但帕蒂的笑声搞砸了一切。她们偷车(每辆车都能立马发动)却开错了方向，引发了一连串车祸却能从事故现场逃脱，整个过程笑声都不曾停止。尼基甚至开始偷电视机，将偷来的电视从民房的屋顶直接砸到街上；神奇的是居然没有行人受伤，相比于担忧，街上的人们似乎更觉得好笑。

故事结束后、字幕播放前，随着镜头扫过街道，屏幕上出

现了一行提示："本片全部在纽约实地拍摄。"电影似乎以此向观众再次确保故事的真实性。可惜的是，影片里的街道就像摄影棚内景一样做作、虚假。为了证明帕蒂的父亲将平分线称为"少儿不宜"的街道是完全错误的行为，导演和编剧将电影中的平分线重塑为一条"老少咸宜"的街道。那里不仅没有性交、毒品、抢劫和暴力，还能允许主人公在无忧无虑的闲逛中就偷到一日三餐(还有小吃)。更不必提她们开错了方向还能笑着从车祸现场大摇大摆地离开，以及装了弹的枪支从不走火。这幅田园诗般的景象将平分线描绘成为一个充满魔法的王国，每所美国高中都经历过的挥之不去的压力在这里都不存在。或可说，电影《时代广场》就是 42 街的第一座主题公园。

珍·迪克森：从哈佛广场到时代广场

画家群体曾为时代广场贡献出很多深度有力的反思，珍· 186
迪克森就是其中一位。她曾在 20 世纪 70 年代末曾在时代广场工作，1981 年到 1993 年，她和丈夫——电影制作人查理·埃亨住在 43 街和第八大道相交的街角，并在那里生下了两个儿子，现在他们已经是高中生了。目前他们一家住在曼哈顿的特里贝克，但迪金森的工作室仍在时代广场——39 街和第八大道交会处、公交总站的对面。几十年间迪克森以广场的城市景观为主题创作了几十幅油画和上百幅素描作品。[31] 80 年代早期和中期，刚刚和丈夫搬到时代广场的迪克森一边审视着周边满溢、沸腾的生活一边奋力找寻自己的位置，她的很多优秀作品都是对这一时期街头景观的描绘。[32]

“旅馆女孩”(珍·迪克森绘，来自珍·迪克森)

迪克森自称是"从哈佛广场①搬到时代广场的哈佛毕业生"[33]。她80年代的街头绘画生动地传达了她对广场的震惊和广场对她的冲击。尽管我已经无数次地去过时代广场，这些作品仍旧让我感到震惊。迪克森和我都不想感受惊吓，但她似乎想要从内部——一个明知危险之地的内部来传达这种惊吓。迪克森对自己在时代广场作品中的直接性和即时性感到骄傲，但也同时表明这种直接性和即时性受到了她过去哈佛时光的中和。对她而言，哈佛广场和时代广场的冲突具有两重意义：一是所谓"高端与低俗"的社会学意蕴——事实上，70年代的哈佛广场遍布吸毒成瘾的年轻人，这将广场本身拉向了低俗；另一重意 187
义相对古老，那就是理智。我不知道迪克森在哈佛所学的专业，但她的作品表明她涉猎广泛。她对广场的描绘让人震惊，一方面是作品对于各种相互冲突和矛盾的现代艺术流派的开放性——现实主义、表现主义、抽象表现主义、波普艺术还有黑色电影都可见于她的绘画，另一方面是她的追求——试图将自己的艺术变成一条可以容纳一切的街道。

对迪克森作品影响最大的现实主义画家当属爱德华·霍普。霍普为现代城市夜景和置身其中的人们描绘了一幅经典画卷。他将现代城市夜景理解为对普世的孤独感的隐喻，将夜景中的人(例如他的作品《夜游者》中的人物)理解为即便身处群体也依旧孤立的单子。迪金森延续了霍普的传统：画面中低密度的人

---

① 哈佛广场(Harvard Square)是指哈佛大学附近的街道交叉形成的一片空地。广场周边聚集了大量书店和餐厅以及街头表演者，广场也因此充满了文化氛围和艺术气息。——译者注

“偷窥秀”（珍·迪克森绘，来自珍·迪克森）

群，对人与人之间巨大空间的关注，前倾却转身的人物。除了霍普，迪克森还吸收了抽象表现主义的特征：破坏油画的光泽，代之以层层颜料的堆叠，从而使作品呈现出时代广场般的粗野与低劣。与之一脉相承的迪克森将油彩拖拉、黏附在凹凸不平的砂纸上，以此来绘制深沉、粗糙的黑色作为画面的背景。被一代波普艺术家推崇备至的时代广场的霓虹——那片蜚声世界的灯光之海——被迪克森覆盖、混合，反衬于黑色的背景之上。[34]广场的小礼拜堂是迪克森的“领地”，那里的空间晦暗，人和物都显得肮脏和低级，但她深知光芒的所在，她热爱那里。在她的世界里，即便黑暗迫近，霓虹依旧如火般闪耀，黑暗与光亮的冲突中蕴含的辩证的能量也让她成为第二代波普艺术重要盟友。此外，被摄影、电影和绘画广泛借鉴的表现主义启发 188
迪克森以扭曲的垂直面来呈现她的城市景观。她那歪曲、旋转的视觉建构在邀请观者投入的同时又将观者拉回，想必格奥尔格·格罗茨、威廉·克莱因和艾尔弗雷德·希区柯克都会对此表示赞叹。自巴斯比·柏克莱的《百老汇摇篮曲》之后，“投入”已经成了时代广场默认的传统。对此，迪克森早已熟稔。

她最有名的两幅时代广场绘画都是以年轻母亲和手推车中的婴儿为创作对象。几百年来，母婴关系一直是基督教情感的核心，也是百老汇琳琅满目的广告上商业情感的核心。毋庸置疑，它是同时代艺术家生命的推动力量，对现代艺术的影响却惊人的微小。(除了毕加索，他一人对母婴主题的表达就足以弥补其他所有现代艺术家的忽略；此外，艾森斯坦的敖萨德阶梯上飞驰的婴儿车也是对该主题的有力展现。①)迪克森的第一幅母婴作品是1983年的《宝石酒》，画中的母亲与婴儿被迪克森放

---

① 1925年，苏联导演谢尔盖·艾森斯坦执导了经典影片《战舰波将金号》(*The Battleship Potemkin*)。影片中“敖德萨阶梯大屠杀”成为电影史上最经典的片段之一，“敖德萨阶梯”因这部影片而成为世界上最著名的阶梯。在这个片段中艾森斯坦以蒙太奇手法刻画了沙皇军警对老弱妇孺的屠杀行为。——译者注

置在窗外，直接投入观者下方。该视角令画中的人物显得异常渺小；人物周围的空间黑暗、空旷，她们仿佛置身虚无的中心；但母亲与婴儿之间的动作又是复杂且紧密的。即使我们无法确定画中的人物正在做什么(母亲正把一个瓶子递给婴儿？婴儿在表达他的不适或者只是单纯地伸展四肢?)，母亲和婴儿仍然恰如其分地填满了整个虚空。

在另一幅作品《母亲与孩子》(1985)中，主人公完全占据了画面。这位母亲和第一幅画中的母亲相似：年轻、深色皮肤、苗条、天真烂漫、穿 2 码的衣服(比迪克森本人的尺寸要小很多)。[35]我无法肯定我们是否应将两幅画中的母亲视作同一个人抑或只是同一类型的人。奇怪的是，这幅画中的母亲身着夏装，他的婴儿却穿着冬装：他们似乎处于两个世界。好像街道会放射出有害的射线，母亲已经在成长过程中获得了一定的免疫力而婴儿还不具备免疫功能。所有的家长都能理解父母给孩子穿戴的衣物往往要比自己穿戴得多，但画面中母婴的穿着也未免差别太大。这幅作品的另一个奇特之处是它的视角：观察者同样作为相对独立的投入，只不过这次我们被投置于人物的下方。为了看清他们，观察者不得不蛇一般地从地面探出，或者像老鼠一样从下方向上窥视。为了更好地理解画面的视角，不妨设想地铁电梯上母亲和婴儿正从地铁口下行，而观察者从地下铁
189 搭电梯上行但尚未达到地面。如果你愿意多花些时间观察这位母亲，便可发现她仿佛一个准备逃离肮脏大道的逃难者——被炫目的闪光灯和霓虹与荧光组成的高墙追逐，身后的一切似乎立刻就要倒在她身上。同样地，仔细观察画中另外一个人物，我们会看到整个作品最奇异之处：婴儿正在矮化母亲，它就像

一个卡通巨婴。现实生活中不可能有如此巨大的婴儿诞生自如此娇小的母亲。那么婴儿从何而来？尽管它只是想象，一个孩子尚未出生因而没有真实的婴儿验证其幻想的怀孕母亲的狂热想象，一个害怕被自己的孩子如我们被画中的婴儿淹没那般淹没的母亲的狂热想象。（或者，婴儿是怀孕的母亲的丈夫的想象产物，如同罗曼·罗兰斯基电影《魔鬼怪婴》中的丈夫。）[36]事实上，在广场上创作《母亲与孩子》的迪克森也正在孕育自己的生命。[37]仿佛是她对城市和内心的双重焦虑的混合体创作了这些闪耀的艺术。现实中的迪克森夫妇和孩子在时代广场一直生活到90年代早期，而迪克森至今还在那里工作。作品中的母亲和孩子则逃离了时代广场，就像《出租车司机》中的艾丽丝还有卢·里德《肮脏大道》中的佩德罗，她们赶在灯光爆炸和广告倒塌之前将自己投至地下：她们不在乎方式，她们只要逃离。

艾利克斯·卡茨："我们依然在此"

对于受难之路上的平分线来说，画家卡茨在时代广场的中心——第七大道和42街的转角创作的女人群像，是它最后的女性广告景观。[38]1977年卡茨在公共艺术基金会的协助下，取得了在这面空白墙壁作画的许可。当时城市财政危机和所谓"纽约倒闭"的论调让许多美国公司放弃了时代广场，于是那里就腾出了这样一块创作空间。（若干年后，越来越多财力雄厚的日本企业将会以广告挽救时代广场。索尼、富士、东芝、本田、三得利、

艾利克斯·卡茨的广告作品(拍摄于 20 世纪 80 年代，安德里亚斯·费宁格；来自纽约市立博物馆，图片由拍摄者赠送)

佳能以及其他更多企业共同建立了新一代的广告王朝，为时代广场再次赋予它曾经拥有——尽管不常有——的完全的国际化身份。)

卡茨的作品是一条画有多张女性面孔的 L 形装饰带。它高 190
20 英尺，位于街道交会处的拐角，对面是“拉链”电子广告屏。画中的年轻女孩或者中年女性大概是深色皮肤的白人，面容优雅却神情忧郁，她们似乎在沉思，显露出忧伤的神态。熟悉卡 191
茨作品的观众会发现，这些女性头像是他过去 50 年间多幅作品中人像的变体。她们被重新组合、放大、排列在广告牌上，并由此获得了辛辣尖锐和庄严宏伟的新意蕴。她们仿佛古希腊的公民合唱团的后裔，又似对人民阵线的群体壁画的呼应。作为第一代波普艺术家，生于 1927 年的卡茨有幸见证了波普艺术和人民阵线的关系。不幸的是人民阵线和城市公民的整套理念在 20 世纪末遭遇了艰难时期。卡茨笔下的这群古希腊公民以自己的存在和忧郁的独立性，审视着她们广告下方的人群。她们身处岔路口、面朝百老汇，与周围环绕的商业广告上的其他女性形成鲜明的对比。她们收起笑容，不去迎合别人，无意展现魅力，也不试图向任何人推销任何商品。她们更像是每天路过时代广场、不断遭受各种推销术进攻的大量平凡女性。她们以巨大的面积，在一众同样巨大的女性包围中抵御多媒体消费资本主义，这种资本主义形式影响巨大，在时代广场尤甚，它刺激和鼓动每一个人消费——正如迪克森所言“所有人都在持续的发情中东奔西跑”——它压倒了每一个人。平分线一带俯瞰 42 街的女性，她们的存在又是另一番模样：在这条被男性荷尔蒙完全充斥的街道上，现实中的女性只有像“完整小姐”那样无精打采才能感到自在，而其他女性则会因为自己没有受到凝视而感到庆幸。而卡茨的女人，从她们栖居的高空向男性化的平分线宣示：我们是人，我们依然在此。

第六章

新千年的时代广场

你曾幻想自己是斯卡斯戴尔[①]的高洁之士，
像布鲁斯克兄弟那样享用早餐。

——《红男绿女》中司盖·马斯特森对莎拉·布朗说

① 斯卡斯戴尔(Scarsdale)是位于纽约市北部郊区的上层社区。——译者注

十年交易

十年前，我为《乡村之音》杂志撰写了我第一篇关于时代广场的文章。其中我借用了爱德华·科勒班为音乐剧《歌舞线上》创作的歌曲《我为爱付出》，以此为隐喻表达我所认为的时代广场应做的事情： 195

> 这座城市应该如地狱般奋力得到它能得到的也应得到的最好的交易。普通如你我的人们应当放弃对纯洁性和完好美德的吹嘘，齐心协力在交易中生存，因为只要我们热爱时代广场——我们爱它的方式应该与热爱中央公园的方式截然不同——我们就会渴望它的灯光。如果你不相信时代广场的交易，广场本身也就失去了存在的意义。[1]

时代广场花了若干年促成了一项又一项蔚为壮观的交易，是它们最终造就了今天的时代广场。琼·迪迪翁曾在关于好莱坞的一篇文章中提到：时代广场的“交易”是真正的艺术形式。这句“赞美”对于纽约的房地产同样适用，美中不足的是：做一个纽约人就意味着终生生活在交易中。

196 无论时代广场如何变化，拥挤是它永恒的面貌。20世纪90年代也是广场交易爆发的十年，一种新的拥堵在此日益堆积，那就是讽刺。时代广场最惊人的讽刺之一，是市政厅对平分线一带色情产业的猛烈抨击，这一论调又因开发商和政客的默契而甚嚣尘上。他们努力的结果化作了商业新闻所谓的大量的“预算外税收支出”——或公然或隐秘的削减、分发、补贴，以及由公众买单的日益膨胀的私有国库。数十亿美元正在秘密流通，而公众知道这只是冰山一角，无意于揭开真相的媒体意味着，我们永远无法了解冰山的主体。整座城市仿佛以乞求的姿态等待开发商和大公司的注入，它们在90年代早期的投资让时代广场成了一块富丽壮观的幸运之地。[2]

时代广场投资交易的反对者或许有很多话要说，但绝大部分都是愚蠢的言谈，不过是所谓投资是城市遭遇“外来者”的“入侵”之类(这些外来者包括文化产业大鳄迪士尼、传媒巨头维亚康姆、德国出版集团贝塔斯曼、路透社还有杜莎夫人蜡像馆，等等)。我所不解的是，究竟是何种神奇的魔力能将时代广场这个始终渴望纽约成为“世界城市”的超级大都会变成一群市侩、庸俗的巴比特人①聚集地，他们满足于自己的作风和习气，对任何想要来到时代广场的外来者表示愤愤不平。一片茫然的批评者们显然没有注意到人群中的本地人——那些蒂施们、杜尔斯特们、鲁金们、艾克纳们、克莱因们、纽豪斯们、拉特纳们

① 巴比特(Babbitt)是美国小说家辛克莱·刘易斯所著同名小说的主人公，后来被用来比喻自满、守旧、庸俗、对政治和文化毫不关心、只追求物质财富的人或者中产阶级实业家。——译者注

和米尔施泰因们，正携手另一群本地的科赫们、科莫们和朱利亚尼们将自己推向暗磨坊。①

这场十年讽刺的另一群耀眼的参与者是聪慧、有教养、充满干劲的中年女性。90年代，她们开始在公众和私人管理领域崭露头角并逐渐身居高位，极大地推动了42街相关发展机构的各项规划。知名广告制作公司施特劳斯工艺的CEO多摩·斯塔尔曾对这些机构予以资助，她在1998年提道："我不禁思考——"

> 如今遍布时代广场的光明与安全，和八九十年代女性对广场的高密度管理密切相关。女性有史以来第一次走下了广告和荧屏，成为现实中的实践者……一时间，到处都是权力与能力兼备的优秀女性。[3]

斯塔尔意欲表明时代广场正在手握重权的女性的塑造下越 197
变越好。但她同样设定了一种对立——推动实践的真实女性和电影与广告中的虚构女性之间的对立。斯塔尔对于那些从广告和荧屏中走出并投身实践的女性的印象，在我看来十分有趣且新鲜。(我不禁想象布努埃尔导演会愿意将此印象拍成电影。)但我的疑问是，为何女性必须牺牲百年来使她们成为广告主角和电影明星的光彩和魅力才能投身实践？斯塔尔真的认为将女性

① 作者用本地人比喻那些反对外来者进入纽约和时代广场的商人和政客，作者列举的名字均为纽约本地财团或者时代广场老牌企业的拥有者以及历任纽约市市长。"暗磨坊"在此则作为色情产业的代称。——译者注

从广告中解放可以使广场变得明亮和安全？

斯塔尔最欣赏的“优秀女性”当属90年代媒体口中的“三女巫”，她们是新42街基金会的科拉·卡昂、42街发展部的丽贝卡·罗伯特森和时代广场经济开发区的格雷琴·戴克斯特。我曾在听证会和新闻发布会上看到她们，三位女士配合完美，发言时往往能顺畅地衔接彼此。她们好似克里斯汀·惠特曼政治礼仪学校的毕业生，散发着不近人情的高傲气场。下图是她们三人1996年的合影[4]。

“三女巫”：科拉·卡昂、丽贝卡·罗伯特森和格雷琴·戴克斯特(来自《纽约时报》)

和“妇女反对色情”组织(WAP)一样，面对时代广场色情产业对女性的剥削和利用，三位女士抱有同样的正义的愤怒。同
198 时她们自知如何利用身体语言，将自己塑造为经典的“时代广场宝贝”。三人在一起的场景很容易让人联想起《欲望都市》里的主

人公们。她们的事业远不只是从广告走进现实，她们一边为撕毁广告而战斗，一边奋力打造更多、（她们认为）更好的广告。她们将《红男绿女》中的莎拉·布朗视为守护神，那位渴望“用斧头将百老汇从头到尾彻底粉碎”的百老汇宝贝便是她们的榜样。

20世纪90年代中期，罗伯特森聘请《色彩》杂志的广告设计者泰伯·开尔曼（详见第一章第五节）和建筑师罗伯特·施特恩，为42街发展部创作一些大胆、迷人的形象，来展示广场未来可能的新样貌。这些绘画作品实际上成为“过渡计划”的广告，该计划于80年代末期被提出，1993年得到城市规划委员会的批准。开尔曼在作品中想象了一个类似维京唱片商店（位于42街和百老汇的拐角）的音乐电视直播工作室，工作室上方是它和维京唱片的巨幅广告。为了配合开尔曼的绘画，罗伯特森撰写了标题为《属于每个人的大街》的文案，宣传了她们的发展规划，欲将广场塑造为

> 大众娱乐的圣地，城市神话的摇篮，在这里，为获得观众及其认可所开展的自由竞争，将带来一个充满生机的、响亮的、不可思议的现代景观娱乐场……[5]

1996年，罗伯特森在接受《纽约时报》采访时提供了一个略显不同的版本，她对未来时代广场的描述引发了那句经典名言：“赤裸城市里的八百万个故事”。

> 建成之后，42街将会有60个不同的故事，相互争辩、为产品和广告空间奋战。到时那里将会有冲突。我们的理

> 念是让时代广场成为一个充满故事——来自所有粗鲁的商业主义的故事——的地方。[6]

林恩·萨加林在《时代广场轮盘》中，将罗伯特森的发展规划描述为“从公司业务向大众文化的戏剧化的观念转变”[7]。她那富有张力的语言是对当时热情氛围的生动写照：普遍弥漫着一种“的确，他们最终做到了”的情绪。我忍不住怀疑纽约会背叛
199 或者破坏人们对它的规划，但能有一个规划可被背叛或破坏也是一件值得激动的事了，更何况市政府确实将时代广场打造成了它可能成为的、富有魅力又极尽复杂的样貌。

这群受色情的愤怒之情(和“妇女反对色情”组织相似)驱使的规划者，能否真正打造或保存一条“属于每个人的街道”？我对此表示担忧。一些对他们而言无关紧要的小插曲或许能够解释我的担忧。1997年12月的假日季，某动物保护组织计划在时代广场安置一块大型广告，广告的内容是金发女演员帕梅拉·安德森·李全裸着，躺在一块由动物皮毛制成的毯子上，以示她“宁肯不穿也不要皮草”。这次对皮草制衣的温和攻击还登上了《纽约客》和《周日时报》。很多早已熟稔美式广告的读者对该组织的宣传策略不以为意，认为他们不过是以唤起观者性亢奋的策略，达到其宣传新式清教主义的目的。这则广告的愚蠢多于性感，更准确地说是“滑稽可笑”。但城市发展委员会和时代广场经济开发区以广告“对时代广场而言过于淫秽”为由禁止其设立。[8]很快，这则广告出现在肮脏下流、艳俗花哨的57街，那里距离艺术学生联盟和卡耐基音乐厅等热门景点很近。这段插曲看似毫无意义，其严肃性在于新时代广场的规划者们刚刚宣

布了他们设计的昂贵、自由的广场景象——所谓的“属于每个人的大街”——转眼就用保守固执的家长作风破坏并掩埋了这幅景象。鉴于多摩·斯塔尔那句“到处都是权力与能力兼备的优秀女性”和广场的“命运正掌握在女性手中”，[①] 我们或许应该将此家长作风理解为母爱主义。如果伟大的查尔斯·卢德兰[②]没有被艾滋病夺走生命，时代广场规划者们的这场闹剧，大概会被搬上荒谬剧场的舞台，卢德兰扮演其中所有的女性角色，埃弗雷特·昆汀扮演纽约市市长卡萨诺瓦，估计没人会不发笑。

如今，“三女巫”已经解散(只有科拉一人还在为广场的发展 200
奔走)，但她们的鬼神学政治理念影响至今。在人们遗忘之前，我愿意将罗伯特森、戴克斯特和科拉比作真正的“时报女郎”，她们将柔软的双腿伸展，跨过百老汇，彻夜工作，以摧毁广场的方式来拯救广场。她们的前辈——明信片上的时报女郎或许会羡慕她们活力、勇气和对广场的真挚感情，但她才是那个更加开放、更加渴望尝试探身求索的一个，难道不是吗?

随着时间的推进，一些更加值得忧虑的问题开始出现。纽

---

① 《广告与奇观》第 265 页。在此我要披露：我本人也曾位列罗伯斯特的抨击对象名单中。1999 年夏天，我和罗伯斯特及评论员保罗·古德伯格一同参加微软全国有线广播电视公司(MSNBC)的谈话节目，就时代广场的过去和未来展开讨论。罗伯斯特表示 42 街变成一个可供家长带孩子游玩的地点不是喜闻乐见之事吗? 我以父母为例，认为纽约能有一片可供家长暂离孩子的空间也不失为一件乐事。当我提到母亲的红裙子(详见前言第一节)，我看到她的眼睛眯成了一条窄缝。随后，当我提及色情商店的繁荣发展时，她问我是否去过那些地方。我回答“是的，我不可能谈论一个自己没去过的地方”。她接下来表示“为什么这个人会被允许出现在电视上?”——我不确定她在问谁。起初我还愿意将这理解为一种奉承——我在她心中居然重要到不能上电视的程度；后来我才明白她和所有异性的对话必定都是这种方式。

② 查尔斯·卢德兰(Charles Ludlam，1943—1987)是美国著名导演、演员、编剧。——译者注

约试图吸引华尔街的法律公司和投资银行进驻时代广场。政府开出了优厚的补贴，华尔街的回应却不太热烈。90 年代早期，时代广场的焦点被重新聚集在世界级媒体和娱乐集团上。迪士尼、贝塔斯曼、康泰纳仕、维亚康姆还有路透社将在时代广场的中心即 42 街和百老汇交会处直接建立自己的大楼。纽约提供了区划许可证，授权开发商以远超法律限制的高度和规模进行建造。这种形式的交易并无本质的错误，其中的很多细节则是秘而不宣的，我们的城市所扮演的角色，更像是开发商的代理人而非市民的代言者。批准路透社建造大楼的原始合约本要求路透社在修建大楼时设置两座自动扶梯，作为以举手之劳为公众谋利的便民设施，来配合 42 街和百老汇拐角处的地铁入口。但随后，当路透家族问及他们是否真的需要建造电梯时，纽约交管局突然(也是私下)更改了他们当初的要求，回应说对方根本不需要提供此类便民设施。① 更多类似的秘密交易被泄露出来，让纽约最喜爱的投资者们免于风险、让公众被迫承担批评。人们开始失望：新的时代广场究竟是“属于每个人的大街”，抑或只是一个封闭式富人社区的前厅？

90 年代末期，随着面纱的揭开，整个时代广场似乎变成了
201 一片巨大的建筑工地。新的广场会有何种面貌？几年之内将无人知晓。1997 年 2 月，我作为大会发言人出席哥伦比亚大学建

① 详见《时代广场轮盘》第 398—546 页。路透家族的算盘是，如果在街角设置电梯不是必需，他们便可将那里出租给银行(获得巨大的额外收入并免于税收)，将地铁入口移至大楼一侧一个更加偏僻的位置，将出入地铁的乘客分流到不属其管辖的电梯。这是纽约交管局监察总长公开的内幕，让公众惊骇的是这些市民服务机构竟然如此愚众愚己。

筑学院的一个会议，探讨时代广场及其未来发展。会议的主论调充斥着忧伤的怀旧，尽管不同与会者所怀念的时代不尽相同：有人怀念 20 世纪初的“爵士时代”，有人怀念 30 年代的“战争时代”，还有 50 年代的“黑色电影时代”和 70 年代的“前艾滋病—同性恋时代”，等等。我说“怀旧话语”是时代广场的签名产品，它已经成为一种公民认证方式——只有怀恋广场的过去，你才是真正的市民、真正的纽约人、真正严肃和在乎它的人，而不是那些仅仅路过的好色之徒或者一知半解的评论者。我谈到怀旧作为一种方式不应该出现在此时此地，并对怀旧中的文化讽刺进行了一番调侃，引得在座的人们发笑。[9]只是后来我才明白，我对时代广场最坏的担心不亚于任何一位相信世界末日的悲观主义者。我像新年夜晚会的表演者那般疯狂地玩味概念，不过是在用我们感同身受的担忧逗人发笑罢了。[10]

净化大道

回顾时代广场的一桩桩交易，总体而言，新的广场并没有我们想象得那般糟糕。这里的建筑环境更像是各种相互冲突的建设规划的混合体。第一个规划来自 20 世纪 80 年代早期的“洛克菲勒中心南区”。该项目拟将于广场中心建造四座巨型摩天大楼，分别是康泰纳仕大厦、路透社大厦、安永会计事务所和隶属时代广场大楼的部分建筑。与之相混合的另一个规划是罗伯特森-开尔曼在 90 年代初设想的“属于每个人的大街”。只可惜，充满活力的大街如今只残留在广场的边缘，而不是在其应属的位置——广场的中心。幸而广场拥有众多的边缘。

新时代广场的部分建筑的确可圈可点，其中的佼佼者当然是那些最古老的——真实生动且充满活力的剧院，包括新阿姆斯特丹剧院(曾是齐格菲《富丽秀》的舞台，而今是迪士尼音乐剧的主要演出场地)，和新巴洛克风格的新胜利剧院(现在是一家前卫的世界级儿童剧院)，它们保证了时代广场中心源源不断和流动不息的人潮。新建筑中的优秀代表往往是些小型建筑，诸
202 如新 42 街排练厅，其雅致的照明让广告和大楼融为一体。新增的大型建筑虽然要比原址上的被取代者更加富丽宏伟，但是这些位居广场中心的摩天大楼几乎糟糕得一无是处，包括阿斯特大厦(可爱的老阿斯特饭店的杀手)、马奎斯酒店(取代了自动售货机和海伦海斯剧院)，以及上东区第六大道的一块块巨型石板。同样糟糕的还有 80 年代菲利普·约翰逊为开发商乔治·克莱因设计的四座金字塔外形的大厦，属于流产的“洛克菲勒中心南区”项目规划的一部分。(我将这个项目称为“艾伯特·斯皮尔广场”，回忆起当初反对这项规划的听证会和发布会，我至今仍怀有庆幸。)[11]时代广场的新建项目中最糟糕的不是那些怪异的庞然大物，而是那些平淡无奇的建筑，它们和街道景观融洽协调，反倒消融于街道之中，而不像阿斯特大厦或者马奎斯酒店那样，以压倒之势对街道形成冲击。每当想到自己在有生之年见证的这些摩天大厦拔地而起的奇观，我便觉得新时代广场的平庸仿佛被披上了进步的外衣。新建筑中亦不乏优雅精致者，康泰纳仕大楼和威斯汀酒店的设计，从它们惯常被观察的角度来看显得活泼新颖，但从其他角度看则索然无味。白天，日光

从摩天大楼的镜面玻璃折射出惊人的美丽，所有建筑仿佛变得比我们所能期待的任何样子都更加有趣。

平日里，广场上总不乏身着各色制服的人群，有纽约州保险监管局、城市发展委员会、经济开发区，还有不同类型的警服——纽约警察局、禁药取缔机构、美国军警、携带机枪和轻型防弹衣的城市巡警，以及街道、建筑和公司雇用的负责维护广场安全与秩序的大批安保人员。我常常对他们缺乏好感，还受到过他们的驱赶和威胁。然而我也曾记得没有他们的情形。1980 年 4 月的一个黄昏，我亲眼看到一个手持棍棒的人打破了另一个人的头骨，那人的武器看起来就像是《摩登原始人》里的道具。被打的人立刻不省人事，鲜血喷溅得到处都是，大街上瞬间空无一人，我大喊“救命”却找不到求助者。我找不到警察，附近没有一个商店愿意帮我用电话报警，晕倒的男子还在不住地流血。直到后来一家色情影院的经理带着步话机(那时还没有手机)走出来，一分钟后一辆救护车赶到带走了受伤的男子。我 203
不认为他已经止血，但医护人员并没有用白布盖住他的头，这应该表明他还活着吧？所以我应该向“制服”致谢，至少他们了解如何让街上的人们免于死亡。

依凭电脑制图技术的发展，广告牌正变得前所未有的有趣。[12] 90 年代末广场上最引人注目的广告，当属康泰纳仕大楼北墙上的纳斯达克电子塔楼。这块广告牌堪称活动艺术的博物馆，屏幕上形状、颜色、纹理和模型的运动变化让人眼花缭乱。艾蒂姨妈肯定会喜欢这块广告，它能冲刷你的大脑，会让你变得兴奋。后来广告随着纳斯达克的股价下跌而突然消失。克林顿时期的经济繁荣已经成为遥远的记忆，广告也衰败成一块残破的巨型公告板，只有那些不在乎市场价值的人才会热爱和哀悼它那大胆惊人的电子图形。

纳斯达克广告牌的黯然失色引起了人们对另一个资本主义标志的注意。它被设计者免除了对历史沉浮的依赖，这便是广场西北角的摩根士坦利广告牌。这块巨大的广告将位于百老汇1585号的摩根士坦利公司总部完全包裹其中。詹姆斯·特劳布称之为永恒变幻中的纯粹数字景观——纽约证交所、纳斯达克和道琼斯“三只股票信息”的即时更新——数字“以不同的速度越过广告屏幕，两侧是四十英尺高的圆柱形地图，上面显示有摩根士坦利全球各个分公司所在的时区”。特劳布认为它“为公司做出了实质性声明，即它不仅流通金钱还传递信息；它是全球经济的核心转换器；它追随时间又让时间暂时停留；它……是摩根士坦利和时代广场的名片”。多摩·斯塔尔的公司制作了这块广告，它指出广告和大楼墙体交界处的弯曲设计，是“设计者利用视觉错位给观者造成一种信息来自大楼、穿过广告屏幕又回到大楼等待再加工，这样一个好比生产过程的错觉”[13]。无论行情与形势的好坏，屏幕上的数字始终在变化。作为一个广告，它不够浪漫，却堪称永恒，因为时光的盛衰已与它无关。讽刺的是，它内嵌的视觉错觉效果不仅增加了数据的真实性，同时也造就了欺骗性。特劳布也不无嘲讽地表示摩根士坦利的很多
204 高管起初并不愿将总部设在纽约尤其是城市里最显眼的位置，同样不想制作这样一块引人注目的广告。或可说，摩根士坦利广告的成功并非其本意。

新时代广场最具浪漫色彩的广告是一架半尺寸的飞机模型。它的原型是英法联合研发的超声速喷气客机——协和式飞机。

1996 年，这架模型被安置在时代广场啤酒厂的楼顶。[14]协和客机一向存在技术隐患和污染问题，它可恶的票价似乎只是为了让所有人都感觉自己是被遗弃的下层阶级。尽管如此，协和客机的模型堪称现代设计中最精妙绝伦的作品，它能让观者感到震撼，与时代广场的搭配也十分相宜。模型的三维性使得它具有一种其他平面广告所不具有的真实感。它体积不大，安放的位置却十分尴尬：如果人们穿过 42 街从东面看向它，会发现一个带有飞机画面的电视屏幕正好将模型挡住。飞机模型位于广场仅存的几座低矮建筑的楼顶，所有人都心知肚明：模型被摩天大楼驱逐只是时间早晚的问题，而没有人料到的是全球旅游业比纽约的房地产更加反复无常，还未待波士顿房产公司将模型从楼顶撤下，英国航空公司的濒临破产就已经将协和飞机从空中拉下来了。生活在纽约，人们总有机会见证资本主义如何摧毁自己最璀璨的杰作。

同样经历资本主义自我摧毁过程的，还有播报大事件的“拉链”电子广告屏。这个巨大的“电子拉链”最初被安置在旧时报大楼上，专门播送新鲜时事，新闻由此成为大楼的一部分，而它本身也迅速成为广场上一个完整且独立的景观：让你驻足、阅读和思考。作为广场的绝佳代言，它传达出：即便在时代广场千变万化的幻境中，人们依旧可以信任报纸，它能让我们和瞬息万变的现实世界保持同步。它的存在表明报纸不仅没有被“新媒体”取代，而且完全有能力充当公众和现实间的桥梁。就此而言“电子拉链”可谓“报纸美国”——一个存在便是被记录的美国、杰克·凯鲁亚克的《在路上》极力赞美的美国——的精彩亮点。[15]广场对“电子拉链”的放弃，意味着广场对自己“人文空间”属性

205 的背弃。如今，尽管拉链依旧打开，其历经百年的播报功能依旧在使用，但播出的内容已经变成了道琼斯赞助的股票报价。原本的广告功能已然被扭曲，毕竟对老一辈人来说，原先那个播报大事件的拉链就是他们发泄愤怒的避雷针。

鉴于《纽约时报》所遗留的传媒空白，电子媒体最终不得不站出来宣示主权。美国广播公司(简称 ABC)在其位于 43 街和 44 街之间、百老汇 1500 号的总部大楼制作了《早安美国》新闻节目。90 年代末，ABC 创造了属于自己的“拉链”，在公司大楼的天幕上滚动播出。惊人之处在于，天幕大胆、浪漫地采用了弯曲的设计，与它背景中的棱角和留白形成鲜明对比。人们喜欢带着相机来这里拍照或者互相拍摄。天幕的弯曲让人们感到似乎有过山车随时要从上面冲下来，这恰恰呼应且增强了广场始终声称的狂欢氛围。弯曲的天幕之上便是一个巨大的电视屏幕，用于播放原先的“电子拉链”播出的类似新闻事件。爆炸后的残骸、染红街道的鲜血……天幕的内容肤浅并可怕，但天幕的结构似乎在诉说：世界充满了跌宕起伏，但终究能够被新闻所包含，这恰恰说明一切都会回到起点，恐惧的人生亦是场狂欢。

青少年是最早适应并融入新广场的人群之一。他们散布各处，但最集中的地方当属 44 街和 45 街之间百老汇西侧的 MTV 工作室前面(实际上是下面)的人行道。对他们来说，那里持久的吸引力来自一档名叫《互动全方位》(“Total Request Live”, TRL)的广播节目。这档节目每周一至周五下午五点播出，节目组会派出“侦察员”到街上寻访普通人，并挑选几位受访者到广播台参与当天的节目；如果刚好他们有着不错的外表或者声音，便会有素不相识的听众或观众记住他们，而身边的父母或朋友却不会认出他们。MTV 的价值观将性魅力展示、营销术(或者说一种营销普通人的战术)和景观以一种特殊的方式融为一体，而此方式恰是对广场最古老的传统的继承和呼应。这些青少年能够在节目中视听原版的《42 街》或《歌舞线上》，他们中的任何一个都有可能是明日的“时报女郎”或者“爵士歌手”。对此，一些成年人表示不屑并试图抛弃，那他们大概会需要一个相当巨大、写着“流行文化”或者“美国梦”的垃圾袋了。一些人认为爵 206
士不是他们生活的必须，而另一些人则愿意慎重考虑，或许，这才是成年人应该有的态度。

若不是作为大街上人群中的一分子，这些青少年几乎没有机会参与 MTV 的节目。这一点对他们中的很多人来说意味重大——只要你在街上的时间够长，就完全有可能成为康泰纳仕传媒集团下一众流行杂志的路人演员，包括 *Vogue*，*Vanity Fair*，*GQ*，*Self*，*Allure*。这些集中于时代广场的出版物不得不对广告人所谓的“后院”进行开发利用。没有“外界”的精彩视角，MTV 注定无法长久，时代广场便是 MTV 的“外面的世界”。那些设想将新广场打造为媒体文化生产中心而非仅仅是消费和展示中心的规划者们在这一点上倒是颇有见地。广场的文化生产不仅提供了许多工作岗位，更带来独特的活力与魅力。这正是一百年前《纽约时报》的到来所赋予广场的。

今天的时代广场不仅能够包容异见，更能够鼓励和孕育反对的声音，这是新广场的新气象。2001 年记者尼尔·施特劳斯就一场一个人的抗议活动在《纽约时报》发表文章。抗议者以早逝的说唱歌手图派克·夏库尔①的名义抗议 MTV：

> 亚当·伽斯曼是来自皇后区的一名十四岁男孩，几乎每天放学后，他都会和一群少女流行乐迷守候在时代广场的 MTV 演播室外。当女孩们乞求节目制作人让她们参与当天《互动全方位》的录制时，他则神情严肃，手里举着一张大幅的白色标语，上面是又细又黑的马克笔潦草写就的：图派克永存。[16]

故事远比表象复杂。或许亚当·伽斯曼听起来不像一个简单的小孩：四年前，他以十四岁少年的一己之力，向时代广场发起了一场简单明了的“一个人的示威”，这让人印象深刻；但他对今天改变了什么？或许《纽约时报》过早地接纳了当年这一幕——被区分为“一群少女流行乐迷”和孤独、忠诚的先锋派男孩的现实画面，前者聚集在人行道上、朝上方演播室里的人挥手乞求、渴望被节目邀请并在节目露脸，后者独自站在一旁、潦草地写着标语、除非 MTV 付钱请他才愿意去演播室。《纽约时报》以此表达对女孩们的讽刺，然而这对一群尚未读高中的孩
207 子来说是否太早？对于和她们同龄的那个聪明男孩来说又是否太早？他——如同历史上的每一个先锋人物一样——就没有曝

① 图派克·夏库尔(Tupac Shakur，1971—1996)是美国说唱歌手和演员。他拥有超过 7500 万张的全球唱片销量纪录，在 MTV 的“有史以来最伟大的说唱歌手”榜单中位列第二，滚石则将其评为最伟大的艺术家的第八十六位。图派克的歌曲主题多围绕暴力和苦难、种族主义和其他社会问题等，他在职业生涯后期卷入东西海岸嘻哈对抗事件。1996 年 9 月 7 日，图派克在拉斯维加斯于车中被人开了四枪，不治身亡。——译者注

光和出名的欲望吗？鉴于他为自己设置的火线，未尝不可猜测他就是想见女孩们呢！无论是男孩还是女孩，无论是获取名气还是寻求暧昧，新广场都是合适的地方。

至于图派克，他的早逝诚然是悲剧，1998 年[1]的枪击案至今悬而未决。但我们是否应该因为他的死亡而将他看得更加英勇或更加真实？在我十四岁那年，人们就是如此谈论詹姆斯·迪恩和查理·帕克(人们在地铁通道里涂鸦“飞鸟不死”)。图派克的电影表演和他的说唱一样强烈、有力，他在戏剧方面也是光彩夺目，擅长营造景观，尤其对音乐电视有严重的依赖，这也是他死后依旧被人们谈论并且取得唱片白金销量成绩的原因。事实上，如果尼尔·施特劳斯愿意费心同那“一群少女流行乐迷”聊一聊，他便会理解上面所说的一切，其报道的主题也会得到确证，那就是不要哀悼今天的时代广场；集玩具、电子、T恤、追星族、示威者、景观和记者于一身的时代广场正在发展为一片沃土，在这里，“年轻人永远是对的”。

时代广场亦不乏相当数量的“对的成年人”。现年六十多岁的作家哈维·佩卡一生大部分时间都在克利夫兰度过。他幼年家境贫寒，生活在贫困的犹太人社区，曾得到韦恩州立大学的奖学金但后来退学，在经历了一段无所事事的空白期后，哈维在弗吉尼亚当地医院找了一份公务员性质的秘书工作，从此一做便是三十年。1976 年，哈维开始用他微薄的积蓄出版《光耀美国》，这本地下出版物是基于他在克利夫兰的日常生活创作的

---

① 此处作者写作“1998 年”，而图派克死于 1996 年确证无疑，所以疑为原书错误。——译者注

"成人漫画"。很多漫画家为该书配图，其中最著名的有罗伯特·克拉姆和乔·萨克。哈维的才华很快显露出来，他的文字能够唤起人们对这些人物的回忆：乔治·吉辛、舍伍德·安德森、詹姆斯·法雷尔、早期海明威、早期马拉默德和多丽丝·莱辛。他的大部分作品都延续了俄罗斯"地下文学"的传统：热烈、愤怒、自相矛盾的主观性、强烈的即视感(他的插画家对此予以了生动地呈现)以及具体城市景观的融入。[17] 20 世纪 80 年代初，哈维的粉丝呼吁将《光耀美国》翻拍成电影，电影界人士也
208 试图集资筹拍，但始终没有人明确提出计划，所有的选择也就不了了之。90 年代，漫画产业一片萧条，佩卡也经历了两次癌症。年复一年，《光耀美国》带来的各种各样的痛苦、恐惧和愤怒，同时驱动并且冲击着他的生活。尽管他在以某种方式成熟，人到中年的佩卡对人却有着青少年时期所没有的依赖，他的妻女则帮助他克服。就在他对这些感到厌倦的时候，好运降临：好机器和米拉麦克斯两家电影公司共同投资了《光耀美国》的电影拍摄计划，后来电影凭借保罗·吉亚马特和霍普·戴维斯的精彩演绎大获成功，并在世界范围内(包括圣丹斯电影节、戛纳电影节、奥斯卡金像奖)屡获殊荣，仿佛一夜之间，渴望聆听佩卡的粉丝已经遍布全球。

图片来自《光耀美国》的最新一部——《我们的电影年》[18]。佩
209 卡和妻子乔伊斯、女儿丹妮尔正在平分线一带朝东走，身后是杜莎夫人蜡像馆的巨大牌匾。盖瑞·迪姆是和佩卡合作时间最长的插画家之一，他在这本书中将佩卡绘制得一如既往地整洁(罗伯特·克拉姆画笔下的佩卡则是一个非常邋遢的中年男子)。整洁版佩卡或许意味着他现在已经是历史人物了，杜莎夫人蜡

《光耀美国：我们的电影年》(编剧哈维·佩卡，绘图盖瑞·迪姆；来自哈维·佩卡)

像馆中佩卡家庭的蜡像都带着温和开朗的微笑，看上去就像来自“草原镇”的夫妇。图片中佩卡和乔伊斯的笑容略显疲态(我太了解这种笑容)，丹妮尔则笑得容光焕发。佩卡问女儿最喜欢哪座蜡像，她说弗里达·卡罗。“为什么?”“因为她是个艺术家……何况乔伊斯告诉我要喜欢她。”他们一家就是如此调侃艺术、玩味历史和检视场景。他们会很高兴出现在那里。对于经历了病痛的一家人来说，时代广场就是深渊尽头的金矿，昭示着他们已经安然度过。

那些曾经濒临边缘的人们会乐见生活最终回归洁净。昔日的活力已经苏醒，今天的纽约人潮涌动，这些体面、正派的人抱怨广场过于干净：没有粗野、没有庸俗、没有肮脏，完全不像旧日好时光中的时代广场。我对这种怀旧话语（包括我自己的）表示相当疑惑。毕竟只要人们愿意放开自己、尽情观察和感受，便会发现广场上绚烂的灯光、各色的人群依旧如往常那般热辣和性感。为何会有如此多的人感受不到？这是一个坏的征兆，但它预示了什么？人们必须施予关注，但又如何关注？不需要打烂现有的一切，因为我们曾这样做但——正如传声头像歌里所唱——“此路不通”[19]。对很多人而言，今天的时代广场已经有太多的“死路”，或许只有让人们再次感受到它的美好与肮脏，他们才会知道自己脚下是多么完美的地方。

大卫·查普尔是当今时代广场最逢迎的谄媚者。这位年轻的黑人喜剧演员在喜剧中心频道主持着一档每周半小时的喜剧脱口秀。去年，他精心策划了一系列以时代广场为背景和主题的节目，其宗旨便是发掘广场的人物、人群、景观及其孕育世俗“笑”果的原始力量。[20]看过节目的人大概就再难抱怨广场过于文雅洁净了。

节目开场，查普尔向大家介绍了演播室里一位观众，并告知此人大部分时间都在孤单的旅店房间里自慰。观众听闻都发出咯咯的笑声，但这位主角却显得异常安静，似乎不知道如何
210 处理当前的状况。他随后谈到自己每次都是通过意淫女人的身体，尤其是“她们的乳房”来让自己兴奋。女性的胸部当然美丽，

他的意淫也似有理。在观众面前开诚布公显然让他激动不已。他表示自己喜欢夏天，因为女人们会“展示自己”（秋天她们便不得不“收藏自己”）。他似乎愿意更加公开和直接地表达对女性胸部的喜爱，但也意识到自己的话极有可能冒犯别人。现场观众反而格外轻松，（随着镜头扫过观众席）女性观众甚至和男人们一起大笑。我们有理由推断她们享受作为人而被承认，会乐意听到关于性的恭维，只要不是被男人当作纵欲的肉体。若男性在公共场合能以此种尊重女性的方式来表达他们对异性的渴望，他们会得到很多女性的积极回应。对此，我们感到天经地义，因为我们的观念便是被如此塑造，但背后的原因则难以触及。在交心式心理治疗小组或者以“公共场合”或者“公民社会”中的两性为主题的成人教育课程的这类情境中，这种观念自有其意义；但其他境况下，它也不应该成为一个笑话。

随着电视镜头切换到公共空间——演播室外舒适夏日的时代广场，一个男声从画面外响起，查普尔的个人秀开始了：针对那位观众的自述，“我们”提出的对策便是为最好的“纽约之胸”颁奖。奖项是一个巨大的、环状带尾巴的、颇有州博览会或者好管家认证标准风格的蓝色绶带，上面写着“纽约美胸”。颁奖人是一个名叫“莱尔”的电视播音员，他拿着麦克风，身穿夏威夷运动衫，戴着一顶突兀的软呢帽。莱尔就在时代广场上工作，他所属的电视制作中心的演播厅就在身后的楼上。“莱尔”和查普尔明明是同一个人（莱尔一角由查普尔扮演并配音），但他的智商听起来似乎只有后者的一半：他漫步在广场上不停地重复他的口头禅“纽约美胸”云云。在观众看来他和大多数电视人一样就是一个只会讨好别人的白痴。他走近一群姿色平平的女人，她们穿着凸显着胸部的普通夏装。这群人中有老有少，有白人也有黄种人，多数都是美国人，也有一部分操着欧洲或者亚洲口音。莱尔告知她们得奖之后，只有少数人表现出惊讶和不解，还有几个人转身离开，大多数人都友好地接受了奖项并报以微笑。一个满口坏牙的东欧老太表示不屑：“就这些?”她
211 笑着调侃这些美国人看似乐此不疲。而一个二十出头的小姑娘则尖叫着质问莱尔：“你可知道旁边这位就是我爸爸?”莱尔难得展示出他的智慧，只见他殷勤地评论道：“先生，您家的遗传基因真好。”

观众逐渐意识到，这个家伙是认真的。莱尔看似随意的漫步式颁奖实则是一次理念的塑造。所谓的“纽约美胸”象征着：在时代广场施展生命和释放活力的女性正在为城市而活。只有将女性奉为纽约的超级市民，我们才能以有礼有敬的方式欣赏她们的身体。至此我们终于明白：一个新式人民阵线的生动画面正在徐徐展开，而我们正身处其中。在最初的人民阵线艺术创作中，女性被严重忽视，而今，她们终于收获了应得的赞美。“携手并肩，它们彰显荣耀”——伴随着此地的荣光，她们也在大街上获得尊重。同样获得尊重的还有街道本身：崭新的时代广场就是一个微观世界，其中蕴含的多样性和多元化是旧人民阵线所不可想象的。圆滑好色的查佩尔不容许观众遗忘广场任何可能性的肮脏面：他要霸占、压榨、玩弄全世界的女性。但他也让我们看到世界是一个整体，当他的那位男性观众从旅店房间移到演播室，又从演播室来到莱尔的现场版时代广场，他已经从自慰走向了对真实人群的拥抱，他俨然经历了一场从淫荡成年人到世界性公民的转变。查佩尔则延续惠特曼的传统，

将广场构思为世界之城，将性欲理解为形而上学和生物科学，更为一个现代男性提供了一条超越孤独、融入世界的途径。

如若将人群和灯光视作时代广场上最显著的元素，那么今天的二者则堪称壮观。广场上的人潮有着前所未有的规模与活力，人们的肤色和语言更加多元。每一片区域，甚至整个街区，无时无刻不是人潮汹涌。城市不就应该如此吗？对我来说，最大的困难是将人群分类，辨别他们的身份。我想起了十二岁左右的时候父亲和我常玩的一个游戏：我们会随意挑选几个陌生人，猜他们去哪儿——剧院或者影城？去旅馆——哪一家？去餐厅——哪种口味？还是去电子游乐场？然后我们便会跟在他们后面，当然会保持一定距离，至少五个街区。我很惊讶我们常常能够猜对。（第一次玩这个游戏的时候，父亲就说："你瞧，你就是了解这里！"）父亲去世前曾告诉我"休闲服将会统治全世界"；这为我们的游戏增加了难度，当然也增添了乐趣，大卫·查普尔便深谙此道。我们父子的游戏只不过是闲逛这一最原始 212
的城市艺术的延伸，广场则一如既往地充当着游戏的场所。二十五年前建筑师雷姆·库哈斯所谓的"曼哈顿主义，抑或拥堵的文化"[21]在今天的时代广场依旧适用。无论这些身穿休闲服的人们是谁，他们都在践行60年代摩城唱片塑造的城市民主：你穿什么不重要/只要你在这儿。

2004年6月的一个炎热午后，随着本书的写作已经接近尾声，我决定去广场走一走、看一看。那里总是能让人兴奋。大街上的女性——服装设计师、旅行社代理、摄影师、舞蹈演员、游客、学生、手拿个人档案的模特、享用午餐的太太——都是那么轻松随意。她们身着紫色的定制套装、黑色斜摆裙、大开的领口、精致的做旧牛仔、层次丰富的贴身内衣、红色的军靴（在6月穿靴子？哎哟！我都能想象母亲对此的反应）、五英寸的高跟、淡紫色的拖鞋，还有各式各样的美肤、美甲和美发。她们精致华丽、富有想象、高度自主，简直完美极了。正如孟德斯鸠在《波斯人信札》中对巴黎女人的评价，她们本身就是一道壮丽的景观。相比之下，那些运动衫、化妆品、香水广告上的女性，还有戏剧、电影海报上的女性则黯淡了很多。这些广告似乎意欲重燃50年代墙上美人画报的审美风潮，我只能说广告业主们就不能有些别的创意了吗？广告上的女性有着同样浅粉色的皮肤、同样的金发、同样的姿势甚至同样空洞的笑容。德莱塞在1900年将时代广场的广告形容为“火焰”，在我看来，今天的“火焰”早已熄灭。广告上的女性形象即便再年轻，也会带着与年龄不符的庄重；即便是黑人，皮肤也会被千篇一律地化成“白面包”；这些广告的策略便是以不传达任何东西来销售东西。或许这些广告能让我们更好地理解勃列日涅夫时期红场上的女性装扮，以及柏林墙为何必须倒塌。广告上的女性必须表情完美、衣着无瑕，即使她是裸体的，就像西47街和百老汇交会处的洛卡薇尔羽绒服广告上的黑人模特那样。讽刺的是，即便摩根士坦利电子屏上流动、弯曲的数字，都要比百老汇这些毫无生气的广告牌上死气沉沉的面孔，更加接近现实的女性。

213 这里的灵晕如此诡异，我能感受到地面上真实女性的开放与热情，也能感受到高空中的广告女郎身上想象力的减退与活力的丧失。地面和高空的对比或者说街道和广告的对比，恰如其分地象征了美国在新千年的样貌。美国的女性主义鼓励了千百万女性建立自己的生活、为切切实实的未来人生而战，就此而言，它是成功的。但我们的集体道德生活却在女性主义运动的三十年后，被基督教右派的守旧男性掌控，他们无时无刻不在熄灭女性内心的火焰，将她们打回旧世界。达拉斯的清晰频道公司是美国最大的传媒集团之一，也是基督教右派的主要资助者之一，更是今天时代广场上拥有广告数量最多的业主。难道他们想让时代广场沦为一个普通的广场吗？[①] 若果真如此，他们也不会成功。因为，作为大众传媒中的强大力量，广场尚未找到扼杀街道的办法，而地面上永不止息的生命力便是明证。

6月的某一天，这是我为了该书的写作最后一次来到时代广场。当时广场上只有两幅人像广告尚能让我感觉到生机和活力。第一块广告位于“时报女郎”明信片上的那座旧楼（今天的时报大楼一座）上，面积巨大，很远就能看到。广告内容是世界重量级拳王争霸赛，维塔利·克里钦科对战科里·桑德斯，比赛将由家庭影院电视公司电视直播。广告让我想起了过去一家三层楼高的体育馆，位于第六、第七大道和42街之间，就在泰德牛排馆的上面。体育馆在最热的时候也开着窗户，我每次从纽约市立大学的研讨班回家，或者站在父亲以前的办公室（西42街130号布什航站楼）所在的街上谈论柏拉图或者马克思的时候，都能看到（并且听到）里面的人击打沙袋。体育馆本属于旧麦迪逊广场花园的建筑，这座位于49街和第八大道相交处的广场花园曾是《杀手之吻》和《灵与欲》的拍摄地。如今的拳坛已不

---

① 就在我写作此部分不久之后，我遇到了清晰频道公司的一位员工，后者承认了我所谓的勃列日涅夫表情（指广场的广告中千篇一律的女性形象——译者按），并将原因归罪到广场经济开发区愈来愈严的广告审查制度上，还坚称她的公司正“奋力摆脱审查制的包围”。那我们就拭目以待。

复昔日的统一与权威，任何冠军头衔都会被一些人认可又被另一些人否定。而这幅广告最让人震惊之处就在于它将拳击手的卑劣庸俗、他们的短胡须还有他们那咄咄逼人、令人厌恶的目光毫不掩饰地展露出来。这些人要放到过去必定能登上《警务
214 报》的头条；要么就是从一二十年前的平分线地区穿越来的。广场上一幅幅巨型的“善良”面孔中，你无须为了接纳这群乐意以“恶”示人的面孔而强迫自己对拳击感兴趣(我自己也没有兴趣)。广告代表拳坛发出“开启新纪元吧”的友好声明，其中明言的内容或许是“让我们的拳击协会和电视播出网络超越别家、一支独大吧”，但对于任何热爱广场的人来说，广告的潜台词再也明显不过：让邪恶得到认可，与善良一道成为时代广场核心生活的组成部分，只有这样，广场才能再一次成为我们所知的一贯的样子——成为天堂与地狱联姻的婚礼彩棚。

第二块广告是一幅有着神秘却迷人微笑的年轻女人像。她真的在微笑吗？或许只是微笑的前奏——一种“如果可以，我会对你微笑”的暗示。她头像右上方写着“HAVE WE ‘MET’?”[①] 事实上，广告上的年轻女子来自一幅17世纪60年代或者70年代初的画作——荷兰画家约翰内斯·维米尔的《年轻女子肖像》。这幅画正在大都会艺术博物馆展出，而这块印有该画的广告便是博物馆的宣传广告。[22]展出时间将从2003年6月持续到2004年6月，这意味这幅作品就像是博物馆的实习生或者访问生(不会被永久展出)。画中的年轻女子是维米尔笔下神秘无名女孩中

① 这句广告可以直译为“我们见过吗？”，其中的MET一词一语双关，是大都会艺术博物馆(The Metropolitan Museum of Art)的英文简称。——译者注

的一位，她的肖像背景被画家完全涂黑，只有模糊的散光从头顶投射下来，颇有天主教绘画中关于圣母玛丽亚和圣徒的虔敬作品的风格。实际上维米尔并非天主教徒，他成长于新教家庭，后来才皈依天主教，在荷兰西部的新教城市代尔夫特以天主教徒身份度过了大半人生。很多喜爱维米尔作品的人(包括我自己)认为他在默默无闻的平凡人物，尤其是整日操劳于卑微家务的普通女性身上营造出了非凡的神圣性。这也是崔西·雪佛兰1999年的小说《戴珍珠耳环的少女》一书的主题。[23]小说中的年轻女孩叫葛丽叶，是一个会用颜色标记蔬菜的厨房女佣(想必维米尔会喜欢这样的设定)。雪佛兰给她的名字让我们不难想起歌德《浮士德》中的格雷琴，后者可谓是渴望并能够实现精神成长的下层女孩的现代原型。[24]这些平凡女孩以及维米尔笔下其他普通人物的高贵和深刻让他成了女性主义的真正代言——值得注意的是——也让他成了真正的民主英雄，更是时代广场的英雄：时报女郎便是他的后裔。

维米尔的另一幅女孩肖像再现于2003年电影《戴珍珠耳环 215
的少女》[25]的宣传海报中。斯嘉丽·约翰逊对这位少女进行了精彩的演绎。戴珍珠耳环的少女和《年轻女子肖像》中的女孩并不相同，她们头颈扭曲的角度和服饰都有差异，但她们有着共同的灵晕：对生活抱有年轻气盛的野心，也有少不更事的窘迫和脆弱；对世界有着强烈的感受，又包含了对感觉对象的不确定；她让我们难以忘怀却又心存疑惑——她到底是谁。[26]正是这种灵晕让两幅画非常容易混淆，我(第一次见到它们的时候)和时代广场的很多游客都犯过此类错误。

我第一次听到“灵晕”(Aura)一词是在一本针对初学者的艺

时代广场上的大都会艺术博物馆“HAVE WE‘MET’”广告——荷兰画家约翰内斯·维米尔的《年轻女子肖像》(照片来自通信部，绘画来自大都会艺术博物馆)

术史著作中，该词被用于解释乔托如何将少数人物从人物群像中清晰明确地凸显出来。后来瓦尔特·本雅明在其1936年的文章《机械复制时代的艺术品》中对“灵晕”进行了概念化阐释。[27]本雅明在多数情况下使用此概念描绘一种他认为所有现代人类正在遗失或业已遗失的东西。他主张一件艺术品的“灵晕”与其独特性相关。但现代艺术正日益沦为作品——正如摄影和电
216 影——可以被无限复制。当一种文化“用大量的复制品代替了一个独一无二的存在物”，艺术的灵晕就不复存在了。果真如此？看看西42街印有维米尔肖像画复制品吧：在这条充斥着以简

单、浅薄和喧闹的推销言辞为设计宗旨的广告的大街上，维米尔的女孩就像是一个来自异域星球的天外来客，那里的人们柔和、复杂、矛盾、深刻。她或许也在推销——在时代广场，谁人不在推销？——至于她在推销什么，却无从得知。广场上，新的产品、广告和推销说辞像每一季高产的百老汇音乐剧和流行歌曲那般铺天盖地地砸在人们脸上，在这样的氛围中，我们或可将维米尔笔下的女孩视作某位历史人物——尽管我们对她的历史一无所知。她既是复制品，又是时代广场这个特殊情境中独一无二的存在。这意味着“灵晕”并非源自画布或者建筑材料的独特性，而在于空间和地点的独特性。难道这个“年轻女孩”不正是由于被投掷到时代广场才获得其灵晕的吗？本雅明或许愿意将女孩的灵晕归因于“对某些不在场或者已逝的至爱之人的追忆祭仪”。但于我而言，女孩的鲜活来自其全然身处的空间和社会背景。她俨然是时报女郎的新版化身，证明了大街上的女神无论如何都是不可消灭的存在。诚然，女神似乎在鼓舞人们带她远离这里，从这片清理后的净化大道上远走高飞，而大都会艺术博物馆不过是一条离开的便捷通道罢了。无论女孩将我们带去何方，广场将永远是我们曾经聚集的地方。正如亨弗莱·鲍嘉在《卡萨布兰卡》中对英格丽·褒曼所说的——他们始终拥有巴黎，我们和维米尔的女孩亦将始终拥有广场。

维米尔女孩面临的真正危险是许多纽约人在现实生活中正在经历的：她的空间不受自主地控制，抑或说她的空间并不稳定，终有一天她会失去广告的租位。2004 年 6 月 24 日下午，我到广场上寻访维米尔女孩，让我惊讶的是她已经不在了。[28]取代她的是新版《42 街》的巨型宣传广告。广告中的人物是典型的面带微笑的歌舞团女孩：二十岁出头，带着明显的洁净和无知。她们看起来就像净化版的“完整小姐”。广告商们从哪里找来的这些面无表情的脸孔？借用演艺圈谈及整容手术时行话，人类有必要改变自己了——或者说有必要“做些什么”让自己看起来更加像样了。我能想象对这幅音乐剧海报的审查，无非是音乐剧中推动情节发展的审查戏码的模仿：台上的女孩们努力做困惑状，台下叼雪茄的男人们则大喊“放空你们的表情，放空！放
217 松且架空！”我可以脑补这些女孩含泪拒绝的面庞，因为她们的表情不可能是空的。想到这里我忍不住抓狂，我反问自己，台下的男人们真的以为他们能够通过空洞的表达推销出任何东西吗？他们真的以为人们会愿意出高价、穿过拥堵的42街来观看一场空无一物的表演吗？“没有任何内容的表演”已经成为“演艺圈”的最新定义了吗？这笑话简直能被写进电影《金牌制作人》。但后来我意识到，即便是笑话，也有那么几分真相，毕竟我正在做的事，和我所批评的很多人对时代广场的所作所为并无分别：我们都在用怀旧驱赶现实的生命力。即便我是对的——当今大众传媒产品“空无一物”，它们的视听者依旧会做我这一生都在做的事，依旧会做我的父母在返回布朗克斯的地铁上会做的事，亦会做我的孩子以自己的搞笑方式回忆歌曲或者电影台词时正在做的事：他们将会为“无”置入“有”，然后在这有与无的交融中，创造出新的“意义”。

结语：路透社与我 219

做出这番“有无”之思的时候，我正身处路透社大厦（时报大楼三座）的前面。这栋位于百老汇和 42 街拐角处的摩天大楼新建成不久，而我所站立的位置在时代广场变迁史上有着丰富的过往：我脚下站立的地方，过去是时代广场剧院和游乐园拱廊所在地；我的上方曾是艾利克斯·卡茨的巨幅女人头像壁画，而我的北面则悬挂过约翰·列侬和小野洋子印有“只要你想，战争便能结束”的和平广告。市议会在 20 世纪 80 年代后期通过并在 90 年代中期实施的时代广场“过渡规划”专门划分了服务公众的商业用地，例如广场南角的费拉拉意式咖啡厅以及广场的北端的星尘餐厅。然而随着 90 年代末克林顿时期的经济繁荣，私人不动产市场的变化令广受欢迎的“过渡规划”被迫中断。原来的商店和广告都被密集的办公大楼取代，大楼业主以其对广场用地的自由裁定权，掌握了地面商店的生杀去留，事实上他们关闭了几乎所有的商店。路透社将其弯曲状的大楼南角出租给了摩根大通，后者在那里安置了一个精雕细刻的钢球广告。为了建造这些大楼，城市为全球的投资者们提供了丰厚的税收激励政策。路透社美国控股公司因为路透社大厦而分到了其中最大一块蛋糕——共计 2600 万美元。[1] 221

无论如何，我站立在此是要做过去数年间我常做的一件事，那就是观察和记录广场的人群和广告。正当我埋头记录那块印 222

有克里钦科和桑德斯拳王争霸赛的宣传广告时，一个身穿写有“安全”字样塑料背心、四十岁左右的黑人男子粗暴地打断了我，并禁止我站在大厦前面。我受到惊吓并感到不可思议。我注意到还有三个穿着棕色西服套装、身材魁梧的中年男子正站在大厦前面打电话，便问他们是否也被禁止站在这里？保安耸了耸肩，不悦地看着我，仿佛在问我为何要为难他的工作。我解释自己正在写一本关于时代广场的书，需要对这里的景物做些笔记；这里是广场的中心，不在这里我要在哪里？他显然没有预料到眼前的境况，一开始还建议我去“街上”。看着正午呼啸而过的车流，他很快放弃了这个想法。他指着一个看似建筑工人使用的柱子提议我可以倚在那里或者站那后面；我说那里看不到我要记录的任何东西。这时他再一次耸肩并且面露不悦：听着，我只是按命令办事；如果你不离开，我会把你“强行移走”。

此刻我彻底愤怒了。路透社以为自己是这条街的主人吗？保安的说辞听起来十足的主人姿态。难道是我太小题大做？或许这只是一个普通的基层雇员，在一个漫长乏味的工作日，为保住自己的饭碗而不得不向他的上司证明，他能够应付像我这样的陌生人——一个留着胡子、穿着T恤和运动装、带着红色笔记本的胖老头。抑或这只是《爱丽丝的餐馆》[①]的情景再现——当充足警力遇上轻微犯罪时的拳头痒痒？再或者迈克

---

① 《爱丽丝的餐馆》(*Alice's Restaurant*)是导演阿瑟·佩恩拍摄于1969年的影片，讲述了一个由一件微不足道的小事引发的一连串大事件，主人公阿洛在参加聚会期间帮朋友随手丢垃圾而遭到法院起诉、进而导致无法入伍到越南参战的经历。——译者注

尔·摩尔①的影响力太大以至于在保安覆盖范围内胖男人都是危险的？但无论哪种情况，驱赶我的保安都不是在例行巡逻：我分明看到他从大厦里专门走出来对我说话；他腰间的手机表明他显然正在跟某人通话。整个情形弥漫着讽刺的意味：一方面，作为英国传媒巨头的路透社或许应当是世界上最自由的机构，相比它的美国同行们，路透社为公众提供了更为深刻和准确的真相。(2004年8月29日，在距路透社大厦几个街区外的地方发生了反共和党大规模示威游行，路透社对此进行了值得称赞的系列报道。)[2]另一方面，它的所作所为和它曾在世界范围内揭露的让英国政府倍感优越的专制政权并无二致，那些政权否认人民的公民权、否认城市街道作为公共空间。纽约曾为迪 223
士尼、维京唱片和MTV提供了相当可观的赋税减免，路透社最终也得到了同样的优待，这便是林恩·萨加林所谓的"从公司业务向大众文化的戏剧化的观念转变"。今天，传媒企业操控了大部分的流行文化生产，它们和钢铁企业、酒水企业、农产品企业、汽车企业一样对人民持有怀疑和敌意。尽管它们的某些文化产品确实具有震撼和解放的效果，但它们靠人民的幻想和梦想谋利的事实，对于拉近我们与它们的距离毫无助益。

我曾对此感到恐慌，而今我依然同感，因为我对此无能为力。我究竟是什么样的公民？我本应该坚守原地向保安抗议，

---

① 迈克尔·摩尔(Michael Moore，1954—)是美国知名纪实电影导演，其电影作品以大胆揭露真相、辛辣讽刺时弊而著称，包括揭露通用公司大幅裁员而导致大范围失业的《大亨与我》、探讨美国枪支管制的《科伦拜恩的保龄》、拷问美国总统小布什的《华氏911》以及揭露美国医疗制度黑幕的《神经病人》等作品。此外，他本人体形肥胖。——译者注

引发冲突，然后被捕。我忍不住猜测自己会以何种罪名被捕？闲逛？行为不端？还是妨碍和平？我本将要遭遇一个坎坷的夜晚，本将要在法庭上为城市的自由而辩；我的妻子本可能致电我们在出版社里的熟人，他们中的一些人或许有能力让这件事见报……但那天是我儿子丹尼的十岁生日。事实上我去时代广场是为了给他买生日礼物——一张痞子阿姆的CD和一件MTV的T恤。他的生日聚会已策划许久，一个小时之后就要在家里开始了。我没有办法向儿子解释我的缺席，所以我做出了让步。保安朝我说“感谢”而我踏上了回家的地铁。如果我是——正如我本以为我是——一个严肃的公民，那么隔天我会采取抗议。路透社大厦占地面积巨大，我相信光是抗议都要花费好些时日。

一个世纪以来，时代广场的特殊之处就在于其令人称道的包容力——它是属于每个人的。它将全世界都容纳在明亮的灯光景观中，为每个人带来震撼，是所有人的漫游之旅。后来昔日的景观不再，但街上的人们看似已经具备了足够的生机和能量来创作一个新的景观——一个能够接纳诸如大大小小的游行示威（小至一个人的“图派克永存”）等所谓“错误”的景观。在这个过程中，人群似乎在变得伟大，灯光也愈加壮丽，所以我任其如是、不加过问，直到有一天，新景观中的一员、一个跨国公司触犯了我，不允许我站在42街和百老汇的街头。

它是如何自以为拥有这条街的？还有多少新景观的成员怀
224 有同样的观念？它们的观念又是从何而来？20世纪90年代中期，当迪士尼初抵平分线一带，一些人认为它正将时代广场变为它的某个私家主题公园。包括我自己在内的另一种声音认为这种担忧是愚昧无知，因为纽约的迪士尼不像迪士尼乐园（以及其他所有主题公园)，它建在人行道上，不能封闭并掌控整片空间。但不知是谁为迪士尼的大人物们献上了定心丸，或许是市政府某位人士的信号、至少是提醒？会否是朱利亚尼市长，毕竟他如此自豪于被拍摄到为广场签署招商引资的文件？算了，这种猜测未免过于阴谋论，更有可能是种误解。最合理的推断就是这些企业巨头只是单纯认为它们大楼的巨型体积天然赋予了它们控制周围空间的权利。① 签署招商文件的时候，没人愿意多费口舌解释纽约的日常生活倚赖于看似简单实则复杂的公共空间分享。现如今我们的市政府是否会做出解释？这种声明会否在“拉链”电子屏或者摩根士坦利电子屏上播出？我已经迫不及待。最大的可能性便是关心我们的街道、空间和城市的人

① 企业甚至将这种所谓对空间管辖的天赋权利推及虚拟空间，比如电影《蜘蛛侠》曾制作了不同于时代广场现实环境的数字影像应用在影片中，却遭到部分广告商和大楼业主起诉，缘由为“用虚实混杂的手法描绘时报大楼”。起诉方宣称“电影中关于时代广场的影像擅自改动了广告牌，违反了商标法，此举等同于犯罪”，他们还认为“只有保证顾客对时代广场空间景观无论是在银幕上还是现实中的独享权，广场的景观才不会贬值”。幸运的是，联邦法官理查德·欧文没有受理该诉讼，他认为“根据宪法第一修正案……(电影中的)数字影像变更受言论自由保护”。另外广告公司和大楼业主还反对对广场的数字化拍摄，对此，法官表示“在这个不夜城里原告的三座大楼是日夜不停地投射光束”。以上详见丽莎·鲍曼的文章《“蜘蛛侠”有权改变时代广场》，见 CNET News.com，2002 年 8 月 5 日。这个案例或可称之为业主与灯光的对抗，揭示了一种对“资本主义现实”的潜在渴望，而所谓的资本主义现实不过是对多数苏联人而言葬送了苏联文化的“社会主义现实”的变种罢了。正如马克思在《路易·波拿巴的雾月十八日》中所写：“一切历史事实与人物都出现两次，第一次是悲剧，第二次是喜剧。”

《纽约时报》上的一篇文章或许能帮助我们更好地理解这句话。2004 年 9 月 23 日，资深撰稿人大卫·邓拉普在报纸显著位置刊文，批评位于百老汇 1585 号的摩根士坦利总部铺设路障的行为。邓拉普认为此举“不斥于一种可怕的围栏……是打着私人安全名义对公共空间的最挑衅的攻占”。他随文刊载了一张大幅照片，照片中的私人保安——和我在路透社大楼前遭遇的保安别无二致(同样是四十岁左右的黑人)——正在挥手驱赶拍摄者。他挥动的双手在照片的超现实主义视角中显得尤为巨大。这篇文章多少显示了《纽约时报》正在对新时代的时代广场进行反思。这种反思为时未晚。

们将会主动出击，制作广告、发出声音、找寻途径，凭自己的力量安置自己的广告，以此宣告我们的声明。

在书的结尾，提请大家注意两个重要观念。一个是可追溯至启蒙时期的“对城市的权利是基本人权”；另一个是由此衍生的“参与城市景观的权利”。这种景观正如城市本身，既古老又
225 现代。无论是1世纪诗人尤文纳里斯悲叹的罗马斗兽场，还是象征了20世纪恐怖事件的纽伦堡集会，绝大部分的城市景观样式，在其设计之初都是为了给看客带来震撼从而使人屈从。时代广场是否亦如是？经历了“百年景象”的广场，始终是唤醒人民、为公众带去生机、让公众获得远超其本有的活力的地方。它以其广阔和强烈代表了现代城市；它为人们赋予新的观念——推动人们思考如何欣赏、如何行走以及如何爱自由、做自己、同他人相处等问题。我在书中一直在讲述时代广场是如何激励和鼓舞了各色男男女女突破界限、积极投身城市、倾注自己的主体性，并在改变自我的同时改变城市。有些故事中的广场与自我相互冲突(例如《嘉莉妹妹》中赫斯特伍德的“我要放弃”)，有些故事中的广场则为我们带来喜悦和意想不到的胜利(例如《爵士歌手》中乔森的“名字出现在灯箱广告上”)。此外，还有好些故事未能分享或者不能分享，以及更多的故事等待流传。想要聆听的人们必须走上街头、找寻自己的据点，他们必须意识到，相比于一个世纪前崩溃的赫斯特伍德，自己已经拥有了更多的力量。如果有人意欲此刻投身此地，他就必须积极地行动。那些正直、冷静、如今依旧深爱时代广场的人们或许应当倾尽全力，正如说唱界的马克思兄弟——“野兽男孩”在其1986年的音乐录影带中告诉歌迷的那样：“为参与的权利而

战。”[3]无论斗争意味着什么，唯有斗争，才能在21世纪的时代广场重振启蒙时期的“城市权利”。

致　谢

本书的写作已酝酿许久，真正的开始究竟始于何时？一种版本可以追溯到20世纪50年代初一个明媚的秋日周六，当时我和父亲由于私人原因受邀来到时报大楼。邀请我们的是父亲的朋友梅尔·伯杰——《纽约时报》的知名记者。他带领我们参观了新闻编辑部、会议室、任务书、世界地图、电报还有资料陈列室。编辑们在忙碌地工作，其中有几位还是我认识的。他们朝我挥手，还给我了一些弃用的新闻素材。伯杰和父亲聊天的时候用的是意第绪语，聒噪且滔滔不绝，但和我解释什么事的时候，又能迅速切换成精致优雅的英语。我们参观的最后一站是地下室，大得惊人的印刷机正在工作，即将在周日发行的报纸正被运上卡车。在那里就好像置身童话故事里的城堡，不得不说这是我人生最兴奋的时刻之一。父亲想必把我为校报写文章的事情告诉了伯杰，因为当我问到如何回报他今天的招待时，他说“继续写，别停下”，还补了一句“勿忘他们”，然后就和父亲开始意第绪式谩骂和苦笑了。后来我问父亲“他们”是谁？父亲是这样告诉我的：“梅尔笔下的人都来自街头，但他从来不

228 写这些大街的拥有者。”这个故事听起来就像一个宏大的开端，不仅开启了本书，也开启了我的写作生涯。然而接下来的五十年间我已将这个故事遗忘，直到本书完成，我才想起来。这是一个真实的故事还是我的想象？故事仅有的两位见证者早已辞世，但我很清楚，我关于时报大楼内幕的很多细节性了解绝不是空穴来风。我也知道，就在这个故事发生几年之后，梅尔·伯杰还去参加了父亲的葬礼。

另一种版本始于四十年后即 1995 年 6 月，一个周日的炎热的半夜。这个版本的见证者依然在世。我和妻子雪莉正躺在床上昏昏欲睡，这时电话响起。电话那头是我们的朋友鲍勃·克里斯戈，时任《乡村之音》执行主编。他说纽约市正打算和一批世界媒体巨头签订上亿的大合同，这些媒体大鳄包括迪士尼、贝塔斯曼、康泰纳仕、路透社、维亚康姆/家庭影院，还要建造一大批巨型办公楼，它们会从根本上改变 42 街和时代广场的性质。《乡村之音》围绕时代广场和这片即将消逝的土地做了一个特别栏目，已经有几个大的版面即将付梓，唯独缺一个对时代广场的历史性介绍，用来说明过去广场对纽约人和全世界意味着什么，今天它又如何重要。鲍勃问我可否接下这个任务并在三周内完成，当时的我头脑并不清醒，但第一反应是我已经欠下的其他文字债，所以我回答他“谢谢，但是不了”。妻子轻轻推我：“什么事?”我说鲍勃想让我写一些关于时代广场的东西。但我安慰妻子不用担心，因为我已经拒绝了。就在我快要睡着的时候，妻子一个激灵：“你说时代广场？你个笨蛋！你的大好机会来了。你可以借此把所有你想写的东西都放进去，性、房地产、电影、你的父母，还有地铁、广告、街道……难道你准备就这样睡过去吗!”这下我彻底清醒了:“把我的大好机会睡走”这句话实在是再好不过的指引。“快点，你应该现在、立刻、马上给鲍勃打电话!”妻子在旁边催促，尽管已经午夜，我还是打了过去，鲍勃大笑，他早已料到我会联系他，这就叫心有灵犀。我就纳闷儿这些人居然比我更了解自己？难道不是吗？三周之后我的第一篇时代广场文章出炉——1995 年 7 月 21 日《乡村之音》上的《广告广场》，就这样我慢慢走到了今天。我很困惑这条路为何走了那么久，或可说是途中我做了太多停顿，事实上停顿本应该更多。无论如何，我走到了今天这一步。

这一路我接受了很多陪伴和帮助。如果我(往往无意地)试 229
图分门别类清理出我的所有受益，恐怕这本书都不够写。(除非另写一本，或许有朝一日我会真得写这样一本书。)因此我打算在这里写一个略长但不是一一列举的名单。名单上的大多数人一看便知他们为何会榜上有名，我希望他们看到自己名字的时候是愉悦的。名单上的一小部分人可能会感到吃惊，我希望是惊喜而不是惊吓。名单上的有些人像梅尔·伯杰，已经故去。(有些人可能由于我的疏忽而没有感谢到，我希望他们能谅解我随年岁而渐长的坏记性与粗心。)我要感谢查理·埃亨、阿里·比伦鲍姆、乔治·伯哈特、里克·伯恩斯、鲍勃·克里斯戈、艾米丽·科茨、杰里·科恩、托马斯·克里普斯、简·迪克森、莫里斯·迪克斯坦、杰森·爱泼斯坦、苏珊·费恩斯坦、伏加斯拉娃·菲利波维克、玛德琳·李·吉尔福德、托德·季特林、贝丽尔·戈德堡、理查德·戈德斯坦、吉姆·霍伯曼、安妮·霍兰德、欧文·豪(已故)、艾伦·雅各布斯、乔纳森·饶、艾琳·亚沃尔斯、黛博拉·乔伊特、泰伯·卡尔曼(已故)、杰里米·卡尔曼诺夫斯基、伊丽莎白·肯达尔、斯图尔特·克洛文、比尔·科恩布鲁姆、约翰·莱昂纳德、罗琳·莫蒂默、维克多·纳瓦斯基、琼·奥克曼、马克思·佩奇、查尔斯·佩里耶、西蒙娜·普拉斯特里克(已故)、特鲁多·波洛克、谢莉·莱斯、梅尔·罗森塔尔、安德鲁·西蒙、艾琳·史密斯、迈克·索尔金、朱迪斯·斯坦、泰勒·施特尔、加里·斯通、曼尼·托比耶(已故)、卡米洛·维盖拉、迈克·华莱士、迈克尔·沃尔泽和莎隆·祖金。我的家庭虽小，但是家人之间亲密无间，无论离开的还是健在的，我都要一并感谢：感谢我的父母莫里·伯曼和贝蒂·伯曼；感谢姨妈艾蒂·戈登、妹妹戴安·伯曼、妹夫约翰·格尔森、表亲玛丽琳·戈登，还要感谢我的儿子以利·塔克斯-伯曼和丹尼·伯曼，他们的爱人马文和黛比·斯克兰。

还有一份感谢应归于我曾供职的团体和机构，大部分是学
校：约翰逊政府执政前我所从教的纽约城市学院，尼克松政府
执政前我所从教的纽约市立大学研究生中心，老布什执政期间
我所从教的哈佛大学设计研究院和新学院大学，还有小布什执
政期间从教的纽约城市学院建筑系。感谢哥伦比亚大学、普林
斯顿大学、纽约大学、罗格斯大学和伯克利大学，这本书的很
多早期成果孕育自这些高校；感谢我妻子教授文学的专业儿童
学校，我曾在那里和年轻的舞者、演员和音乐家们谈论我关于
杰罗姆·罗宾斯的研究工作；感谢我儿子丹尼刚刚毕业的曼哈
230 顿艾米丽·迪克森学校，在那里我和他一起度过了六年的绚烂
岁月。此外还要感谢：林肯中心图书馆的表演艺术部(尤其是它
的舞蹈部门和对罗宾斯的大量档案资料)、纽约市立博物馆、民

主社会主义的杂志《异见》(我曾在那里做了二十多年的编辑工作，这本书的大部分内容也在那里完成)。还有一份感谢应属于这座城市——纽约：在这里地铁彻夜奔驰，在这里我可以通过电话，向各种各样的人、包括素昧平生的陌生人，追问关于艺术和人生的许多复杂问题，并得到及时、认真的回应(很多电话问询的内容都被记录在本书的脚注和尾注中)。上述机构充满了富有智慧、富于想象力和情感真挚的人，他们对我的帮助远远超过他们的想象。

最后的、也是最重的谢意，我要献给我“伶牙俐齿的夫人”、我挚爱的妻子——雪莉。她的关爱、友情、热情、智识、作为批评家的技巧、对表演艺术和演艺事业的知识，为我提供了无与伦比的帮助。“放在一起”，如同她在那个命运转变的夜晚所提醒我的：文化和政治，纽约的前世和今生，作为丈夫的我和少年时代的我，我对深刻真理的理性追问和我对明亮灯光的原始热爱，在这本书里都被放在了一起。写作时雪莉是我的理想读者，写作陷入停顿时她又是我的谈话伙伴，让我看清前路再次启航。我将本书献给她。也让时代广场代表我们逝去的共同岁月：一场灯光中的沐浴。

2005 年 7 月于纽约

注　释

作者的话：新新女郎

1. 1999 年我在纽约市立博物馆的档案中找到了疑似这张明信片的原版，2004 年夏天我再次浏览档案，未寻得原版。但是这张明信片被复制在：*Columbia Historical Portrait of New York*，edited by John Kouwenhoven(1953；Harper/Icon Editions，1972)，409。
2. 歌曲《盖比来了》(Gabey's Comin')由贝蒂·康登和阿道夫·格林创作，出自 1944 年的百老汇舞台剧《锦城春色》(*On the Town*)。歌词见 *The New York Musicals of Comden and Green*，Applause (Books，1997)，13ff。歌曲《我依然在此》，由斯蒂芬·桑德海姆担任词曲作者，专程为 1971 年舞台剧《富丽秀》(*Follies*) 的百老汇首演而创作。参见 Merle Secrest，*Stephen Sondheim*：*A Life* (Knopf，1998)，294ff.

前言：百年景象

1. Rem Koolhaas, *Delirious New York: A Retroactive Manifesto for Manhattan* (Oxford University Press, 1978), 7.

2. Montesquieu, The Persian Letters (1721), Letters 58, 63, 88. 我在三十多年前的第一本书《本真性政治学》的第一章里[*The Politics of Authenticity*(Atheneum, 1970, 1972), Chapter I]就摘引了这些非凡但被冷落的作品。最近它们再次被我的一篇关于时代广场的文章引用，见拙文"The Marriage of Heaven and Hell," *Harvard Design Magazine*, Winter/Spring 1998, 23—25。

232 3. William Blake,"The Marriage of Heaven and Hell,"in Alfred Kazin, editor, *The Portable Blake* (Viking, 1946, 1968), 252—255.

4. Charles Baudelaire, "Crowds," *The Parisian Prowler*, (University of Georgia Press, 1989), 21—22. Edward Kaplan 翻译自 *Le Spleen de Paris: petites poèmes en prose*。关于波德莱尔和现代人群的讨论另见拙作：*All That Is Solid Melts into Air: The Experience of Modernity* (1982; Penguin, 1988), Chapter 3, "Modernism in the Streets".

5. 最近译本译者是 Harvey Mansfield and Delba Winthrop (University of Chicago, 2001)。"个人主义"一词见该译本第二部分第二章，第 482—488 页。尽管我批评托克维尔对民主的公共空间缺乏敏锐度，但我对时代广场的大众传媒的思考多有受益于他对美国出版物的阅读。参见"Freedom of the Press," I, 3, 172—180, and "The Relationship Between Associations and Newspapers," II, 6, 493—495。

6.《歌舞线上》(*A Chorus Line*)是一出没有明星演员的百老汇音乐剧，自 1975 年首演以来已经演出六千余次。

7. 弗兰基·林蒙和青少年合唱团(Frankie Lymon & the Teenagers)：歌曲《我想让

你成为我的女孩》，出版者为 Herman Santiago，Gee Records，1956。

8.《嘉莉妹妹》，《序》作者为 Alfred Kazin (Penguin，1994)，Chapter 49，476—478；50，493—494。众所周知，1900 年的《嘉莉妹妹》是被包括德莱塞自己在内的多方删减过。此处引用的 1994 年企鹅版基于 1981 年宾利法尼亚大学学者考订版，是最接近从未公开的未删减原文的版本。

9. *42nd Street*，screenplay，edited with an Introduction by Rocco Fumento (University of Wisconsin Press，1980)，182.

10. "42nd Street，"song，by Al Dubin and Harry Warren，1932.

11. 吉姆·霍伯曼的英国电影学院专论《42 街》(英国电影学院经典电影，1955 年)，高度赞扬了这部片子对罗斯福新政的政治关切与敏感。21 世纪初，该剧重返舞台，遗憾的是已经缺失了当年的政治深度。

12. 照片复制版来自 William Klein's *New York*，1954—1955(1955；Dewi Lewis，1955)，212—213。

13. "Dancing in the Street，"by Ivy Jo Hunter，William Stevenson，and Marvin Gaye，Motown Records，1963.

14. Edward Dimdenberg，*Film Noir and the Spaces of Modernity* (Harvard University Press，2004)，138ff. 该书认为时代广场是《杀手之吻》的主角之一，并对那里的城市空间进行了精彩的诠释。

15. Kenneth Jackson，*Crabgrass Frontier*：*The Suburbanization of the United States* (Oxford University Press，1985)；Bruce Springsteen，"My Hometown，"on *Born in the USA* (Columbia Records，1984).

16. Colson Whitehead，*The Colossus of New York in Thirteen Parts* (Doubleday，2003)，9. 233

17. Stevie Wonder，"Living for the City，" on *Innervisions*，Tamla/Motown，1973.

18. *Architecture Culture 1943—1968* (Columbia/Rizzoli，1993)，427—436.

19. Beastie Boys，"Fight For Your Right，" on *Licensed to Ill*，Columbia Records，1986.

第一章 家乡的火焰在燃烧：时代广场的广告

1. David Nye, *Electrifying America: Social Meanings of a New Technology* (MIT, 1992), Chapter 2, "The Great White Way," 29ff., Tama Starr and Edward Hayman, *Signs and Wonders: The Spectacular Marketing of America* (Doubleday/ Currency, 1998), "America's Great White Ways,"50ff. 斯塔尔是工艺施特劳斯广告制作公司的女继承者，也是现任CEO。该公司是时代广场广告牌的最大制造商。
2. Starr and Hayman, *Signs and Wonders*, 63—64; and Guy Gilmartin, "Times Square," in his *Shaping the City: New York and the Municipal Art Society* (Clarkson-Potter, 1995), 443—444。
3. *Signs and Wonders*, Chapter 5, "War and Peace,"对这两个广告提供了翔实的背景资料。
4. 数年来关于这座制服雕像的身份一直未有定论。从战争的不同角度猜测，他可以是士兵、水手，也可以是空军或者海军。参见*Signs and Wonders*, 141ff.
5. Jonas Barrish, *The Anti-Theatrical Prejudice* (University of California, 1976).
6. *Signs and Wonders*, 164.
7. Isaac Bashevis Singer, "The Third One," in *A Crown of Feathers* (1973; Crown, 1974), 210. 艾萨克·巴什维斯·辛格、劳丽·科尔文译。
8. 以上对卡尔曼广告的非善意解读来自该书的多位供稿人，*TIBOR: Tibor Kalman, Perverse Optimist*, edited by Peter Hall and Michael Bierut (Princeton Architectural Press, 1998). 卡尔曼为《色彩》杂志设计的裸体广告附在该书第240页后。这本书还收集了15件时代广场上卡尔曼设计的其他广告作品，详见第224页后，另有80页摘录自《色彩》杂志，详见第240—320页。
9. 弗兰克·里奇在《纽约时报》长期担任戏剧评论工作。对此哈尔·普林斯在坎特和马斯洛的《百老汇：美国音乐剧》第 368 页及其后有过相关引述。核心印象来自《歌舞线上》，参见该剧剧本第 340 页及其后。

第二章　百老汇、爱情和偷盗：艾尔·乔森的《爵士歌手》

1. Constance Rourke, *American Humor: A Study of National Character* (1931; NYRB Classics, 2002)，其中黑脸说唱表演者是美式幽默和国民性格的核心。围绕该主题的作品有：Robert Toll, *Blacking Up: The Minstrel Show in Nineteenth-Century America* (Oxford University Press, 1974); Eric Lott, *Love and Theft: Black Minstrelsy and the American Working Class* (Oxford University Press, 1993); Wesley Brown, *Darktown Strutters* (Cane Hill, 1994)。更好著作继续出现，见下面注释 3 中的马戈·杰斐逊著作。
2. Jim Hoberman, "The Show Biz Messiah," in *Vulgar Modernism: Writing on Movies and Other Media* (Temple University Press, 1991), 64—68. 霍伯曼的另一部很好的著作："On the Jazz Singer," in *Entertaining America: Jews, Movies, and Broadcasting* (Princeton University Press, 2003)。该书收录了 2003 年纽约犹太博物馆的表演，带有《爵士歌手》中某极具挑衅和强烈视觉冲击的片段的特征。其中包括马克·司鲁滨的"让黑脸回归原位"，对乔森和《爵士歌手》的一份详尽编年(截至 1998 年)。但霍伯曼没有收录另一位"世界首位超级明星"的强力候选——查理·卓别林。 234
3. 1918 年威廉姆斯为《美国》杂志撰写了一篇有关幽默感的文章，提到了这些话。本书引自："Blackface Master Echoes in Hip-Hop," *The New York Times*, October 12, 2004.
4. 《爵士歌手》(*The Jazz Singer*)脚本由阿尔弗雷德·科恩撰写，由罗伯特·凯林格编辑并补充了附录(见威斯康辛州电影中心，1979)，下文括号中的数字即引用内容在该脚本中的页码。

5. 埃里克·埃里克森是弗洛伊德最具创造力的追随者，曾提出自我同一性的概念，他本人也患有身份认知上的问题。1975年，《纽约时报》书评版发表了我对他掩盖其犹太性这一问题的文章。在20世纪70年代的文化氛围中，这篇文章不亚于“揭露了埃里克森的犹太人身份”。劳伦斯·弗里德曼对此有过精当的探讨，详见 *Identity's Architect: A Biography of Erik H. Erikson* (Harvard University Press, 1999)。

6. Michael Alexander, *Jazz Age Jews* (Princeton University Press, 2001.

7. *Jazz Age Jews*, 164. 亚历山大称此为一场源自犹太生活中基本冲突的“神学的放逐”，“一份同上帝订立的公共契约和一次集体的放逐”(参见该书第180页及其后)。

8. William Blake, “For the Sexes: The Gates of Paradise” (1793, 1818), in *the Portable Blake*, edited by Alfred Kazin (Viking, 1946, 1968), 268.

9. 但他永远不会忍受身后的指责，我的挚友迈克·罗金在他的书 *Blackface, White Noise: Jewish Immigrants in the Hollywood Melting Pot* (University of California Press, 1996)中控诉：不仅《爵士歌手》，犹太人创造的几乎全部流行文化都是对黑人的剽窃。罗金是我同辈学者中颇具智识的一位，但他最近的这本书观点着实欠妥。

10. 小说《赎罪日》附于 *The Jazz Singer*, 167。

235 11. Oscar Handlin, *The Uprooted: The Epic Story of the Great Migrations That Made the American People* (Grosset & Dunlap, 1951). 关于该主题的更多思考详见 John Higham, *Strangers in the Land: Patterns of American Nativism, 1860—1925* (1955; Atheneum, 1963)。最近的资料详见 Nancy Foner, *From Ellis Island to JFK: New York's Two Great Waves of Immigration* (Russell Sage / Yale University Press, 2000); Gary Gerstle, *American Crucible: Race and Nation in the Twentieth Century* (Princeton University Press, 2002)。

12.《跨民族的美国》再次收录于：Randolph Bourne, *War and the Intellectuals: Collected Essays, 1915—1919*, edited by Carl Resek (Harper Torchbooks, 1964), 107—123.

13.《爵士歌手》，第161页及第17章《叮砰巷的犹太人》。

14. *Chronicles*, *Volume One*(Simon & Schuster, 2004). 2002年夏天，这部分内容的初稿发表在《异见》杂志上，当时的题目是《爱与偷盗：从杰克·罗宾到鲍勃·迪伦》。

第三章 凡人之眼：广场上的水手

1. 除了《纽约时报》，约根森的照片还以放大版纵横填字格的形式出现在《历史频道》中。

2. 这篇文章的精简版可在网上搜索“艾尔弗雷德·艾森施塔德”获取相关词条。我在国际摄影中心的“艾森施塔德”资料库中发现了全文以及杂志未刊出的照片。

3. 在此鸣谢哥谭纽约城市研究中心的迈克·华莱士教授提供的相关信息。

4. 关于20世纪70年代的更多内容详见：William Kornblum *et al.*, *West 42nd Street Study*, “The Bright Lights Zone” (CUNY, 1978), 22—25，里面提到“街上大部分是男性的领地”。关于20世纪30年代的更多内容详见：*The WPA Guide to New York City* (1939; Pantheon, 1982), 167—181。里面有关于该区域全部损毁和肮脏之地的材料。

5. George Chauncey, *Gay New York*: *Gender*, *Urban Culture*, *and the Making of the Gay Male World*, *1890—1940*(Basic Books, 1994), 191ff., 421ff.

6. “城市衰败”是美国，尤其是二战后普遍的社会问题，详见：Robert Beauregard, *Voices of Decline*: *The Postwar Fate of American Cities* (Blackwell, 1993).

7. Lynne Sagalyn, *Times Square Roulette* (MIT, 2001), 46.

8. Jane Livingston, *The New York School of Photographs*, 1936—1963 (Stewart, Tabori, and Chang, 1992), 142, 268.

9. William Klein, *New York*, *1954—1955*(Dewi Lewis, 1995), 162—163. 1956年该书在巴黎初版时的名称(英语)为：*Life Is Good and Good for You in New York*!

236 10. 照片来自1957年的《纽约时报》，由尼尔·伯恩兹拍摄。理查德·谢泊德发表在1996年4月14日《纽约时报》上的文章《它是凹点，将被遗忘》提及该图，也是迄今关于42街最好的文字作品。(Richard Shepherd, "It Was the Pits. It'll Be Missed," *Times*, April 14, 1996).

11. Geoffrey O'Brien, *The Times Square Story* (Norton, 1998).

12. Mark Eliot, *Down 42nd Street: Sex, Money, Culture and Politics at the Crossroads of the World* (Warner Books, 2001), 98—102, 296. 马克·艾略特在此书中对42街的实验电影院提出了一个比我宽容得多的评判。关于"平分线"里发生的事情本身我们并无分歧，但他对那里纯粹男性氛围的捕捉和阐释能力是我所欠缺的。

13. 关于"仙女"的发展史和现象学解释详见John Loughery, *The Other Side of Silence: Men's Lives and Gay Identities, a 20th Century History* (Holt, 1998). "仙女"和"酷儿"是当时42街上两种截然相反的同性恋模式，但有很多男同性恋者在不同时期表现出两种特质。

田纳西·威廉在他的大部分人生中都是典型的"酷儿"。他对这一经历的相关写作坦白得令人惊讶。在1975年的回忆录中，他"回忆起20世纪40年代早期和唐纳德·温海姆同游时代广场，他在那儿向路遇的水手和美国大兵做了'非常唐突直白的自我介绍，措辞之直接让他疑惑自己怎么没有被对方暴打……他们只是惊讶地盯着我，突然开始大笑，挤作一团简单商议了一下，搞出一副要拒绝我的交友请求的样子……'"引自《同志纽约》第421页。

14. 谢泊德在《它是凹点，将被遗忘》一文中提到二战期间的42街："街上挤满了士兵、陆战队员和水手，他们都是些整日游荡在中央公园湖边的单身汉。"艾略特在《下42街》中强调美国大兵（以及老兵）是42街最古老的性交易市场的首要客源。

15. Old Oligarch, "The Constitution of Athens," translated by Henry Dalkyns, in Donald Kagan, ed., *Sources in Greek Political Thought* (Free Press, 1965), 99—110. 为了表达的清晰，我在引用这本小册子时对达尔肯斯的译本稍做了改动。

16. 此处使用的是罗伯特·菲格尔斯的译本，维京出版社，1990年。

17. 关于美国人对这种性格的评价，贝丝·简恩有一个说法叫作“邻家男孩”。详见她精彩绝伦的《自由的化身：作为二战美国价值符号的杰罗姆·罗宾斯、金·凯利和跳舞的水手》，摘自 *Dance Chonicle* ＃24.1 (2001)，94。

18. 西蒙·德·波伏娃这番话来自她的回忆录：*The Prime of Life* (translated by Peter Green; London, Penguin, 1962)。简恩将其作为她《自由的化身》一文的前言。波伏娃所谓的“无忧无虑的美国年轻人”无疑是巴顿将军第三军里的士兵。简恩似乎把士兵和水手搞混了，尽管现在很多关于士兵和水手的文学作品都对两者进行了区别甚至对立，但此处我沿用她的方法对士兵和水手不做区分。

19.《有权威的地方没有自由》是 1921 年的一本匿名小册子，对水手起义表示支持。 237
详见 Paul Avrich, ed., *The Anarchists in the Russian Revolution* (Cornell, 1973), 162.

20.《水手》，摘自 Goodman's *Collected Stories*, Volume 3, *The Facts of Life: Stories, 1940—1949*, edited by Taylor Stoehr (Black Sparrow, 1979), 65—73.

21. Richard Meyer, "Profile: Paul Cadmus," in *Art Journal*, Fall 1998. 关于《舰队来了!》见于"Cruising with Paul Cadmus", *Art in America*. November 1992.

22. "The Work of Art in the Age of Mechanical Reproduction," 1936, translated by Harry Zohn, in the Benjamin anthology *Illuminations*, edited by Hannah Arendt (Schocken, 1969), 217—251.

23.《水手》一文收录于 *The Facts of Life*, 65—73。1972 年古德曼去世后，他的遗著保管人泰勒·斯托尔发觉了《水手》一文的价值并将其收录于他所编辑的《古德曼故事集》中。

24. 孟德斯鸠的《波斯人信札》(1721)是关于现代街道的第一部伟大作品。我在《本真性政治学》一书中曾予以探讨。关于波德莱尔、陀思妥耶夫斯基和雅各布斯，详见我的另一本论著《一切坚固的东西都烟消云散了》。

25. Tobi Tobias, "Bringing Back Robbins' 'Fancy,'" *Dance Magazine*, January, 1980, 76. 托比亚斯的文章兼具怀旧和调研的目的，正好呼应了纽约城市芭蕾的复兴之潮。

26. 摘自 Greg Lawrence, *Dance with Demons* (Putnam's, 2001), 68.

27. *Democracy in America*, Volume I. 2, 11, "In What Spirit Americans Cultivate the Arts."

28.《自由的想象》剧本收录于 *Balanchine's Complete Stories of the Great Ballets* (1954), 139. 下面几页中圆括号内的内容均来自该故事集。

29. Robbins to Tobias, 71. 罗宾斯的选角原则便是选择"我最好的朋友"和"自己人"，他靠着这一原则找到了约翰尼·克里拉、哈罗德·朗、穆里尔·宾利还有珍妮特·里德。

30. Dance with Demons, 58.

31. Gilford 和 Kate Mostel 的回忆录：170 *Years of Show Business* (Random House, 1978)，对黑名单时期的生活，以及他们和其他被美国政府列入黑名单的家庭的生存故事给予了鲜活生动的描写。

32. 来自 2003 年 8 月 23 日对玛德琳的电话采访。由日法混血美籍舞蹈演员园子大里摘自《与魔鬼共舞》，第 76 页。玛德琳·李·吉尔福德说大里被公认为"纽约最美丽的女人"。

33. 这一结论来自查理·佩里和林肯中心图书馆表演艺术部类档案管理员，罗宾斯的档案全都收录在那里。然而 2003 年夏天，图书馆仍在整理罗宾斯的遗留档案，工作人员表示有可能出现新的资料。

238 34.《康登和格林的纽约音乐剧》还收录有《迷人的城市》和《铃声在响》的手稿。下文如需对此书进行摘引，我会在注释中标明"康登和格林"(Comden and Green)。"时代广场芭蕾"舞蹈见于该书第 56—58 页。音乐剧第二幕中的舞蹈"梦幻科尼岛芭蕾"见该书第 76—83 页。

35. 康登和格林，第 14 页。

36. 康登和格林，第 56—58 页。音乐剧第二幕中的舞蹈"梦幻科尼岛芭蕾"见该书第 76—83 页。

37. 出自她 1980 年的回忆录《遥远的舞蹈》，摘引自《与魔鬼共舞》，第 76 页。

38. 康登和格林，第 18 页。

39. 康登和格林，第 41—43 页。

40. 莫利·哈斯克尔在下面的书中，对这种类型给予了精彩描写，他在其中表现出的模棱两可的态度也激起了更多女性主义者的批评：Molly Haskell, in *From*

Reverence to Rape. The Treatment of Women in the Movies (1973 ; 2nd edition, 1992).

41. 康登和格林，第 55 页。

42.《锦城春色》，第 21 页。米切尔·科恩在 2003 年 11 月 8 日的电话中向我揭示了布琳希德在《午夜凶铃》中的角色。

43. 凯利和辛纳特拉曾在《起锚》中一起饰演过水手。该片由米高梅电影公司拍摄于 1944 年，也是音乐剧《锦城春色》上演的同年。我认为穆辛没有和他们任何一位有过合作，但和巴斯比·柏克莱在《带我去看棒球》(1949)有过合作。

44. 詹姆斯·桑德斯在《赛璐璐的天际线：纽约和电影》(James Sanders, *Celluloid Skyline: New York and the Movies*, Knopf, 2001, 2003,)第三部分，尤其是第 332 页，描述了好莱坞导演们在被允许室外取景拍摄类似《锦城春色》这种蒙太奇画面之前所面临的激烈的内部冲突。据说米高梅电影公司制片经理 J. J. 科恩曾发过一则电报："树是树，石头是石头。在洛杉矶的格里菲斯公园进行拍摄。"其他几部战后拍摄于纽约的影片包括《失去的周末》《92 街的房子》《裸体都市》都分享了《锦城春色》的巨大成就，桑德斯表示这奠定了纽约在好莱坞电影史上的永恒地位。

45. Nietzsche, *Thus Spoke Zarathustra*, translated by Walter Kaufmann, in *The Portable Nietzsche* (1954; Penguin, 1989), IV. 10, 387—390.

46. 讽刺的是，伟大的战后政治题材电影《裸体都市》(1948)的导演朱丽斯·达辛由于和凯利类似的原因而成了黑名单的另一个受害者。但达辛后来在法国成功开创了事业的第二春。

47. Paul Fussell, *The Great War and Modern Memory* (Oxford, 1975, 2000).

48.《巴特将军》由戴维·西弗尔曼拍摄、约翰·华兹维尔德编剧，于 1990 年 2 月 4 日播出。收录于《辛普森一家：第一季全集》DVD 版，21 世纪福克斯娱乐公司，2001 年发行。

49. 唯一能在——即便是——我们的"正义战争"的核心中合理确认其虚无主义恐怖的人只有那些真正经历和在场的人。这便是为何约瑟夫·海勒 1961 年的小说《第二十二条军规》让人印象深刻的原因，也是海勒的喜剧将我们有效地带入悲剧的原因。莫里斯·迪克斯坦在下面书中对其做出了精彩的诠释：*Gates of* 239

Eden：*American Culture in the Sixties*（1977；Penguin，1989）第四章《黑色幽默和历史》中。

50. 出自《特洛伊的治愈》，这是希尼版本的索福克勒斯的悲剧《菲洛克忒忒斯》，创作于1989年年末，正好处在《纽约时报》以特版特稿记录了柏林墙的倒塌之后。

51. *Liz Phair*（Capitol，2003）。我的儿子丹尼看到了莉兹·菲尔的图片后问道："这女孩在酒吧跳舞吗？"（我的回答是"不，但你这样想她会很高兴"。）

52.《欲望都市》拥有若干制作精良的专题网站。网站内容包括了情节梗概（我不得不说有些情节梗概质量并不高）和该剧播出以来每一集的剧照，还设置了针对每场戏和每个人物的专题聊天室和一份（亲切但不深入的）调查问卷，例如："你最适合剧中哪位女主人公？"我所讨论的情节出自"第67集：起锚"，由查理斯·麦克杜格尔拍摄，米歇尔·帕特里克·金编剧。

53. 出自卡尔·马克思1844年写于巴黎蜜月期间的《私有财产和共产主义》，直到20世纪20年代才公开发表。摘自Robert Tucker，ed.，Marx-Engels Reader（Norton，1978），87.

第四章　时报女郎和她的女儿们

1. Pierre Loti，"Electri-City，New York in the Golden Age of Signage，" in *CASABELLA*（*Milan*）673/674，1999/2000。英文版载于"Architecture USA：Forms of Spectacle，" edited by Nicholas Adams and Joan Ockman，50.

2. *On Liberty*（*1859*），Chapter 3，"Of Individuality as One of the Elements of WellBeing，" in *Mill*：*Texts and Commentaries*，edited by Alan Ryan（Norton，1997），83. 20世纪人们逐渐将"生活实验"的英文表述由"experiments of living"改为"experiments in living"。

3. Aline Bernstein，*An Actor's Daughter*（Knopf，1941），126—127.

4. 苏珊·葛兰：《女性景观》，对第26条插图的注释；Armond Fields and Mark

Fields, *From the Bowery to Broadway: Lew Fields and the Roots of American Popular Theater*(Oxford University Press, 1993)，见海伦·海耶斯"序言"；Lewis Erenberg, *Steppin' Out: New York Nightlife and the Transformation of American Culture, 1870—1930*(University of Chicago Press, 1981)，尤其是第三章对这种女性原型的流变进行了探讨。

5. Brooks Atkinson, Broadway (Macmillan, 1970), chapters 1—9; Erenberg's essay, "Impresarios of Broadway Nightlife," in *Inventing Times Square: Commerce and Culture at the Crossroads of the World*, edited by William Taylor(Russell Sage Foundation, 1991), 158—177; David Nye, *Electrifying America: Social Meanings of a New Technology, 1880—1940*, especially Chapter 2, "The Great White Way" (MIT Press, 1990); David Nasaw, "Cities of Light, Landscapes of Pleasure," in *The Landscape of Modernity: New York City, 1900—1940*, edited by David Ward and Oliver Zunz (Johns Hopkins, 1992), 273—286; Clifton Hood, *722 Miles: The Building of the Subways and How They Transformed New York* (Simon & Schuster, 1993), especially 102—108; on the Square's signs, Tama Starr and Edward Hayman, *Signs and Wonders* (Doubleday/Currency, 1998).

6. Richard Harding Davis, "Broadway,"in *The Great Streets of the World* (1892). 240
Quoted in David Nasaw, "Cities of Light, Landscapes of Pleasure," in *The Landscape of Modernity*, 275.

7. 关于二元论详见：Erenberg, *Steppin's Out*, 62—64。

8. Gilfoyle, *City of Eros*, 248. 劳伦斯·塞内里克在他的文章《公共区域的隐秘地带》中对雷恩斯·卢和它无意识的序列进行了强有力的解释。详见 *Inventing Times Square*, 331。

9. Erenberg, *Steppin's Out*, 77.

10. Erenberg, "Impresarios of Broadway Nightlife," in *Inventing Times Square*, 158; Gilfoyle, *City of Eros*, chapters 10—11.

11. *Philosophy of Right*, edited and translated by T. M. Knox, note to paragraph 273 (Oxford University Press, 1940), 286.

12.“嘉莉初见百老汇”详见《嘉莉妹妹》第 34 章 323 页。

13. 大卫·那索在《夜之城，乐之景》中对该主题进行了深入探讨，详见 *Going Out: The Rise and Fall of Public Amusements*(Basic Books，1993)一书注释 5。那索将这一地区称为“一种新型的公共空间”。

14.《嘉莉妹妹》由双日出版社于 1900 年首次出版，后来经过德莱塞本人在内的几次修订。德莱塞手写版本基础上最接近未修改本的版本于 1981 年由宾夕法尼亚大学出版社作为德莱塞完整研究用书的一部分出版。1944 年由企鹅出版社重印，企鹅版增加了阿尔弗雷德·卡津的序言。我在本书中使用的 1944 年企鹅版，每一处引用之后我都会用圆括号标明章节和页数。诺顿出版社批评版(1991 年第二版)对宾夕法尼亚大学的编辑工作致以感谢并增添了有趣的历史背景和批判性评论。而我依旧认为该版本距离 1900 年的版本出入较大。(诺顿版的确在附录中包含了 11 页被修订的内容)

15. *Newspaper Days: An Autobiography*, edited with notes and historical commentary by T. D. Nostwich(Black Sparrow，2000，578)，T. D. 诺维奇对其进行了注释和历史性评论。原稿在修订之后由邦尼和李佛莱特出版社在 1922 年出版，书名是《一本关于我的书》。我在书中使用的也是这一版本。该版和 1981 年宾夕法尼亚版《嘉莉妹妹》一样，是我们所能见到的最接近原稿的版本。

241 16. Atkinson, Broadway, 11, 101—104.

17. Gustave Flaubert, *Madame Bovary*, Chapter 8, translated by Francis Steegmuller (Modern Library, 1957), 58. 值得注意的是《包法利夫人》的英文版译者是马克思的女儿——爱琳纳·马克思·艾维琳。

18. Gabriel García Márquez, *One Hundred Years of Solitude*, 1967, translated by Gregory Rabassa (1970; Avon, 1973), 51.

19. W. A. Swanberg, *Dreiser* (Scribner, 1965), 88—89. 保罗·德莱塞以德雷瑟的名字发表了歌曲并获利丰厚，但西奥多·德莱塞是歌曲的灵感来源。以上内容出自理查德·林奇曼对年轻德莱塞所做的传记：*At the Gates of the City: Theodore Dreiser, 1871—1907*(Putnam，1986)，178—183. 可以说经历了一个多世纪的发展、今天依旧势头正劲的美国乡村音乐就是从这句歌词开始的。

20. Guy Debord, *Society of the Spectacle* (1967) (Detroit: Black & Red, 1970), 弗

雷迪·帕尔曼翻译并添加了精美的图片。

21.《发明时代广场：世界十字路口的商业和文化》一书中有很多文章都以此为核心主题。尤其是泰勒自己的文章《百老汇：语言构建的地方》。

22. 莫兰德的《纽约，纽约》于1930年由亨利·霍尔特出版社出版，该书实际成书时间早于1929年美国大萧条之前。该书部分段落收入 Philip Lopate, *Writing New York: A Literary Anthology*, Washington Square/Pocket Books, 1998, 515—517。

23. 柯布西耶的著作标题为德文"Vers Une architecture"，即"走向一种建筑"之意。但在1927年英文译本中标题是"Toward a New Architecture"，即"走向新建筑"。柯布西耶的建筑理想型变成了所谓"新的"建筑。英译本由弗里德里希·埃切尔斯翻译，普雷格出版社，1959年。

24. *Gypsy* (new edition, Frog, Ltd., 1999), 254—255.

25. 关于阿特金森的数据详见《百老汇》，第287页。《发明时代广场》中"娱乐与商业"部分提供的数据与此相近但略有出入。

26. Margaret Knapp, in *Inventing Times Square*, 128.

27. Edna Ferber and George S. Kaufman, *Stage Door*, in *Twenty Best Plays of the Modern American Theater*, edited by John Gassner (Crown. n. d.), 819—868.

28. Leslie Cabarga, *The Fleischer Story* (Nostalgia Press, 1976), especially chapter 3; Amelia Holberg, "Betty Boop, Yiddish Film Star," in *American Jewish History* 87.4 (December 1999), 292—312. 纽约犹太博物馆2003年的展出"娱乐美国：犹太人、电影和广播"中有一个关于贝蒂娃娃的小型展览，其中便包含了霍尔伯格文章的缩略版本，并附上了精美的图片。也见 Paul Buhle, *From the Lower East Side to Hollywood: Jews in American Popular Culture*, Verso, 2004, 76ff.

29. 该观点在电影中被多次表达。工作、对工作的需求、对失业的担心——这些主题在J. 霍伯曼的英国电影协会专刊《42街》(英国BFI出版社，1993年)中得到了强有力的表达。 242

30. 莫里斯·迪克斯坦帮我在《英国电影百科全书》(1982年)找到了关于她的演艺资料。其他地方甚至没有将她收录。

31. 1955 年便携版的《红男绿女》才收录了这部小说。

32. *Great American Love Stories*, edited and introduced by Lucy Rosenthal (Little, Brown, 1992).

33. 人们耳熟能详的五角大楼、战略情报局(简称 OSS)和中央情报局(简称 CIA)的探员们在战后的百老汇异常活跃，但我至今未发现针对该现象的深度调查研究。值得注意的是《睡衣游戏》的作者理查德·比塞尔曾在越南发挥了极其“美国作风”的显著作用。详见 Robert Scheer, *How the United States Got Involved in Vietnam* (Santa Barbara, Center for the Study of Democratic Institutions, 1965)。

34. “Guys and Dolls”, in *The Modern Theatre*, edited by Eric Bentley (Anchor, 1956), Volume 4, *From the American Drama*, 1.2, 304.

35.《42 街》和其他电影作品进行了生动的描绘和翔实的诠释。见 James Sanders's *Celluloid Skyline: New York and the Movies* (Knopf, 2003)。

36. 这部电影是雪莉·斯科林介绍给我的，编剧是苔丝·斯莱辛杰和她的丈夫弗兰克·戴维斯。电影改编自维基·鲍姆的小说并于 1940 年由雷电华电影公司发行。现存有电影录像带。

37. 2004 年 12 月安盛画廊(时任馆长麦克斯·佩吉)在时代广场联盟的资助下于公正大楼举办了“欲望的十字路口：时代广场百周年纪念”展览，其中展出了迪士尼制帽公司。纽约历史协会曾欲策划该展览，但由于协会突如其来的右翼转向，展览于 2004 年年初流产。

38. 20 世纪 30 年脱衣舞表演行业遭遇危机，它们反抗的手段之一便是强调表演者投注的大量辛勤劳动和上百位劳动者失业的社会代价。详见 Andrea Friedman, *Prurient Interests: Gender, Democracy, and Obscenity in New York City, 1909—1945* (Columbia, 2000), 86—89, 222; Judith Mayne, *Directed by Dorothy Arzner* (Indiana University Press, 1994)。梅恩认为“工作”主题贯穿了阿兹娜导演生涯中的所有作品。

39. Mayne, *Arzner*, 75.

40. Mayne, *Arzner*, 145.

41. 男性凝视是梅恩的核心主题。据说这一概念已被英国电影理论家劳拉·穆尔维在 1974 年的文章《视觉享乐和叙事电影》引入到女性主义的话语中。这篇文章收录在 Mulvey, *Visual and Other Pleasures*(Indiana, 1989, 14—26)。稍后在 70 年代的写作部分(第五章第三节)我会详细讨论穆尔维。

第五章　街道的分裂与扭曲

1. 详见本书第三章对《锦城春色》不同版本的叙述。 *243*
2. 关于港务局详见 Eric Darton, *Divided We Stand: A Biography of the World Trade Center* (Basic Books, 1999)。
3. 关于时代广场上的地产交易详见 Nathan Silver, *Lost New York*(1967; Schocken, 1971)。时报大楼相关资料详见该书第 177 页及其后，阿斯特饭店相关资料详见第 225 页。
4.《飞燕金枪》于 1946 年 5 月在百老汇首演，此后持续演出长达三年。该剧由理查德·罗杰斯和奥斯卡·汉默斯坦出品，欧文·柏林作词作曲。剧中女主人公安妮的竞争者也是爱慕者、最后成为丈夫和经纪人的弗兰克·巴特勒由雷·米德尔顿饰演，剧中的导演"水牛比尔"由弗兰克·摩根饰演。详见 Gerald Boardman, *American Musical Theatre: A Chronicle*(1978; 2nd edition, Oxford, 1992), 552—553, 649.
5. 例如，詹姆斯·特劳布在其关于时代广场的新书中对《飞燕金枪》进行了热情洋溢的描绘，但丝毫没有提及女性主义的话题。见 James Traub, *The Devil's Playground*(Random House, 2004), 106ff.
6. 苏珊·葛兰在《女性景观》第一章提到"贝恩哈特效应"是 19 世纪和 20 世纪之交美国文化的核心特征。关于贝恩哈特和巴纳姆的关系详见该书第 25 页及其后。
7. *Gypsy: Memoirs of America's Most Celebrated Stripper*, by Gypsy Rose Lee (1957). 1999 年弗罗格出版社再版，他的儿子埃里克·李·普雷明格为该版本做了后记。

8.《吉卜赛》于1959年5月在百老汇首演，演出持续了不到两年。阿瑟·劳伦为该剧担纲编剧，史蒂芬·桑坦作词，罗宾斯编舞，《西区故事》中的全体舞蹈团队（除了莱昂纳多·伯恩斯坦）都参与了该剧。卡伦·梦露饰演年轻的吉普赛，杰可·克鲁南饰演她的男朋友兼经纪人。大卫·梅里克和利兰·海华共同担任导演。详见 Gerald Boardman, *American Musical Theatre: A Chronicle*, 1978; 2nd edition, Oxford, 1992, 611—613。1962年，罗莎琳·罗素、娜塔莉·伍德和卡尔·梅登主演的电影版《吉卜赛》上映。

9. Ethan Modern, *Coming Up Roses: The Broadway Musical in the 1950s* (Oxford, 1992)中评价《吉卜赛》和《西区故事》"最终放弃了自己在流行艺术中的资格"并且学会了"面对观众"。他进一步阐释道："流行音乐确证了我们，艺术则叩问我们。"就此而言，《吉卜赛》是真正的艺术。观剧无数的摩登认为摩曼在《吉卜赛》中的表演是戏剧史上的难以超越的巅峰(《成长的玫瑰》第248—251页)。

10. 威廉·古德曼在其才华横溢的《演出季：百老汇一窥》的第一章中对加兰德于1967—1968年在皇宫饭店的表演进行了生动的描绘。他引用了"关于'朱迪服药过量'的新闻标题如何长期占据《每日新闻》头条的玩笑"（第7页）。加兰德于1969年死于长期服药，同年古德曼的作品出版。

244 11. Thomas Hess, "Pinup and Icon," in Hess and Linda Nochlin, eds., *Woman as Sex Object* (Newsweek, 1972), 222—237.

12. "Pinup and Icon,"230.

13. 详见乔治·昌西：《同性纽约》第三章。

14. 相关研究中的代表性成果有 Barry Bluestone and Bennett Harrison, *The Deindustrialization of America: Plant Closings, Community Abandonment, and the Dismantling of Basic Industry* (Basic Books, 1974).

15.《时代广场的红与蓝》，纽约大学出版社，1999年，第9页(*Times Square Red, Times Square Blue*, New York University Press, 1999, 9)。当时存在大量关于时代广场的男同性恋题材的文学作品，德尼兰的这部作品当属此类。其他相关题材作品包括瑞奇《夜之城》(1963)；詹姆斯·利奥·赫利希的小说《午夜牛郎》(1965，该书在1969年被约翰·施莱辛格改编为同名电影)；本雅明·谢弗等人撰写、威廉·博勒斯作序的《赫伯特·亨克尔的读者》(莫罗出版社，1997

年)；约翰·费格斯·瑞安的《观看》(罗塞特/摩根出版社，1997 年)还有布鲁斯·本德森的《使用者》(普鲁姆出版社，1995 年)和 2004 年的文章《走向新型堕落叙事》。该主题的作品中最有名的是保罗·罗杰的小说《索尔的书》(1983 年初版，1984 年企鹅出版社再版)，这本书建议和盖伊·特雷贝的《死者的吹嘘：被"子孙"杀死的作者》(载《乡村之音杂志》1985 年 1 月 22 日)一同阅读。

16. 这则故事见《时代广场的红与蓝》第 25—31 页。

17. "Toward the New Degenerate Narrative," pamphlet, March 2004.

18. *King Lear*, Act III, Scene 4, 108ff.

19. 莎士比亚：《李尔王》，第四幕第一场，第 28 页："最坏的不是最坏/只要你还能说'这是最坏的'。"

20. 关于这一时期美国电影的直接体验详见拉里·麦克默特里的小说《最后一场电影》(1968)，1971 年小说被彼得·波格丹诺维奇改编为电影；布鲁斯·斯普林斯汀 1980 年发行的歌曲《我的家乡》。关于美国市镇的总体状况详见 Kenneth Jackson, *Crabgrass Frontier: The Suburbanization of the United States* (Oxford, 1985)。关于大众文化的变化和作为整体的城市生活之变化的关系，详见 David Nasaw, *Going Out: The Rise and Fall of Urban Public Entertainment* (Basic Books, 1993)。讽刺的是，相比于美国其他城市，纽约保存了自己经典的市区和作为"行走的都市"的城市内涵。它曾经、依然在广告或者银幕上超级现代，同时在现实中相对保守。

21. 《视觉享乐和叙事电影》最早发表于 1975 年的英国电影杂志《国际银幕》。这篇文章后来被加以扩展收录到穆尔维的文集中：*Visual and Other Pleasures*, University of Indiana Press, 1989。

22. 托德·季特林的《六零年代：希望时光，愤怒岁月》(罗丹出版社，1987 年)是迄今关于希望和愤怒之转换的最好的作品。季特林在 20 世纪年代早期——希望时光曾担任"学生争取民主社会运动"(简称 SDS)的主席，在经历了噩梦之后，最后走到了愤怒岁月。详见第 17 章《内爆》，尤其是章末两节"我们必须制造混乱"和"死亡文化"。

23. 很多女性主义批判研究都提供了一些电影案例，其中的女性作为男性窥视的对象并没有受到侵犯，并保持向男性回看、与男性交谈的能力。例如 Molly 245

Haskell, *From Reverence to Rape*(1973; Penguin. 1978); Wendy Lesser, *His Other Half: Men Looking at Women through Art*(Harvard, 1991); Jeanine Basinger, *A Woman's View: How Hollywood Spoke to Women, 1930—1960* (Wesleyan, 1993); Maria DiBattista, *Fast Talking Dames* (Yale, 2001); Jessica Benjamin, "The Fantasy of Erotic Domination", *Powers of Desire: The Politics of Sexuality*, edited by Ann Snitow, Christine Stansell, and Sharon Thompson(Monthly Review Press, 1983); *Caught Looking: Feminism, Pornography & Censorship*(FACT Book Committee, 1986)，收录有斯尼托、艾伦·威利斯、卡罗尔·芬斯、宝拉·韦伯斯特、凯特·埃利斯和帕特·加利菲亚等人的文章以及大量特别色情的图片。

24. 这些法律首先在明尼阿波利斯和印第安纳波利斯通过，随后被联邦特区和上诉法院宣布违宪，最终被最高法院裁定违宪，详见案例 *American Booksellers' Association* v. *Hudnut*(1984)。迄今探讨这一法案和案件的最好成果见 Nadine Strossen, *Defending Pornography: Free Speech, Sex, and the Fight for Women's Rights*(Anchor, 1996), 73—82. 另有 Martha Nussbaum, "Objectification", in *Sex and Social Justice*(Oxford, 1999), 223—239。

25.《美国艺术》1999 年 12 月刊针对该事件刊登了一系列评论文章，包括我的一篇短文《从坟墓到集会：朱利亚尼时代的博物馆》。

26. *Taxi Driver*, screenplay by Paul Schrader(Faber & Faber, 1990), 7. 本节将以括号内数字的方式标明引文在《出租车司机》电影剧本(发行本)中的页数。

27. 由尤金·韦伯翻译，收录于 Irving Howe, editor, *Literary Modernism*(Fawcett Premier, 1967), 169—170.

28. 这一说法来自卢梭《忏悔录》的第一页，他说自己的作品尽管包含了很多亲密的场景，但从来都不是所谓的"一只手读物"。多数读者都会认同他的说法，但也有人持有异议。

29.《李尔王》第四幕第七场，第 78 页及其后。医生："尊敬的夫人，请放心：巨大的愤怒/已被消灭于他的心中了。"

30. 值得注意的是《出租车司机》中关于艾丽丝的场景实际拍摄于下东区。但主人公特拉维斯并没有对剧情场景和实际拍摄场景进行精细的区分。他的城市已经被撕扯成所谓“坏”的社区和“好”的社区，前者是以平分线为典型，后者是类似第五大道、皇宫饭店附近等电影结束时出现的场景地。

31. 关于迪克森在时代广场的创作详见摩尔艺术与设计学院：《霓虹下的生活》(1989)；伊利诺伊州立大学：《偷窥之地》(1994)和菲利普·奥里斯烟草公司·惠特尼美国艺术博物馆：《天堂之路》(1996)。 246

32. 埃亨于20世纪80年代末拍摄的电影《在时代广场度日》在此值得认可。他眼中的广场和迪克森的广场颇为类似——实际上都出自同一扇窗——却带着截然不同的情感。

33.《写给自己的信》，1997年11月16日。1996年我参观了迪克森在惠特尼美国艺术博物馆的展出并深受触动，于是我在曼哈顿电话簿中查到了她的联系方式，希望她能分享她的故事。后来发现几年前我曾在南布朗克斯区见过她的丈夫埃亨。她亲切地寄送了我在写作此文时引用的所有材料的复印件。多年之后，我终于有机会在此向她表示感谢。

34. 第一代波普艺术巨匠詹姆斯·罗森奎斯特(James Rosenquist)，最初是在时代广场从事广告绘制工作。迪克森(Dickson)的路线是对詹姆斯的传统的扬弃：在20世纪80年代早期，迪克森曾专注于“景一色板”(Spectacolor board)的创作。这是一块位于时报大楼北端的电子广告板。在很长一段时间里，这块广告板获得了公共赞助和艺术家的管理，也催生了许多激动人心的设计成果。

35. 埃亨为迪克森所画的肖像画收录于《偷窥之地》第39页。

36. *Rosemary's Baby*(1968), written and directed by Polanski, adapted from a novel by Ira Levin.

37. 出自2004年2月6日与埃亨的电话访谈。

38. 详见托马斯·赫斯发表在1977年10月6日《纽约》上的文章。里面提供了大量有关卡茨的资料，但我没有发现关于他这幅新近被毁的作品的有用信息。我认为这是卡茨最成功的作品之一。我甚至无法确定画作被毁的时间。

第六章　新千年的时代广场

1. “Signs Square,” *The Village Voice*, July 18, 1995.

2. 艾达·路易斯·赫克斯特布尔在其《重塑时代广场：1990》一文中对偷窃进行了概念化诠释并将偷窃置于时代广场漫长的商业历史中进行讨论。这篇文章收录于 William Taylor，*Inventing Times Square*：*Commerce and Culture at the Crossroads of the World*（Russell Sage Foundation，1990），356ff. 该书或许是迄今为止关于时代广场最好的作品。

3. *Signs and Wonders*，265.

4. *The New York Times*，June 21，1996.

5. 开尔曼的绘画和罗伯特森（Robertson）的文案收录于《泰伯》（*TIBOR*），第 228—233 页。

6. *Times*，June 21，1996.

7. *Times Square Roulette*：*Reinventing the City Icon*（MIT，2001），243. 参见 Alexander Reichl，*Reconstructing Times Square*：*Politics & Culture in Urban Development*（University Press of Kansas. 1999），赖希尔的书从一个更加怀疑主义和愤世嫉俗的视角表达了类似的观点。

247 8. *Times*，January 7，1998.

9. 我在大会的部分发言收录在《异见》（*Dissent*）1997 年秋季刊中，标题是《时代的标记》，未收录的部分载于《哈佛设计杂志》1998 年冬春季刊，标题是《天堂与地狱的婚姻》。《哈佛设计杂志》还刊登了迈克尔·索尔金和安德里亚斯·胡塞恩的会议论文及迈克尔·阿克曼于 20 世纪 70 年代拍摄的精美照片。萨加林在他的《时代广场轮盘》一书第 457 页引用了《天堂与地狱的婚姻》。

10. 理查德·桑德尔拍摄的欢快的纪录片《时代广场之神》（*The Gods of Times*）采访了几位分属不同宗教派别的信仰启示论的传教士，他们表示：尽管不确定，但毁坏的事件还在继续，真正的建筑正在两个毁灭的预言之间时间的流逝中消失。

11. 萨加林在《时代广场轮盘》第二部分第六章《困境中的游行》对该项目的提出和流产进行了叙述。项目的建筑模型详见该书图 9—图 10。

12. 关于新的广告制作工艺详见《广告与奇观》第八章和第十章。

13.《魔鬼的游乐场》第 259—262 页；《广告与奇观》第 288 页及其后。斯塔尔在一首热情洋溢的诗中写道："那不是广告。它是纯粹智慧的显现。"萨加林在《时代广场轮盘》第 212 页提请我们注意，摩根士坦利广告的灵感来自德斯特家族的“国债钟”。这也是一个由电脑控制的广告屏，只不过小了很多。国债钟上每纳秒更新一次的数字是美国国债总数和每个家庭平均负担的数额。

14.《广告与奇观》第 292—301 页对这架模型进行了生动的描述，第 144、145 页附有模型图片。

15. 杰克·凯鲁亚克在《在路上》(1957 年初版，1976 年企鹅出版社再版)的第 106 页以后对“报纸美国”进行了赞美。另详见该书引语“这里是报纸美国的诞生地”。

16. *Times*, April 11, 2001.

17. 许多年前，我在一篇文章中表达了对哈维及其作品的赞美，见“Harvey Pekar, Underground Man”, *Village Voice*, August 1982。

18. 哈维·佩卡著，盖瑞·迪姆绘：*American Splendor: Our Movie Year* (Ballantine, 2004), 97。这本书的标题对应他之前的书 *American Splendor: Our Cancer Year* (Four Walls Eight Windows, 1994)，他以这种方式宣告“自己还在”(没有被癌症打败)。

19. Talking Heads, “Road to Nowhere,” on *Little Creatures*, Sire Records, 1985.

20. *Chappelle's Uncensored Show*, Season One (Paramount DVD, 2004)，第四集。在此要特别感谢我的儿子以利亚·塔克斯·伯曼，是他为我引介了查普尔和他的世界。

21.“曼哈顿主义抑或拥堵的文化”是雷姆·哈库斯的经典作品《癫狂的纽约：曼哈顿的追溯式宣言》(*Delirious New York: A Retroactive Manifesto for Manhattan* (1978)的主题。

22. 这幅画作的展示位置在博物馆二楼的欧洲绘画展厅。详见《博物馆官方指南》(1994 年第二版和 2002 年艾布拉姆斯版，欧洲绘画部分第 90 号作品)和博物馆网站。另见国家艺术馆 1996 年《约翰内斯·维米尔展》的目录第 75 页，其中包含了对涉及维米尔生平的有限数据的有趣分析。

23. *Girl with a Pearl Earring*, Plume Books, 2011. 248

24. 拙作《一切坚固的东西都烟消云散了》开篇第一章《发展的悲剧》便是我对《浮士德》的阅读感想，其中对格雷琴的自我发展进行了专门的阐述。而该主题几乎缺失在所有针对歌德的文学评介中，却构成了柏辽兹和古诺的歌剧《浮士德》的核心。

25. 电影发行于2003年，由安南德·塔克制作，彼得·韦伯导演。

26. 大都会艺术博物馆的指南强调了两幅画的相似性，指出学者认为二者均完成于17世纪60年代末(《指南》，第215页)。

27. *Walter Benjamin*，*Illuminations*(Schocken，1969)，translated by Harry Zohn，introduced by Hannah Arendt，217—251.“灵晕”概念主要出现在该书第220—226页。

28. 事实上是大都会艺术博物馆展出的作品不在了：维米尔的《年轻女人肖像》原定从2003年6月展出(实际展出时间显然并未持续)到2004年6月。

结语：路透社和我

1. 具体数字详见萨加林《时代广场的轮盘》，第436—437页。无论具体数字如何，这些信息被以一种向我们传达如下内容的方式组合起来，即总是有很多我们看不到的公共支出和私人利益。

2. 诸如格兰特·麦库尔的《政党代表大会前夕大规模反布什游行重创纽约》。该报道曾在网上广为流传，详见 *moderator@portside.org*。(附：当时我的家人也在游行队伍中。)

3. Beastie Boys，“Fight For Your Right，” on *Licensed to Ill*，Columbia Record，1986.

索　引

说明：该索为英文原著第 249—264 的"Index"全部内容，索引中的页码为英文原著页码，即本书中的斜体边码。

译后记

马歇尔·伯曼对中国读者，可能不算是熟悉的名字。大概六年前，我第一次接触到他的作品——可能也是他在中国知名度最高的译著——《一切坚固的东西都烟消云散了》。伯曼对歌德、波德莱尔，欠发达现代主义、纽约城市现代主义进行了挥洒自如的阐发，尤其是对马克思主义的现代性挖掘，给我留下了深刻印象。正如书名所示，一切坚固的东西是前现代社会所一贯追求的，资本主义开启的现代化进程推翻了这一切，让变动成为真理，而马克思开启的轰轰烈烈的资本主义批判，则展示了一种坚固和消散之间的辩证图景。借由伯曼的叙说，一种模糊不清、模棱两可的现代性体验成为一切虚无中唯一的真实；或可说，伯曼对不确定、模糊性的传达本身，就构成一种现代性的体验和示范。在本书中，这点得到了一定的继承和延伸。

了解这些，可以当作走进伯曼《城市景观：纽约时代广场百年》的一种方法，当然不是唯一一种。在《城市景观：纽约时代广场百年》中，伯曼带领我们开启了一次图文并茂、激动人心的时代广场之旅，借由美国都市文化的种种元素，他为读者制造出一个又一个审视时代广场的窗口。在我看来，时代广场是什么并不重要，窗口是什么也不重要，"审视"才是重要的。所以，即便读者没有亲临时代广场，即便读者对书中作者随手拈来的美国文化符号毫不熟悉，都丝毫不妨碍你参与时代广场，"参与"本身就是时代广场的生成要素。由此，模糊不清和模棱两可进一步真实了起来，那就是永不停歇的"在场"。"在场"可以是一种空间占有，就如同年少的伯曼在歌曲中感受到都市的召唤，而搭乘地铁欣然前往；"在场"可以是投身其中，好比书中提到的电影、照片里无数主人公所做的那样；"在场"还可以是景观本身。

书名中的"on the town"在美国文化中具有多种含义：一是指在城里、在镇上；二是在俚语中表示寻欢作乐(尤指夜晚)；三是特指美国20世纪四十年代经典电影《锦城春色》(伯曼在第三章多有论及)。从译者的角度，我已经无法对这样一个书名的用意从何而来、又有何指做出准确考证(毕竟作者已逝)。鉴于伯曼在书中对时代广场城市景观的大量描绘，以及本书作为《都市问题研究论丛》中的一本，将书名译作"城市景观：纽约时代广场百年"有其贴切与合理之处。从读者的角度，我更愿意将"on the town"解读为"城市之上"。城市之上是一个混沌的整体，男人女人、百老汇、酒吧、广告、电影……彼此纠缠、彼此建构，它们是城市的旁观者，也是城市的一部分。城市之上是一个开放的空间，百年来不断的破坏、重建、迁移、整治，让时报广场的大楼、广告牌、霓虹灯甚至黑暗、肮脏都成为浓缩的时间。城市之上是人的生活，是男性凝视和女性革命，是移民大潮和民主阵线，是一门永远在意义过剩中制造意义的街道哲学。就此而言，“on the town”是回望、俯视和反思的姿态，是一种古老而又现代的城市权利，就是本书开篇首页的那句歌词——“你穿什么不重要，只要你在那里”。

翻译伯曼的作品不是易事，他的含混性、跳跃性、对美国文化的驾轻就熟，对我来说都是挑战。在这个过程中，要感谢首都师范大学出版社杨生平总编辑及本丛书副主编、中国社会科学院哲学研究所强乃社博士和丛书编委，特别是中国人民大学张立波教授的信任与帮助，把这本书交给当时还是博士生的我。要感谢欧家作和罗菁两位编辑的辛勤付出，他们的跟进、督促和认真负责，帮助本书避免了很多简单的错误。其中，在欧家作编辑的推进下，本书第三章中一个小片段的翻译还得到了汪荣祖先生的过目和肯定，在此一并表示由衷地感谢。

翻译伯曼的作品对我而言也是一件幸事，是对我“咬文嚼字、斟言酌句”爱好的极大满足，更是一次严肃的、基于共鸣的再创作实践。在此，诚邀读者和我一道，将这场创作延续下去。

杨 哲

2018 年 5 月 3 日于家中